NHK出版 これならわかる

フランス語文法

入門から上級まで

六鹿 豊
Rokushika Yutaka

NHK出版

はじめに

　本書は、フランス語の文法項目を網羅し、詳しく解説した文法書です。初級（すでに入門書などで学習を始めている方）から最上級（フランス語を専門的に使っている方）までを対象としています。
　どのレベルであっても、学習したいあるいは調べたい事項があれば、参照して明快な答えが得られるような文法書にすることを心がけました。

　本書の特徴は次のとおりです。
・教科書ではあまり意識的に扱われることのない「構文の仕組み」（文や句などがどのような種類の単語の組み合わせ・語順により成り立っているか）の説明に力を入れました。
・構文の仕組みと意味との関わりをできるだけ正確に分かりやすく解説しました。
・語の形態変化についても網羅しています。（ただし、動詞活用は概要の記述にとどめたので、個々の動詞の活用については辞書などの活用表を見てください）
・文法と語彙との関連を意識して、説明項目に該当する同タイプの単語を数多く例示しました。（ただし、個々の単語の詳しい意味・用法については辞書で確認してください）
・くだけた言い方なのか凝った言い方なのかなど、表現の使用場面についての情報をできるだけ盛り込むようにしました。それは例文にも反映させ、不自然な例文にならないよう配慮しました。
・日本語訳についても、例文の雰囲気に沿った自然なものになるように心がけました。
・発音については解説していません。

　本書が、少しでも、フランス語を愛する方々のお役に立てることを願っております。

　最後に、忍耐強く著者をリードしてくださった編集部のみなさま、特に鈴木暁子さんと保坂恵理子さん、また、ていねいに例文の校閲をしてくださったクリスティーヌ・ロバン＝佐藤さん、そのほか本書作成に関わられた現場のみなさまに心からお礼申し上げます。

六鹿　豊

本書の使い方

初級の方

　フランス語を学び始めてまだあまり月日の経っていない方は、まずは通常の教科書を使って学習を進めてください。その過程で理解できなかったこと、もう少し詳しく知りたいことが出てきたときに、本書の関連項目を拾い読みしてください。分からない文法用語があっても、参照指示（☞ p.00）や索引で簡単に調べられるようになっています。

　また、初級の方には、最初に第1章を読んで、文法の全体像と基本的な文法用語にあらかじめ触れておかれることをお勧めします。

中級の方

　フランス語を使った実践の中で、文法に関する疑問点の解消や、特定の文法項目についての確認のために本書をお使いください。

　時間に余裕があれば、節全体（場合によっては章全体）をじっくり例文を吟味しながら読んで、各項目ごとの全体像を把握するようにしてください。このような学習を繰り返すことにより、フランス語上達のための道標がやや見えにくくなっている中級の方でも、確実にレベルを上げていくことができます。

上級以上の方

　本書は文法項目を網羅的に扱っていますから、上級以上の方には、参照するための図書としてお使いいただけます。

　特に、フランス語を教えている方には、授業の準備をするときや教科書を作るときに、文法知識の整理・確認をし、教え方を考えるための手がかりとしてもお使いいただけると思います。

* メモ は、本文の内容に関する補足情報や但し書きで、本文の関連箇所に随時挿入しました。

* 中上級! は、基本的な範囲を超える文法事項のうち、本文から切り離せるものを別立てにして説明したものです。

* 本文中、話題の変わるところに適宜 ▶ や ◆ の印を付けました。前者は、後者よりも局部的、補足的な意味合いが強い場合です。

* 例文中、本文の説明に関する部分は太字になっています。また、ひとかたまりの表現として意識していただきたい部分も適宜太字にしました。

目次

はじめに ……………………………………………………… 2
本書の使い方 ………………………………………………… 3

第1章 文

1. 文の基本構造 ………………………………………… 10
   (1) 主語－述語　10　　(2) 文の構成要素　10
   (3) 構成要素が文中で果たす役割　13
2. 文の種類 ……………………………………………… 16
   (1) 単文と複文　16　　(2) 肯定文と否定文　16
   (3) 平叙文、疑問文、命令文、感嘆文　16　　(4) その他　17

第2章 名詞句・名詞

1. 名詞句 ………………………………………………… 18
   (1) 名詞句の役割　18　　(2) 名詞句の構造　19
2. 名詞 …………………………………………………… 21
   (1) 名詞の種類　22　　(2) 名詞の性・数と形態　29
   (3) 固有名詞について　39

第3章 限定詞

1. 不定冠詞・部分冠詞 ………………………………… 42
   (1) 形　42　　(2) 用法　43　　(3) その他のポイント　44
2. 定冠詞 ………………………………………………… 47
   (1) 形　47　　(2) 用法　47　　(3) その他のポイント　50
3. 所有形容詞 …………………………………………… 55
   (1) 形　55　　(2) 用法　56
4. 指示形容詞 …………………………………………… 58
   (1) 形　58　　(2) 用法　58
5. 数量表現 ……………………………………………… 60
   (1) 数詞（基数詞）　60　　(2) その他の数量表現　62
6. 限定詞に準ずる表現 ………………………………… 67
   (1) 〈数詞＋特定の名詞＋de〉　67　　(2) 特殊な形容詞　68
7. 限定詞無しの名詞の使用 …………………………… 69
   (1) 属詞　69　　(2) 同格　69　　(3) 前置詞句で　70　　(4) 曜日　74
   (5) 成句的表現　74　　(6) 標識など　76　　(7) 題名、見出しなど　76
   (8) 諺　76　　(9) 列挙　77　　(10) 住所　77

第4章 代名詞

1. 人称代名詞 …………………………………………… 78
   (1) 人称代名詞の形　78　　(2) 人称代名詞の基本的な意味　80
   (3) 文中での人称代名詞の位置（接合形）　81　　(4) 遊離形の用法　85
   (5) 主語代名詞on　88　　(6) 再帰代名詞　90

（7）間接目的語人称代名詞：その他の用法　91
　　（8）人称代名詞：その他のポイント　92
2．代名詞 le（中性）、en、y ……………………………………… 93
　　（1）中性代名詞 le　94　　（2）代名詞 en　97　　（3）代名詞 y　105
3．指示代名詞 ………………………………………………………… 108
　　（1）ce　108　　（2）ça　112　　（3）ceci、cela　115
　　（4）celuiの系統　116
4．所有代名詞 ………………………………………………………… 121
5．不定代名詞 ………………………………………………………… 122
　　（1）対象の示し方による分類　122　　（2）意味の面からの分類　123

第5章　形容詞句・形容詞

1．形容詞句の役割 …………………………………………………… 125
　　（1）付加詞（名詞句内の任意要素）　125
　　（2）属詞（動詞句内の必須要素）　126
　　（3）同格　127　　（4）副詞的用法　128
2．形容詞句の構造 …………………………………………………… 129
　　（1）程度の副詞による形容詞の修飾　129
　　（2）前置詞句などによる形容詞の意味の補足　131
3．形容詞の位置 ……………………………………………………… 134
　　（1）名詞の後に来る形容詞　134
　　（2）名詞の前に来る形容詞　135
　　（3）位置により意味の異なる形容詞　136
　　（4）名詞の前にも後にも置ける形容詞　137
4．付加詞でのみ使用する形容詞 …………………………………… 138
5．形容詞の形態変化 ………………………………………………… 139
　　（1）原則　139　　（2）形態変化の例外　140
　　（3）名詞との性・数一致の注意点　145

第6章　動詞句・動詞

1．動詞句 ……………………………………………………………… 148
2．動詞 ………………………………………………………………… 149
　　（1）動詞の活用と機能　149　　（2）動詞活用のタイプ　151
3．動詞と動詞に付く必須要素 ……………………………………… 152
　　（1）être　153　　（2）自動詞　155
　　（3）移動・居住を表す動詞　156　　（4）他動詞　157

第7章　代名動詞・代名動詞構文

1．代名動詞の活用 …………………………………………………… 177
2．構文による分類 …………………………………………………… 178
3．用法による分類 …………………………………………………… 182

第8章 動詞の叙法と時制

1. 直説法 ………………………………………………………… 191
   - (1) 現在形 191　　(2) 複合過去形 196
   - (3) 半過去形 200　　(4) 大過去形 207
   - (5) 単純未来形 210　　(6) 前未来形 214
   - (7) 単純過去形 216　　(8) 前過去形 217
2. 条件法 ………………………………………………………… 218
   - (1) 条件法現在形 218　　(2) 条件法過去形 222
3. 接続法 ………………………………………………………… 226
   - (1) 活用 228　　(2) 接続法を要求する構文 229
   - (3) 接続法の時制 237
4. 命令法 ………………………………………………………… 240
   - (1) 活用 240　　(2) 意味・用法 241

第9章 助動詞・準助動詞

1. 助動詞 ………………………………………………………… 244
   - (1) 複合形と助動詞 244　　(2) avoirかêtreか 245
2. 準助動詞 ……………………………………………………… 246
   - (1) 準助動詞の種類 246
   - (2) 近接未来〈aller＋不定詞〉 248
   - (3) 近接過去〈venir de＋不定詞〉 249
   - (4) pouvoirとdevoir 250

第10章 不定詞・分詞・ジェロンディフ

1. 不定詞 ………………………………………………………… 252
   - (1) 名詞句に相当する役割 253　　(2) 準助動詞に導かれて 259
   - (3) 移動動詞などに導かれて 259
2. 分詞 …………………………………………………………… 260
   - (1) 現在分詞 261　　(2) 過去分詞 263
   - (3) 分詞と形容詞 267　　(4) 過去分詞の一致について 268
3. ジェロンディフ ……………………………………………… 273
   - (1) ジェロンディフの用法 274　　(2) 注意点と補足 275

第11章 副詞

1. 修飾する対象と副詞の位置 ………………………………… 276
   - (1) 形容詞・副詞の修飾 276
   - (2) 前置詞・前置詞句・名詞句・状況補語節・数詞の修飾 277
   - (3) 動詞・述語の修飾 279
   - (4) 文全体の修飾 284
2. 副詞についての補足 ………………………………………… 289
   - (1) Oui、Non、Si 289　　(2) 副詞の形 289

第12章 前置詞・前置詞句

前置詞と前置詞句 ……………………………………………………………… 293
(1) 主な前置詞　293　　(2) 前置詞と冠詞の縮約　294
(3) 前置詞の後ろに来る要素　295　　(4) 前置詞句の役割　296

第13章 接続詞

1. 等位接続詞 ………………………………………………………………… 299
   (1) 語句の接続　299　　(2) 文の接続　300
   (3) 等位接続詞に準ずる働きをする副詞　301
2. 従位接続詞（従属接続詞） ……………………………………………… 302

第14章 否定文

1. 否定文の基本の形 ………………………………………………………… 303
   (1) 否定詞 ne ... pas　303　　(2) ne の省略　304
2. いろいろな否定詞 ………………………………………………………… 305
   (1) 品詞別の分類　305
   (2) 否定詞の組み合わせ　308
   (3) 応答での否定詞の単独使用　308
   (4) 制限の表現 ne ... que　309
   (5) pas と特定の副詞　310
3. 否定文についての補足 …………………………………………………… 311
   (1) 否定文により否定される対象　311　　(2) tout と否定文　311
   (3) 情報提供と反論　312

第15章 疑問文

1. 全体疑問 …………………………………………………………………… 315
2. 部分疑問 …………………………………………………………………… 318
   (1) 疑問詞のいろいろ　318
   (2) 疑問詞・疑問詞を含む前置詞句の単独使用　320
   (3) 疑問詞を使った疑問文　321
3. 疑問文の意味 ……………………………………………………………… 326

第16章 命令文

命令・依頼・助言の表し方 ………………………………………………… 328
(1) 命令　328　　(2) 依頼　330
(3) 助言　331　　(4) 特殊な形の命令・指示・依頼　331

第17章 感嘆文

感嘆文の形 …………………………………………………………………… 333
(1) 感嘆詞を使った感嘆文　333
(2) その他の感嘆文　335

第18章 さまざまな構文 1

1. 非人称構文 ·· 338
   - （1）非人称構文でのみ使う動詞　339
   - （2）一般の動詞の非人称構文　341
2. 受動態 ··· 348
   - （1）受動態の概要　348　（2）受動態についての注意点　349
   - （3）行為と結果状態　351　（4）「受身」を表すその他の構文　352

第19章 さまざまな構文 2

1. 使役構文 ··· 353
   - （1）不定詞が自動詞の場合　353
   - （2）不定詞が直接他動詞の場合　354
   - （3）不定詞が間接他動詞の場合　355
   - （4）不定詞が代名動詞の場合　356
2. se faire＋不定詞（再帰代名詞を伴う使役構文） ············· 358
   - （1）使役「…させる、…してもらう」　358
   - （2）受身「…される」　359
3. 放任構文 ··· 360
   - （1）不定詞の主語を不定詞の前に置く文型　360
   - （2）使役構文と同じ文型　361
4. se laisser＋不定詞（再帰代名詞を伴う放任構文） ··········· 363
   - （1）不定詞が自動詞の場合　363
   - （2）不定詞が直接他動詞の場合　364
5. 知覚動詞構文 ··· 364
6. se voir＋不定詞 ·· 367

第20章 さまざまな構文 3

1. 強調構文 ··· 368
   - （1）強調構文の作り方　368　（2）強調構文についての注意点　371
   - （3）擬似分裂文　376
2. 遊離構文 ··· 377
   - （1）概要　377　（2）もとの文における役割　377
   - （3）遊離構文：その他のポイント　378
3. 倒置 ··· 379
   - （1）文頭が前文との接続や推測などを表す副詞　380
   - （2）文頭が時・場所を表す副詞・状況補語　380
   - （3）場面への出現などを表す動詞との倒置　381
   - （4）属詞との倒置　381
   - （5）その他の倒置構文　381
4. Voilà、Il y a、C'estを使った構文 ························· 382
   - （1）Voilà、Voici　382　（2）Il y a　383　（3）C'est　384

第21章 比較級・最上級
1. 比較級 ……………………………………………………………… 388
   (1) 比較級の形　388　　(2) 比較の対象　395
   (3) 比較級の程度の表し方　397
   (4) 比較級を否定形にした場合　399
   (5) 比較級：その他の表現　399
2. 最上級 ……………………………………………………………… 402
   (1) 最上級の形　402　　(2) 最上級の強調　407
   (3) 2つのものの比較で最上級を使う場合　408

第22章 複文
(1) 従属　409　(2) 等位　410　(3) 並置　411　(4) 挿入　411

第23章 従属節
1. 補足節 ……………………………………………………………… 413
   主節の中での補足節の役割　413
2. 間接疑問節 ………………………………………………………… 418
   (1) 間接疑問節の形　418　(2) 間接疑問節：その他のポイント　421
   (3) 間接感嘆節　424
3. 関係節・関係代名詞 ……………………………………………… 424
   (1) 先行詞、関係代名詞、関係節　424
   (2) 関係代名詞の選択　425
   (3) 関係節の2つの用法　430
   (4) 関係節についての補足　432
4. 状況補語節 ………………………………………………………… 436
   (1) 意味による分類　436　(2) 状況補語節についての注意点　442

第24章 話法
1. 直接話法・間接話法 ……………………………………………… 446
   (1) 概要　446　(2) 直接話法と間接話法の対応関係　447
   (3) 時制の照応　450　(4) 人称・時・場所の対応関係　453
   (5) 伝達動詞　454　(6) 直接話法における引用の示し方　455
2. 自由間接話法 ……………………………………………………… 456

付録
間投詞　458　　時の表現　461
数の表し方　462　　句読記号の使い方　466

文法事項索引　468
フランス語索引　472
フランス語文法用語　476
主要参考文献　478

第1章 文

文は、何らかの出来事や事態を表し、意味的なまとまりを持った1つの単位で、語や語のグループが一定の規則にしたがって組み合わさったものです。

1. 文の基本構造

（1）主語―述語

文は、基本的には**主語**と**述語**で成り立っています。
主語：述語で述べられている動作や状態などの主体を表します。
述語：主語の表すものについて、それがどのような動作を行ったり、どのような状態にあるのかなどを示します。

|Le chien | garde les moutons|．　犬は羊の番をしている。
主語　　　　述語

上の例では、**le chien**「犬」が主語、**garde les moutons**「羊の番をしている」が述語です。
このように、文は「あるものについて（主語）、それがどうである（述語）」ということを表しますが、具体的には単語の連なりからできています。
しかし、これらの語はただ並んでいるだけではありません。いくつかの語が集まってグループとなり、そのグループがそれぞれ固有の役割を持って結び付き、文を作っています。上の例では、**Le**と**chien**が1つのグループとなり、主語の役割を果たしています。同様に、**garde**と**les**と**moutons**が1つのグループとなり、述語として働いています。
このような、文を構成する要素として1つの単位になるグループのことを**句**と言います。名詞が核となるグループを**名詞句**、動詞が核となるグループを**動詞句**と呼びます。

（2）文の構成要素

1）文＝〈名詞句＋動詞句〉

〈主語―述語〉の関係は、具体的には〈名詞句＋動詞句〉という形を取ります。

Le chien garde les moutons.　犬は羊の番をしている。
主語（名詞句）　述語（動詞句）

　この例では、冠詞 le と名詞 chien「犬」を組み合わせてグループとなった〈冠詞＋名詞〉が、主語の役割を果たしている名詞句です。
　また、動詞句は、動詞 garde「番をしている」と名詞句 les moutons「羊たち」から成り立っています。つまりこの動詞句は〈動詞＋名詞句〉という構造になっています。

2）名詞句

　名詞句には、〈冠詞＋名詞〉のほかにも、例えば次のようなものがあります。

　　ce chien　この犬　〈指示形容詞＋名詞〉

　　deux chiens　2匹の犬　〈数形容詞＋名詞〉

　冠詞、指示形容詞、数形容詞など、名詞の前に付いて名詞が指し示す範囲を限定する語を**限定詞**と呼びます。名詞句は、一般的には〈限定詞＋名詞〉という形を取ることになります。☞ 名詞句・名詞の章 p.18、限定詞の章 p.42

> **メモ**　名詞句の典型的な形式は〈限定詞＋名詞〉ですが、Marie のような固有名詞や、il のような代名詞のように、限定詞を伴わない単独の形のものが現れることもあります。これらも便宜上、名詞句の一種であると見なします。☞ 代名詞の章 p.78

Il garde les moutons.　彼は羊の番をしている。
代名詞　　動詞句

3）動詞句、前置詞句

　動詞句には、〈動詞＋名詞句〉のほかにも、例えば次のようなものがあります。

　　(Le chien) dort.　眠っている　〈動詞〉

　　(Ce chien) ressemble à un loup.　狼に似ている　〈動詞＋前置詞句〉

　dort「眠っている」は単独の動詞です。一方 ressemble à un loup は、動詞 ressemble「似ている」を、前置詞 à に導かれた名詞句 un loup「狼」が補う形になっています。
　前置詞は後ろに名詞句を従えた形で用いられます。à un loup のような〈前置詞＋名詞句〉というグループのことを**前置詞句**と呼びます。
☞ 前置詞・前置詞句の章 p.293

　動詞句がどのような構造になるのかは、核となる動詞それぞれの特

性により決まります。 👉 動詞句・動詞の章 p.148

4）形容詞句、副詞句

　名詞句や動詞句の内部には、名詞や動詞を修飾する要素として形容詞や副詞が含まれていることがあります。

des chiens gentils　やさしい犬たち

Le chien dort tranquillement.　犬はのんびり眠っている。

　最初の例では、形容詞 gentils「やさしい」が名詞 chiens を修飾しています。そして chiens gentils が名詞に相当する1つのまとまりとして限定詞（冠詞）の des と結び付いて名詞句を形づくっています。

　2つ目の例では、副詞 tranquillement「のんびりと」が動詞 dort を修飾し、全体として動詞句を形づくっています。

　これらの例では、形容詞と副詞は単独で現れていますが、場合によっては、très gentils「とてもやさしい」などのように他の語とグループになって名詞や動詞を修飾することもあります。形容詞を核とするグループを**形容詞句**、副詞を核とするグループを**副詞句**と呼びます。

👉 形容詞句・形容詞の章 p.125、副詞の章 p.276

> **メモ** 単独で用いられている形容詞・副詞も、便宜上、形容詞句・副詞句の一種と見なします。

◆フランス語学習の観点から

　上に見たように、句には、名詞句、動詞句、前置詞句、形容詞句、副詞句の5つがあります。フランス語学習の観点から見て重要なものは最初の3つです。

　名詞句という概念により、名詞は、文の要素として用いられる場合、基本的に限定詞を伴うものであることが理解されます。また、名詞が形容詞や関係節などで修飾を受けている場合、それら修飾要素を含めた全体として名詞句を形成することが理解されます。

　動詞句という概念により、動詞を中心とする構文のパターンにはさまざまなものがあることが理解されます。

　前置詞句という概念により、前置詞とそれに続く名詞句がグループをなすものであり、それ全体がひとまとまりとして代名詞化や移動の対象となることが理解されます。

5）品詞

　文や句は、1つ1つの語が文法の規則にしたがって組み合わさった

ものです。組み合わせの最小の構成要素である単語は、形態上の特徴（変化 / 不変化、変化のパターンなど）や他の単語との組み合わさり方の特徴によって、いろいろな品詞に分類されます。

フランス語の品詞としては、**名詞、限定詞、代名詞、動詞、形容詞、副詞、前置詞、接続詞、間投詞**の**9**つがあります。 ☞ 間投詞は付録 p.458

> **メモ** 「限定詞」を立てずに、「冠詞」を独立した品詞として扱う文法書もあります。

（3）構成要素が文中で果たす役割

1）必須の役割　主語・直接目的語・間接目的語・属詞

文法的・意味的に正しい文が成り立つためには、**動詞との関係においていろいろな役割を果たす名詞句**が、適切に配置されなければなりません。そして、どのような役割のものが必要であるのかは、動詞の種類により決まります。

まず、**主語**という役割は、フランス語ではどんな場合でも必須です（命令法の文は除く）。平叙文では、主語は**動詞の前**に置きます。また、主語の人称・数にしたがって動詞の形が変化します。 ☞ p.149 1)

Le chien dort.　犬は眠っている。

上の文は、これで完結していますが、動詞によっては後ろに名詞句を置かないと文法的に正しい文にならないものもあります。

Le chien garde les moutons.
犬は羊の番をしている。（×**Le chien garde.** は不可）

Ce chien ressemble à un loup.
この犬は狼に似ている。（×**Ce chien ressemble.** は不可）

このように、**動詞の後ろに付いて、文を文法的・意味的に完結させる役割を果たす名詞句**を、動詞の**必須補語**と呼びます。直接に動詞に付く必須補語は**直接目的語**（les moutons）、前置詞を介して間接的に動詞に付くものは**間接目的語**（(à) un loup）と呼びます。 ☞ p.152 3

> **メモ**「補語」とは、何らかの要素を意味的に補って、欠けているところを補完したり、補足情報を付け足す役割を果たす要素のことです。
> 　一般になじみの深い「直接・間接目的語」という呼び名は、「直接・間接目的補語」を略したものです。「目的語」という用語は、「動作を受ける対象」という意味合いが強いので、**直接補語、間接補語**のような、より一般的な呼び名を使うこともあります。

動詞がêtre「…である」の場合、後ろに来る必須の名詞句は**属詞**と呼ばれます。 ☞ p.18

Je suis **un chat**.　吾輩は猫である。

▶ **名詞句以外の諸要素**

主語・直接目的語・間接目的語・属詞の役割を名詞句以外のものが受け持つこともあります。

例えば、直接目的語の役割は、動詞の不定詞や補足節 ☞ p.413 によっても担われます。

J'aime **danser**.　私は踊るのが好きだ。（不定詞）

J'aimerais **que tu viennes**.　僕は君に来てもらいたい。（補足節）

また、属詞は、形容詞（句）が果たす重要な役割の1つです。 ☞ p.126 属詞の役割は前置詞句などによっても担われます。

Je suis **très contente**.　私、とても満足よ。（形容詞句）

L'avenir est **à vous**.　未来は君たちのものだ。（前置詞句）

2）任意の役割　状況補語・付加詞・名詞の補語など

文や句を構成する要素が、文法的・意味的に文が成立するために必須ではない役割を担っている場合もあります。

① 状況補語

状況補語は、時・場所など、さまざまな補足情報を文（あるいは動詞句）に付け加えます。

Le chien garde les moutons **tous les jours**.
犬は毎日羊の番をする。

En France, on roule à droite.　フランスでは車は右側通行だ。

状況補語は任意のものなので、**削除しても文法的・意味的に文は成立します**。また、動詞の必須補語とは異なり、多くの場合、比較的自由に場所を**移動**させることができます。

Tous les jours, le chien garde les moutons.
毎日、犬は羊の番をする。

▶ **状況補語となる要素**

状況補語という役割は、次のようにいろいろなタイプの要素によって担われます。

［前置詞句の例］

　après le repas 食事の後で／en été 夏に／à la maison 家で／
　en France フランスで／avec un couteau ナイフを使って／
　pour tout le monde みんなのために

［名詞句の例］

　ce matin 今朝／la semaine prochaine 来週／tous les jours 毎日

［副詞（句）の例］

　aujourd'hui 今日／maintenant 今／ici ここで／en général 一般に／
　apparemment 見たところ

［状況補語節の例］

　quand je suis arrivé(e) 私が到着したとき／s'il pleut もし雨が降ったら

② その他のもの

　状況補語のほかにも句の内部の要素を修飾したり、意味的に補足したりする役割を持つものもあります。
　いくつか例を挙げます。

［付加詞］

　名詞に直接に付いて修飾する役割を果たす形容詞（句）のことです。関係節もこの役割を担います。

　un chien **gentil** やさしい犬（形容詞）

　le chien **qui m'a mordu** 私を嚙んだ犬（関係節）

［名詞の補語］

　名詞の後ろに付いて意味を補足する前置詞句です。補足節などがこの役割を担うこともあります。

　la voiture **de mon père** 父の車（前置詞句）

　l'espoir **qu'il reviendra un jour** （補足節）
　いつか彼が戻ってくるだろうという希望

◆フランス語学習の観点から

　名詞句など文の構成要素が、文中でどのような役割（主語、直接目

的語、間接目的語、属詞、状況補語など）を果たしているのかを意識することは、フランス語を学習する上でとても大切なことです。

ふつうの名詞句の場合は、**動詞との位置関係、前置詞の働き**などにより、どの役割を果たしているのかが決まります。

一方、人称代名詞・関係代名詞・疑問代名詞は、文中での役割にしたがって**語の形自体が変化**します。

フランス語の文の意味を正しく把握し、また自分の意図に合った適切な文を作る上で、これらの「役割」についてしっかり理解することが必要です。

2. 文の種類

(1) 単文と複文

単文とは、〈名詞句＋動詞句〉という組み合わせが1つだけのものを言います。

Le chien garde les moutons.　犬は羊の番をしている。（単文）

これに対して、何らかの仕方で単文が2つ（以上）組み合わさったものを複文 ☞ p.409 と言います。

J'aimerais que tu viennes.　僕は君に来てもらいたい。（複文）

(2) 肯定文と否定文

「…は〜である」のような**肯定文**に対して、特定の形式を使って、その内容が成立しないことを表すのが**否定文**です。

フランス語の否定文は、一般的には肯定文の動詞を「否定の副詞」で挟むことにより得られます。最も重要な否定の副詞は **ne … pas** です。
☞ 否定文の章 p.303

Le chien dort.　犬は眠っている。（肯定文）

Le chien **ne** dort **pas**.　犬は眠っていない。（否定文）

(3) 平叙文、疑問文、命令文、感嘆文

フランス語の文には、その内容に対する話し手の判断や態度を示すものとして4つの形式があります。

平叙文　文で述べられている事態について、それが真実であると判断して断定していることを示す形式です。〈名詞句＋動詞句〉という語順になり、音調としては、最後がやや下降します。

　　Le chien garde les moutons.　　犬は羊の番をしている。

疑問文　文で述べられている事態について、それは真実であるかどうか聞き手に問いかけ、判断を求めるものです。文の1要素について情報を求める場合もあります。☞ 疑問文の章 p.315

　　Tu viens demain ?　　君、明日来る？

　　Qui vient demain ?　　明日、誰が来るの？

命令文　文で述べられている事態について、その実現を聞き手に求めます。命令法という形式の場合は主語が現れません。また、実現を働きかける対象が自分たち自身のこともあります。☞ 命令文の章 p.328、命令法 p.240

　　Partez immédiatement !　　ただちに出発してください。

　　Chantons ensemble !　　一緒に歌いましょう。

感嘆文　文で述べられている事態について、その程度が並外れていて驚きであることを表す形式です。☞ 感嘆文の章 p.333

　　Comme elle chante bien !　　なんて彼女は歌が上手なんだ！

▶これらの形式は肯定文だけでなく否定文にも適用されます。ただし、感嘆文においては、多くの場合、否定形は一種のレトリックであり、意味内容は肯定形のものと同じになります。☞ p.337

（4）その他

　上記のものは、文の種類として基本的なものですが、他にもさまざまな構文があります。それらの構文は、単純な平叙文とは異なる形式を持ち、意味の面でもそれぞれ特徴を持っています。これらについては、関連する項を参照してください。☞ さまざまな構文 1・2・3 p.338、p.353、p.368

第2章　名詞句・名詞

名詞句は、文中で主語や目的語やさまざまな補語として働きます。名詞は、人・ものなどを表し、名詞句を作るときの意味的、文法的な中核となります。

1. 名詞句

（1）名詞句の役割

名詞句は、名詞を中核としたひとまとまりの単位です。文の中でほかの要素との関係において、主語、直接目的語などさまざまな**文法的役割**を果たします。名詞句単体の場合と前置詞句（=〈前置詞＋名詞句〉）に組み込まれた場合とに分けて見ておきましょう。

1）名詞句単体で

① 主語

Mes enfants sont partis en vacances.
私の子どもたちはバカンスに出かけた。

② 直接目的語

Elle a mangé **deux gros gâteaux**.
彼女は大きなケーキを2つ食べた。

③ 属詞　p.153、p.173 4)

主語の属詞　　　Son père est **un acteur célèbre**.
あの人の父親は有名な俳優だ。

直接目的語の属詞　On l'appelait « **la Grande Mademoiselle** ».
彼女はラ・グランド・マドモワゼルと呼ばれていた。

④ 状況補語　p.14

一部の名詞句は、前置詞に導かれることなくそのままで状況補語として働きます。

Cette année, je ne travaille pas **le samedi**.
今年、私は土曜日は仕事がない。

この例では、cette année「今年」、le samedi「土曜日」という名詞句が出来事を時間的に位置づける状況補語として働いています。

⑤ **同格**

文中の他の名詞句（次の例では Gilles）に並置されて、補足的にその属性を述べたり、それが何ものであるかなどを示します。

Je te présente Gilles, **un ami d'enfance**.
幼友達のジルを紹介するよ。

2）〈前置詞＋名詞句〉の形で ☞ p.296 (4)

① **動詞 être の補語** ☞ p.155 ②

être の補語として、主語の居場所や状況などを示します。

La clé est **dans mon sac**.　鍵は私のバッグの中だ。

Elle était **avec sa tante**.　彼女はおばさんと一緒だった。

② **間接目的語**

Le tabac nuit **à la santé**.　タバコは健康を害する。

③ **状況補語**

Qu'est-ce que vous avez fait **pendant les vacances** ?
休暇中は何をしましたか？

④ **名詞の補語**

別の名詞に付いて、その意味に限定を加える補語として働きます。

le nom **de cette fleur**　この花の名前

⑤ **形容詞・副詞の補語**

fâchée **contre son mari**　夫に対して怒っている

contrairement **à notre attente**　我々の予想に反して

（2）名詞句の構造

上では名詞句とその外にある要素との関係を見ましたが、ここでは名詞句そのものがどのような要素から成り立っているのかを見ます。

1）基本形

名詞句が成立するための最小の形は〈限定詞＋名詞〉です。

| un | chien |　（1匹の）犬　　| cette | voiture | この自動車
| 限定詞 | 名詞 |　　　　　　　| 限定詞 | 名詞 |

1. 名詞句

基本的に名詞は何も付けずにそのままで用いられることはなく、**何らかの限定詞を伴った形で用いられます**。言い換えると、名詞の表す意味内容が、素材のままではなくて、指し示す範囲を限定され具体化された形で用いられる仕組みになっているということです。

名詞句の一般的な形式は〈限定詞＋名詞〉であるとすると、これに対する例外が3つあります。

① 固有名詞：大多数の固有名詞は限定詞無しで使われます。☞ p.39

　Cécile aime les chiens.　セシルは犬が好きだ。

② 代名詞：代名詞に限定詞は付きません（所有代名詞 le mien「私のもの」などを除く）。

　Elle aime les chiens.　彼女は犬が好きだ。

③ 特定の状況で限定詞無しの名詞（句）が使われます。☞ p.69

　Sa femme est **avocate**.　彼の妻は弁護士だ。

2）拡張形

名詞にはさまざまな修飾・補足要素を付けることができます。それらが名詞を中心としてひとまとまりとなり、言わば拡張した1つの名詞相当語句として限定詞と結び付いて**名詞句を構成**します。

① 〈限定詞＋名詞＋形容詞句〉

　un chat **noir**　黒猫

　une théorie **difficile à comprendre**　理解するのが難しい理論

> メモ　同種のものとしては、名詞に過去分詞・現在分詞、あるいは関係節が付いたものがあります。

　les étudiants **bénéficiant de ce système**
　この制度を利用している学生たち（現在分詞）

　la chanson **que j'aime le plus**　私が一番好きな歌（関係節）

② 〈限定詞＋名詞＋前置詞句〉

　*Le fantôme **de l'Opéra***　『オペラ座の怪人』

　un livre **sur le cinéma japonais**　日本映画についての本

> メモ　前置詞の後ろが動詞の不定詞の場合もあります。

　une maison **à vendre**　売り家

　le désir **de vaincre**　勝ちたいという意欲

③ 〈限定詞＋名詞＋補足節〉

fait「事実」、idée「考え」など特定の名詞には、後にque～という形の補足節を付けて内容を示すことができます。☞ p.417 5)

le fait **que personne n'ait vu Nicole**
誰もニコルを見ていないという事実

la probabilité **que ce projet réussisse**
この計画が成功する確率

④ 〈限定詞＋名詞＋形容詞的に使われた名詞〉

一般的によく使われるものから、特殊で先鋭的なものまであります。

un emballage **cadeau**　贈答用の包装

une petite fille **modèle**　おとなしく模範的な女の子

les produits **100% coton**　100％木綿の製品

un immeuble **très XXIe siècle**　とても21世紀的な建物（特殊な表現）

◆ 定名詞句と不定名詞句

名詞句には、ce livre「この本」のように、どれかということが特定された対象を指すものと、un livre「ある１冊の本」のように、不特定または特定されていない対象を指すものがあります。一般に、前者は固有名詞や限定詞が定冠詞・指示形容詞・所有形容詞である名詞句で、**定名詞句**と呼ばれます。後者は、限定詞が不定冠詞・部分冠詞・数詞などの名詞句で、**不定名詞句**と呼ばれます。

Prends **mon parapluie**.　私の傘持っていきなさいよ。（定名詞句）

Il faut **deux voitures**.　車が２台必要だ。（不定名詞句）

2. 名詞

　名詞は名詞句の核となります。**普通名詞**はふつう限定詞を伴った形で文中で用いられます。これに対して**固有名詞**は、多くのものが、限定詞を伴わずそのまま文中で主語、目的語などとして用いられます。
　フランス語の名詞はすべて**男性名詞**か**女性名詞**に分かれ、また実際に使用されるときには**単数形**か**複数形**のどちらかが選択されます。それに伴い、名詞に付く限定詞・形容詞なども、その名詞の性・数に応じた形の変化を起こします。

2. 名詞

　ここでは、まず文法的な観点から名詞の種類分けを行い、次に性・数の形態の変化を確認し、最後に固有名詞と限定詞（特に冠詞）の関係を見ます。

（1）名詞の種類

1）可算名詞・不可算名詞

　フランス語の名詞の多くは、限定詞（特に冠詞）との結び付きの特性によって可算名詞か不可算名詞に分けられます。 p.42 この区別はある程度まで単語の意味内容とも関わりがあります。

① 可算名詞

　可算名詞とは、chien「犬」やchaise「椅子」のように、独立した個体として「1つ、2つ…」と数えることができる対象を指す名詞です。**単数と複数を区別して用い、冠詞等もそれに応じて単数形か複数形を取ります。**また、数を表す限定詞とも結び付きます。

　un chien （ある1匹の）犬／des chiens （ある複数の）犬
　cette chaise この椅子／ces chaises これらの椅子
　trois chiens 3匹の犬　　plusieurs chiens 数匹の犬
　beaucoup de chaises 多数の椅子

　Je voudrais avoir **un chien**.　私は犬が欲しい。

　Sylvie aime **les chiens**.　シルヴィーは犬が好きだ。

▶ 上で見たchienやchaiseのような単純なものばかりでなく、より複雑さや抽象性の高いpays「国」、armée「軍隊」、question「質問」、さまざまな種類のものを含む上位概念であるmammifère「哺乳類」、liquide「液体」など、多くのものが可算名詞です。

　J'ai **une question** à te poser.　君に1つ質問がしたいんだけど。

　Avez-vous **des questions** ?　何か質問はありますか？

　Les deux pays ont conclu un accord de coopération.
　両国は協力協定を締結した。

② 不可算名詞

　不可算名詞とは、vin「ワイン」、air「空気」、sel「塩」、viande「肉」のように、独立した明確な個体ではなく連続体として捉えられ、「1つ、

2つ…」と数えることができない対象を指す名詞です。

　単数・複数の概念が当てはまらないので、不定冠詞（単数・複数）とは結び付かず、代わりに**部分冠詞**と結び付きます。また、定冠詞は単数形を使います。液体・気体・食材・製品素材など、いわゆる**物質名詞**が典型的な不可算名詞です。

　不可算名詞は、（数ではなく）量を表す限定詞あるいは同等表現とも結び付きます。いずれの場合も名詞本体に形の変化はなく、単数形を用います。

　　du vin （ある量の）ワイン　　　de la viande （ある量の）肉
　　ce vin このワイン　　　　　　　cette viande この肉
　　un peu de vin 少量のワイン　　un kilo de viande 肉1キロ

　Il faut acheter **du vin**.　ワインを買わないといけない。

　Chantal n'aime pas **le vin**.　シャンタルはワインが嫌いだ。

> **メモ**　物質名詞の一部のものは、容器など特定の分類名詞の力を借りて「1つ、2つ…」と数えられることがあります。〈数詞＋分類名詞＋de＋物質名詞〉という形を取ります。☞ p.68 3）　その場合も、単数形・複数形の変化があるのは分類名詞のほうです（次の例は un、une だけでなく別の数でも使えます）。
> 例：une bouteille de vin ボトル1本のワイン／une tasse de café (thé) カップ1杯のコーヒー（紅茶）／un morceau de viande (fromage, pain, sucre) ひと切れの肉（チーズ、パン、1個の角砂糖）／une feuille de papier 1枚の紙　　など

▶物質名詞だけに限らず、argent「お金」、temps「時間」、bruit「騒音」のようなものや、あるいは courage「勇気」や patience「忍耐」のように、人の性質を表すものの多くが不可算名詞です。

　Tu as **de l'argent** ?　君、お金持ってる？

　Il y a **trop de bruit** ici.　ここは騒音がひどすぎる。
　　（**bruit** が単数形であることに注意）

　Vous avez **de la patience** !　あなたは忍耐強いですねえ。

◆**可算名詞・不可算名詞の分類上の注意点**

　可算名詞・不可算名詞という性質はかなり安定していますが、絶対的なものではなく、対象の捉え方によりそれぞれ他方の特徴を持つものとして扱われることがあります。

2. 名詞

[不可算名詞の可算化]

不可算名詞が可算名詞として用いられるのは次のような場合です。

(i) 飲料・食料などは商品として1つ、2つ…と数えられるものになることがよくあります。

Trois cafés et deux vins chauds, s'il vous plaît !
(喫茶店で) コーヒー3つとホット・ワイン2つお願いします。

(ii) 対象にさまざまな種類が想定できる場合、それによって可算名詞扱いされることがあります。種類を数えるわけです。

les **vins** de Bordeaux　(さまざまな種類の) ボルドーワイン

Il y a **des fromages** que je n'arrive pas à avaler, le roquefort par exemple.
私がどうしても食べられないチーズがある。例えばロックフォールだ。

(iii) 形容詞などで修飾されている場合、部分冠詞ではなく不定冠詞単数が付きます。

Agnès a **une patience extraordinaire**.
アニェスはとてつもなく忍耐強い。（比較：**Agnès a de la patience.**）

Il y a toujours **un brouillard épais** en cette saison.
この季節はいつも濃霧が出る。（比較：**Il y a toujours du brouillard.**）

> **メモ** 〈名詞＋形容詞〉が1つの概念として定着しているようなときは、部分冠詞のままです。
> Je bois **du vin rouge** à chaque repas.　私は毎食赤ワインを飲む。

[可算名詞の不可算化]

一方、可算名詞の不可算化でよくあるのは、次のように生物を食用として扱う場合です。

Ils n'ont mangé que **du poisson** au Japon.
彼らは日本では魚しか食べなかった。
（比較：**attraper deux gros poissons**　大きな魚を2匹捕まえる）

同様のものとしては、各個体ではなくその中身の成分を材料として捉えて、不可算名詞とする次のような例もあります。

J'ai mis **du citron** dans cette sauce.
私はこのソースにレモン（の汁）を入れた。
（比較：**acheter trois citrons**　レモンを3個買う）

> **中上級！ 可算名詞の不可算化　特殊ケース**
>
> 　一般的に、可算名詞で表されるような対象でも、集合的あるいは物質的に捉えて不可算名詞として表すことができます。それは個別性を無視した格下げ扱いであったり、逆に個別性による質のばらつきを越えて、概念の本質を体現しているという賞賛であったり、かなり特殊なニュアンスを帯びます。
>
> 　Il y a **du sanglier** dans les parages.　この辺りにはイノシシがいるぞ。
> 　Ça, c'est **de la voiture** !　これこそ車っていうものさ！

③ 可算・不可算に分類しにくいもの

名詞の中には、上記の意味での可算・不可算に分類しにくいものもあります。主に2つの種類が考えられます。

(i) 唯一物を指す名詞

唯一物、あるいはスポーツ・学問分野など、唯一の概念として捉えられる対象を指す名詞は、ふつう**定冠詞単数**が付きます。

le soleil 太陽／la lune 月／le ciel 空／la nature 自然／la paix 平和／le nord 北／le sud 南／la cuisine 料理／le football サッカー／la physique 物理学／le français フランス語

Le soleil brille dans **le ciel**.　太陽が空に輝いている。

Joël apprend **le japonais** depuis deux ans.
ジョエルは2年前から日本語を学んでいる。

▶これらの名詞の中には、特定の状況で不可算名詞のように部分冠詞を伴って用いられるものもあります。特にスポーツ・学問分野は動詞 **faire**「する」の目的語として、部分冠詞を伴ってよく使われます。

On a **du soleil** dans cette pièce.　この部屋は日が入る。

Mon fils fait **du judo**.　息子は柔道をやっている。

Il a fait **de l'allemand** au lycée.　彼は高校でドイツ語をやった。

▶ また、日常的ではないにせよ、複数のものを想定することもありえるので、その場合は可算名詞として扱います。

Elle était certaine d'avoir vu **deux lunes**.
彼女には月を2つ見た確信があった。

(ii) 人・ものの性質を表す形容詞から派生した名詞のうちの一部

la beauté 美（←beau）　　　　la bêtise 愚かさ（←bête）
la blancheur 白さ（←blanc）　　la gentillesse 親切さ（←gentil）
la grandeur 大きさ、偉大（←grand）　l'innocence 無実（←innocent）
la supériorité 優越性（←supérieur）

これらは単数形で定冠詞あるいは所有形容詞を伴って使われます。ふつうは不定冠詞単数・複数（可算名詞の特徴）とも部分冠詞（不可算名詞の特徴）とも結び付きません。

René fut frappé par **la blancheur** de sa peau.
ルネは彼（彼女）の肌の白さに強い印象を受けた。

Votre gentillesse nous a beaucoup touchés.
みなさま方のご親切には感激しております。

> **メモ** これらの名詞でも、「その性質を帯びた行為・もの・人」という意味で可算名詞（特に複数形）で用いられるものがあります。
> 例：faire des bêtises　ばかなことをする／commettre des atrocités　残虐行為を行う／commettre une indélicatesse　無作法なことをしてしまう／avoir des rougeurs sur le visage　顔に赤い斑点が出ている／une beauté　美女

▶ 上記 (i)、(ii) の名詞も、不可算名詞の場合と同様に、形容詞などの修飾要素が加わると不定冠詞単数が付きます。

une lune énorme　巨大な月

une paix durable　永続的な平和

Elle parle **un français impeccable**.
彼女は完璧なフランス語を話す。

une blancheur éblouissante　まばゆいばかりの白さ

La princesse était d'**une beauté éclatante**.
王女は輝くばかりの美しさだった。

2）その他の分類

可算・不可算等の区分とは別の観点から、いくつか特徴的な名詞のグループを見ておきましょう。

① 物質名詞

液体・気体・食材・製品素材などの「物質」を表す名詞です。意味的、直感的な区分なので厳密さに欠けますが、不可算名詞の典型と考えられます。

Tu as mis **du sel** dans la soupe ?　スープに塩を入れた？

C'est **de la soie**, ce tissu ?　この布は絹ですか？

② 集合名詞

集合名詞とは、同じものの集まりを全体として捉えて集合的に指し示す名詞です。意味的、文法的にいくつかのタイプが考えられます。

(i) ただ単に集合的に捉えただけのもの

不可算名詞の特徴を具えたもの（部分冠詞で「一部分」を表せる）とそうでないものがあります。また、意味的に対応しかつ派生関係にある個別名詞（集合ではなく個別のものを表す名詞）を持つものもあります。

［部分冠詞で一部分を表せるもの］（個＝個別名詞）

人：monde 人々／personnel 従業員／clientèle 顧客層（個 client）／auditoire 聴衆（個 auditeur）／électorat 選挙民（個 électeur）

Il y a **du monde** partout.　至る所に人がいる。

Cet homme ne fait que chercher **de l'électorat**.
あの男は集票のことしか考えていない。

動物：bétail 家畜類／volaille 家禽類

Comment élever **de la volaille** ?　家禽はどのように飼育すべきか？

もの：courrier 郵便物／herbe 草／feuillage（木全体の）葉（個 feuille）／mobilier 家具一式（個 meuble）／outillage 工具一式（個 outil）

Il y a **du courrier** pour moi ?　私に郵便は来ていますか？

Où acheter **du mobilier** bébé ?
赤ちゃん用家具はどこで購入すればいいのか？

[部分冠詞とはなじまないもの]

peuple 人民／assistance 列席者一同（個 assistant）／bourgeoisie ブルジョワジー（個 bourgeois ブルジョワ）／noblesse 貴族階級（個 noble 貴族）

Son discours a ravi toute **l'assistance**.
彼（彼女）の演説は列席者すべてを魅了した。

(ii) 単なる集合ではなく機能的意味合いを持つもの

　このタイプの集合名詞は可算名詞です。また、何からなる集合かを示すことがよくあります。

foule 群集／équipe チーム／essaim（ミツバチなどの）群れ／troupeau（羊、牛などの）群れ／groupe グループ／bouquet 花束

Une équipe de spécialistes a été créée.　専門家のチームが作られた。

Offrez **un bouquet** de roses à votre bien-aimée.
（花売り）恋人にバラの花束を贈りましょう。（贈ってください）

③ 行為名詞・性質名詞

　行為や性質を表す名詞は、多くの場合、行為者や行為の対象あるいは性質の体現者を示す補語を伴って使われます。補語は一般的には〈de＋名詞句〉の形になります。また、補語の代わりに所有形容詞に先立たれることもあります。

l'amour de Dieu 神の（神への）愛／l'arrivée du train 列車の到着／
l'analyse de la situation 状況の分析／
mon analyse de la situation 私の状況分析／
la cohérence de cette théorie この理論の整合性

◆主な接尾辞と行為名詞・性質名詞

　行為名詞や性質名詞はほとんどの場合、動詞・形容詞に接尾辞が付いて派生したものです。主な接尾辞と行為名詞・性質名詞の例を見ておきましょう。

（i）動詞からの派生

- **-age**　assemblage （部品などの）組み立て／lavage 洗うこと
- **-aison**　conjugaison （動詞の）活用／pendaison 吊るすこと、絞首刑
- **-ion**　(-ation) dégustation 試飲・試食／explication 説明／préparation 準備
  (-tion) construction 建設／protection 保護
  (-ssion) expression 表現／discussion 話し合い
  (-xion) connexion 結合
- **-ment**　aménagement 整備／conditionnement 条件付け／effondrement 崩壊
- **-ure**　fermeture 閉めること／ouverture 開けること／filature 尾行

（ii）形容詞からの派生

- **-ance**　importance 重要性／puissance 力の強さ
- **-ence**　innocence 無実／permanence 永続性
- **-eur**　blancheur 白さ／hauteur 高さ／longueur 長さ／rondeur 丸さ
- **-esse**　bassesse 下劣さ／gentillesse 親切さ／richesse 裕福さ
- **-ise**　bêtise 愚かさ／franchise 率直さ／gourmandise 食いしん坊なこと
- **-té**　beauté 美／bonté 善良さ／complexité 複雑さ／curiosité 好奇心／énormité 巨大さ、重大さ／fierté 誇り／habileté 巧妙さ／pauvreté 貧困／supériorité 優越性

（2）名詞の性・数と形態

1）性

　フランス語の名詞はすべて**男性名詞**か**女性名詞**に分かれ、その割合はおおよそ半々です。男性・女性の区別は固定されていますが、一般的に意味からは類推できません。

　ただし、語尾（多くは接尾辞）から性別を判断できるものもあります。また、人を表す名詞では、文法上の性はたいてい生物学的な性と一致します。動物ではやや事情が異なります。

> **メモ** 少数の名詞については、話者によって性別判断に揺れも見られます。
> 例：après-midi 午後（多く男性）　　aphte 口内炎（公式には男性）

2. 名詞

① 語尾から性が判断できるものの例

[男性]
- **-age**   mariage 結婚／village 村（ただし接尾辞ではない cage「(鳥獣の)籠、檻」、image「絵、イメージ」は女性）
- **-isme**   capitalisme 資本主義／impressionnisme 印象主義
- **-ier**   cerisier 桜の木／grenier 屋根裏部屋
- **-ment**   bombardement 爆撃／gouvernement 政府
  （ただし接尾辞ではない jument「雌馬」は女性）

[女性]
- **-sion, -tion**   occasion 機会／expression 表現／conversation 会話
- **-aison**   maison 家／raison 理由／saison 季節
- **-ure**   blessure 傷／ouverture 開けること
- **-ette**   camionnette 軽トラック／maisonnette 小さな家
- **-ade, -ude**   noyade 溺死／certitude 確信／solitude 孤独
- **-ille**   fille 女の子／aiguille 針（gorille「ゴリラ」のみ男性）
- **-(e)rie**   boulangerie パン店／pâtisserie 菓子店／raillerie からかい

② 人・動物を表す名詞の性

• 人を表す名詞

(i) 対象の性と文法上の性の一致

　基本的には、名詞が指す対象の性別と文法上の男性・女性は一致します。単語の形態には、いくつかの場合があります。

[男女別単語]

homme 男／femme 女   garçon 男の子／fille 女の子

[男女同形]

　同じ単語を男性名詞・女性名詞の両方に使います。もちろん名詞に付く限定詞、形容詞などは性に応じて変化します。

enfant（大人に対して）子ども／élève 生徒／journaliste ジャーナリスト／malade 病人

Olivier (Agnès) est un (une) **journaliste** très compétent (compétente).
オリヴィエ（アニェス）はとても有能なジャーナリストだ。

[男性名詞から女性名詞を作る]

男性名詞にeなどを付けて、対応する女性名詞を作るものもあります。

> メモ 男性名詞をもとにした女性名詞の作り方は、形容詞の女性形の作り方と同じです。
> ☞ p.139

原則：男性名詞の語尾にeを付ける

étudiant ➡ étudiante 学生　　avocat ➡ avocate 弁護士
cousin ➡ cousine いとこ

eを付けるが微調整の必要なもの

espion ➡ espionne スパイ　　musicien ➡ musicienne 音楽家
romancier ➡ romancière 小説家　　époux ➡ épouse 配偶者

例外：-euse、-trice、-esse などのような形になる

chanteur ➡ chanteuse 歌手　　vendeur ➡ vendeuse 店員
acteur ➡ actrice 俳優　　instituteur ➡ institutrice 小学校教員
prince 王子 ➡ princesse 王女　　héros ➡ héroïne 主人公

(ii) 対象の性と文法上の性の不一致

対象の性と文法上の性がずれることがあります。男性名詞で女の人にも使われるもの、女性名詞で男の人にも使われるものの場合です。

[男性名詞]

auteur 作者／écrivain 作家／médecin 医師／otage 人質／
témoin 証人／escroc 詐欺師／assassin 人殺し

[女性名詞]

connaissance 知り合い／personne 人物／vedette スター／
victime 犠牲者、被害者

> **メモ** 文法上の性が対象とは逆の場合もまれにあります。

男性名詞だが対象はむしろ女性：mannequin マヌカン／laideron 醜女／tendron 若い娘

女性名詞だが対象はむしろ男性：sentinelle 歩哨／recrue 新兵

中上級！ 職業・役職名

もとは男性名詞であるものがほとんどですが、女性の社会進出に伴い、女性への適用が拡大しています。女性に対して使う場合、次のような方法が取られます。

(1) 語尾が -e なので男女同形の語として女性名詞としても使う。

> archéologue 考古学者／dentiste 歯科医／guide ガイド／
> journaliste ジャーナリスト／juge 判事／
> maire 市(町・村)長／ministre 大臣／photographe 写真家

(2) -e を語末に付けるなど、通常の方法に倣って女性形を作る。

> avocat ➡ avocate 弁護士
> banquier ➡ banquière 銀行家
> pharmacien ➡ pharmacienne 薬剤師
> footballeur ➡ footballeuse サッカー選手
> enquêteur ➡ enquêtrice 捜査官、アンケート調査員
> agriculteur ➡ agricultrice 農業生産者
> ambassadeur ➡ ambassadrice 大使
> directeur ➡ directrice 所長、部長
> facteur ➡ factrice 郵便配達人
> rédacteur ➡ rédactrice 編集者

(3) そのまま女性名詞としても使う。

> professeur 教師

流動性のある現象なので、ここで見たものでも、ものにより人により許容度が異なることがあります。

また、現状ではまだ女性名詞を作ることに対する言語感覚上の違和感があり、男性名詞のまま用いられる傾向が強いものもあります。次のようなものです。

[男性名詞のまま]

charpentier 大工／chauffeur（バス・タクシー）運転手／commissaire 警察署長／couvreur 屋根職人／couturier 服飾デザイナー（比較：couturière 縫い子）／écrivain 作家／imprimeur 印刷工／plombier 配管工／médecin 医師／sculpteur 彫刻家

• 動物を表す名詞

（ⅰ）人間になじみのあるものでは、男性名詞をもとにした女性形があります。ただし、特にメスであることを強調する場合を除いては、ふつう男性形を使います。

男性名詞をもとにした女性形：chien ➡ chienne 犬／chat ➡ chatte 猫／lion ➡ lionne ライオン／ours ➡ ourse 熊／loup ➡ louve オオカミ

オスとメスそれぞれに別単語が存在する場合もあります。

別単語（オス・メス）があるもの：bœuf / vache 牛　　bouc / chèvre ヤギ　　coq / poule 鶏　　porc / truie 豚　　cerf / biche 鹿

（ⅱ）一般的にはオス・メスの区別を反映せず、男性名詞のものもあれば女性名詞のものもあります。

[男性名詞]

éléphant 象／gorille ゴリラ／papillon 蝶／serpent 蛇

[女性名詞]

souris ハツカネズミ／girafe キリン／grenouille カエル／mouche ハエ／fourmi アリ

オス・メスの区別がどうしても必要なら mâle「オスの」、femelle「メスの」という形容詞を付けるなど、特別の手段を用います。

une girafe mâle オスのキリン　　une maman éléphant 象の母さん

③ 性だけで区別される同形異義語

綴りも発音も全く同じで、性だけで意味が区別される名詞もあります。語源の面からももとから同じという場合と、もとは形の異なる別単語であった場合とがあります。

[同語源]

le manche (道具の) 柄／la manche 袖
le mémoire 研究論文／la mémoire 記憶
le mort (男性) 死者／la mort 死
le pendule 振り子／la pendule 置き(掛け)時計
le physique 容姿／la physique 物理学
le poste ポスト、部署／la poste 郵便局
le voile ヴェール／la voile 帆

[別語源]

le livre 本／la livre 半キロ、ポンド
le moule 鋳型／la moule ムール貝
le poêle (薪、石炭) ストーブ／la poêle フライパン
le tour ひと回り／la tour 塔、高層ビル
le vase 花瓶／la vase 泥

2) 数
① 単数・複数の概念

同類のものの集合を前提として、そのうちの1つのものを表すのが「単数」、2つ以上のものを表すのが「複数」という概念です。これを文法的に表現したものが**単数形・複数形**の使い分けです。

可算名詞の場合、この使い分けは明確ですが、不可算名詞などについても、複数形や不定冠詞単数（un、une）付きで現れている場合は、この単数・複数の概念で理解することになります。 p.24

ここでは数に関連した問題でやや特殊なものを見ておきましょう。

（i）複数形でのみ用いる名詞

名詞の中には複数形でのみ用いるものがあります。それぞれ、複数のプロセスや内訳や種類などを含むという認識があるのだと考えられます。

[単数形での使用無し]

alentours 近辺／archives 古文書／arrhes 手付金／condoléances お悔やみ／décombres（倒壊した建物の）瓦礫／échecs チェス／environs 近辺／félicitations 祝辞／fiançailles 婚約(式)／frais 費用／gens 人々／honoraires 謝礼／mathématiques 数学／mœurs 風習、風紀／obsèques 葬儀／pourparlers 折衝／préparatifs 準備措置／proches 近親者／ravages 災禍／représailles 報復／vivres 食糧

[単数形は別の意味や用法]

courses 買い物／épinards ほうれんそう／légumes 野菜類／nouilles 麺類／pâtes パスタ／toilettes トイレ／vacances バカンス／vêtements 衣類

[対で使う道具類。単数形は別の意味や用法]

ciseaux はさみ／lunettes めがね／tenailles やっとこ

[特定の表現中で]

les beaux-arts 美術／dommages et intérêts 損害賠償／droits d'auteur 著作権料、印税／les jeux Olympiques オリンピック

(ii) 強調の複数形

　単数形で使うのがふつうである名詞が、「膨大、広大」のような強調の意味を込めた複数形で使われる場合があります。特定の名詞に限られます。

flotter dans les airs 空中に漂う
les eaux de la mer (d'un fleuve) 大海（大河）の水
eaux usées industrielles 工業廃水
prendre les eaux 温泉療治・海水療治をする
neiges éternelles 万年雪
sables mouvants 流砂

> **中上級!** **特殊で難解な複数形**
>
> 　ふつう単数で使う **le ciel**「空」には、**les cieux**「天国、天上」という文学的強調の複数形があります。ただし、ふつうの意味で複数が必要な場合は **ciels** となります。
> 　また男性名詞 **orgue**「(パイプ) オルガン」の複数形は **orgues** ですが、複数台のオルガンの意味ならもとどおり男性名詞、強調の複数として1台の「大オルガン」を表すなら女性名詞扱いになります。

(iii) 複数のものを包括する単数形
[総称]

「犬」や「椅子」などといった種の特性について語るときに単数形を使うことがあります。☞ p.50 1)

Le chien est un animal fidèle. 　犬は忠実な動物である。
(特定の1匹の犬についてではなく、「犬というもの」について言っている)

[個別]

「目」「耳」のように対ないしは複数から成る体の部位が、ときに単数形で包括的に表されることがあります。文学作品に現れることもありますが、日常語ではふつう成句的な表現です。

à l'œil nu 肉眼で／voir (regarder) d'un œil + 形容詞 …な目で見る／
ne pas fermer l'œil まんじりともしない／jeter un coup d'œil 一瞥する／
avoir l'oreille fine 耳が鋭い／dresser l'oreille 耳をそばだてる／
n'avoir rien à se mettre sous la dent 何も食べるものがない (dent 歯)

② 複数形のつくり方
(i) 原則

単数形の**末尾にsを付け加え**ます。

chien ➡ chiens 犬　　résultat ➡ résultats 結果　　rue ➡ rues 通り

(ii) 例外

いくつかの種類がありますが、ほぼすべて複数形の末尾には **s、x、z** のどれかが来ます。

[単数形の末尾が s、x、z のもの]
　何も付けません。複数形は単数形と同じままです。

　　fils ➡ fils 息子　　cours ➡ cours 授業　　prix ➡ prix 価格
　　nez ➡ nez 鼻

[単数形の末尾が -au、-eau、-eu のもの]
　末尾に x を付け加えます。

　　tuyau ➡ tuyaux 管　　　　château ➡ châteaux 城
　　gâteau ➡ gâteaux ケーキ　cheveu ➡ cheveux 髪の毛

▶ ただし pneu → pneus「タイヤ」、bleu → bleus「(打撲などの) 青あざ」のように s を付けるものもあります。

[単数形の末尾が -ou のもの]
・次の7語は**末尾に x を付け加え**ます。

　　bijou ➡ bijoux 装身具　　　caillou ➡ cailloux 小石
　　chou ➡ choux キャベツ　　 genou ➡ genoux 膝
　　hibou ➡ hiboux ミミズク　　joujou ➡ joujoux (幼児語) おもちゃ
　　pou ➡ poux シラミ

・他の語は原則どおり**末尾に s を付け加え**ます。

　　clou ➡ clous 釘　　écrou ➡ écrous ナット
　　toutou ➡ toutous (幼児語) わんわん　　trou ➡ trous 穴

[単数形の末尾が -al のもの]
　末尾を -aux に置き換えます。

　　canal ➡ canaux 運河　　　　cheval ➡ chevaux 馬
　　journal ➡ journaux 新聞　　tribunal ➡ tribunaux 法廷

▶ ただし bal → bals「ダンスパーティー」、récital → récitals「リサイタル」、festival → festivals「フェスティバル」のように s を付け加えるものもあります。

［単数形の末尾が -ail のもの］
- 次の7語は**末尾を aux に置き換え**ます。

    travail ➡ travaux 仕事　　vitrail ➡ vitraux ステンドグラス
    corail ➡ coraux 珊瑚　　émail ➡ émaux 七宝　　bail ➡ baux 賃貸契約
    soupirail ➡ soupiraux （採光、換気用の）地下室の窓
    vantail ➡ vantaux （開き扉の）開き板

- 他の語は原則どおり**末尾に s を付け加え**ます。

    ail ➡ ails にんにく　　rail ➡ rails レール　　détail ➡ détails 詳細

［特殊なもの3語］

  œil ➡ yeux 目　　ciel ➡ cieux 天（強調の複数形）　　aïeul ➡ aïeux 祖先

［合成語由来で特殊なもの3語］

  monsieur ➡ messieurs　　madame ➡ mesdames
  mademoiselle ➡ mesdemoiselles

［発音の仕方が特殊なもの3語］

  œuf [œf]　　➡　œufs [ø] 卵
  bœuf [bœf]　➡　bœufs [bø] 雄牛
  os [ɔs]　　➡　os [o] 骨

（iii）合成語の複数形

合成語の成分の組み合わせによりいくつかの場合に分かれますが、複数形になりうるのは名詞成分と形容詞成分だけです。

［名詞と形容詞の組み合わせ ➡ どちらも複数形］

  un coffre-fort ➡ des coffres-forts 金庫
  un blanc-bec ➡ des blancs-becs 青二才

> **メモ** ただし nouveau-nés「新生児たち」。恐らく nouveau が副詞的に捉えられているため。

[名詞と名詞の組み合わせ]
• 両者が同等の位置づけ ⇒ どちらも複数形

 un canapé-lit ⇒ des canapés-lits ソファーベッド
 un chou-fleur ⇒ des choux-fleurs カリフラワー

• 前の名詞が中心で後の名詞は修飾要素 ⇒ 前の名詞のみ複数形

 un pause-café ⇒ des pauses-café コーヒーブレイク
 un timbre-poste ⇒ des timbres-poste 郵便切手
 une pomme de terre ⇒ des pommes de terre じゃがいも
 un arc-en-ciel ⇒ des arcs-en-ciel 虹

[動詞と名詞の組み合わせ ⇒ 名詞のみ複数形]
ただし、名詞の特性や意味に応じて、全体が単数でも名詞成分は複数形であったり、全体が複数でも名詞成分は単数形であったりと複雑で、判断に揺れのある場合もあります。

 un tire-bouchon ⇒ des tire-bouchons （ワインなどの）栓抜き
 un sèche-cheveux ⇒ des sèche-cheveux ヘアドライヤー（乾かす対象の髪の毛はもともと複数本）
 un porte-monnaie ⇒ des porte-monnaie 小銭入れ（monnaieは不可算名詞）

[動詞と動詞、動詞と副詞などの組み合わせ ⇒ 形はそのまま]

 un laisser-passer ⇒ des laisser-passer 通行許可証
 un va-et-vient ⇒ des va-et-vient 行き来
 un passe-partout ⇒ des passe-partout マスターキー

（3）固有名詞について

1）原則
固有名詞は語頭を大文字で綴り、ふつう限定詞は付かないまま名詞句として機能します。

 François a rencontré **Marie** à **Paris**.
 フランソワはパリでマリと出会った。

2）国、山など

地理的な名称では、町村名と一部の国・島などを除いて、定冠詞が付きます。

［定冠詞が付くもの］

国：la France フランス／le Japon 日本／les États-Unis 米国　など

> メモ　無冠詞のもの：Israël イスラエル／Cuba キューバ／Madagascar マダガスカル　など

地域：l'Afrique アフリカ／l'Asie アジア／l'Europe ヨーロッパ　など
地方：la Bretagne ブルターニュ／la Provence プロヴァンス／le Kanto 関東　など

山・山脈：le mont Blanc モンブラン／les Alpes アルプス山脈／le Jura ジュラ山脈　など
河川：la Seine セーヌ川／la Loire ロワール川／le Rhin ライン川　など
海：l'océan Atlantique 大西洋／la mer Méditerranée 地中海　など

> メモ　le mont Blanc、l'océan Atlantique、la mer Méditerranée は普通名詞との組み合わせです。

［冠詞が付かないもの］

町村：Paris パリ／Rome ローマ／Versailles ヴェルサイユ　など

> メモ　町村名は冠詞が付かないので性別が判然としません。語尾が e のものは女性名詞と捉えられたりもしますが、一般的には男性名詞扱いで問題ありません。

3）国民、民族など

国民、民族名は語頭を大文字で綴りますが、固有名詞ではなく普通名詞だと考えられます。可算名詞です。

J'ai connu **une Française** en Inde.
私はインドでフランス人女性と知り合った。

Les Français aiment le fromage.　フランス人はチーズが好きだ。

4）家族、家系など

人名に定冠詞複数を付けて家族、家系、王朝を表します。王朝、有

力家門を除いて、語尾にsを付けません。

On a invité les Martin. マルタンさん夫婦（一家）を招待した。

Les Thibault 『チボー家の人々』（マルタン・デュ・ガールの小説）

les Bourbons ブルボン家、ブルボン朝

5) 固有名詞の普通名詞化

固有名詞に限定詞を付けて、普通名詞並みに使うことがあります。そういう名前の人・もの、ある特定の時代などのそれ、その人の作品などを表します。

Un (certain) Leclair est venu te voir.
ルクレールとか言う男が君を訪ねて来たよ。

Il n'y a **pas de Martin** dans cet immeuble.
このマンションにマルタンって言うのはいないよ。

le Paris des années 50　1950年代のパリ

Olivier a encore acheté **une Toyota**. （= une voiture Toyota）
オリヴィエはまたトヨタの車を買った。

J'ai écouté **du Bach** tout l'après-midi.
私は午後中バッハを聴いていた。

J'ai acheté **deux Simenon(s)**. 私はシムノンの本を2冊買った。

メモ 固有名詞にはsを付けないこともあります。

第3章 限定詞

限定詞とは、冠詞やそれに類する語（所有形容詞など）のことを言います。普通名詞を文中で用いる際の必須要素です。

　普通名詞は基本的には、冠詞などの限定詞に先立たれた形（名詞句）で主語や目的語などとして働きます。言い換えれば、フランス語では、普通名詞を文中で運用するのに、**限定詞は必須要素である**ということです。

> Sylvie a acheté <u>une voiture</u>.　シルヴィーは車を買った。
> 　　　　　　　　名詞句
> （× Sylvie a acheté voiture. は不可）
>
> <u>Mon</u> travail n'avance pas.　私の仕事は進まない。
> 　名詞句
> （× Travail n'avance pas. は不可）

　限定詞には、**不定冠詞、部分冠詞、定冠詞**という3種類の冠詞のほかに、**所有形容詞、指示形容詞、数量表現**などがあります。

1. 不定冠詞・部分冠詞

　不定冠詞は可算名詞に付いて「何らかの1つ（複数）の…」、部分冠詞は不可算名詞に付いて「何らかの分量の…」という意味を表します。

(1) 形

[不定冠詞]

	単数	複数
男性	un	des
女性	une	des

[部分冠詞]

男性	du (de l')
女性	de la (de l')

* 単数の男性名詞には男性単数形、単数の女性名詞には女性単数形、複数名詞には男性、女性とも複数形が付きます。
  例：un homme、du café、des voitures など。

* 部分冠詞は、後ろの名詞が母音または無音のhで始まる場合はエリジオンが起こり、de l' となります。
  例：de l'argent、de l'eau など。

（2）用法

不定冠詞と部分冠詞の機能の仕方は同じです。どちらも、**全体からある一部分を取り出すもの**です。例えば **un chien**「ある何らかの犬（1匹）」、**du café**「何らかの量のコーヒー」は、それぞれ「犬と呼ばれるものの総体」「コーヒーと呼ばれるものの総体」のようなイメージを前提として、そこから何らかの一個体あるいは何らかの一部分を取り出したものです。

イメージされた総体がchienのように1つ、2つと数えられるものの集まり、つまり**可算名詞**であれば**不定冠詞**が用いられ、caféのように数えられない連続体、つまり**不可算名詞**であれば**部分冠詞**が用いられます。

un chien、du café という表現で取り出された犬やコーヒーは、他の犬たちやコーヒーと区別されうる特性を持っていません。これらの表現で指し示される対象が「犬という概念に該当するもの」「コーヒーという概念に該当するもの」ということしか言われていません。つまり**対象の種別しか表していない**のです。

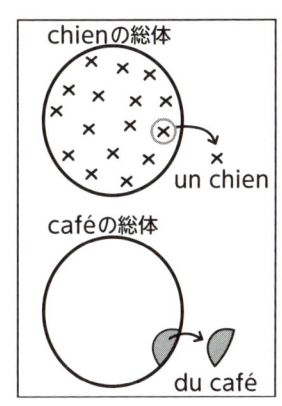

> **メモ** 可算名詞で、何らかの複数のものを取り出すのであれば、不定冠詞複数形desを用います。

不定冠詞・部分冠詞の付いた名詞句の、文中での使用例をいくつか見ておきましょう。

1）あるものがどういう種別なのかを特定する（être などの属詞として）

Tu connais Poussin ?
— Oui, c'est **un peintre** du XVIIe siècle.
プーサンって知ってる？ — うん。17世紀の画家だよ。

Berk ! Qu'est-ce que c'est que ça ? — Ben, c'est **du café**.
うえっ！何だい、これは？ — コーヒーなんだけど。

2）出来事に関わるものの種別を示す

Benoît a acheté **une voiture**.　ブノワは車を買った。

Tu n'as pas oublié d'acheter **du vin** ?
ワイン買うのを忘れなかった？

Hier, je suis allée au cinéma avec **des amis**.
きのう私は友達と映画に行った。

Elle voudrait épouser **un Français**.
彼女はフランス人と結婚したがっている。

　上で述べたように、不定冠詞・部分冠詞ではそのものの種別のみを示していて、前提となる総体（例えば犬やコーヒーの総体）の他の個体や部分とは区別された「特定の個体・部分」である、ということは表していません。「あなたも知っている例のあれ」のように、既知で他とは区別され特定されているものには定冠詞・指示形容詞・所有形容詞が付きます。それに対し、例えば文脈で初めて出てくる対象のように、まだ特定がされていない場合は、不定冠詞・部分冠詞が用いられます。

3）総称

〈不定冠詞単数＋可算名詞〉の形で、その種の個体すべてに当てはまる性質を述べることがあります。

Un chien, ça aboie.　犬というのは吠えるものさ。

Un chasseur sachant chasser doit savoir chasser sans son chien.　（早口ことば）
猟のやり方を心得ている猟師なら猟犬なしで猟ができないといけない。

> **メモ** 総称を表す用法は、〈不定冠詞複数＋可算名詞〉と〈部分冠詞＋不可算名詞〉ではまれです。

（3）その他のポイント

1）不定冠詞複数の de（d'）

　不定冠詞複数は、〈形容詞＋名詞〉に付く場合は de（母音または無音の h の前なら d'）となります。

Elle a **de beaux yeux**.　彼女は美しい目をしている。

Je peux voir **d'autres pulls** ?　ほかのセーター見せてもらえますか？

▶ ただし、この規則が守られないことも多くあります。

Ils aimaient regarder **des jolies filles**.
彼らはきれいな娘たちを眺めるのが好きだった。

　また、〈形容詞＋名詞〉が成句的な場合は des を使います。

manger **des petits pois**　グリンピースを食べる

Ils veulent envoyer **des jeunes gens** à l'armée.
連中は若者を軍隊に行かせたいのだ。

2）不定冠詞複数・部分冠詞の省略

前置詞deの直後では不定冠詞複数と部分冠詞は省略されます。

Notre société a besoin de voitures non-polluantes.
我々の社会は公害を出さない自動車を必要としている。
（× **de des voitures**…は不可）

Le jardin est entouré d'arbres.　庭は木に囲まれている。
（× **de des arbres**は不可）

J'ai envie d'eau.　私は水が欲しい。（× **J'ai envie de l'eau.** は不可）

3）否定の冠詞 de（d'）

否定文中の直接目的語には〈不定冠詞・部分冠詞＋名詞〉を使わず、〈否定の冠詞de＋名詞〉を使います。

Je n'ai pas **de voiture**.　私は車を持っていない。
（比較：J'ai une voiture.　私は車を持っている。）

Il n'y a plus **de vin**.　ワインはもうない。
（比較：Il y a encore du vin.　ワインはまだある。）

Jean ne mange jamais **de poisson**.　ジャンは絶対魚を食べない。
（比較：Jean mange du poisson.　ジャンは魚を食べる。）

pas de voiture、pas de vin、pas de poissonは、「事態（持っている、ある、食べる）を成立させるようなvoiture、vin、poissonは一切存在しない」ということです。それに対して（　）内の例文の不定冠詞や部分冠詞は、voiture、vin、poissonの総体から1つないし一部分を取り出し、それにより事態を成立させているわけです。

> **メモ**　〈否定の冠詞de＋名詞〉が現れるのは直接目的語の場合だけなので注意しましょう。

J'ai **une voiture**. / Je n'ai pas **de voiture**.
私は車を持っている。/ 私は車を持っていない。

C'est **une voiture**. / Ce n'est pas **une voiture**.
これは自動車だ。/ これは自動車ではない。（× **Ce n'est pas de voiture.** は不可）

ただし、くだけた言い方でCe n'est pas de chance.「運が悪いね」という表現があります。

1. 不定冠詞・部分冠詞

> **メモ** 直接目的語が〈定冠詞/指示形容詞/所有形容詞＋名詞〉の場合は「特定されたもの」を指すので、否定文でもdeにはならずそのまま用いられます。

J'ai acheté **cette voiture**. / Je n'ai pas acheté **cette voiture**.
私はこの車を買った。/ 私はこの車を買わなかった。

> **メモ** 「AではなくてBなんだ」のような対比の文脈などでは〈不定冠詞/部分冠詞＋名詞〉の形が現れることがあります。

Je n'ai pas mangé **du poisson**, mais du poulet.
私は魚を食べたのではなく、鶏を食べたのだ。

また、「1つの…すらない」という強調の意味で不定冠詞単数が現れることがあります。

Je n'ai pas **un sou**.　私は一文なしだ。

ただ、この場合はpas un seul...のようにseul「…だけ」を付けて強調するのがふつうです。

Jacques n'a pas **un seul livre**.　ジャックは本を1冊も持っていない。

中上級！ 不定冠詞・部分冠詞についての補足

（1）部分冠詞に準ずるdes

複数形でのみ用いられ集合的な意味を持つ名詞（épinards ほうれんそう、lentilles レンズ豆、pâtes パスタ、など）に付くdesは、通常の場合と違ってun(e)や数詞などとの区別に基づいて使われているわけではないので、部分冠詞に準ずるものと考えられます。

On a mangé **des pâtes** à midi.　お昼はパスタを食べた。

（2）部分を表すde

不定冠詞複数と部分冠詞は、もともと「部分を表すde」と定冠詞が結合したものです。部分を表すdeは現在でも使われることがあります。

Vous avez **de** ses nouvelles ?　あの人から何か連絡はありますか？

Le mariage a perdu **de** son importance.
結婚はいささかその重要性を失ってしまった。

（3）不可算名詞と不定冠詞単数

不可算名詞の場合、通常であれば部分冠詞を使う文脈でも、その名詞に修飾要素が付くと、一般的に不定冠詞単数が現れます。

Il a **une volonté de fer**.　彼は鉄の意志を持っている。
（比較：**Il a de la volonté.** 彼は意志が強い。）

Il fait **un vent glacial**.　（天候）凍てつくような風だ。
（比較：**Il fait du vent.** 風がある。）

2. 定冠詞

　定冠詞は、「その…、例の…」のように、すでに話題になるなどして聞き手が特定できる対象を指すときに用います。また、種全体を示すときにも用います。

（1）形

	単数	複数
男性	le (l')	les
女性	la (l')	

* 単数の男性名詞には le、単数の女性名詞には la、複数名詞には男性、女性ともに les を付けます。
  例：le chien、les chiens など。
* 単数の場合、後ろに来るのが母音あるいは無音の h で始まる名詞（または形容詞）であれば、男性形、女性形ともエリジオンが起こって l' となります。
  例：l'arbre、l'heure、l'autre côté など。
* 男性単数形 le と複数形 les が前置詞 à と前置詞 de に続く場合は、次のように両者が合体して形が変化します。この合体の現象は「冠詞の縮約」と呼ばれることがあります。
  　à + le → au 　　à + les → aux
  　de + le → du 　de + les → des
  例：Nicole habite **au** Japon. 　ニコルは日本に住んでいる。（← à + le Japon）
  　　La capitale **des** États-Unis, c'est Washington.
  　　アメリカの首都はワシントンだ。（← de + les États-Unis）

（2）用法

　定冠詞が使用されるときは、話し手のみならず聞き手にも「どの特定の対象を指しているのかが分かる」ということが想定されています。

Je suis allé voir le directeur. 　僕は部長に会いに行ったんだ。

le directeur が指し示すのは「うちの部の部長」「今、人事部のことを話題にしているが、そこの部長」などいろいろな場合が考えられますが、いずれの場合であっても、「どの部長」のことを指しているのか聞き手が特定できることが le directeur 使用の前提となります。この前提が満たされていないと、聞き手から **Quel directeur ?**「どの部長のこと？」と問い返されることになります。

　〈定冠詞＋名詞（＋修飾・補足要素）〉によって指し示されているも

のを特定できるためには、この表現に該当する対象が1つだけでほかには存在しないことが条件となります。

> **メモ** 定冠詞複数の場合も単数に準じ、その表現に該当する対象が複数あって、それら以外には存在しないというのが条件となります。

「該当する対象が1つだけ」というのは、その対象が、あらかじめ設定された何らかの範囲内で他のものから区別された状態にあるということです。次の2つの場合があります。

① 設定範囲内に別の種のものはさまざま存在するけれども、同種のものは1つだけしかない場合（例：語学学校のあるクラスで「多様な国籍の生徒たちのうち唯一の日本人」）
② 何らかの特徴によって、同種の他のものと区別される場合（例：他の車に対して「私が買った車」）

①と②に分けて具体例を見てみましょう。いずれの場合もあらかじめ設定される範囲の広さはさまざまです。

① **範囲内で同種のものが唯一**
[世の中で、世界で]

Le soleil se lève à **l'est**.　太陽は東から昇る。

J'ai vu une émission très intéressante à **la télé(vision)**.
私はテレビでとても面白い番組を見た。（「テレビ放送」という唯一の概念）

[組織、構造など限られた範囲の中で]

Le gouvernement a pris plusieurs mesures.
政府はいくつかの措置を取った。
（例えば、フランスという枠組みで語っていると了解されれば、フランス政府を指します）

Le directeur commercial est en déplacement.
営業部長は出張中だ。
（例えば、会社に営業部長が1人いるとして、その人のことを指しています）

Il a acheté une moto la semaine dernière et il a déjà cassé **le guidon**.
彼は先週バイクを買って、早くもハンドルを壊しちゃったよ。
（彼のバイクのハンドルを指します。バイクにハンドルが1つ付いているという「全体とその構成要素」に関する知識を聞き手も当然持っていると見なされているわけです）

［発話の場面の中で］

Tu peux me passer l'eau, s'il te plaît ?　そこの水取ってくれる？
（食卓に水差しが置いてあり、その水のことを指しています）

Ferme la porte !　ドア閉めてよ！
（君の行動・道筋で設定される範囲で唯一のドア、つまり今君が通ったドア。部屋に他のドアがあってもそれは範囲から除外されています。別の状況としては、部屋にドアが1つだけの場合というのも考えられます）

［語りの中で作り上げられた枠組みの中で］

Il était une fois un petit garçon et une petite fille. Le garçon s'appelait Polo et…
昔々男の子と女の子がおりました。男の子の名前はポロ、そして…

② 範囲内の同種の他のものから何らかの特徴で区別されて唯一
（ⅰ）名詞に修飾・補足要素が付いている場合

これが一般的なケースで、修飾・補足要素によって、他のものと区別される特徴が示されます。いくつか例を見ましょう。

La mère de Céline travaille dans une pharmacie.
セリーヌの母親は薬局勤めだ。
（mère「母親」という概念が当てはまる多くの対象の中で、「セリーヌの」という補足要素により、他から区別されています）

Je vais te montrer **le sac que j'ai acheté à Paris**.
パリで買ったバッグ見せてあげる。

J'ai eu **l'occasion de lui parler**.　私はあの人に話す機会を得た。

le droit de　…する権利／la chance de　…するという幸運／
l'habitude de　…する習慣　　など
（de ... によって、同種類の他のものと区別され特定されます。）

C'est dans cette région qu'on trouve **les plus beaux châteaux de France**.
この地方にフランスで最も美しい城々がある。
（最上級で修飾してその他の城と区別しています。また、この例では「フランス」が設定された範囲であることが明示されています）

C'est **la première fois** que je viens ici.
私がここに来るのは初めてです。
(序数詞などを伴った名詞にはふつう定冠詞が付きます。**le deuxième enfant**「2人目の子ども」、**le dernier métro**「地下鉄の終電車」など)

メモ premier「最初の」やdernier「最後の」を伴った名詞は唯一のものを指すので、ふつうは定冠詞 le、la などが付きます。しかし、これらに不定冠詞単数が付く場合があります。その場合は、「まず最初の、とりあえず最初の」「最後にさらに1つの」という意味になります。したがって le、la の場合のように、全体が確定していて「その最初、その最後」というのとは趣が違います。

Cet accord est **un premier** pas vers la paix.
この協定は和平へ向けて一歩踏み出したものである。

Je te donne **une dernière** chance.　君にもう一度だけチャンスをあげるよ。

(ⅱ) 修飾・補足部分を伴わない単独の名詞の場合

名詞に修飾・補足部分が付かない場合は、「今話題にしているその」「すでに話題になった例の」「あなたも知っているあの」などのような意味合いになります。いずれにしても「どれ」のことを指しているのかを、聞き手が特定できる必要があります。

Tu as acheté **le sac** ?　例のバッグ（そのバッグ）買ったの？

Ça ne vous fatigue pas ? — Oh, j'ai **l'habitude**.
疲れませんか？ — いやあ、(そういうのには) 慣れてますから。
(**j'ai l'habitude** はよく使う表現です。**l'habitude de** ＋動詞「…する習慣」の **de** 以下が、話の流れの中で話し手と聞き手に了解されていて省略されたものです)

(3) その他のポイント

1) 総称 (p.48 ①の特殊ケース)

定冠詞にも総称を表す用法があります。可算名詞の場合は単数と複数、不可算名詞の場合は単数が用いられます。

[可算名詞]

Le chien a un odorat très développé.
犬はとても嗅覚が発達している。

Les Français boivent moins de vin qu'autrefois.
フランス人は以前ほどワインを飲まなくなった。

Léa aime les chats.　レアは猫好きだ。
(レアは愛猫家。特定の猫を問題にしているのではなく、種全体との関係)

[不可算名詞]

Le vin rouge contient beaucoup de polyphénols.
赤ワインはポリフェノールを多く含んでいる。

Jean ne pense qu'à **l'argent**.　ジャンはお金のことしか考えていない。

　この定冠詞の総称用法は、先に見た①の特殊ケースです。それぞれの種は、他の種と並んで構成されるグループの中で唯一のものと捉えられます。例えば「さまざまな種を含む哺乳動物の中で犬という種は唯一」あるいは「あらゆる概念のうち犬という概念は唯一」であるからです。

2）定冠詞＋曜日

　曜日に定冠詞単数が付いたものは、「…曜日にはいつも」という総称的な意味で使われます。

Les enfants s'ennuient **le dimanche**.
子どもたちは日曜日は（いつも）退屈する。

> **メモ** le lundi、le mardi…などはもちろんある個別特定の月曜、火曜などを示すこともできます。「今話題になっているその週の月曜、火曜…」の意味です。また、日付と組み合わせたときも le samedi 7 septembre「9月7日土曜日」のように定冠詞単数を付けます。

3）社会的文化的枠組みの中の選択肢（p.48 ①の特殊ケース）

　ふつうであれば不定冠詞・部分冠詞が用いられそうな文脈であるのに、定冠詞の名詞句が現れることがあります。

Tu devrais prendre **l'avion** pour gagner du temps.
君、時間を節約するために飛行機を使ったほうがいいよ。
（比較：**Tu devrais prendre un médicament si tu ne te sens pas bien.**
　　　　具合がよくないんなら、何か薬をのんだほうがいいよ。）

　通常「飛行機に乗る、飛行機を使う」は定冠詞を使って prendre l'avion と言います。この l'avion はもちろん特定の個別の飛行機（例えば「滑走路にいるあの飛行機」や「6時発のエール・フランス便」）のことを指すわけではなく、公共交通機関の一手段を表しています。これは、「バス、電車、飛行機…」というあらかじめ与えられた複数の選択肢から1つを選んでいるものと考えられます。そして、選択肢のリストの中ではそれぞれの選択肢は唯一のものなので、定冠詞が用いられることになります。

　このように、社会的・文化的にあらかじめ複数の選択肢から成る枠

組みが与えられていて、そこから1つを選ぶ、したがって定冠詞が用いられる、と考えられるケースの主なものを見ておきましょう。

[公共交通機関]

Je prends **l'avion** au moins une fois par mois.
私は少なくとも月に1回は飛行機に乗る。

prendre le bus バス／le car 長距離バス／le train 電車／
le métro 地下鉄／le tram(way) 路面電車／le bateau 船　など
(ただし prendre un taxi タクシーに乗る)

[商店]

On n'a plus de pain. Il faut que j'aille à **la boulangerie** (chez **le boulanger**).
もうパンがない。パン屋さんに行かないと。

aller à la boucherie (chez le boucher) 牛肉店／à la charcuterie (chez le charcutier) 豚肉・豚肉製品店／à la pharmacie 薬局　など

[公共的な施設・催し]

On va **au restaurant** ce soir ?　今夜はレストランに行く（外で食べる）？

aller au cinéma 映画／au théâtre 芝居／au concert コンサート／
au musée 美術館／au café カフェ／à l'hôpital 病院／à l'église 教会／
à la messe ミサ　など

> メモ　教会やいろいろな店は、場合によっては、限られた地域内で唯一であるということで定冠詞が使われているとも考えられます。

> メモ　名詞に修飾要素が付くと個別具体的になるので、不定冠詞を使います。
> Je préfère prendre **un gros avion**.　私は大きい飛行機に乗るほうがいい。
> On est allés dans **un restaurant chinois**.　私たちは中国料理店に行った。

公共交通機関や商店の場合は、与えられた枠組みが比較的はっきりしていて選択肢も少数ですが、枠組みや選択肢が分かりにくいことも多くあります。また、なぜその枠組みの場合にのみ定冠詞が現れるのかは定かでないので、成句的に覚えるしかありません。

例えば、faire「する」の目的語として使う場合、家事労働（掃除、洗濯、料理…）には定冠詞を用います。ある枠組み内での選択とされているわけです。

　Je fais **la cuisine** presque tous les jours.
　私はほぼ毎日料理をしている。

　faire les courses （日常の）買い物／le ménage 掃除／la lessive 洗濯／la vaisselle 食器洗い　　など

　これに対して、スポーツ、楽器、学科目などがfaireの目的語の場合には部分冠詞を用います。

　Mon fils fait **du judo**.　私の息子は柔道をやっている。

　Je faisais **du violon** quand j'étais étudiant.
　私は学生のころバイオリンをやっていた。

　Tu as fait **de la philo** au lycée ?　君、高校で哲学はやったかい？

4）体の部位（p.48 ①の特殊ケース）

　人の体はいろいろな部位から成り立っていますが、1つの体という範囲内ではそれぞれの部位は唯一（複数あるものもこれに準ずる）で他の部位と区別されます。ですから、ある人との関係で捉えられたその人の体の部位（「全体とその構成要素」の関係）にはふつう定冠詞が使われます。　p.57 4)

　J'ai mal à **la tête** (au ventre, à la gorge, aux dents).
　私は頭（おなか、喉、歯）が痛い。

　Va te laver **les mains** !　手を洗ってきなさい。

5）朝・昼・晩（p.48 ①の特殊ケース）

　一日は朝・昼・晩などの部分から成り立っていますが、何らかの一日を範囲として、あるいは一般的に朝・昼・晩を問題にする場合、それらの範囲内では唯一であるので定冠詞を用います。

　Ce jour-là, Sophie est rentrée très tard **le soir**.
　その日、ソフィは夜とても遅く帰ってきた。

　Ma mère se lève tôt **le matin**.　母は朝早くに起きる。

6）度量衡などの単位（p.48 ①の特殊ケース）

度量衡・時間の「一単位当たりどれだけ（金額・速度）」と言う場合に定冠詞を用います。

Ces cerises coûtent huit euros le kilo.
このさくらんぼはキロ当たり8ユーロする。

le litre　1リットル当たり／le mètre　1メートル当たり／la pièce　1個当たり

Ils sont payés six euros cinquante de l'heure.
彼らは時給6ユーロ50である。
（**l'heure**のみに比べて**de l'heure**のほうが日常的です。また**par heure**もあります）

La vitesse est limitée à 90 kilomètres à l'heure.
速度は時速90kmに制限されている。
（**par heure**とも言います。また**kilomètre(s)-heure**もよく使われます）

> **中上級!** 総称文と冠詞
>
> 可算名詞の場合、総称の名詞句には定冠詞単数、定冠詞複数、不定冠詞単数の3つが使われますが、それぞれニュアンスが異なります。
>
> ［定冠詞単数］
> 定冠詞単数は抽象度が高く、種を規定する本質的な性質や種そのもの（個々の成員ではなく）に関わることを述べるときに用います。
>
> **Le chat** est un animal territorial.　猫は縄張りを持つ動物である。
> **Le piano moderne** est né au XIXe siècle.
> 現在のようなピアノは19世紀に誕生した。
>
> ［定冠詞複数］
> 定冠詞複数は最も一般的で無難に使えます。具体的な個体の集まりを想起させるので、具体性の高い状況に適し、また、一部にしか当てはまらない性質を種全体のものとしてまとめることもできます。種が複数のタイプのものを含むことが意識される場合も複数になります。
>
> **Les Japonais** mangent avec des baguettes.
> 日本人は箸を使って食べる。
> **Les Américains** ont bombardé l'Irak.　アメリカはイラクを空爆した。
> **Les vins de Bordeaux** sont très appréciés au Japon.
> ボルドーのワインは日本で大変好まれている。

> [不定冠詞単数]
>
> 　不定冠詞単数は、その種からある **1** 個体を取り出し、「その種に属するものである以上、（当然）これこれの性質を持っているものである」のように、やや特殊なニュアンスの総称文になることがよくあります。その場合、多く ça や ce で受け直して使います。
>
> 　Qu'est-ce que tu veux ? **Un bébé**, ça pleure.
> 　しょうがないよ。赤ん坊ってのは泣くもんなんだから。

3. 所有形容詞

　所有形容詞とは、「私の…」「君の…」「彼の…」などを意味する限定詞です。je、tu、il などは主語として用いる人称代名詞ですが、所有形容詞は人称代名詞の所有形であるとも言えます。冠詞と同様に、後続の名詞とひとまとまりとして用います。

(1) 形

　所有者が単数（「私の…」など）であるか複数（「私たちの…」など）であるかにより、形の変化のパターンが異なります。

[所有者が単数]

	男性単数	女性単数	複数
1人称 私の	mon	ma (mon)	mes
2人称 君の	ton	ta (ton)	tes
3人称 彼（彼女）の、 その	son	sa (son)	ses

[所有者が複数]

	単数	複数
1人称 私たちの	notre	nos
2人称 あなたの、 君（あなた） たちの	votre	vos
3人称 彼（彼女）らの、それらの	leur	leurs

* 所有者が単数の場合、単数の男性名詞には男性単数形、単数の女性名詞には女性単数形、複数名詞には男性、女性とも複数形が付きます。
　例：mon père、ma mère、mes parents など。
* 所有者が単数の場合、後ろが女性名詞であっても、その名詞（または前に付く形容詞）が母音または無音の h で始まるものであれば、男性単数形と同じ形を用います。
　例：mon amie、ton école、son ancienne voiture など。
* 所有者が複数の場合、単数名詞には単数形、複数名詞には複数形が付きます。男性名詞、女性名詞による違いはありません。
　例：votre père、votre mère、vos amis、vos amies など。

（2）用法

1）所有者が3人称の場合

所有者が男性（男性名詞）であっても女性（女性名詞）であっても区別はしません。ですから、例えばson importanceは「彼の重要性」なのか「彼女の重要性」なのか、あるいは「それの重要性」なのか、文脈によって判断しなければなりません。形の変化は、所有者が単数（son、sa、ses）なら後続の名詞（所有される側）の性・数にのみ左右され、所有者が複数（leur、leurs）なら後続の名詞の数にのみ左右されます。

J'ai téléphoné à Marie. **Son fils** est malade.
マリに電話したけど、息子が病気だって。

J'ai téléphoné à Marie. **Sa fille** est malade.
マリに電話したけど、娘が病気だって。

男性名詞単数のfils「息子」には男性形son、女性名詞単数のfille「娘」には女性形saが付きます。また、所有者マリが女性であることはどこにも反映されません。

2）所有形容詞の意味合い

所有形容詞は、定冠詞の用法の②の場合と同様に、**同種の他のものから区別して特定する**ものです。その際、他のものから区別する特徴として所有者が示されるわけです（例：他の車に対して「私の車」）。つまり、所有形容詞の単数は、所有者に属するものが設定された範囲内で唯一であることを、複数はそれらがすべてであることを前提としています。

Hervé a vendu **sa voiture.** エルヴェは車を売った。
（車を所有するのはふつうは1台なので、「彼の車」でどの車かは特定されます）

Anne a emmené **ses filles** au zoo.
アンヌは娘たちを動物園に連れて行った。

> **メモ** 例えば、「日曜日は何をしたか？」と問われて、「友人たちとヴェルサイユに行った」と答える場合、ふつうは、不定冠詞を付けたavec des amis「ある何人かの友人たちと一緒に」を使って、Je suis allé(e) à Versailles avec des amis. と言います。所有形容詞を付けたavec mes amisと言うと、「すでに範囲が設定されていたり、話題に上っていたりして、あなたも特定できる例の私の友人たちと一緒に」という意味になります。ですから、そのような前提がない場合は、avec mes amisは適切ではありません。
> また、Je suis allée à Versailles avec un ami.「友人とヴェルサイユに行った」なら、単に「ある友人（男）と一緒に」ということです。すでに話題になったという前提

なくavec mon amiと言うと、唯一が前提とされるような友人、つまり「私の恋人（＝ mon petit ami）」のことをふつうは意味します。

▶ 複数の所有物のうちの1つ

一般的に、同種の所有物が複数あって、その中の「なんらかのある1つ」という場合は、不定冠詞を使います。

un ami à moi　ある1人の私の友人（くだけた言い方）
un de mes amis　ある1人の私の友人
un roman de Modiano　モディアノのある1つの小説
un de ses romans　彼の小説のうちのある1つ

3）所有者が「もの」の場合

所有者が人とは限りません。「もの」である場合も所有形容詞を使います。

Cette région est connue pour **sa richesse** en charbon.
この地方は石炭が豊富なことで知られている。

Ils connaissent bien les forêts et **leur importance**.
彼らは森と森の重要性をよく知っている。

> 【メモ】 上の例文は1つの文の中で所有関係が現れる例ですが、次に続く文で所有関係を示す場合は、代名詞enと定冠詞の組み合わせを用います。ただし所有形容詞も可能です。

Lise adorait Venise ; elle **en** connaissait toutes **les** petites ruelles.
リーズはベネチアが大好きだった。どんな小さな路地でも知っていた。

Venise est magnifique et j'**en** admire **les** canaux.
ベネチアはすばらしい。運河は見事なものだ。（… j'admire ses canaux. も可）

4）所有形容詞＋体の部位

体の部位には、「全体とその構成要素」という関係に基づいて、ふつう定冠詞を使います。☞ p.53 4）ただし、その部位自体に特別な注意が向けられ独立したもののように捉えられると、所有形容詞を使って所有関係を明示します。

Montre-moi **tes mains**.　君の手を見せてごらん。

Elle a gardé **ses yeux d'enfant**.
彼女の、子どものように純粋な目は今も失われていない。

5）所有形容詞の特殊な意味

「その人特有の」「その人のいつもの習慣の」「その人が固執している」

のような意味合いで用いられることがあります。

André boit toujours **son café** sans sucre.
アンドレはいつもコーヒーは砂糖を入れずに飲む。

C'est ça, **ton hôtel de luxe** ?
これなの、君の言っていた豪華ホテルって？

4. 指示形容詞

指示形容詞とは、「この、その、あの…」を意味する限定詞です。

（1）形

	単数	複数
男性	ce (cet)	ces
女性	cette	

* 単数の男性名詞にはce、単数の女性名詞にはcette、複数名詞には男性、女性ともcesを付けます。
　例：ce chien、cette voiture、ces chiens、ces voituresなど。

* 単数の男性名詞であっても、その名詞（または前に付く形容詞）が母音あるいは無音のhで始まるものであれば、cetを用います。
　例：cet arbre、cet homme、cet énorme chatなど。

（2）用法

1）指示形容詞に対応する日本語

指示形容詞は「この、その、あの…」に相当しますが、日本語では区別するこの3つをフランス語ではふつう区別しません。

Formidable ! Il coupe très bien, **ce couteau**.
すばらしい。とてもよく切れるよ、このナイフ。

On m'a déjà raconté **cette histoire**.　その話前に聞いたことがあるよ。

2）対象特定の仕方

話し手と聞き手が構成する場の中のあるものを指して、他の同種のものと区別して特定するわけですが、2つの場合があります。

①あるものを直接に**指差し**たり**身振り**で示して特定する

（手に持って）Je te donne **ce livre**.　この本あげるよ。

（空の星を指差して）Comment s'appelle **cette étoile** ?
あの星、何ていうの？

② 話の流れの中で直前に登場したあるものやある内容を取り立てる

Un homme est entré dans la salle. J'avais vu **cet homme** à l'aéroport.
1人の男が部屋に入ってきた。その男には私は空港で出会っていた。

Comment tu as eu **cette idée** ?　その考え、どうやって思いついたの？

3) -ci、-là

指示形容詞を冠した名詞の後に -ci（近）あるいは -là（遠）を付けて、話し手からの空間的・時間的遠近を対比的に示しますが、日常では限られた時間表現だけです。☞ 4) ただし、-là は遠近に関係なく、指示形容詞を強調した言い方として用いられます。

Il est complètement dérangé, **ce type-là**.
完全にいかれてるよ、あの男は。

4) 朝・昼・晩や週・月・年など

指示形容詞を朝・昼・晩や週・月・年など時を表す名詞とともに使うと、「今現在」を含む時間帯、あるいは名詞によっては「今現在」に最も近い時間帯を指します。☞ 付録 p.461

cette semaine 今週　　ce mois-ci 今月（-ci が必要）
cette année 今年　　　ce siècle 今世紀
ce matin 今朝　　　　cet après-midi 今日の午後
ce soir 今日の夕方、今晩
（cette nuit は発話する時点によって「昨日の夜中」か「今日の夜中」になります。）
en ce moment 今現在

メモ ce jour は jusqu'à ce jour「今日に至るまで」のような表現で現れます。

▶ 上の表現に **-là** を付けると、「今現在」との関係はなくなり、別の「その時点」との関係になります。

ce jour-là その日　　cette année-là その年　　ce matin-là その朝
à ce moment-là そのとき

▶ -ci（近）あるいは -là（遠）を付けた、次のような表現もあります。

ces jours-ci 最近は　　　　ces temps-ci 最近は
à cette époque-là その当時　en ce temps-là その当時

5) 複数形で

指示形容詞の複数形には、「これとこれ」のように対象をはっきり特定するのとは少し違った使い方もあります。「このようなタイプの…」という一般化です。

（大きな犬を見て）

Moi, je n'aime pas ces gros chiens.　私、ああいう大きい犬は嫌だな。

（フンで汚れたベランダを見て）

Ah, ces pigeons ! Il faut qu'ils salissent tout !
ああ、ハトっていうやつには困ったものだ。何でも汚しちゃうんだから。
（「汚してしまった。そういう性質を持っているハトっていうものは、どうしようもない、あきれる、困る」）

5. 数量表現

例えば「犬と呼ばれるものの総体」「コーヒーと呼ばれるものの総体」からその一部分を取り出す場合、不定冠詞・部分冠詞ではなく数量表現を使って、どれほどの数量を取り出すのかを示すことも可能です。

数量表現は名詞（＋修飾・補足要素）と結び付いて名詞句を形成します。数量は **trois chiens**「3匹の犬」のようにはっきりした数値で表す場合もあれば、**quelques chiens**「何匹かの犬」、**un peu de café**「少量のコーヒー」のように、より漠然とした表現で表す場合もあります。

（1）数詞（基数詞）　付録 p.462

1) 数詞の位置

ほとんどの数詞は**名詞の前に直接**付きます。名詞はもちろん**可算名詞**です。

Ils ont deux enfants.　彼らは 2 人子どもがいる。

Il y a **cinq cent mille habitants** dans cette ville.
この町には50万の住民がいる。

メモ この場合の数詞は、「数形容詞」と呼ばれることがあります。

ただし、million「100万」、milliard「10億」、billion「1兆」はそれ自体が名詞なので、**前置詞deを介して**後ろの名詞に付きます。

Le prix de cette villa s'élève à **deux millions d'**euros.
この別荘の価格は200万ユーロに達する。

million などの後にさらに数が続く場合はdeを介さず直接、名詞に付きます。

trois millions cinq cent mille habitants　350万人の住民

2）他の限定詞との組み合わせ

数詞は**定冠詞・所有形容詞・指示形容詞**と組み合わせることができます。この場合はもちろん、どれのことなのかを聞き手が特定できる対象を指すことになります。

Les trois petits cochons se cachèrent dans la maison de brique.
3匹の子豚はレンガの家に隠れました。

Nous cherchons une bonne crèche pour **nos deux enfants**.
うちの2人の子どものためにいい保育園を探している。

3）特定の数詞

特定の数詞を用いて厳密な数ではなく「わずかの」とか「多数の」という意味を表すことがあります。

C'est **cent** fois mieux.　そのほうがずっといい。（←「百倍」）

Il n'y a pas **trente-six** solutions.
いくつも解決策があるわけではない。（←「36個」）

Je voudrais dire encore **deux** mots sur ces virus.
これらのウイルスについて、少しだけお話を付け加えさせてください。（←「二言」）

(2) その他の数量表現

1) 分量の大小

peu de 無きに等しいような数・量の／un peu de 少量の／beaucoup de たくさんの／plein de いっぱいの／pas mal de かなりの数・量の／énormément de ものすごくたくさんの／bien de（＋**定冠詞付き名詞**）多くの

Il reste encore **beaucoup de** places.　座席はまだたくさん残っている。

▶これらの数量表現は可算名詞・不可算名詞どちらとも結び付きますが、un peu de だけは**可算名詞**に付けることができません。

J'ai un peu d'argent.　私は少しお金がある。

可算名詞の場合は、× un peu de livres français ではなく quelques livres français「何冊かのフランスの本」など、別の言い方をします。

> **メモ** peu de だけは定冠詞・所有形容詞・指示形容詞とともに用いることができます。
> **le peu de** temps que j'ai passé chez toi
> 君のところで私が過ごしたごくわずかの時間

▶本来の意味から離れて、分量の大小をも表すようになった表現もあります。

un tas de / des tas de たくさんの
une foule de / des foules de たくさんの
une poignée de 一握りの
(tas《ものを積んだ》山、foule 群集、poignée 握り)

Alain s'intéresse à **des tas de** choses.
アランはいろんなことに興味がある。

2) 目的との関係

assez de 十分な／trop de 多すぎる数・量の
(どちらも pour「…のために」と呼応)

Je n'ai pas **assez d'**argent **pour** acheter ce sac.
このバッグを買うお金がない。

3）分量の比較　☞ p.391 3)

plus de　より多くの／moins de　より少ない／autant de　同じだけの／
le plus de　最も多くの／le moins de　最も少ない／
tellement de　あれほどの／tant de　あれほどの

Les Japonais ne mangent plus **autant de** riz qu'autrefois.
日本人は昔ほどお米を食べなくなっている。

4）いくつかの

quelques　いくつかの／plusieurs　いくつもの／
certain(e)s　ある特定のいくつかの

Jacques possède **plusieurs** appartements à Paris.
ジャックはパリにいくつもアパルトマンを所有している。

▶これらの表現の中でquelquesだけは定冠詞・所有形容詞・指示形容詞とともに用いることができます。

Ces quelques précautions simples vous suffiront.
これらいくつかの簡単なことに気をつけるだけで十分でしょう。

5）多数、少数

［後続の名詞は定冠詞などが付く］

la plupart de　大多数の／la majorité de　大半の

La plupart des gens dorment plus de cinq heures par nuit.
大多数の人が夜5時間以上寝ている。

［後続の名詞が直接付く］

une minorité de　（全体の中で）少数の
une majorité de　（全体の中で）多数の

Seule **une minorité de** villes disposent d'un budget suffisant.
少数の町だけが十分な予算を持っている。

> **メモ** une petite minorité de「ごく少数の」、une grande majorité de「大多数の」のように強調されることもあります。また、une minorité des pêcheurs「漁師たちのうち少数のもの」のように、後続の名詞に定冠詞などが付くこともあります。

6）部分 partie
［後続の名詞は定冠詞などが付く］

une partie de 一部の／la plus grande partie de 大部分の

On a dû évacuer une partie des habitants.
住民の一部を避難させざるをえなかった。

メモ une petite partie de「ごく一部の」、une grande partie de「多くの」のように形容詞が付いて部分の大きさを示すこともあります。

7）数 nombre、量 quantité

un certain nombre de いくつかの／un petit nombre de 少数の／un grand nombre de 多数の／(bon) nombre de 多数の／le plus grand nombre de 大多数の／(une) quantité de、des quantités de 多数の

以上の表現は後ろに可算名詞が直接付きます。

Un certain nombre de facteurs interviennent dans ce processus.
このプロセスにはいくつかの要素がからんでくる。

Le nouveau système scolaire soulèvera quantité de problèmes.
今度の学校制度は多くの問題を引き起こすだろう。

メモ une petite quantité de「少量の」、une certaine quantité de「なんらかの量の」、une grande quantité de「大量の」などもあります。これらは基本的にはものを表す名詞、特に不可算名詞に付きます。

une petite quantité de crème 少量のクリーム

8）概数

une dizaine de 十ほどの／une centaine de 百ほどの／
un millier de 千ほどの

Elle a une centaine de dictionnaires.
彼女は百冊ほど辞書を持っている。

メモ ほかにhuitaine「約8」、douzaine「約12（単位としての1ダースを表すこともあります）」、quinzaine「約15」、vingtaine「約20」、trentaine「約

30」、quarantaine「約40」、cinquantaine「約50」、soixantaine「約60」なども同形式で使います。

▶ **複数形**にして使うと「数が多い」というニュアンスになります。

des dizaines de 何十もの／des centaines de 何百もの／
des milliers de 何千もの

La grippe cause **des centaines de** morts chaque année.
毎年インフルエンザで何百人もの人が亡くなっている。

9）割合

la moitié de …の半分／le tiers de …の三分の一／
dix pour cent de …の10％　など

La moitié des étudiants n'ont pas passé l'examen.
半数の学生が試験を受けなかった。

> メモ　後続の名詞にはふつう定冠詞などが付きます。冠詞がない場合は別の意味になります。次の2つの例文を比べてください。

20 pour cent des filles ont obtenu la mention « très bien ».
女子の20％が『優』という評価をもらった。

L'école compte environ 500 élèves, dont **55 pour cent de filles**.
この学校は約500人の生徒がおり、うち55％が女子である。

10）全体を表す / すべてを否定する

「全体」を表す場合は、定冠詞・所有形容詞・指示形容詞・不定冠詞単数の前に tout（性・数は変化する）を付けます。

［単数：そのもの全体］

L'incendie a détruit **tout un quartier**.
その火災で一区域まるまる焼けてしまった。

Il a plu **toute la matinée**.　午前中ずっと雨が降っていた。

［複数：それらすべて］

Guy a vendu **toutes ses partitions**.
ギイは持っていた楽譜を全部売ってしまった。

Claire fait du yoga **tous les jours**.　クレールは毎日ヨガをやっている。

▶ 1つ1つを問題にして全体に及ぶものとしては次のような表現があります。

chaque それぞれの／n'importe quel(le)　どんな…であっても

Il faut tenir compte de la personnalité de chaque enfant.
子ども一人一人の個性を考慮に入れる必要がある。

N'importe quel sac fera l'affaire.　どんなバッグでも間に合うだろう。

メモ tout(e)「どんな…であっても」は一部の成句を除いては凝った表現になります。
Tout homme est mortel.　いかなる人間もいずれは死ぬ。

▶ すべてを否定する場合は次の表現を用います。

aucun(e)　いかなる…もない

否定のneとともに用い、可算名詞に付くのが基本です。性質などを表す不可算名詞にも付くことがあります。

Aucune voiture n'est disponible.　今すぐ使える車は1台もない。

Ce qu'il dit n'a aucune originalité.
彼の言っていることには全く独自性がない。

メモ 改まった言い方ではnul(le)「いかなる…もない」もあります。

11) 種類

différent(e)s　いろいろな／divers(es)　いろいろな／
toute(s) sorte(s) de　あらゆる種類の、さまざまな／une espèce de　一種の／
une sorte de　一種の／un(e) certain(e)　ある種の

Il a traité différents aspects du problème dans sa conférence.
彼は講演でその問題のさまざまな側面を扱った。

Marie portait une espèce de kimono.
マリは一種の着物のようなものを着ていた。

Elle n'est pas belle, mais a un certain charme.
彼女は美人ではないが、ある種の魅力がある。

▶ différent(e)s と divers(es) は定冠詞・所有形容詞・指示形容詞とともに用いることもできます。

Il est urgent d'apporter une aide financière à **ces diverses** organisations.
至急これらさまざまな組織に財政的な援助をする必要がある。

> **中上級！ 不定形容詞**
>
> 「その他の数量表現」で見た表現の一部は**不定形容詞**と呼ばれることがあります。ここで取り上げなかったものも含め、不定形容詞を挙げておきます。（訳は初出のもののみ）
> quelque「なんらかの」、quelques、certain(e)/ certain(e)s、plusieurs、pas un(e)「1つも…ない」、tout(e)、chaque、aucun(e)、nul(le)、n'importe quel(le)、tel(le)「しかじかの」、quelconque「なんらかの」、différent(e)s、divers(es)、maint(e)s「多くの」、même(s)「同じ」、autre(s)「別の」　など
>
> いろいろなタイプのものが混ざっており、中にはそのまま名詞と結び付いただけでは名詞句を作れず、限定詞を必要とするものもあります。même(s)、autre(s) などです。
>
> C'est la **même** chose.　それは同じことだ。
> Les deux **autres** hôtels sont complets.　あとの2つのホテルは満員だ。

6. 限定詞に準ずる表現

（1）〈数詞＋特定の名詞＋de〉

〈数詞＋特定の名詞＋de〉という形式のものを限定詞的な感覚で名詞の前に付けて、分量を示すことができます。「特定の名詞」には次のようなものがあります。

1）度量衡の単位

kilo キログラム／litre リットル／mètre メートル／
kilomètre キロメートル／mètre carré 平方メートル　　など

Un kilo de tomates, s'il vous plaît.　トマトを1キロください。

2）時間の単位

seconde 秒／minute 分／heure 時間／jour 日／semaine 週／
mois 月　　など

Ils ont droit à **trente jours de** congés payés.
彼らは30日の有給休暇の権利がある。

3）分類名詞

限られた種類のものの分量を言うのに使われる表現です。（分類名詞の前に来る数詞は un(e) だけでなく **deux**、**trois**… などももちろん可能です。）

une feuille de papier　1枚の紙
un verre d'eau（de vinなど）　コップ1杯の水（ワイン）
une tasse de thé（caféなど）　カップ1杯の紅茶（コーヒー）
un bol de riz（chocolatなど）　お椀1杯のご飯（ココア）
une bouteille de vin（cocaなど）　ボトル1本のワイン（コーラ）
un paquet de cigarettes（lessive, selなど）　1箱のタバコ（洗剤、塩）
un sac de blé（bonbonsなど）　1袋の小麦（キャンディー）
une cuillerée d'huile（de vinaigreなど）　スプーン1杯の油（酢）
une gousse d'ail（de vanilleなど）　1片のにんにく（バニラ）　　など

（2）特殊な形容詞

一般の形容詞と同様に、付加詞でも属詞でも使われますが、付加詞の場合に限定詞のように働く形容詞があります。

1）疑問・感嘆形容詞 quel ☞ p.319 ③, p.333 1)

〈quel(le)(s) + 名詞〉はそれだけで名詞句を形成することができます。疑問形容詞なら「どの…？」、感嘆形容詞なら「なんという…だ！」という意味です。

Vous habitez à **quel** étage ?　何階にお住まいですか？
Quel beau temps !　なんていい天気だろう！

2）形容詞 nombreux「（数が）多い」

不定冠詞複数の de を先に立てた〈de nombreux + 男性名詞〉、〈de nombreuses + 女性名詞〉の形で名詞句になります。「多くの…」という意味です。

De nombreuses études montrent que le tabac est nocif pour la santé.
タバコが健康に害があることは数多くの研究により示されている。

7. 限定詞無しの名詞の使用

普通名詞から名詞句を形成するにはふつう限定詞が必要ですが、文脈や状況により限定詞を欠いたまま使われることがあります（**無冠詞の名詞**と言われることもあります）。どういう場合があるのか見てみましょう。

（1）属詞

職業、役職、国籍などを示す属詞には限定詞を付けません。

Isabelle est **journaliste**.　イザベルはジャーナリストだ。

Xavier a été élu **conseiller municipal**.
グザヴィエは市会議員に当選した。

> メモ　ただし、これは単に職種などを問題にする場合で、修飾要素が付いていたり、強調が加わるようなときには限定詞が現れます。

Isabelle est **une très bonne journaliste**.
イザベルはとてもいいジャーナリストだ。

Il est devenu **notre médecin**.　彼は私たちの掛かりつけの医師になった。

Je suis **un médecin** !　私は医者なんだから。（「まっとうな、正真正銘の」の意）

（2）同格

固有名詞などの同格に置かれて、それが何ものなのかを示す名詞句には限定詞が付かないことがよくあります。

Madame de Maintenon, (la) **dernière maîtresse de Louis XIV**, naquit en 1635.
ルイ14世の最後の愛人であるマントノン夫人は1635年に生まれた。

(3) 前置詞句で

前置詞の後に続く位置で、限定詞が付かない名詞が現れることがよくあります。

un professeur **de français** フランス語教師

ほとんどが修飾・補足要素が付け加わっていない単独の名詞です。一般に限定詞の付かない名詞は個別具体的な独立した対象を指す力がなく、〈前置詞＋名詞〉の形で、別の名詞を修飾してその種別を示す形容詞的な役割を果たしたり（前置詞àとdeに多い）、動詞や文にかかる副詞的な役割を果たしたりします（前置詞avec、parなど）。前置詞ごとに例を見ましょう。

① à

[別の名詞の修飾]

〈à＋名詞〉が別の名詞を修飾する場合、**用途・手段・見かけの特徴**などを示すことが多く、それによって前の名詞の種類分けをします。したがって、合成語のような一体性を持った表現が多く見られます。

une tasse à café コーヒーカップ／un étui à violon バイオリンケース／
un rouge à lèvres 口紅／une corbeille à papier 紙くず籠／
un sac à main ハンドバッグ／un sac à dos リュックサック／
un moulin à vent 風車／une voiture à essence ガソリン車／
un monsieur à lunettes 眼鏡をかけた男の人／
un piano à queue グランドピアノ／
un pull à manches longues 長袖のセーター

[動詞の修飾]

動詞を修飾する場合は、**手段・様態**などを表します。

à pied 歩いて／à cheval 馬に乗って／à genoux ひざまずいて

② de
[別の名詞の修飾]
〈de + 名詞〉が別の名詞を修飾する場合、**素材・分野・種別・同格**などを表すことが多く、それによって前の名詞の種類分けをします。

une médaille d'or 金メダル／un blouson de cuir 革ジャン／
un(e) camarade de lycée 高校（時代）の友だち／
un chien de garde 番犬／une voix de femme 女性の声／
une odeur de rose バラの香り／un jour de pluie 雨の日／
l'esprit d'équipe チーム・スピリット／un moyen de transport 交通手段／
les frais de chauffage 暖房費／un mariage d'amour 恋愛結婚／
un film d'action アクション映画／un homme de talent 才能のある男／
le titre de champion チャンピオンの称号／
la notion de phrase 「文」という概念

[動詞の修飾]
動詞を修飾する場合は、**原因**などを表します。

trembler de froid (de peur) 寒さ（恐怖）で震える／
mourir de faim 飢えで死ぬ／sauter de joie 小躍りして喜ぶ

▶前置詞 de に続く場合、不定冠詞複数（des、de）と部分冠詞（du、de la、de l'）は省かれます。その結果、de の後に限定詞の付かない名詞が現れることになります。 ☞ p.45 2)

entouré **de soldats** 兵隊たちに囲まれている
（比較：entouré **d'une troupe de cavalerie** 騎兵隊に囲まれている）

couvert **de neige** 雪に覆われている
（比較：couvert **d'une neige épaisse** 分厚い雪に覆われている）

③ en
前置詞 en に続く名詞はほとんどの場合、限定詞が付きません。表すものは交通手段、言語、季節、服装、場所、国名（女性名詞、母音で始まる男性名詞）、分野、素材、状態などが主なものです。

en voiture 車で／en français フランス語で／en été 夏に／
en pyjama パジャマ姿の、で／en France フランスで、に／
en ville 町の中心街で、に／en règle 規定に合った／
en vigueur (法律など)効力のある／en vente 発売中の／
en contact avec …とコンタクトがある／une montre en or 金の腕時計／
un film en couleur カラー映画／
un(e) étudiant(e) en psychologie 心理学科の学生／
entrer en gare (列車が)駅に到着する／mettre en prison 投獄する／
être en vacances バカンス中である

④ avec「…を持って」

前置詞 avec に抽象的な性質を表す名詞を続けて、**動作の様態**を表します。ほぼ同じ意味の対応する副詞が存在する場合もあります。

avec attention 注意深く (= attentivement)
avec courage 敢然と (= courageusement)
avec dégoût 嫌悪感を持って (対応する副詞はありません)
avec joie 喜びを持って、喜んで (= joyeusement)
avec lenteur ゆっくり (= lentement)
avec patience 忍耐強く (= patiemment)
avec prudence 慎重に (= prudemment)
avec soin 入念に (= soigneusement)
avec talent 見事に (= talentueusement)

⑤ sans「…無しで」

前置詞 sans もしばしば限定詞無しの名詞を従えますが、この場合、何らかの概念が全否定されています。

sans argent 一文無しの／sans sucre 砂糖を入れずに／
sans espoir 望みのない／sans limites 際限のない／
sans accent なまり無しで／sans gêne 遠慮なく、無遠慮に

⑥ par「…により / …につき」

前置詞 par に抽象的な性質を表す名詞を続けて、**動作の原因・動機**などを表します。また、単位・手段なども表します。

[原因・動機]

par amour pour …に対する愛情から／par calcul 打算で／
par chance 幸運にも／par curiosité 好奇心から／par erreur 間違って／
par hasard 偶然にも／par jalousie 嫉妬心から／
par méchanceté 意地悪で／par peur 恐怖心から／
par plaisanterie 冗談で／par politesse 礼儀で

[単位]

une fois par jour 日に1度／100 euros par personne 1人につき100ユーロ

[手段]

par avion （郵便など）航空便で／être tué par balle 銃で撃たれて死ぬ

⑦ hors de「…の外の」

hors de danger 危険を脱した／hors de prix 法外な値段の／
hors de question 問題外の／
hors (de) service （機械などが）使用できなくなっている

⑧ pour「…として」

よく現れるのは〈avoir pour ... de + 動詞の不定詞〉という形で、pourの後は限定詞無しの名詞が続きます。

avoir **pour but** de + **不定詞** （組織、規定など）…することを目的とする
avoir **pour principe** de + **不定詞** …するのを方針としている
avoir **pour rôle** de + **不定詞** …するのを役割としている

Ce cours a **pour but** d'approfondir les connaissances grammaticales des étudiants.
この講義は受講生の文法知識を深めることを目的とするものです。

⑨ comme「…として」

接続詞commeを「…として」の意味で前置詞的に使う場合、後ろには限定詞無しの名詞が続きます。

Elle travaille ici **comme serveuse**.
彼女はここではウェートレスとして働いている。

7. 限定詞無しの名詞の使用

Qu'est-ce que vous prenez **comme dessert** ?
デザートは何になさいますか？

> **メモ** 〈前置詞＋限定詞無しの名詞〉が基本的な形式となる表現であっても、名詞に修飾要素が付くと概念がより具体化し、不定冠詞が現れます。

avec patience　忍耐を持って
⇒ avec **une** patience infinie　無限の忍耐を持って

par hasard　偶然に
⇒ par **un** hasard de l'histoire　歴史上の偶然から

s'exprimer en français　フランス語で自分の考えを言い表す
⇒ s'exprimer **dans un** français impeccable
　完璧なフランス語で自分の考えを言い表す
（この例では、不定冠詞が現れるだけでなく、前置詞も抽象的な **en** から、より具体的な **dans** に変わります）

（4）曜日

限定詞無しの曜日は、発話の時点から見て**直近のその曜日**を指します。未来、過去どちらを指すことも可能です。

Murielle vient me voir **lundi**.
ミュリエルは今度の月曜に私に会いに来る。

J'étais très fatiguée **vendredi**.　私は金曜日とても疲れていた。

（5）成句的表現

〈動詞＋限定詞無しの名詞〉という形の成句的表現（動詞相当句）が多数あります。いくつか見ておきましょう。

avoir faim　空腹である／avoir honte　恥ずかしく思う／avoir mal　痛い／
avoir peur　恐れる／avoir raison　正しい／avoir sommeil　眠たい／
donner envie de　…したい気にさせる／faire attention　気をつける／
faire connaissance avec　知り合う／faire peur à　怖がらせる／
faire pitié　哀れを誘う／faire plaisir à　喜ばせる／mettre fin à　終結させる／
perdre connaissance　気を失う／porter atteinte à　侵害する、損ねる／
prendre contact avec　コンタクトを取る／rendre service à　役に立つ／
rendre visite à　訪問する

> **メモ** これらの表現の多くは程度を強める目的などで、名詞に修飾要素を付けることができます。その場合たいていは不定冠詞単数が現れます。

avoir **une** faim de loup　腹ペコ（オオカミのような空腹）である

avoir **un** mal terrible　ものすごく痛い

avoir **une** peur bleue　ものすごく怖い（青い恐怖）

donner **une** folle envie　激しく…したい気にさせる

faire **un** immense plaisir　心底喜ばせる

porter **une** grave atteinte　ひどく損ねる

prendre **un** premier contact　まず最初のコンタクトを取る

rendre **une** visite de courtoisie　表敬訪問する

ただし、次のように無冠詞のままのものもあります。

faire grand plaisir　大いに喜ばせる

rendre grand service　大いに役に立つ

▶ **il y a** と **c'est** にも限定詞無しの名詞が続く成句的な表現があります。

Il y a cours demain.　明日は授業が行われる。

Il y a grève demain.　明日はストが行われる。

Il y a fête au village.　村で祭りがある。

Il y a marché dimanche.　今度の日曜日に市が立つ。

Il y a erreur sur la personne.　人違いだ。

Il y a erreur sur le produit.　品物違いだ。

Il y a eu confusion à cet égard.　その点については思い違いがあった。

Il y avait foule au poste de contrôle.　検問所には人だかりがしていた。

Il y a intérêt à limiter le nombre d'étudiants.
学生の数を制限するのが得策だ。

Il n'y a pas moyen de faire autrement.　ほかの手だてはない。

C'est dommage.　残念だ。

C'est chose faite.　それはもう実現している。

C'était peine perdue.　それは骨折り損だった。

▶ 特定の前置詞とともに限定詞の付かない同じ名詞を重ねる表現もあります。

jour après jour 来る日も来る日も
occuper pays après pays 次々といろいろな国を占領する
de jour en jour 日に日に
de ville en ville 町から町へ
maison par maison 家を1軒1軒
examiner tous les documents page par page
すべての資料を1ページ1ページ余すことなく調べる
coup sur coup 続けざまに
faire bêtise sur bêtise へまにへまを重ねる

（6）標識など

標識やそれに類するアナウンス、看板などは簡潔を旨とするので限定詞（この場合は冠詞）を省きます。

entrée 入り口／sortie de secours 非常口／attention école 学校注意／chien méchant 猛犬注意／sens unique 一方通行／stationnement interdit 駐車禁止／propriété privée 私有地／défense d'afficher 貼紙禁止／chambre à louer 貸し部屋

（7）題名、見出しなど

本や絵の題名、記事の見出しなどで限定詞（この場合は冠詞）が省かれることがあります。

Discours de la méthode 『方法序説』（デカルト）
Introduction à la sociolinguistique 『社会言語学入門』
Impression, soleil levant 『印象、日の出』（モネの絵）
Cancer du sein : révélations sur une crise sanitaire (*L'Obs*)
乳がん：公衆衛生の危機的な実態を示す新事実（雑誌の見出し）

（8）諺

諺や格言には古語法の名残で限定詞無しの名詞句が使われていることがあります。

Noblesse oblige.　ノブレス・オブリージュ
(高い身分の者はそれにふさわしく振舞うべきである、それに応じた義務を負う)

À **bon vin** point d'enseigne.
うまい酒に看板は要らぬ (よいものは宣伝などしなくても評価される)。

Si **jeunesse** savait, si **vieillesse** pouvait.
若者に経験があればなあ、老人に力があればなあ (それぞれ欠けていてうまくいかないのが世の常だ)。

(9) 列挙

対になるものや、一連のものを列挙する場合、テンポをよくするために限定詞 (この場合は冠詞) を省くことがあります。もちろん冠詞を付けることも可能です。

Le contact physique entre **parents et enfants** est important.
親子間のスキンシップは重要である。

On enseigne ici cinq langues : **anglais, allemand, italien, espagnol et russe**.
ここは5か国語を教えている。英語、ドイツ語、イタリア語、スペイン語、ロシア語だ。

(10) 住所

通りや広場などの名前が前置詞も限定詞も無しで導入されることがあります。

Monsieur Thibault habite **place d'Italie**.
チボーさんはイタリー広場に住んでいる。(= **sur la place d'Italie**)

J'habite **rue des Écoles**.
私はエコール通りに住んでいる。(= **dans la rue des Écoles**)

J'habite **30 rue des Écoles**.
私はエコール通り30番に住んでいる。(= **au 30 de la rue des Écoles**)

Un grand bal est organisé **place de la Bastille** par la mairie de Paris.
バスチーユ広場でパリ市主催の大ダンスパーティーが開催される。

第 4 章 代名詞

代名詞の代表的なものは、je、moi「私」、il、lui「彼、それ」といった人称代名詞やce、ça「それ」といった指示代名詞です。文中で主語や直接目的語などの役割を果たします。

代名詞は文法的には名詞句の一種です。その代名詞のみで文中で一般の名詞句と同じように機能して、主語、直接目的語などの役割を果たします。また、前置詞と結び付いて前置詞句を作ります。

> **メモ** ただし、指示代名詞celuiは特定の形式を取ります。また所有代名詞はle mienのように定冠詞を前に付けた形で、名詞句の機能を果たします。また、間接目的語人称代名詞（me、luiなど）やenの一部の用法、yのように、それ自体で前置詞句に相当するものもあります。

代名詞の種類は次のとおりです。

人称代名詞	je moi il lui など	［および人称代名詞に近いle（中性代名詞）、en、y］
指示代名詞	ce ça celui など	
所有代名詞	le mien など	
不定代名詞	rien quelqu'un など	
疑問代名詞	☞ p.319 ③▶、p.323 ①	
関係代名詞	☞ p.424	

1. 人称代名詞

言葉が実際に使われる場合（発話行為）、そこには「話し手」と「聞き手」が存在します。発話行為における「話し手」と「聞き手」（およびそれを含む人々）を指すのが1人称・2人称の人称代名詞です。一方、3人称の人称代名詞は、発話行為には参加せずに話題としてだけ登場する人やものに対して使われます。

（1）人称代名詞の形

人称代名詞は、文の中での**文法的な役割**（主語、直接目的語など）によって、次の表のように形が変化します。

1. 人称代名詞

			接合形		遊離形 (強勢形)
		主語	補語		
			直接目的語	間接目的語	
単数	1人称	je	me		moi
	2人称	tu	te		toi
	3人称 男性	il	le	lui	lui
	3人称 女性	elle	la		elle
複数	1人称	nous	nous		nous
	2人称	vous	vous		vous
	3人称 男性	ils	les	leur	eux
	3人称 女性	elles			elles

* je、me、te、le、la は母音・無音の h の前ではエリジオンをして j'、m'、t'、l'、l' となります。
  例：j'ai　il m'a dit　je l'ai vu(e)
* me、te は、肯定命令文では moi、toi という形になります。 ☞ p.84

▶ 間接目的語

間接目的語人称代名詞は、〈前置詞 à ＋（人）〉の代わりをします。ふつう à 以外の前置詞には対応しません。 ☞ p.91 (7)

Je téléphone à Sophie. ➡ **Je lui téléphone.**
私はソフィに電話をする。　　　　私は彼女に電話をする。

ただし、動詞によって、間接目的語人称代名詞（me、lui など）を使うものと、〈à ＋遊離形〉（à moi、à lui など）を使うものとの2種類があります。 ☞ p.163

Je te téléphone.
私は君に電話をする。（× Je téléphone à toi. は不可）

Je pense à toi.
僕は君のことを考えている。（× Je te pense. は不可）

▶ 接合形

主語・直接目的語・間接目的語の人称代名詞はすべて、必ず動詞とともに用いられます。文の種類にしたがって動詞のすぐ前かすぐ後ろに置かれ、発音上も動詞と一体となります。この動詞との密接な関係

を示す意味で、これらの形を**接合形**と言います。

これに対して**遊離形**は、ほとんどの場合、動詞から離れた位置に現れます。また、単独で使うこともできます。☞ p.85

> **メモ** フランス語では、一般にひとまとまりの語群や文の最後の音節に強勢アクセントが来ます（はっきり発音されるということです）。単独や語群末尾で使用されることの多い**遊離形**は、ふつう強勢アクセントを受けるので、**強勢形**と呼ばれることもあります。本書では、文法的な機能に即した名称である「遊離形」を優先的に使用します。

（2）人称代名詞の基本的な意味

人称代名詞の基本的な意味は次のとおりです。

[1人称単数]　je、me、moi
- 「私、僕」などに相当。「話し手」を指します。
- 人称代名詞そのものでは性の区別をしません。

[2人称単数]　tu、te、toi
- 「君、あんた」などに相当。「聞き手」を指します。
- 家族・友人など近しい間柄の人、あるいは子どもが相手。
  （距離を置いた間柄なら、2人称複数のvousを使います）
- 人称代名詞そのものでは性の区別をしません。

[1人称複数]　nous
- 「私たち、我々」などに相当。「話し手」を含む複数の人々を指します。
- nousが「聞き手」を含む場合も含まない場合もあります。

[2人称複数]　vous
- 「君たち、あなたたち、みなさん方」などに相当。「聞き手」を含む複数の人々を指します。

Les enfants, vous allez vous coucher maintenant.（複数の相手）
あんたたち、そろそろ寝に行きなさい。

- 「あなた」にも相当。1人の「聞き手」に対して距離を取って接する場合です。

Vous êtes seule ?　（1人の相手）　お1人ですか？

> **メモ** 相手に対して、親しく2人称単数の人称代名詞を使って話すことをtutoyer、距離を置いて2人称複数の人称代名詞を使って話すことをvouvoyerという動詞で表します。

[3人称]　単数：（男）il、le、lui、lui /（女）elle、la、lui、elle
　　　　複数：（男）ils、les、leur、eux /（女）elles、les、leur、elles

- 文脈の中で前に現れた（あるいは後ろに来る）名詞句を受けます。
- 「彼（ら）、彼女（ら）」「それ（ら）」などに相当。「人」だけでなく「もの」にも使います。
- 男性形と女性形があります。「人」なら対象が男性であるか女性であるかに対応します。「もの」の場合は、受けた名詞句の文法上の性に従います。男女混合なら男性複数形になります。

Isabelle est là ? — Non, **elle** n'est pas là.
イザベルはいる？ — ううん、いない。（**elle** = **Isabelle**）

Elles sont magnifiques, ces photos. Tu **les** as prises où ?
すばらしいね、これらの写真は。どこで撮ったの？
（**Elles**、**les** = **ces photos**）

- ただし、間接目的語（**lui**、**leur**）は「人」にだけ使います。

Je **lui** ai prêté de l'argent.　私は彼（彼女）にお金を貸した。

- 話し手が、近辺にいる「人」を示しながら、「この人、あの人」の意味で使うこともあります。

Lui, je l'ai vu quelque part.　あの人、私どこかで見たことあるわ。

（3）文中での人称代名詞の位置（接合形）

接合形の人称代名詞が、文中でどの位置に置かれるかを確認しましょう。

1）主語人称代名詞の場合

一般の名詞句の場合と同じく、人称代名詞も**動詞**の前に置きます。

Je viens demain.　私は明日来ます。

ただし、例えば疑問文の場合のように、特定の条件のもとで、動詞の後ろに置かれることがあります。　倒置 p.379

Où êtes-**vous** ?　あなたはどこにいるのですか？

▶一般に主語と動詞の間に入ることができるのは、否定詞の **ne**、直接目的語・間接目的語の人称代名詞（まとめて補語人称代名詞と言います）、代名詞 **le**（中性）、**en**、**y** です。

Vous **ne** venez pas demain ?（否定詞）
あなた、明日は来ないのですか？

Elle **m'**a donné un cadeau.（間接目的語人称代名詞）
彼女は私にプレゼントをくれた。

J'**en** parlerai à mes parents.（代名詞 en）
私は両親にそのことを話します。

> **メモ** 副詞は、ふつう主語と動詞の間に置くことはできません。 ☞ 副詞の章 p.276

Elle regarde **toujours** la télé. 彼女はいつもテレビを見ている。
（× Elle toujours regarde ... は不可）

2）補語人称代名詞の場合

補語人称代名詞は、直接目的語であれ間接目的語であれ、必ず**動詞のすぐ前**に置きます（動詞が複合形なら助動詞のすぐ前）。いつも動詞とひとまとまりとなって現れます。

Tes parents, tu **les** vois parfois ?（直接目的語）
ご両親には、君、たまには会ってるの？

Tes parents, tu **leur** téléphones parfois ?（間接目的語）
ご両親には、君、たまには電話してるの？

Tu **l'**as lu, ce livre ?（動詞が複合過去）
読んだの、この本？

否定詞 ne も、補語人称代名詞と動詞の間には入れません。

Tu **ne** lui as pas téléphoné ? 君、あの人に電話しなかったの？

> **メモ** 補語人称代名詞と動詞の間に入ることができるのは代名詞 en、y だけです。

Anne nous **en** a parlé. アンヌは私たちにそのことを話した。

▶ 動詞が不定詞の場合

動詞が不定詞の場合も、その動詞の補語となる直接目的語・間接目的語人称代名詞は直前に置きます。

C'est facile de **lui** faire peur.（間接目的語）
彼（彼女）を怖がらせるのは簡単だ。

Merci de **m'**avoir appelé.（直接目的語）
僕に電話をくれてありがとう。

不定詞が準助動詞や他の動詞に続くときも、補語人称代名詞は不定詞の補語なので、その直前に置きます。

Tu peux m'aider ?　手伝ってくれる？（m' は aider の直接目的語）

Vous allez lui dire la vérité ?　（lui は dire の間接目的語）
あなたは彼（彼女）に本当のことを言うつもりですか？

Je suis allé la voir samedi.（la は voir の直接目的語）
私は土曜日彼女に会いに行った。

ただし、使役構文、放任構文、知覚動詞構文ではやや事情が異なります。☞ 使役構文 p.357、放任構文 p.362、知覚動詞構文 p.366

▶複合形の過去分詞の一致

動詞が複合形の場合、過去分詞は**直接目的語人称代名詞の性・数に一致**します（1人称、2人称の代名詞なら、その人の性別と数に一致）。

Regarde ces photos. — Tu les as prises comment ?
これらの写真見てよ。—これ、どうやって撮ったの？

Le prof nous a aidés.　（この文の nous は男のみ、または男女混合）
先生が僕たちを手伝ってくれたんだ。

▶語順の例外：肯定命令文

肯定命令文では、補語人称代名詞は動詞の後ろに置き、ハイフン (- trait d'union) でつなぎます。

Laisse-la tranquille.　（直接目的語）
彼女をそっとしといてあげなさいよ。

Dis-lui bonjour de ma part.　（間接目的語）
彼（彼女）に、僕がよろしく言っていたと伝えておいてよ。

人称代名詞が me、te なら、強勢形の moi、toi になります。動詞の後ろに付くので、強勢アクセントを担う必要があるためです。

Laisse-moi tranquille.　そっとしといてくれよ。

Dépêche-toi !　急いで！（代名動詞 se dépêcher の命令法）

3）直接・間接目的語が2つとも人称代名詞である場合の語順

直接目的語、間接目的語の2つの接合形人称代名詞を同時に使う場合、次のような語順になります。AかBの組み合わせだけが可能です。

1. 人称代名詞

A	1・2人称間接目的語	3人称直接目的語
	me nous te vous	le la les

B	3人称直接目的語	3人称間接目的語
	le la les	lui leur

[Aの例] Claude **me les** a montré(e)s.
　　　　クロードは私にそれらを見せてくれた。

　　　　Je **vous la** donne.　私はあなたにそれをあげます。

[Bの例] Je vais **les lui** montrer.　私は彼(彼女)にそれらを見せましょう。

　　　　Tu **la leur** donnes ?　君は彼ら(彼女ら)にそれをあげるの？

　　　　　　（＊太字のみは直接目的語、下線付きの太字は間接目的語です。）

メモ A、B以外の組み合わせ、つまり直接目的語が1・2人称の場合は、次のように間接目的語を〈à＋遊離形〉にします。

　Tu **me** présentes **à lui** ?　彼に私を紹介してくれる？

　Je **me** confie **à vous**.　（meは再帰代名詞 ☞ p.90 で直接目的語）
　私はあなたを信頼して私のことを任せる。／私はあなたに本心を打ち明ける。

▶ 語順の例外：肯定命令文

　肯定命令文の場合は、次のようにすべて〈直接目的語―間接目的語〉の順序になります。

　ただし、直接目的語が1・2人称である組み合わせは使いません。

3人称直接目的語	1・2・3人称間接目的語
le la les	moi nous toi vous lui leur

[肯定命令文の例] Donne-**le**-**moi**.　それ私にちょうだい。

　　　　　　　　Montrez-**les**-**leur**.
　　　　　　　　それらを彼ら(彼女ら)に見せなさい。

メモ くだけた会話では、肯定命令文でも通常のAの語順が使われて、次のような文がよく現れます。

　Donne-**moi**-**le**.　それ僕にくれよ。

メモ 肯定命令文の場合も、1・2人称が直接目的語の場合は、間接目的語を〈à＋遊離形〉にして次のように言います。

Présente-moi à lui.　彼に私を紹介してよ。

Confie-toi à moi.
僕を信頼して君のことを任せろ。/ 僕を信頼して本心を打ち明けろ。

（4）遊離形の用法

遊離形（強勢形）は、人称代名詞が文中で次のような働きをする場合に使われます。

1）単独や遊離構文での使用

[単独で]

主語、直接目的語についての質問に対する答えとして、文を省略した形で使えます。

Qui veut du cognac ? — Moi.
コニャックを欲しい人は？― 私。

[遊離構文で]

文頭や文末に遊離させて、主語、直接目的語を強調します。 　遊離構文 p.377　（＊訳の後のカッコ内のものを強調しています。）

Nous, on vient ici tous les ans.
私たちは、毎年ここに来ています。（主語）

Elle, c'est ma petite amie.　彼女は、僕のガールフレンドなんだ。（主語）

Tu le connais, lui ?　あなた、あの人知ってる？（直接目的語）

> メモ　Moi, je … 、Toi, tu … 、のような形はとてもよく使われます。遊離形で強調して、主語の代名詞でもう一度受け直す形です。書き言葉では、次の例のように、3人称の場合に限って主語人称代名詞を省略する形も使います。その場合、リエゾン、アンシェヌマンはしません。
>
> **Lui(,) n'a peur de rien.**　彼は、何ものをも恐れない。
>
> **Elle, avait sans doute tout compris.**
> 彼女はと言うと、恐らくすべてを分かっていたのだ。

▶ **aussi、non plus** などとともに

副詞の **aussi**「もまた」、**non plus**「もまた…ない」、**même**「でさえ」、**en particulier**「とりわけ」、**seulement**「だけ」、あるいは否定詞の **pas** などを伴った形でもよく用いられます。（これらの語が接合形の人称代名詞に付くことはありません。）

[単独で]

J'ai faim. — **Moi aussi. / Pas moi.**
おなかがすいた。— 私も。/ 私はそうでもない。

[遊離構文で]（＊訳の後のカッコ内のものを強調しています。）

Toi en particulier, tu devrais la comprendre.
とりわけ君は、彼女のことを理解してやらないと。（主語）

Même eux(, ils) ne pourront pas éclaircir cette énigme.
彼らでさえ、この謎を解明することはできないだろう。（主語）

Lui non plus, je ne l'aime pas.
私は彼も好きではない。（直接目的語）

▶ et などとともに

等位接続詞 et「と、そして」とともによく用いられます。また、等位接続詞 ou「あるいは」、ni「もまた…ない」などとも結びつきます。（この場合、接合形の人称代名詞は使えません。）

[単独で]

Comment vas-tu ? — Très bien. **Et toi ?**
元気かい？— とっても元気。あなたは？

Qui va conduire ? — **Toi ou Claire**.
誰が運転するの？— 君かクレールだよ。

[遊離構文で]

Sarah et moi, nous allons nous marier.
サラと僕は結婚することにしたよ。

Ni vous ni votre frère, vous ne pouvez pas vous occuper de votre mère ?
あなたもお兄（弟）さんも、お母さんの面倒を見られないのですか？

Benoît voudrait nous inviter, **toi et moi**.
ブノワはあなたと私を招待したいみたいよ。

> メモ 書き言葉の場合は、等位接続詞 et などで結び付けられたものの一方あるいは両方が人称代名詞（遊離形）であっても、それが3人称代名詞であれば、ふつう接合形代名詞での受け直しはしません。
>
> Sa femme et lui sont partis en vacances.
> 彼と奥さんはバカンスに出かけた。
> （**Sa femme et lui, ils sont …** は話し言葉的な言い方）

1・2人称代名詞でも、書き言葉では接合形代名詞 nous、vous がしばしば省略されます。

Mes cousins et moi(, nous) allions souvent jouer dans cette grotte.
いとこたちと私はよくその洞穴に遊びに行ったものだった。

また、ni … ni … の場合は、接合形代名詞での受け直しは少なくなります。

Ni Léa ni son mari(, ils) ne voulaient se séparer.
レアも夫もお互いに別れたいとは思わなかった。

▶ 関係節とともに

関係節を伴った形でも用いられます。(関係節が接合形の人称代名詞に付くことはありません。)

Toi, qui es spécialiste du Japon, tu pourrais nous conseiller des endroits à visiter ?
あなた日本に詳しいんだから、いい観光スポットを私たちに教えてよ。

2) 前置詞との使用

前置詞の後ろに人称代名詞を置く場合は、遊離形を使います。〈前置詞＋人称代名詞の遊離形〉で前置詞句を構成し、文中で間接目的語や状況補語などとして働きます。

Je compte **sur toi**.
君のこと、当てにしてるからね。(間接目的語)

Je serai **chez moi** de midi à deux heures.
正午から2時まで、私は家にいます。(場所の必須補語)

Il ne pourrait pas vivre **sans elle**.
彼は彼女なしでは生きていけないだろう。(条件を表す状況補語)

Nous sommes très fiers **de vous**.
私たちはみなさん方をたいへん誇りに思います。(形容詞の補語)

3) c'est、il y a、être などとの使用

繋合動詞(特に être)に続けて人称代名詞を属詞とする場合は、遊離形を使います。強調構文などの c'est の後ろ、また、提示文の il y a「…がいる」の後ろも遊離形を置きます。

Monsieur Durand ? — C'est **lui**.
デュランさんは？— あの人です。

Tout le monde a échoué. — Mais non, il y a encore **moi**.
みんな失敗しちゃったよ。―いやいや、まだ僕がいる。

Si j'étais **toi**, j'attendrais jusqu'à lundi.
私があなたなら、月曜日まで待つわ。

4）比較級でのque、制限のne ... queとの使用

比較級で比較の対象を導くqueの後ろ、あるいは制限の表現ne ... que「だけ」の後ろに人称代名詞を置く場合は、遊離形を使います。

Mon fils est plus grand que **moi**. 息子は私よりも背が高い。

René n'attendait que **toi**. Tu devrais le comprendre.
ルネは君だけを待っていたんだ。理解してやらないと。

> **メモ** 1）の場合とは違って、2）3）4）の場合は、遊離形の人称代名詞が文の本体の中に組み込まれています。例えばすぐ上の文では、遊離形toiがそのまま直接目的語として組み込まれています。

（5）主語代名詞on

onは主語としてだけ用いられる代名詞です。語源的にはhomme「人間」とほぼ同じで、基本的には不特定の「人」を表しますが、日常会話では1人称複数のnousの代わりとしてとてもよく使われます。

1）不特定の人を表す
［人々］

Comment **on** dit « c'est bien » en japonais ?
日本語で « c'est bien » はどんなふうに言うのですか？

On sait depuis longtemps que la licorne n'existe pas.
ずっと前から一角獣が存在しないことは知られている。

On fume de moins en moins en France.
フランスではみんなあまりタバコを吸わなくなってきている。

上の3つの例では、onは「世間一般の人々」といった意味合いです。日本語なら主語を表さないことが多いケースです。

▶「ふつうは…するものだ / すべきではない」と世間の常識を言うのにも使います。

On dit merci. （子どもに）「ありがとう」って言わなきゃだめでしょ。

[ある人]

Tiens, on sonne.　おや、呼び鈴が鳴ったよ。

Madame Morin, on vous demande au téléphone.
モランさん、お電話です。

On m'a dit qu'il fallait attendre.　待たないといけないと言われた。

これらの例では、主語が分からないか、または特に明示する必要がないと判断されて不特定の主語 **on** を使っています。

2) 主語 nous「私たち」の代わり

On commence ?　始めようか？

Qu'est ce qu'**on** fait demain ? **On** joue au tennis ?
明日はどうする？ テニスでもする？

▶ 遊離構文で、遊離された要素を受け直すのにも使えます。

Henri et moi, on va en Grèce cet été.
アンリと私、この夏はギリシャに行くの。

▶ はっきりと「私たち」のことを指しているので、関係する形容詞や過去分詞は複数形にします。また、女性ばかりなら女性形にします。

Les garçons sont partis très tôt. Mais nous, **on** est part**ies** à dix heures.
男の子たちはとても早く発ったけど、私たちのほうは10時に出発した。

3) on：その他の場合

on は、「不特定の人」と「私たち」の意味で使うことが圧倒的に多いのですが、他の人称に代わることもあります。

[je に相当]

Monsieur, s'il vous plaît ! — Oui, oui, **on** arrive.
（ウェイターに）ちょっとお願いします！—はいはい、今行きますから。

[tu に相当]

Alors, **on** fait la moue ?　（子どもなどに）なんだい、ふくれっ面かい？

[3人称に相当]

On ne travaille jamais, et **on** veut avoir une bonne note !
（特定の人・人たちを指すことが明らかな文脈で）全然勉強しないのに、いい点数が欲しいって言うんだから、まったく。

> **メモ** 書き言葉で、onは定冠詞を付けた**l'on**という形になることがあります。母音の連続を避け、また凝った言い方にするためです。et、ou、où、siなどの後ろに比較的よく現れます。
>
> ... et **l'on** a observé une baisse sensible du pouvoir d'achat.
> …そして、購買力の顕著な低下が見られた。

（6）再帰代名詞

主語と同じものを指す目的語代名詞のことを**再帰代名詞**と言います。
☞ p.177 再帰代名詞は、1・2人称の場合と3人称の場合で少し事情が異なります。

1）1・2人称

ふつうの補語人称代名詞（**me**、**te** …）と遊離形（**moi**、**toi** …）をそのまま再帰代名詞としても使います。

Je me suis regardé dans la glace.　私は鏡で自分の顔（姿）を見た。

Je pense à **moi**(-même).　私は自分自身のことを考えている。

2）3人称

3人称の場合、直接目的語・間接目的語となる再帰代名詞は、主語の性・数に関係なくすべて**se**となります。

Il s'est regardé dans la glace.　彼は鏡で自分の顔（姿）を見た。

Anne et Marie ne **se** parlent plus.
アンヌとマリはもう口もきかない。

▶ 遊離形代名詞の場合

3人称遊離形代名詞については、次の2つの場合に分かれます。

［ふつうの遊離形を使う場合］

主語が特定の人などのことを指していれば、ふつうの遊離形（**lui**、**elle** …）を使います。

Ils ne pensent qu'à **eux**(-mêmes).
彼らは自分のことしか考えていない。

Un mot « autologique » est un mot qui s'applique à **lui**(-même).
「自己整合語」とは、記述がその語自体にも当てはまる語のことである。
（**eux**や**lui**が別の「彼ら」などのことではなく、再帰的に用いられていることをはっきりさせたい場合は **-même(s)**「そのもの自身」を付けます）

[再帰代名詞 soi を使う場合]

　soi は se の強勢形です。主語が総称的な意味合いのときに使います。qui「…である人」、personne「誰も…ない」、chacun「めいめいの人」、tout le monde「みんな」、不特定の on「人々」などです。

> Qui n'est pas bon pour **soi** ne l'est pour personne.
> （諺）自分に対して善良でない者は誰に対しても善良ではない。

> On ne dort jamais mieux que chez **soi**.
> 自分の家よりもちゃんと寝られるところはない。

(7) 間接目的語人称代名詞：その他の用法

　間接目的語人称代名詞は、動詞の必須補語〈à＋人〉に代わって用いる代名詞 ☞ p.79 ですが、それとは少し違った用法もあります。

1) 形容詞の補語

　形容詞の必須あるいは任意の補語で、前置詞 à や pour で導入されるものに代わります。

> Jean **lui** est resté fidèle jusqu'à la fin.
> ジャンは最後まで彼（彼女）に忠誠を尽くした。（**fidèle à** …に忠実な）

> Il **m'**est impossible de vous répondre maintenant.
> 今すぐあなたにお答えすることは私にはできません。
> （凝った言い方。日常語では **m'** としないで **pour moi** を使います）

2) 体の部位とともに

　体の部位を示す表現とともに用いて、誰が対象なのかを示します。

> Je **lui** ai serré **la main**.　私は彼（彼女）に握手をした。

> Cécile **m'**a tiré **les cheveux**.　セシルは私の髪の毛を引っ張った。

> Je **me** suis cogné **la tête**.　私は頭をぶつけた。（代名動詞）

> 〔メモ〕上2つの例のような場合、対象をふつうの名詞句で表すときは、〈à＋人〉ではなく、所有の de を使います。
> serrer la main **d'**un supporter　支持者（サポーター）に握手をする
> tirer les cheveux **de** Lucie　リュシの髪の毛を引っ張る

3) 受益者・被害者を示す

　動詞の必須補語ではない（出来事に直接関わっているわけではない）

けれども、その出来事から恩恵や被害を受ける人を、間接目的語人称代名詞で表すことができます。話し言葉です。受益者の場合は〈pour + 人〉での置き換えが可能です。

Tu **me** coupes encore un petit morceau ?
(肉、ケーキなど) 私にもう 1 切れ小さいのを切ってくれる？（= pour moi）

Chante-**nous** une chanson japonaise !
僕たちに何か日本の歌を歌ってよ。（= pour nous）

On **lui** a mangé son gâteau.
彼（彼女）は自分のケーキを人に食べられてしまった。

4）心情的コミットメントを示す

話の内容に対して、「話し手」の強い関心を示したり、「聞き手」の強い関心を求めるニュアンスで間接目的語人称代名詞が用いられることがあります。かなりくだけた話し言葉です。

Regarde-**moi** ça !
(とんでもないもの、すごいものなどを指して) 見てくれよ、こいつを。

Je **te** lui ai passé un de ces savons !
あいつをこっぴどく叱りつけてやったよ。

> **メモ** 通常の補語人称代名詞の使用（単体、組み合わせ）の枠外なので、te lui（上の 2 つ目の例）や te me le のような変則的な組み合わせが現れることもあります。

5）chez ... に相当するもの

間接目的語人称代名詞が、〈chez + 人〉に相当することがあります。凝った言い方です。

Je **lui** trouve bien des qualités. (= chez lui、chez elle)
あの人には多くの長所がある。

（8）人称代名詞：その他のポイント

1）ils の特殊用法

日常会話では、3 人称複数の ils（les、leur、eux）が、政府・役所・企業・組織などの「当局」の意味合いでよく使われます。この場合、ils は前の文脈に出た名詞句を受けてはいませんが、話題によって、何の「当局」かが判断されます。

Ils nous piquent encore notre argent.
(国について) 連中、またみんなから金を巻き上げるのさ。

Ils ne veulent pas m'inscrire sur la liste des chômeurs.
(役所について) 僕を失業者リストに登録してくれないんだよ。

2) 非人称の il

3人称単数のilは、非人称構文の主語として使われます。 ☞ 非人称構文 p.338

Il faut être patient.　忍耐強くないといけない。

また、挿入節として使う **il est vrai**「確かに、本当のところ」や丁寧表現の **s'il vous plaît**「お願いします、すみませんが」などの成句もあります。

3) 謙譲の nous

論文などで、jeの代わりにnousを用います。主体をぼかして謙譲の姿勢を示します。

Nous avons essayé, dans cet article, de montrer que (...)
この論文では、(…)であることを示そうと試みた。

4) 成句中の le、la

成句の中にleやlaなどが含まれていることがあります。前の文脈の名詞句を受けているわけではなく慣用的なものです。

l'emporter sur（人に）勝つ　**l'échapper belle** 危うく危機を免れる

Je vous **le** donne en mille (en cent).
(答えが)当たりっこないよ（千、百に1つしか当たらない）。

Ça **la** fout mal.　悪い印象を与えることになる。（くだけた表現）

2. 代名詞 le（中性）、en、y

中性代名詞 **le**「そのことを」は、出来事や状態を受けて不定詞・節の代わりをつとめます。文法的には直接目的語です。人称代名詞のleやlaのように男性・女性に区別される名詞句を受けるものではないので「中性」と呼ばれます。

代名詞 **en**、**y**「そのことについて」にも同じような「中性」の働きがあります。leが直接目的語であるのに対して、enは前置詞deを、yは

2. 代名詞 le（中性）、en、y

前置詞àを含んだ間接目的語となります。

ただしen、yは名詞句を受けることもできるので、適用範囲は「中性」に限りません。

le、en、yには他の用法もあります。

まずle、en、yの、文中での位置を確認しておきましょう。

- le、en、yはすべて接合型の代名詞で、**動詞のすぐ前に**置きます。ただし、**肯定命令文では動詞のすぐ後ろに**置き、ハイフン（ - trait d'union）でつなぎます（例：Vas-y. さあやれよ）。
- 中性代名詞 le は、直接目的語人称代名詞 le と同じ位置取りです。
  ☞ p.84
- en と y を補語人称代名詞とともに使う場合は、その後ろに置きます。

補語人称代名詞 ― en / y ― 動詞

例： **Je t'en parle.**　私はそれを君に話す。

　　 Elle m'y a conduit.　彼女は私をそこに連れて行った。

- 肯定命令文の場合も動詞の後ろは同じ語順です。

　　 Donnez-m'en.　私にそれをください。

（1）中性代名詞 le

直接目的語になる場合と、**主語の属詞**になる場合があります。どちらの場合も、動詞のすぐ前に置きます。

1）直接目的語として

「そのことを」という意味で、直前に述べられた述語的・文的な内容（出来事や状態）を受けて、dire「言う」、il faut「しなければならない」などの直接目的語となります。

Marie part quand au Japon ? — Elle ne te l'a pas dit ?
マリはいつ日本に発つの？— あなた彼女から聞いてないの？
（l' = マリがいつ日本に発つのか）

Le premier ministre va démissionner.
— Tu l'as appris comment ?　（l' = 首相が辞任すること）
首相が辞任するらしい。— どうやってそれを知ったの？

2. 代名詞 le（中性）、en、y

Je t'accompagnerai, s'il **le** faut. (le = 僕が君と一緒に行くこと)
一緒に行ってあげるよ、必要だったら。

> **メモ** 日常会話では、le ではなく ça を使うこともあります。ça は動詞の後ろ、つまり通常の直接目的語の位置に来ます。

On ne peut pas fumer ici. Tu ne savais pas **ça** ?
ここではタバコを吸ってはいけないんだよ。知らなかったのかい？

▶ le の省略

多くの動詞で、le による受け直しは任意です。日常会話ではふつう le を省略します。le を使うのは凝った言い方、あるいは le の内容を強調した言い方になります。

Marie va au Japon. — C'est vrai ? Je ne **savais** pas.
マリは日本に行くよ。—ほんと？ 知らなかったわ。

Fabrice est encore à l'hôpital ? — Oui, je **crois**.
ファブリスはまだ入院してるの？ — うん、そうだと思う。

[le を省略できる動詞]

savoir 知っている／croire 思う／penser 考える／oublier 忘れる／imaginer 想像する／supposer 推測する／espérer 願う／promettre 約束する／accepter 承諾する／refuser 拒否する／pouvoir できる／devoir しなければならない／il faut する必要がある　　など

> **メモ** 上に挙げた動詞のうち、croire、penser は「そのことを強く確信している」のような強い意味の場合に限って、また pouvoir、devoir も再確認のダメ押しのような強い意味の場合に限って le が現れます。le の代わりに ça を使うことはありません。

Vous pensez qu'il est sincère ? — Oui, je **le** pense vraiment.
あなたは彼が本心からそう言っていると思うのですか？
—ええ、本当にそうだと確信しています。

Est-ce qu'il doit leur pardonner ? — Oui, il **le** doit.
彼は彼ら（彼女ら）を許さないといけないのだろうか？ —そう、彼はそうするべきだ。

他の動詞については、一般的に「省略」「le の使用」「ça の使用」の3つが可能です。ただし、il faut には「ça の使用」はありません（ça がものを指す場合は使用可能）。

> **メモ** le や ça を省略できない動詞もあります。
> 例：annoncer 告げる／apprendre 知る、知らせる／conseiller 勧める／demander 頼む、尋ねる／dire 言う／interdire 禁じる／prévoir 予定する、予測する　　など

4 代名詞

2. 代名詞 le（中性）、en、y

▶ **le が使えない動詞**

一部の動詞には中性代名詞 le が使えません。直接目的語として ça を使う動詞と、直接目的語を省略する動詞があります。

[ça を使う動詞]

aimer 好きである／adorer 大好きである／détester 大嫌いである／préférer …のほうを好む

上のような「好き嫌い」を表す動詞の場合、不定詞や補足節に代わる代名詞としては ça を使います。

Tu es maintenant habitué à parler en public ?
— Ah non, toujours pas. Je déteste **ça**.
君、もう人前で話すのには慣れた？
— とんでもない、相変わらずだめ。大嫌いだよ。

[le も ça も使わない動詞]

commencer 始める／finir 終える／arrêter やめる／continuer 続ける／essayer しようとする

上のような「開始・終了など」を表す動詞の場合、不定詞に代わるものとしては le も ça も使えません。直接目的語を省略します。

Tu fais toujours de l'exercice le matin ? — Non, j'**ai arrêté**.
あなた、相変わらず朝に体操してるの？—いや、やめちゃったよ。

> **メモ**　「好き嫌い」の動詞でも「開始・終了など」の動詞でも、対象がある特定の人やものであれば、le が現れます。ただし、これは人称代名詞の le（男性単数）です。

Je **l'**aime beaucoup, ce livre.　　私は大好きよ、この本。
Tu as fini ton article ? —Oui, je **l'**ai (j'ai) fini.
論文終わったかい？ — うん、終わったよ。

▶ **le faire「それをする」**

同じ動詞（＋目的語）を繰り返す代わりに使います。前文脈の動詞（＋目的語）の内容を受ける中性代名詞 le と動詞 faire「する」の組み合わせです。

Je peux ranger tes livres, si tu veux.
— Merci, mais je vais **le faire** moi-même.
よかったら君の本を整理してあげるよ。— ありがとう。でも自分でやるわ。

2）主語の属詞として

中性代名詞leは、主語の属詞として、性質や職業などを表す形容詞句・名詞句の代わりをすることができます。主語の性・数には関係なくleを使います。かなり凝った言い方です。

Vous vous comportez comme un pacifiste maintenant.
— Moi, je l'ai toujours été !
今度は平和主義者のように振る舞うわけですか。
— 私は昔から平和主義者ですよ！

Si mon hypothèse est inappropriée, la vôtre ne **le** semble pas moins.
私の仮説は不適切かもしれないが、あなたの仮説も同様に不適切に見える。

メモ 使われる動詞は次のものに限られます。
être …である／devenir …になる／rester …のままである／paraître …のように見える／sembler …のように見える

メモ ふつうの日常会話であれば、leを使う代わりに形容詞句・名詞句を繰り返します。

Tu es content ? — Oui, je suis très content.
満足？ ―うん、とても満足だよ。

(2) 代名詞en

代名詞enには異なる2つの用法があります。

1つは、〈前置詞de＋名詞句など〉と同じ役割で、動詞・形容詞・名詞の補語として働きます（**前置詞deを含む代名詞**）。

もう1つは、「ある分量のそれ」を表し、動詞の直接目的語として働く場合です（**数量の代名詞**）。どちらの場合も、動詞の直前に置きます。

1）前置詞deを含む代名詞en
① 場所（起点）を表す補語として

enに含まれるdeが「…から」という意味である場合です。先行の名詞句を受けて、enは「そこ（その場所）から」という意味になります。

J'étais au commissariat et j'**en** reviens seulement.
僕は警察署に行っていて、今戻ったばかりなんだ。
（**en = du commissariat** 警察署から）

Alain a fouillé sa poche et il **en** a sorti un mouchoir.
アランはポケットをひっかき回して、1枚のハンカチを取り出した。
（**en = de sa poche** ポケットから）

▶ 比喩的に

比喩的に、原因・根拠などを示す「そこから」「そのことから」という意味でも使います。

Elle était si inquiète qu'elle n'**en** dormait plus.
(Grevisse et Goosse)
彼女はあまりにも心配で眠れなくなってしまった。

[その他の例]

il en résulte que ...　そのことから…という結果が生じる
on peut en conclure que ...　そこから…という結論を導くことができる

② 動詞の間接目的語として

前置詞deによって目的語が導かれる動詞の場合は、enを前置詞句〈de ＋名詞句〉に代わるものとして使います。

```
                    代名詞化
      間接目的語
On parlera de ce problème demain.   On en parlera demain.
明日その問題について話そう。              明日それについて話そう。
```

上の例では、動詞としてparler de「…について話す」が使われています。間接目的語であるce problème「その問題」は、前置詞deも含めて（前置詞句de ce problème一体のまま）enに代わっています。

enは、ce problèmeのような名詞句が表す「もの」のほかに、出来事・状態のような述語や文に相当する内容を受けることもできます。

Je peux ranger ces ciseaux ? — Non, j'**en** ai encore besoin.
このハサミ片付けてもいい？ — だめ、まだ使うから。
（**avoir besoin de**　…を必要とする）

Il faudra avertir Isabelle et Jacques.
— Oui. Je m'**en** occuperai.
イザベルとジャックに知らせないといけないね。— うん。僕がやるよ。
（**s'occuper de**　…のことを引き受ける）

On pourrait demander à Marie de nous aider. Qu'est-ce que tu **en** penses ?　（**penser～ de**　…について～だと思う）
マリに手伝ってくれるよう頼めるんじゃない？ どう思う？

> **メモ** 対象が「人」の場合、ふつうは人称代名詞の遊離形を使って、de lui、d'elle などとしますが、くだけた会話では en が使われることもあります。

Pierre, je me méfie **de lui**. / Pierre, je m'**en** méfie.（Riegelほか）
僕はピエールには用心してるんだ。

▶ **en の省略**

en を省略して使える動詞・動詞相当句もあります。くだけた会話でよく省略されます。

On va à la piscine ? — Non, je n'(en) **ai** pas **envie**.
プールに行こうよ。— いや、気が向かない。

Tu te souviens du jour où on s'est rencontrés ?
— Oui, je **me** (m'en) **souviens** bien.
私たちが出会った日のこと覚えてる？— うん、よく覚えてるよ。

［en を省略できる動詞］

avoir envie de したい気がする／se souvenir de 思い出す／se rendre compte de に思い至る／s'abstenir de 控える、慎む／prévenir 〜 de … …を〜に前もって知らせる など

▶ **〈de ＋不定詞〉の置き換えについて**

動詞に続く目的語の〈de ＋不定詞〉には2種類あります。直接目的語である場合と、前置詞 de に導かれる間接目的語である場合です。これらの目的語を代名詞で置き換えるには、**直接目的語なら中性代名詞 le を、間接目的語なら en** を使います。

Il refuse de répondre. ➡ Il **le** refuse.（直接目的語）
彼は答えるのを拒否する。　　　　　彼はそれを拒否する。

Il a besoin de se reposer. ➡ Il **en** a besoin.（間接目的語）
彼には休息が必要だ。　　　　　　　彼にはそれが必要だ。

> **メモ** 目的語が名詞句の場合を見れば、その動詞の後ろが直接目的語なのか、de に導かれる間接目的語なのかが分かります。次の2つを比べてください。

refuser un cadeau プレゼントを拒否する（直接目的語）

avoir besoin d'une voiture 車が1台必要である（de に導かれる間接目的語）

▶制限の ne ... que とは使えない

代名詞の en は、制限の表現 ne ... que「だけ」とは一緒に使えません。de ça などのように前置詞 de を表に出した言い方が必要です。次の2つの例を比べてください。

Ils en parlent.　彼らはその話をする。

Ils **ne** parlent **que** de ça.　彼らはその話ばかりしている。

③ 形容詞の補語として

一部の形容詞は前置詞 de に導かれる補語を取ることができます。例えば、fier de「…を誇りに思う」のように感情の対象を示す場合です。こういった場合も、対象が「もの」や出来事・状態であれば、en によって代名詞化します。

Je suis fier **de ce résultat**.　⇒　J'**en** suis fier.
私はこの結果を誇りに思う。　　　　　私はそれを誇りに思う。

上の例では、en は〈de + 名詞句（ce résultat）〉に代わって使われています。

文で表されるような内容を受ける例も見ておきましょう。

Léa est amoureuse de Marc. J'**en** suis sûre.
レアはマルクが好きなのよ。きっとそうだわ。

Luce est jolie et elle **en** est consciente.　　(Grevisse et Goosse)
リュスはきれいだし、自分でもそれが分かっている。

▶en の省略

形容詞の補語となる en は、日常会話ではよく省略されることがあります。

Renée a eu son bac. Ses parents (en) sont très **contents**.
ルネがバカロレアに受かったので、両親はとても喜んでいる。

　メモ　対象が「人」の場合、ふつうは人称代名詞の遊離形を使って de lui、d'elle などとしますが、くだけた会話では en が使われることもあります。

Luc, sa mère est fière **de lui**. / Luc, sa mère **en** est fière.
リュックの母親は彼のことが自慢だ。

④ 名詞の補語として

所有を表す〈de + 名詞句〉の代わりに en を用いることができます。例えば le décor de cet opéra「そのオペラの舞台装置」の de cet opéra に代わります。凝った書き言葉です。

(ⅰ) 文中で被所有物が主語の役割

この場合は属詞構文のみ可能で、主語（下の例では le décor 舞台装置）に続く動詞はほとんど être です。

> Tout le monde a apprécié cet opéra, pourtant **le décor en** était assez sobre.
> みんなそのオペラを気に入った。舞台装置はかなり簡素なものだったのだが。

(ⅱ) 文中で被所有物が直接目的語の役割

> Cet opéra a été fort bien accueilli. Le roi **en** a surtout apprécié **le décor**.
> そのオペラはとても好評であった。王はとりわけその舞台装置が気に入った。

(ⅲ) 文中で被所有物が属詞の役割

> Votre vie, j'**en** suis **le maître**. (Lenorman)
> あなたの人生は、僕が主人さ。

メモ (ⅰ)(ⅱ)(ⅲ) とも、代名詞 en の代わりに所有形容詞を使うこともできます。

… **son** décor était assez sobre. それの舞台装置はかなり簡素なものだった。

Le roi a surtout apprécié **son** décor.
王はとりわけそれの舞台装置が気に入った。

… je suis **son** maître. 僕はそれの主人さ。

あるいは、(ⅰ)(ⅱ) の例では le décor だけで使うことも可能です。

… le décor était asssez sobre.

Le roi a surtout apprécié le décor.

メモ 被所有者は、(ⅱ) では直接目的語、(ⅲ) では「直接の」属詞であることが、en が使えるための条件です。ですから、被所有者が前置詞で導かれている場合には en は使えません。

Je me souviens **du** titre de ce film. ➡ (× Je m'en souviens du titre. は不可)　私はその映画のタイトルを覚えている。

Je suis **au** courant de ce problème. ➡ (× J'en suis au courant. は不可)
私はその問題のことは知っている。

それぞれ、もとの文の de ce film、de ce problème を取り出して en に置き換えることはできません。

2. 代名詞 le（中性）、en、y

▶補語が〈de＋不定詞〉

名詞に続く補語が〈de＋不定詞〉の場合も、enを代わりに使うことができます。

Sarah n'a rien vu parce qu'elle n'en a pas eu le temps.
サラは何も見なかった。そんな余裕はなかったからだ。
（**avoir le temps de** …する時間がある）

Paul a très bien réparé la chaudière. Il en a l'habitude.
ポールはとても上手にボイラーを修理した。慣れているのだ。
（**avoir l'habitude de** …することに慣れている）

J'adore travailler dans cette boîte.
— Tu n'en as pas l'air, ma chère.
私、この会社で働くの大好き。— そうは見えないわ、あなた。
（**avoir l'air de** …である様子に見える）

メモ 表現によっては、日常会話でよくenを省略します。
Je n'ai pas le temps. 私にはその時間がない。

その他の例：avoir l'habitude それに慣れている／avoir le droit その権利がある／avoir l'expérience そのことには経験がある

2）数量の代名詞 en

数量の代名詞enは、前出の名詞が表しているものの概念をイメージし（例：「ワイン」）、その概念に当たるものをある分量取り出したことを示します。おおよそ「**ある分量のそれ**」（例：「ある分量のワイン」）という意味になります。「人」にも「もの」にも使います。

メモ ある概念に当たるものをある分量取り出すのは、不定冠詞複数（des）や部分冠詞（duなど）の場合と全く同じです。違いは、対象となるもの（概念）が前に出たものを引き継いでいるか（enの場合）、初出ないし念押しか（des ...、du ... などの場合）というだけです。

数量の代名詞enは、**直接目的語**として用います。そのほかに主語の属詞となる場合もあります。どちらの場合も動詞のすぐ前に置きます。また、動詞が複合形であっても、**過去分詞は性・数の変化をしません**。

① 直接目的語として

直接目的語として、肯定文でも否定文でも使います。

Tu as de l'argent ? — Oui, j'en ai.（= j'ai de l'argent）
あなた、お金ある？— うん、あるよ。

Il reste encore des œufs ?
— Non, il n'y **en** a plus. (= **il n'y a plus d'œufs**)
卵はまだ残ってる？ーいや、もうないよ。

Alain adore le vin. Il **en** boit tous les jours.
(= **il boit du vin ...**)
アランはワインが大好きだ。毎日飲んでいる。

▶ **数量表現とともに**

動詞の後ろに数量表現を付け加えて、どれだけの分量かを示すことができます。

Elles sont jolies, ces roses. J'**en** prends **dix**.
きれいね、このバラ。10本いただくわ。

Tu n'as pas oublié les pommes ?
— J'**en** ai acheté **un kilo**. (= **j'ai acheté un kilo de pommes**)
りんごは忘れなかったでしょうね？ー1キロ買ったよ。

Tu n'as pas de cravates ?
— Si, mais je n'**en** ai qu'**une**. (= **je n'ai qu'une cravate**)
ネクタイは持ってないの？ー持ってるけど、1本だけなんだ。

「限定詞」の章で見た数量表現の多くは、enとの組み合わせで用いることができます。ただし、combien de ...「どれくらいの…」、beaucoup de ...「多くの…」、autant de ...「同じくらいの…」、une dizaine de ...「約10ほどの…」などdeを含む限定詞の場合はdeを取り除いて使います。

Vous voulez **combien de** tomates ?　トマトはいくつご入り用ですか？
➡ Vous **en** voulez **combien** ?　それはいくつご入り用ですか？

J'ai acheté **un kilo de** pommes.　私はりんごを1キロ買った。
➡ J'**en** ai acheté **un kilo**.　私はそれを1キロ買った。

▶ **関係節とともに**

関係節を付けることもできます。位置はenから離して動詞の後ろに置きます。

2. 代名詞 le（中性）、en、y

Fais attention à ces œufs. Il y **en** a **qui sont pourris**.
（= Il y a des œufs qui sont pourris.）
この卵には気をつけてよ。腐ってるのがあるから。

数量表現がある場合は、それに付ける形になります。

Fais attention à ces œufs. Il y **en** a **beaucoup qui sont pourris**. （= Il y a beaucoup d'œufs qui sont pourris.）
この卵には気をつけて。腐ってるのがたくさんあるから。

> **メモ** 関係節を伴った en が「人々」を表すことがあります。この場合、前の文脈に現れた名詞を受けるわけではありません。

Il y **en** a qui ont du culot.　ずうずうしい人というのがいるものだね。

▶ 形容詞句とともに

形容詞は en の内容にしたがって性・数が変化します。関係節と同じように、en から離して動詞の後ろに置きますが、〈de + 形容詞句〉という形にするのが基本です。
ただし日常会話では de ではなく、可算名詞なら不定冠詞複数の des、不可算名詞なら部分冠詞の du などをよく使います。

C'est leur seul enfant, je suppose. Je n'**en** ai jamais vu **d'autres**.
あれは彼らのたった1人の子どもだと思う。ほかの子どもは一度も見かけてないもの。

Il est bon, le caviar.
— J'**en** ai mangé **du meilleur** (de meilleur).
おいしいね、キャビア。— もっとおいしいのを食べたことあるよ。

Vous n'**en** auriez pas **des moins chères** (de moins chères) ?
(Le Goffic)
（女性名詞のもの、例えば voiture「車」について）もっと安いものはないですか？

> **メモ** en に数量表現が付いていれば、それにそのまま形容詞を付けることも、〈de + 形容詞〉の形を使うこともできます。例えば女性名詞である araignée「クモ」について次のように言えます。

Il y **en** a sans doute **plusieurs grosses**.　(Lagae)
恐らく何匹も大きなのがいるだろう。

Il y **en** a sans doute **plusieurs de cachées**.　(Lagae)
恐らく隠れているのが何匹もいるだろう。

通常の形容詞ならそのままのことが多いのに対して、2つ目の例のようにdeを入れる形は形容詞的に用いられた過去分詞の場合に多く見られます。

▶ **名詞句と重複させて**

代名詞enで先取りしておいて、動詞の後ろに直接目的語の名詞句を置く形は、一種の感嘆文のように使われることがあります。

Il en a de l'argent, celui-là ! いっぱいお金を持ってるよ、あの男は！

En voilà des manières ! （成句的）なんてひどい態度なんだ！

② **属詞として**

数量の代名詞enは、主語の属詞として使うことができます。c'estとともに使うことが多く、話題となっているものの種別を言います。

C'est vraiment un ordinateur ?
— Oui, c'**en** est un. (c'est un ordinateur)
これ本当にコンピューターなの？ー そうだよ。

(3) 代名詞 y

yは、〈前置詞à + 名詞句など〉と同じ役割をする代名詞です。動詞・形容詞の補語として働きます。基本的には前置詞àを含む代名詞と言えますが、場合によって前置詞はsurやdansなどに相当することもあります。文中では動詞の直前に置きます。

1) 場所を表す補語

yは、先行の名詞句を受けて「(場所)そこに、そこで」という意味を表します。動詞aller「行く」との組み合わせはとても頻繁に使われます。

J'aime Paris. J'**y** vais tous les ans. (y = à Paris)
私はパリが好きだ。毎年行く。

Vous êtes prêts ? Alors, on **y** va !
(yは漠然と「行く先」を表しています)
君たち、用意はできた？ じゃ、行こう！

Et ma photo sur ton bureau ?
— Elle **y** est toujours. Pourquoi ? (y = sur mon bureau)
君の机の上の僕の写真どうなった？ー ずっとあそこにあるけど、どうして？

Charles vit en Chine. Il **y** travaille depuis dix ans.
（y = en Chine）
シャルルは中国で暮らしている。10年前からあっちで仕事をしているのだ。

２）動詞の間接目的語として

前置詞 à によって目的語が導かれる動詞の場合、前置詞句〈à + 名詞句〉に代わるものとして y を使います。

	代名詞化
間接目的語	
Je pense à mon avenir.	J' y pense.
私は自分の将来のことを考えている。	私はそのことを考えている。

上の例では、動詞として penser à「…のことを考える」が使われています。そして間接目的語である mon avenir「私の将来」は、前置詞 à も含めて（前置詞句 à mon avenir 一体のまま）y に代わっています。

y は、mon avenir のような名詞句が表す「もの」のほかに、出来事・状態のように述語や文に相当する内容を受けることもできます。

Tu ne jettes pas cette vieille poupée ?
— Pas question. J'**y** tiens beaucoup.
君、その古い人形は捨てないの？ — とんでもない。とっても大事にしてるの。
（tenir à …に強い愛着を持つ）

Il voudrait redresser l'économie avec son plan, mais il n'**y** parviendra pas.
彼は自分のプランで経済を立て直したいようだが、無理だろう。
（parvenir à …するのに成功する）

メモ 対象が「人」の場合は、ふつう人称代名詞を使います。しかし、くだけた会話では y が用いられることもあります。（à に導かれる間接目的語の問題については ☞ p.163 ）

Je pense à Pierre.　➡　Je pense **à lui**. / J'**y** pense.
私はピエールのことを考えている。　私は彼のことを考えている。

▶ y の省略

y を省略して使える動詞もあります。くだけた会話ではよく省略されます。

Tu as réussi à dissuader ton fils ?
— Non, il est têtu. Je (J'y) **renonce**.
息子さんにやめるよう説得できた？ — いや、あいつは頑固だよ。あきらめた。

[yを省略できる動詞]

renoncer à 断念する／réussir à 成功する／réfléchir à よく考える／se décider à 決心する　など

反対にyを省略できないものもあります。

J'ai vraiment vu un fantôme ! — J'**y** crois, j'**y** crois.
僕、本当に幽霊を見たんだ。— 信じる、信じるよ。

[yを省略できない動詞]

appartenir à 所属する／participer à 参加する／consentir à 同意する／croire à （話の内容を）信じる／parvenir à するに至る／s'opposer à 反対する　など

また、〈à + 不定詞〉を目的語として取る動詞でyが使えないものもあります。

Vous n'allez pas en Grèce ?
— Ce n'est pas donné. On **hésite** un peu.
君たち、ギリシャには行かないの？— 安くないんだよ。ちょっと迷ってる。

[yを使えないもの]

consister à （その内容は）…することにある／hésiter à …するのをためらう／s'obstiner à あくまでも…しようとする／tarder à なかなか…しない　など

> **メモ** 次のような動詞も〈à + 不定詞〉を取りますが、代名詞がyになることはありません。なぜならこれらは名詞句を直接目的語として取ることができる動詞であり、〈à + 不定詞〉も直接目的語だからです。
> 例：apprendre 習い覚える／chercher なんとか…しようとする／commencer 始める／continuer 続ける　など

▶制限のne ... queとは使えない

代名詞のyは、制限の表現ne ... que「だけ」とは一緒に使えません。à çaのように前置詞àを表に出した言い方が必要です。次の2つの例を比べてください。

Ils **y** pensent.　彼らはそのことを考えている。

Ils **ne** pensent qu'à ça.　彼らはそのことばかり考えている。

3）形容詞の補語として

形容詞の補語である〈à + 名詞句 / 不定詞〉を代名詞 y に置き換えることができます。

Je suis attentif **à leur santé**. ⇒ J'**y** suis attentif.
私は彼らの健康に注意している。　　　私はそれに注意している。

[その他の形容詞の例]

apte à 適性がある／conforme à のっとっている／enclin à 性癖のある／hostile à 敵意のある／prêt à 心構えができている／réduit à する羽目になる／sensible à 敏感な

3. 指示代名詞

指示代名詞とは、おおよそ「それ」という意味合いを含むいくつかの代名詞のことです。単独で用いられる ce、ça、ceci、cela と、別の要素と組み合わせた形で用いられる celui があります。celui は性・数に応じて形が変化します。

(1) ce

指示代名詞 ce には次の4つの用法があります。

1）主語として動詞 être とともに用いる (c'est ... など)
2）関係代名詞の先行詞となり、後ろに関係節を従える (ce qui ～、ce que ～、ce dont ～など)
3）間接疑問節の疑問詞部分を構成する (ce qui ～、ce que ～)
4）感嘆文に用いる (ce que ～!)

単独で名詞句の役割を果たすのは1）のケースだけです。

> **メモ** ce が単独で名詞句としての機能を果たすのは、主語の役割の場合だけですが、ごく少数の成句表現では主語以外の役割を持つものがあります。ce faisant「それをしつつ」(直接目的語)、sur ce「それを機に、その後で」(前置詞句) など

1）動詞 être の主語　☞ p.384 (3)

ce は主語としてだけ用いる代名詞で、結び付く動詞も être だけです。直接目的語や前置詞句など主語以外の役割の場合、また、être 以外の動詞の場合は ça を用います。　☞ p.112 (2)

① ce が表すもの

ceは、状況や文脈の中の何らかの「もの」や、話の内容などを漠然とした形で受けます。おおよそ「それ、これ、そのこと」に相当します。

C'est bon !　（何かを食べたり飲んだりして）おいしいね。

Tu as gagné le match ? **C'est** merveilleux.
試合に勝ったのかい？ それはすばらしい。

> **メモ**　êtreの活用が母音で始まる場合、ceはエリジオンを起こしてc'となります（例：c'est）。ceに続いて代名詞enが来ることがありますが、その場合もc'となります（例：c'en est）。
> 後ろがaであれば、セディーユを付けてç'となります（例：ç'a été）。

特定の「もの」や「内容」とは関連づけられず、状況そのものを受けている場合もあります。

C'est **l'heure**. On commence.　時間だ。始めよう。

Youpi ! **c'est** les vacances !　わーい、バカンスだ！

② être の時制

ceは動詞êtreのどの時制とも結び付きます。特に現在形のc'est ...（否定形ce n'est pas）はとてもよく使われる形で、フランス語表現のうち、使用頻度最上位の部類に入ります。

Qu'est-ce que **c'est** ?　（直説法現在）それ（これ）は何ですか？

C'était bien, Florence ?　（直説法半過去）フィレンツェはよかった？

▶ 現在形・半過去形以外の時制

現在形・半過去形以外の時制の場合、ceを使うのはやや凝った言い方で、日常会話ではçaがよく使われます。

Ce sera vite fait. / **Ça** sera vite fait.　（単純未来）すぐ終わるよ。

Ç'aurait été pire. / **Ça** aurait été pire.　（条件法過去）
もっとひどいことになっていても仕方のないところだった。

▶ pouvoir、devoir との組み合わせ

準助動詞pouvoir「かもしれない」、devoir「に違いない」とêtreの組み合わせの主語としても使えます。この場合もceは凝った言い方になります。

Ce doit être très difficile. / **Ça** doit être très difficile.
きっととても難しいに違いない。

> メモ 「近い未来」を表す準助動詞 aller には、çaを使います。
> **Ça** va être toi ou moi.　君か僕かということになるだろう。

③ **c'est** と **il est**

1・2人称以外の対象について、「それ・彼・彼女は…である」と言う場合、状況にしたがって、指示代名詞 ce を使った c'est ... という形と、人称代名詞 il（elle、ils、elles）を使った il est ... 、elle est ... などの形は区別して使われます。使い分けの原則はおおよそ次のとおりです。

(i) 〈c'est ＋ 名詞句〉/〈il est ＋ 形容詞句〉

「人・もの」などについて、その**種別**を述べたり、それが何なのかを**同定**したりする場合、〈c'est ＋ 名詞句〉を使います。　☞ p.385 2)

J'adore Bach. **C'est** un génie.
僕はバッハが大好きだ。あれは天才だよ。

Qui est-ce ? — **C'est** le maire de Strasbourg.
あれは誰？ーストラスブール市長よ。

一方〈il est ＋ 形容詞句〉は、ある特定の「人・もの」を受け、その**性質**や**特徴**を述べる場合に使います。対象が「人」の場合、その人の属性としての職業・身分を言うときにも使います。

Il est très bon, ce vin. C'est du bourgogne ?
とてもおいしいね、このワイン。ブルゴーニュワインなの？

C'est ma fille. **Elle est** encore étudiante.
これは私の娘。まだ学生なのよ。
（この場合、職業名などには不定冠詞を付けず、形容詞的に使います）

(ii) 〈c'est ＋ 形容詞句〉 / 〈il est ＋ 形容詞句〉

il (elle ...) は、(i) で見たように、特定の「人・もの」を受けます。それに対して、〈c'est ＋ 形容詞句〉には2つの場合があります。

1つは総称の名詞句を受けて、ある種類に属するものすべてに共通する性質を述べる場合です。

Un renard, **c'est** difficile à apprivoiser.
キツネというのは、なつくようにするのが難しい。
（比較：**Mon renard, il est** docile.　私の飼っているキツネは従順だ。）

もう1つは、特定の「もの」を指している場合です（〈c'est + 名詞句〉の場合とは異なり、「人」には用いません）。

C'était bien, le film ? （**Il était** bien, le film ?）　よかった、映画は？

　上の例では、ceを使ってもilを使っても、ほぼ同じ意味になります。ilが厳密にle filmを指しているのに対して、ceはより漠然としていて、その分だけ後ろに続く形容詞のほうがより前面に出て強調された情緒的な言い方になります。

> **メモ**　上の例は、〈c'est + 形容詞〉と〈il est + 形容詞〉が近い意味になる例ですが、ceとil (elle, ils, elles) は表すものが違うので、文脈によっては、どちらを用いるかによって、全く違う意味になります。

La lune au-dessus de la cathédrale, **c'est** magnifique.
（ce = 大聖堂と月の作る情景）大聖堂の上に月が出ていて、すばらしいね。

La lune au-dessus de la cathédrale, **elle est** magnifique.
（elle = la lune 月）大聖堂の上に出ている月、あれはすばらしいね。

　人称代名詞（il, elle ...）が特定の「人・もの」を指すのに対して、指示代名詞ceは、状況に依存して、より漠然とした広がりとともに「もの」「その状況」「その出来事」などを指すと考えられます。

2）関係代名詞の先行詞

　ceは関係代名詞の先行詞となります。固有の意味内容を持たない先行詞なので、〈ce + 関係節〉は「…であるもの、こと」という意味になります。☞ p.432 1)

　ceとともに用いられる関係代名詞は、**qui**（主語）、**que**（直接目的語）、**dont**（前置詞deの前置詞句）、**quoi**（その他の前置詞とともに）です。

Ce qui n'est pas clair n'est pas français.　　（Rivarol）
明快でないものはフランス語ではない。

Ce que j'admire chez lui, c'est sa persévérance.
私が彼で感心するのは、粘り強さだ。

Ce résultat ne correspond pas exactement à **ce à quoi on s'attendait**.
この結果は我々が予期していたものと完全には一致しない。

▶ ce que〜と形容詞

ce que〜 の形では、動詞の後ろに〈de + 形容詞句〉を置いて、先行詞 ce を修飾することがあります。

ce qu'elle a fait de bien　彼女がしたよいこと

ce qu'il y a d'intéressant　興味深いこと

▶ 挿入節的な文末の ce qui〜、ce que〜 など

ce qui〜、ce que〜 などを文末や文中にコンマ（virgule）で区切って付け足して、本文に対するコメントや補足などを表す挿入節のように使うことができます。やや凝った言い方です。

Elle n'a pas voulu me donner son numéro de téléphone, ce qui m'a vexé énormément.（= ça m'a vexé …）
彼女は僕に電話番号を教えようとしなかった。とても心外だったよ。

3）間接疑問節で

ce qui と ce que は間接疑問節を導く疑問詞として使われます。それぞれ直接疑問文の qu'est-ce qui「何が」、qu'est-ce que「何を、何」に対応します。　☞ p.419 ②

Chantal m'a demandé ce qui n'allait pas.
シャンタルは私に何がうまくいっていないのかと尋ねた。

Tu sais ce que c'est ?　これ何だかわかる？

4）感嘆文で

ce que という形を使って感嘆文を作ることができます。くだけた言い方です。　☞ p.334 2）

Ce qu'elle chante bien !　彼女はなんて歌が上手なんでしょう！

（2）ça

指示代名詞 ça は、そこに存在するものを指差して「これ、あれ」のように示すときに使います（**直示表現**）。

文の中では名詞句として機能します。主語、直接目的語の役割を果たしたり、前置詞と結びついて前置詞句を構成したりします。その場合は、たいてい先行の何らかのものを受けます（**照応表現**）。

直示表現としても、照応表現としても、çaは日常会話でとてもよく使います。

1）直示表現

話し手が、その場にある何らかのものを指差しなどで示しながら「これ、あれ」と言う場合にçaを使います。

Tu veux quel gâteau ? — Ça.
どのケーキが欲しい？―これ。

Ça, c'est mon parapluie. これは僕の傘だよ。

文の中に組み込むこともできます。

Je prends ça. （品物を選んで）これにします。

Il n'y a que ça ? これしかないの？

Regarde bien. Il faut faire comme ça.
ほらよく見て。こういうふうにやるんだよ。

2）照応表現（前出のものを受ける場合）

状況や文脈の中で示される何らかの事態や、話の内容などを漠然とした形で受けます。おおよそ「そのこと」に相当します。

「もの」を指す場合は、1）で見た直示表現のニュアンスが強くなるので、遊離構文 ☞ p.377 で遊離された名詞句を受ける照応表現としては、人称代名詞il、elle、leなどを使うほうがふつうです。

意味的には指示代名詞ceとほぼ同じで、文法的には、ceが使えないところをすべて補います。

ce	ça
・主語としてだけ使う ・動詞はêtreだけ ・c'est, c'étaitが中心	・主語・直接目的語・単独・前置詞句すべて可能 ・動詞に制限無し ・est、étaitとは使えない

メモ 動詞がêtreの場合、çaはest（直説法現在）、était（直説法半過去）とともには使えません（×ça estなどは不可）。他の時制はすべて可能で、一般的に、ceよりくだけた言い方になります。また、est、étaitであっても、否定のneや代名詞がçaとの間に入れば可能になります。

Ça n'est pas normal. それは正常なことではない。（= ce）

Ça m'est égal. 私にはどっちでもいいことだ。（ceは不可）

① 文の本体の要素として

文の本体に、主語・直接目的語などとして組み込んで使う場合です。

[主語]

Je ne peux pas venir demain. — Oh, **ça** tombe mal. (事態)
私、明日は来られない。— え、それはまずいなあ。

Tu viens avec nous ? — **Ça** dépend où. (事態)
僕たちと一緒に来る？— どこに行くのかによるわ。

Ça t'a plu, le film ? (もの)
気に入った、映画は？（**ce**、**ça**と人称代名詞 **il** との違いについては ☞ p.110 ③）

[直接目的語]

Tu vas au Japon ? — Qui t'a dit **ça** ? (話の内容)
君、日本に行くの？— 誰から聞いたの？（誰が君にそれを言ったか）

[前置詞句]

Marie a trouvé du travail. C'est **pour ça** qu'elle est retournée en France. (事態)
マリは仕事が見つかったんだ。だからフランスに帰ったんだよ。

Gilles m'a beaucoup aidée. **Sans ça**, j'aurais abandonné cette recherche. (事態)
ジルがとても私の力になってくれた。それがなければ、私はこの研究をあきらめていた。

▶ 総称文で

総称名詞句や不定詞などを受けて、総称文の主語、直接目的語などとして用います。

Un chien, **ça** aboie.　犬というのは吠えるものだ。

Moi, la musique classique, **ça** m'endort.
僕、クラシック音楽は眠くなるよ。

Le calva, j'adore **ça**.　カルヴァドス酒は大好きだよ。

Tu n'aimes pas danser ? — Non, je déteste **ça**.
踊るのは嫌いなの？— 大嫌い。

メモ 上の例で、人称代名詞は使いません。×Un chien, il aboie. ×Le calva, je l'adore. などは不可。

▶ 状況そのものを指して

前文脈で言及された何らかの事態を受けるわけではなく、状況そのものを指している場合もあります。

Ça va ?　元気？／うまくいってる？

Ça sent bon ici.　ここはいい匂いがするね。

Ça va barder.　(不穏な雰囲気になって) ひと悶着あるよ、これは。

② 遊離要素として

上記1) の直示表現の場合だけに限らず、前出の事態を受ける場合も遊離構文の遊離要素として使えます。文本体の中では ce、ça で受け直します。

Je t'ai préparé une tisane. — C'est gentil, ça.
君にハーブティーをいれたよ。— それはありがとう。

Nous réclamons plus de transparence, et ça, ça ne les arrange pas.
我々はさらなる透明性を求めているのだが、それは彼らには都合がよくないんだ。

3) 疑問詞 où、quand、qui とともに

où「どこに」、quand「いつ」、qui「誰」の後ろに付けて、「それは一体」というニュアンスを付け加えて強調します。

J'ai vu un accident de voiture. — Où ça ?
交通事故を見たよ。— それはどこで？

(3) ceci、cela

指示代名詞 ceci と cela には、そこに存在するものを指差して示す用法（直示表現）と、文脈の中で話の内容を指す用法（照応表現）の2つがあります。

1) 直示表現

指差しなどを伴うわけですから、会話の中での使用ということになりますが、ceci、cela は日常会話で用いられることはあまりありません。

☞ p.113 1)

2つを対比的に使えば、ceciは話し手に近いもの「これ」、celaは話し手から離れたもの「それ、あれ」を指します。

Mangez ceci plutôt que cela.
（古風な言い方）　そちらよりもこちらをお食べなさい。

« Ceci n'est pas une pipe. »　　(Magritte)
「これはパイプではありません」（絵の中のパイプの横に記された文。マグリットの有名な絵画）

> **メモ** ceciとcelaの対立がなくなって、もっぱらcelaを使うようになり、さらに日常会話ではcelaを縮めたçaが主流となりました。照応表現も含めて、日常会話のçaに対応する書き言葉はcelaです。

2）照応表現

文脈の中で、話の内容を指します。ceciとcelaを対比的に使って、ceciは「以下のこと」、celaは「以上のこと」という意味を表します。書き言葉です。

Ces observations ont montré ceci : les abeilles utlisent un moyen de communication très élaboré.
これらの観察から次のことが明らかになった。ミツバチは非常に高度なコミュニケーションの手段を使っているのである。

Le patronat a exprimé son mécontentement. Cela n'a pas empêché le ministre de présenter le projet de loi.
経営者団体は不満を表明した。しかしそれによって大臣が法案の提出を断念することにはならなかった。

（4）celuiの系統

指示代名詞celuiは、先行の名詞句（例：mon pull 私のセーター）から名詞（pull セーター）の表す内容だけを引き継ぐ代名詞です。ですから、その使用にあたっては、次の2つの特徴が見られます。
- 性・数の変化がある。
- 新たな限定が加えられて、「特定のそれ」（例：特定のセーター）を指す。

celuiは名詞概念を引き継ぐので、もとの名詞の性（男性・女性）にしたがって形が変わります。また、新たな対象を指すので、その対象の数（単数・複数）にしたがっても形が変わります。

	単数	複数
男性	celui	ceux
女性	celle	celles

限定を加えて「どの特定のものか」を表す方法は主に**3**つあります。順に見ていきましょう。

1）-ci、-là を付ける

celui-ci、celui-là のような形で用います。話し手が指差しなどをしながら「これ（例：このセーター）」と言う場合（直示表現）と、文脈の中のあるものを受ける場合（照応表現）とがあります。

> **メモ** celui-ci、celui-là などは「複合形」と呼ばれることがあります。それに対して、下記の2）、3）の場合のceluiは「単純形」と呼ばれます。

① 直示表現

対象は「もの」で、「人」には用いません。話し手に近いものを指すか（celui-ci これ）遠いものを指すか（celui-là それ）で使い分けることもありますが、日常会話では遠近に関係なく celui-là を用います。

Ce pull ne me rajeunit pas. — Alors, essayez celui-ci.
このセーターだと老けて見えるわ。— では、こちらをお試しになったらいかがですか？

Tu me passes la casserole ? — Laquelle ? Celle-là ?
そこのお鍋取ってくれる？— どれだい？ これ？

② 照応表現

対象は「人・もの」です。

(i) -ci、-là の対比

前出の2つのものを対比的に表します。celui-ci、celle-ci などは「後者」、celui-là、celle-là などは「前者」の意味です。書き言葉で使います。

Nicole et Jules entrent en scène. Celle-là est habillée en noir tandis que celui-ci porte encore sa livrée verte.
ニコルとジュルが登場する。（前者）ニコルは黒い服に身を包んでいるが、（後者）ジュルはまだいつもの緑色の召使い服を着ている。

> **メモ** 「現在」から見れば、あとに出てきたもの（後者）のほうが近いところにあるのでcelui-ciになり、先に出てきたもの（前者）は遠いのでcelui-làになります。

（ⅱ）片方だけの使用

-ci と -là のどちらか片方だけでも使えます。特に -ci は直前の名詞句を受けて、「その人、それ」という意味で使います。人称代名詞 il、elle、le、la などと同等ですが、凝った書き言葉です。

> Nicole fait asseoir Jules sur une chaise. **Celui-ci** tremble encore de peur.
> ニコルはジュルを椅子に座らせる。彼はまだ恐怖で震えている。

③ 特殊な俗語用法

（ⅰ）「人」を表す celui-là、celle-là

文末に遊離して、「あいつにはあきれる」という軽蔑、感嘆などのニュアンスを表します。

> Il ne fait jamais rien, **celui-là** !
> いっつも何もしないんだよ、あの男は！

（ⅱ）celle-là「その話」

celle-là は cette histoire(-là) のことで、今語られた小咄（こばなし）や出来事を指します。次のような文で使います。

> Elle est bonne, **celle-là** !　傑作だぜ、その話は。

2）〈de ＋ 名詞句など〉で限定する

代表的なものは、所有者を示して「どれ」なのかを特定する場合です。「もの」にも「人」にも使います。

> C'est votre numéro de téléphone ?
> — Non, **celui de mes parents**.
> これはあなたの電話番号ですか？ — いや、両親の（電話番号）です。

> Sa gloire n'est pas comparable à **celle de César**.
> 彼の栄光などカエサルのそれ（栄光）には比ぶるべくもない。

▶〈de ＋ 副詞（時間・空間）〉

de の後ろに、一部の時間・空間を表す副詞を置くことができます。

> L'appartement que vous venez de visiter est bien plus cher que **celui d'hier**.
> 今ご見学になったお部屋は昨日のものよりずっとお値段が高くなります。

On va dans ce café ? — Je préfère **celui d'en face**.
あのカフェに行こうか？ — 向かいのほうがいいな。

[その他の副詞]

時間：avant 前／après 後／aujourd'hui 今日／demain 明日／alors その当時

空間：à côté 横／devant 前／derrière 後ろ／ici ここ／là-bas あっち／dessus 上／dessous 下

3）関係節で限定する

celui、celleなどの後ろに関係節を付けて「どれ」なのかを特定します。「もの」にも「人」にも使います。

Ce vase ressemble à **ceux que les chercheurs français ont découverts près de Tunis**.
この壺は、フランスの研究者たちがチュニス近郊で発見したものに似ている。

Tu vois la fille là, **celle qui danse avec Robert** ? C'est la nièce du patron.
ほら、あの女の子、ロベールと踊ってる子。あれ、社長の姪っ子だよ。

▶ **qui estの省略**

関係節のqui est、qui a étéなどを省略して使うことがあります。

[過去分詞とともに]

ce vase et **ceux découverts par les chercheurs français**
この壺とフランスの学者に発見されたそれ

ces immigrés et **ceux arrivés après la guerre**
これらの移民と戦後に来た移民

> **メモ** 関係節に代わるものとして、現在分詞が用いられる場合もあります。

ces femmes et celles **travaillant** à temps partiel
これらの女性とパートで働いている女性

[前置詞句とともに]

celuiの後ろに前置詞句が置かれることがあります（前置詞がdeの場合については ☞ p.118 2)）。ややぞんざいな言い方です。

Ils proposent aux enfants des programmes très variés, mais **ceux pour les adultes** sont assez limités.
子どもに対してはさまざまな活動が用意されているが、大人向けのものはかなり限られている。

▶「人」を表す場合
何らかの先行の名詞概念を引き継ぐのではなく、そのまま関係節で修飾して「…である人」の意味で使います。

Celui qui s'aime trop ne peut être aimé de personne.
自己愛の強すぎる者は誰からも愛されることはない。

Le tyran exécutait systématiquement **ceux qui s'opposaient à lui**.
暴君は自分に対立する者を徹底的に処刑していった。

▶あるカテゴリー中の特定の一部を表す場合
〈ceux、celles de + 名詞句〉の形に関係節を付けて、名詞句の表すカテゴリーのうちの「…であるもの」を表します。

Ceux des spécialistes **qui** exprimaient leur inquiétude ont tous été arrêtés.
懸念を表明していた専門家たちはみんな逮捕されてしまった。

4. 所有代名詞

　所有代名詞は、先行の名詞句（例：cette voiture この車）から名詞（voiture 車）の表す内容だけを引き継ぎ、「私のそれ（＝車）」のように所有者を示してどれのことかを特定する表現です。

　所有者（1・2・3人称）、対象の性・数にしたがって、形は次の表のようになります。

所有者		対象 単数 男性	単数 女性	複数 男性	複数 女性
単数	1人称	le mien	la mienne	les miens	les miennes
	2人称	le tien	la tienne	les tiens	les tiennes
	3人称	le sien	la sienne	les siens	les siennes
複数	1人称	le, la, les nôtre(s)			
	2人称	le, la, les vôtre(s)			
	3人称	le, la, les leur(s)			

　メモ　所有代名詞は、定冠詞と所有形容詞の強勢形（mien など）との組み合わせです。所有形容詞の強勢形をこの形以外で用いるのは、とても凝った言い方です。
例：un mien ami「1人の私の友だち」（ふつうは un de mes amis、くだけて un ami à moi のように言います）、faire sien（mien、tien など）「自らのものとする」

　所有代名詞は、名詞句として、文中で主語、直接目的語、前置詞句、属詞などとして働きます。

Mes copains sont partis et **les tiens** sont restés. (Coluche)
僕の友だちは帰っちゃったけど、君のは残ってるんだよな。（＝ **tes copains**）

Ce n'est pas ma clé, c'est **la vôtre**.
これは私の鍵じゃありませんよ。あなたのでしょう。（＝ **votre clé**）

▶ 複数形で「家族、身内、仲間」の意味

Il est **des nôtres**, il a bu son verre comme les autres !
（**des nôtres** は de + les nôtres の縮約）
（仲間に酒を飲ませながら歌う歌の一節）　こいつは俺たちの仲間だ。みんなと同じようにグラスを空けたぞ。

Il vient de perdre un **des siens**.
彼はごく最近身内に不幸があった。（身内の1人を失った）

5. 不定代名詞

　不定代名詞は、いくつかのタイプの代名詞を寄せ集めたもので、全体としての統一性はありません。対象の示し方の面から、また意味の面から、それぞれいくつかのグループに分けられます。

> **メモ** それぞれの語の詳しい意味や用法については、辞書で確認してください。

(1) 対象の示し方による分類

1) 前の文脈に依ることなく独立した意味を持つもの

quelqu'un 誰か、ある人／quelque chose 何か、あるもの／d'aucuns (凝った表現) 一部の人たち／tout すべて／tout le monde みんな／autre chose 別のこと、他のもの／autrui (凝った表現) 他人／tel(le) (凝った表現) 誰それ

否定詞neと呼応して：personne 誰も (…ない)／rien 何も (…ない)／nul(le) 誰も (…ない)

ne ... pasなどとともに：grand chose 大したものは何も (…ない)

Il y a **quelqu'un** qui vous a téléphoné tout à l'heure.
さっきあなたに電話してきた人がいましたよ。

Tout se passe bien.　すべてが順調にいっている。

Tu n'as pas **autre chose** à faire ?　あなた、ほかにやることないの？

2) 前の文脈などに出たものを受けるもの (照応表現)

　前の文脈の名詞句に依拠したり、〈de＋名詞句〉を補足したりすることで、何を指しているのかが明らかになる場合です。

quelques-un(e)s いく人かの人、いくつかのもの／plusieurs いく人かの人、いくつかのもの／plus d'un(e) 複数の人、もの／le(s) même(s) 同じ人 (たち)、同じもの／un(e) autre ある別の人、もの／d'autres ある別の人々、もの／l'autre もう一方の人、もの／les autres 他の人たち、もの／

連動して：l'un(e) ... l'autre / les un(e)s ... les autres 一方は…他方は
否定詞neと呼応して：aucun(e) 誰も、何も (…ない)／pas un(e) 1人も、1つも (…ない)

On a retrouvé **plusieurs** des tableaux volés.
盗難に遭った絵のうち何枚かが発見された。

Nous avons embauché une vingtaine de jeunes en septembre. **Quelques-uns** sont déjà partis.
9月に20人ほどの若者を雇い入れたが、何人かはもう辞めてしまった。

Ils ont entassé les sacs de sable **les uns sur les autres**.
彼らは土嚢(どのう)を次々に積み重ねていった。

> **メモ** 不定代名詞のplusieursやquelques-un(e)sと同じように、数詞（deux, trois…）やbeaucoup、peuも代名詞的に使うことができます。
>
> On a retrouvé **deux** de ces tableaux.　それらの絵のうち2枚が発見された。
> **Beaucoup** (d'entre eux) sont déjà partis.
> 彼らのうち多くがもう辞めてしまった。

3）どちらの用法もあるもの

次の3つは、独立した意味を持つこともあれば、照応表現として使われることもあります。独立した意味の場合は、「人」を意味します。

certain(e)s　　（独立）一部の人々　　（照応）一部の人々、もの
tous (toutes)　（独立）すべての人々　（照応）すべての人々、もの
chacun(e)　　（独立）それぞれの人　　（照応）それぞれの人、もの

Certains disent qu'on peut baisser les impôts.
税金は下げることができると言う人たちもいる。

Chacun de vos conseils m'est précieux.
みなさんのアドバイスの1つ1つが私には貴重なものです。

（2）意味の面からの分類

不定代名詞は、意味の面から次のように分類することができます。

1）対象の数量を示すもの

次のものは、対象となるものの数量を示します。

［数量ゼロ］

否定詞neと呼応して：personne 誰も／rien 何も／nul(le) 誰も／aucun(e) 誰も、何も／pas un(e) 誰も、何も
ne ... pasとともに：grand chose 大したものは何も

[ある数]

certain(e)s 一部の人々、もの／quelques-un(e)s いく人かの人、いくつかのもの／plusieurs いく人かの人、いくつかのもの／plus d'un(e) 複数の人、もの／d'aucuns 一部の人たち

[すべて]

tout すべて／tous (toutes) すべての人々、すべてのもの／
tout le monde みんな／chacun(e) それぞれの人、もの

2) 同一または別物を示すもの

le(s) même(s) 同じ人（たち）、同じもの／un(e) autre ある別の人、もの／
d'autres ある別の人々、もの／l'autre もう一方の人、もの／
les autres 他の人たち、もの／autre chose 別のこと、もの／autrui 他人

3) その他

quelqu'un 誰か、ある人／quelque chose 何か、あるもの／tel(le) 誰それ
連動して：l'un(e) ... l'autre / les un(e)s ... les autres 一方は…他方は

◆形容詞句による修飾

quelqu'un、quelque chose および rien など否定の代名詞 ☞ p.306 を形容詞句で修飾する場合は、de を使ってつなぎます。形容詞句は男性単数形を使います（ただし pas un(e)、aucun(e) などは性を一致させます）。

C'est quelqu'un de vraiment bien. あの人は本当にいい人だ。

Il y a quelque chose d'intéressant dans le journal ?
— Non, il n'y a rien de spécial.
新聞に何か面白いこと出てる？ — 特別なことは何もないよ。

第5章 形容詞句・形容詞

形容詞は、名詞とつながって、その性質や種類などを表します。文中では単体で、あるいは修飾・補足要素を伴った形で用いられますが、これらをひっくるめて形容詞句と言います。

形容詞は**品質形容詞**と**限定形容詞**に分けられますが、この章では品質形容詞について記述します。品質形容詞とは人や物事の性質を表すふつうの形容詞のことです。

限定形容詞 ☞ p.55~69 （所有形容詞、指示形容詞、数形容詞、不定形容詞、疑問形容詞、感嘆形容詞、関係形容詞 ☞ p.435 ）については、この章では扱いません。

> **メモ** 限定形容詞には、冠詞などと同じように、次のような際立った特徴があります。
> ①名詞の前に付いて名詞句を形成することができる。
> ②属詞として働くことはない（一部の特殊なものは除く）。
> ③対象を特定したり、その範囲を定めるもので、人や物事の性質は表さない。

1. 形容詞句の役割

形容詞句は文を構成する1つの単位です。単体の**形容詞**（**difficile** 難しい、**beau** 美しい）であったり、形容詞に修飾・補足要素が付いた形（**très difficile** とても難しい、**content de ce résultat** この結果に満足している）で文中に現れます。

形容詞句の文中での役割としては、下記の（1）～（4）があります。（4）の副詞的用法を除いて、いずれの場合も形容詞句の核となる形容詞は、**関係する名詞と性・数が一致**します。☞ p.139

（1）付加詞（名詞句内の任意要素）

形容詞句は、名詞に**直接付いて名詞を修飾**することができます。この場合の形容詞句は**付加詞**と呼ばれます。付加詞として用いる場合、形容詞句の基本的な位置は名詞の後であると考えられますが、前に来ることも多くあります。☞ p.134

Il m'a posé une question **très difficile**.
彼は私にとても難しい質問をした。

J'ai vu un **très grand** chien. 私はとても大きな犬を見た。

〈名詞＋形容詞句〉または〈形容詞句＋名詞〉の前に限定詞が付いて名詞句となり（上の例の une question très difficile と un très grand chien）、この名詞句が文中で主語や目的語として働きます。

ただし、付加詞としての形容詞句は名詞を修飾しているだけなので、名詞句を形成するにあたり文法的に必須の要素ではありません。例えば上の例の très difficile や très grand を取っても、文自体は成立します。

Il m'a posé une question.　彼は私に質問をした。

J'ai vu un chien.　私は犬を見た。

> **メモ** 次の代名詞の場合は、形容詞句を直接には付けず、〈de＋形容詞句〉という形を使います（男性単数形。ただし pas un(e) などは性を一致させる）。
> 不定代名詞：quelqu'un 誰か／pas un(e) 1つも（ない）、など ☞ p.124 ◆、p.307 ▶
> 数量の代名詞：en それ ☞ p.104 メモ
> 指示代名詞：ceci これ／cela それ／ce que …なもの ☞ p.112 ▶ ce que 〜と形容詞
> 疑問代名詞：qui 誰／que、quoi 何／qu'est-ce que 何を

Qui **d'autre** pourrait le faire ?　ほかの誰にそれができようか？

Quoi **de neuf** ?　何か変わったことある？

Qu'est-ce que tu fais **de beau** ?　君は何してるの？（楽しいこと何を）

（que、qu'est-ce que、ce que の場合は〈de＋形容詞句〉が後ろに離れます。）

（2）属詞（動詞句内の必須要素）

形容詞句は、être などいわゆる繋合動詞と結び付いて、主語の性質を表します。この場合の形容詞句は**属詞**と呼ばれます。☞ p.153

Mon père est **très grand.**　私の父はとても背が高い。

La négociation devient **de plus en plus difficile.**
交渉はますます難しくなってきている。

上の例では形容詞句は**主語の属詞**となっていますが、次の2例のように別のタイプの構文では**直接目的語の属詞**となることもあります。
☞ p.173 4)

Je trouve cette femme **vraiment belle.**
私はこの女性を本当に美しいと思う。

Les Français considèrent cette manière comme **très impolie.**
フランス人はこのようなやり方をとても失礼なものと見なす。

主語の属詞であれ直接目的語の属詞であれ、この場合の形容詞句は、動詞句 ☞ p.148 を作るために欠かせない必須の要素です。

◆属詞が任意要素の場合

属詞の形容詞句が任意の要素として加わっている構文もあります。

Ma grand-mère habite **toute seule** dans une grande maison.
祖母はたった1人で大きな家に住んでいる。

Venez **nombreux**. （催し物など）多数おいでください。

Claire est partie **joyeuse**. クレールは上機嫌で出ていった。

Mes parents se sont mariés **très jeunes**.
私の両親はとても若いときに結婚した。

Nous ne sommes pas tous nés **riches**.
私たちはみんな裕福に生まれついたわけではない。

Il a perdu ses parents **très jeune**. 彼は幼くして両親を失くした。

上の例では、太字の形容詞句は動作時の**主語の様態を表す属詞**です。性・数も主語に一致しています。これらは文が文法的に成立するために必須の要素ではありませんが、意味の上ではもちろん重要な役割を果たしています。また、**直接目的語の様態を表す属詞**となる場合もあります。

L'essentiel, c'est de retrouver l'enfant **sain et sauf**.
肝心なのは子どもを無事に見つけ出すことだ。

Paul boit toujours son café **tiède**.
ポールはいつもコーヒーはぬるめで飲む。

Nous avons connu votre mère **toute petite**.
私どもはお母様がごく小さかったころから存じ上げております。

（3）同格

形容詞句は、コンマ (, virgule) で区切り独立した形で主語の前後や文末などに置いて、**動作時の主語の様態**を表すことができます。この用法を**同格**と呼びます。意味的なつながりにより、「原因」など特定のニュアンスが出ることがよくあります。同格は話し言葉で使うことはあまりありません。

Complètement épuisée, Léa s'est couchée tout de suite.
完全に疲れきっていたので、レアはすぐに床についた。

Marie tremblait dans son lit, **muette de frayeur**.
マリは恐怖で声を出すこともできずにベッドの中で震えていた。

Jacques, **immobile près de la porte**, la regardait d'un air accablé.
ジャックは、ドアのそばでじっとしたまま、打ちひしがれた様子で彼女を見ていた。

> **メモ** 主語が人称代名詞の場合は、上の例のようには形容詞句を主語のすぐ後に置くことはできません。

中上級！ その他の同格用法

同格の形容詞句が、対立や条件のニュアンスを持つことがあります。

La princesse, **très belle et très intelligente**, n'était cependant pas aimée de son entourage.
王女はとても美しくとても聡明だったにもかかわらず、周りの人々に愛されていなかった。

Moins riche, le marquis n'aurait pas eu cette idée extravagante.
これほど裕福でなければ、侯爵はあのような突拍子もないことを考えつかなかっただろう。

また、主語以外の名詞句に対して同格の場合もあります。

Ils trouvèrent Nadine dans la grange, **muette de frayeur**.
彼らは恐怖で声も出せないでいるナディーヌを納屋で発見した。

(4) 副詞的用法

形容詞（句）が動詞の直後に置かれて、**動詞を修飾する副詞のように働く**ことがあります。形の変化はなく、男性形単数が用いられます。

Ne parle pas **si fort** !　そんなに大きな声で話さないで。

Sylvie travaille **dur** pour avoir le bac.
シルヴィーはバカロレアを取るために猛烈に勉強している。

Il suffit d'écrire **plus petit** pour que le livre soit moins gros.
本をもっと薄くするには字をもっと小さく書けばよい。

この用法では、動詞が他動詞であっても目的語が潜在化していて表には現れないことがよくあります。また、動詞と形容詞の結び付きが狭い範囲で固定していて、成句的なものが多く見られる反面、広告などの影響で新しい組み合わせもよく作られます。
　上の例のほかにも、次のようなものがあります。

[成句的] s'arrêter net　ぴたっと止まる／boire sec　(酒を)ストレートで飲む／chanter faux (juste)　調子はずれに(音程正しく)歌う／couper court　すぱっと中断させる／coûter cher　値段が高くつく／marcher droit　まっすぐ歩く／parler bas (haut)　小声で(声高に)話す／raisonner juste　正しく推理する／sentir bon (mauvais)　いい(嫌な)匂いがする／sonner creux　空っぽの音がする、(言葉が)無内容に聞こえる／ne pas tourner rond　うまくいっていない／voir trouble (clair)　目がかすんで(はっきりと)見える
[広告的] acheter français　フランス製品を買う／s'habiller jeune　若作りの服を着る／laver blanc　(洗剤が)真っ白に洗う／rouler japonais　日本車に乗る／voter utile　(死に票を避けて)有効に投票する

2. 形容詞句の構造

　形容詞句は形容詞を最低限の必須要素とします。そして場合により、その形容詞に任意の修飾・補足要素として程度の副詞が付いたり、あるいは前置詞句などが付いたりします。

形容詞句＝（程度の副詞など＋）形容詞（＋前置詞句など）

　（　）内は通常は任意の要素ですが、apte à「…に適性のある」、enclin à「…に傾きがちな、…する性癖のある」、exempt de「…を免除された」のように、まれに前置詞句が必須の場合があります。

(1) 程度の副詞による形容詞の修飾

　形容詞を修飾するのは主に、「性質がどの程度のものなのか」を表す副詞です。　p.276 1)

Je suis **un peu (assez, très)** fatigué.
私は少し(かなり、とても)疲れている。

Ce livre est trop difficile pour moi.　この本は私には難しすぎる。

例文の太字の4つが基本的なものですが、形容詞を修飾する「程度の副詞」には、ほかにも次のようなものがあります。

程度弱：peu ほとんど…ない／à peine かろうじて／légèrement 僅かに／pas tellement それほど…ではない
程度中：plutôt どちらかというと／moyennement まあまあ
程度強：bien 大層／fort とても／tout 極めて／si とても、あんなにも／vraiment 本当に／complètement 完全に／entièrement 全面的に／extrêmement 極度に／totalement 完全に／absolument 完全に／tout à fait 全く／excessivement 過度に／particulièrement 格別に
比較：moins より少なく／aussi 同じくらい／plus より多く　比較級 p.388

▶程度の副詞を付けられない形容詞

形容詞によっては、程度の副詞で修飾できないものもあります。例えば次のような形容詞です。

[関連形容詞]　p.135 2)

présidentiel 大統領の／bancaire 銀行の／géologique 地質学の

[程度の強弱とは無関係の概念を表す形容詞]

carré 四角い／circulaire 円形の／enceinte 妊娠した／indispensable 必要不可欠の

[序列を表す形容詞]

premier 最初の／dernier 最後の／cadet 年下の／aîné 年上の／principal 主要な／mineur 重要性の低い

[程度の強弱がもともと含まれた概念を表す形容詞]

absolu 絶対の／énorme 巨大な／essentiel 極めて重要な／excellent この上なくすばらしい／excessif 過度の／immense 広大な／magnifique 立派ですばらしい／minuscule ごく小さな／parfait 完璧な

中上級! 形容詞修飾の表現いろいろ

super-、hyper-、ultra-、extra-、archi- など、程度の強いことを示す接頭辞もあります。語形成の自由度はそれほど高くありません。

supersympa ［俗］とっても感じがいい／hypersensible 過敏な／
ultramoderne 超現代的な／extra-fin 極薄の／
archifaux 大間違いの

程度の副詞以外の副詞が形容詞を修飾することもあります。

une solution **étonnamment** simple　驚くほど単純な解決策
un taux d'inflation **continûment** élevé
連続して高いままのインフレ率
un homme **toujours** gai　いつも陽気な男
une école **provisoirement** fermée　一時的に閉まっている学校
un système **résolument** moderne　徹底的に現代的なシステム
une influence **nécessairement** limitée
限られたものにならざるを得ない影響力
une définition **délibérément** large　あえて広めに取った定義

前置詞句などにより程度が表現されることもあります。

bête **à pleurer**　［話など］まったくばかげた、［人］本当に間抜けな
　　　　　　　　　　　　　　　　　　　　　（**pleurer** 泣く）
jolie (belle) **à croquer**　［女性］とてもかわいい (美しい)
　　　　　　　　　　　　　　　　　　　（**croquer** クロッキーで絵にする）
rapide **comme l'éclair**　とても (稲妻のように) 素早い
fort **comme un Turc**　とても (トルコ人のように) 強い

（2）前置詞句などによる形容詞の意味の補足

　形容詞の後に前置詞句などを付けて意味的な補足を加えることがあります。多く見られるのは、形容詞の表す性質や感情などの及ぶ対象や範囲を明示するケースです。

content **de ce résultat**　この結果に満足している

　使われる前置詞は、形容詞とその意味に応じて決まってきますが、àとdeが多数を占めます。前置詞がàまたはdeの場合、その後に名詞句だけでなく不定詞を置くことができる形容詞も多くあります。

[前置詞à]
▶àの後に名詞句を置くもの

Leur proposition est **semblable à** la nôtre.
彼らの提案は我々のものと似ている。

Ce procédé n'est pas **conforme à** la Constitution.
このやり方は憲法に適合しない。

commun à …に共通の／contraire à …とは反対の／fidèle à …に忠実な／
hostile à …に対して敵意のある／relatif à …に関する／
supérieur à …を上回る

▶不定詞も置けるもの

　上の例に対し次に挙げる形容詞では、名詞句だけでなく不定詞を置くこともできます。

Ils sont **prêts à** obéir à n'importe quel ordre.
彼らはどんな命令にも従う覚悟である。

apte à …に適性のある／attentif à …に注意を向けている／
propre à …に適した

[前置詞de]
▶deの後に名詞句を置くもの

Marie est follement **amoureuse de** Gilles.
マリは激しくジルに恋をしている。

Leur proposition est **différente de** la nôtre.
彼らの提案は我々のものとは異なる。

satisfait de …に満足している／couvert de …に覆われている／
âgé de 10 ans 年齢が10歳である／large d'épaules 肩幅が広い／
rouge de colère 怒りで赤くなっている

▶不定詞も置けるもの

Je suis parfaitement **conscient d'**avoir commis une grosse erreur.
私は自分が大変な間違いを犯してしまったと十分認識している。

content de …に満足している／digne de …に値する／fier de …を誇りに思う／honteux de …を恥ずかしく思う／sûr de …を確信している

　メモ　前置詞の後が不定詞の場合、不定詞の表す動作などの意味上の主語は、ふつう当該形容詞と関係づけられた名詞あるいは名詞句です。

un homme digne d'être aimé　愛されるに値する男
(être aiméの意味上の主語は homme)

Mon grand-père était très heureux de me voir.
祖父は私に会えてとても喜んでいた。(me voirの意味上の主語は mon grand-père)

▶補足節を取れるもの

前置詞 de の後に不定詞を置くことのできる形容詞の中には、前置詞句の代わりに補足節による補足が可能なものもあります。上に例示した形容詞 conscient、content、digne、fier、honteux、sûr はすべてこれに当てはまります。

Sophie est très **contente que** sa fille puisse s'inscrire en médecine.
ソフィは娘が医学部に登録できるのでとても喜んでいる。

[その他の前置詞]

gentil (méchant, aimable) **avec** …に対して親切だ（意地悪だ、愛想がいい）
fâché **avec** …と仲たがいしている
fâché (furieux) **contre** …に対して腹を立てている（激怒している）
bon (mauvais, fort) **en** [分野] …がよくできる（できない、強い）
riche (pauvre) **en** [含有物] …を豊富に含む（乏しい）
connu (célèbre) **pour** …で有名な（**par**も可）
poli (cruel, généreux) **envers** …に対して礼儀正しい（残酷な、寛大な）
（**avec**も可）

◆ difficile à comprendre タイプ

形容詞に補足要素として前置詞句〈à + 不定詞〉が付いたとき、その

不定詞にとって形容詞に関係づけられた名詞あるいは名詞句が意味上の直接目的語である場合があります。

une théorie **difficile à comprendre**
理解するのが難しい理論（**théorie** は **comprendre** の意味上の直接目的語）

Le spectacle était vraiment **triste à voir**.
その光景は本当に見ているのが悲しくなるくらいだった。
（**le spectacle** は **voir** の意味上の直接目的語）

他にも次のような同じタイプの形容詞があります。不定詞を付けて例示します。

facile à faire　するのが簡単だ／agréable à regarder　見て心地よい／désagréable à entendre　聞いて不愉快だ／utile à dire　言って損はない／bon à jeter　捨てるのがいい／impossible à retenir　とても覚えられない

3. 形容詞の位置

形容詞を付加詞として用いる場合、圧倒的多数の形容詞の基本位置は名詞の後ですが、次の点にも気をつけなければなりません。
- ふだんとてもよく使われる形容詞で、通常は名詞の前に置くものが多くある。
- 名詞の後が基本位置である形容詞でも、文脈中でのニュアンスやリズムなどから、名詞の前に置くことのできるものが多くある。

形容詞の位置の問題を意味の点から見ると、おおよそ次のように考えられます。
- **名詞の後に来る場合は、客観的な性質により名詞を種類分けする。**
- **名詞の前に来る場合は、名詞に主観的な印象を付け加える。**

(1) 名詞の後に来る形容詞

次のような形容詞は名詞の後に置きます。

1) 色、形状、物理的特徴を表す形容詞

une voiture **rouge**　赤い車　　un menton **carré**　四角いあご
une pièce **claire**　明るい部屋　un goût **amer**　苦い味
un endroit **sec**　乾燥した場所

2) 関連形容詞

関連形容詞とは、国、地方、制度、機関、宗教、学問、産業、体内組織などを表す名詞から派生した形容詞です。修飾する名詞を派生元の名詞が表す分野と関連づけることにより、その名詞が指すのはどういう種類のものかを限定します。その意味の特性から、程度の副詞などで修飾することも比較級・最上級にすることもできません。また、属詞としても用いられません。

 un code **postal** 郵便番号 les élections **présidentielles** 大統領選挙
 le gouvernement **français** フランス政府
 une réforme **scolaire** 学校改革
 un compte **bancaire** 銀行口座 un parc **national** 国立公園
 une substance **chimique** 化学物質 une crise **cardiaque** 心臓発作

3) 過去分詞由来の形容詞、現在分詞由来の形容詞

 un homme **déçu** 失望した男 une actrice **connue** 有名な女優
 un travail **fatigant** 疲れる仕事

> **メモ** ただし un sacré farceur「とんでもないインチキ野郎」、sa prétendue maladie「彼（彼女）がかかっていると言い張っている病気」のように過去分詞由来で前に来るものが少数あります。また現在分詞由来のものも、une émouvante cérémonie「感動的な式」のように、凝った言い方で前に置けるものがあります。

4) 前置詞句で補足・修飾されていたり、長めの副詞で修飾された形容詞

 un plan d'évacuation **conforme aux normes de sécurité**
 安全基準に適合した避難計画
 un cou **extrêmement long** ものすごく長い首
 un système **vraiment remarquable** 本当に見事なシステム

（2）名詞の前に来る形容詞

次の形容詞は名詞の前に置きます。

1) 序数詞など

 la **deuxième** porte 2番目のドア le **sixième** sens 第六感
 le **premier** amour 初恋

> **メモ** 序数詞は、ふつうは名詞の前に置かれますが、tome「巻」、chapitre「章」、acte「幕」、scène「場」などでは後に来ることもあります。
> 例：acte premier 第一幕

2) 日常的によく使われる単音節または2音節の形容詞

un **grand** bâtiment　大きな建物　　une **mauvaise** habitude　悪い癖
un **jeune** médecin　若い医師　　un **beau** château　美しい城
ma **nouvelle** voiture　私の今度の車

grand / petit　大きい / 小さい　　bon / mauvais　よい / 悪い
jeune / vieux　若い / 年老いた　　beau /（laidは名詞の後）美しい /（醜い）
long /（courtは名詞の後）　長い /（短い）
gros　太った／nouveau　新しい／vrai　本当の／joli　きれいな／
vaste　広大な／haut　高い　　など

▶これらの形容詞も次のような場合には名詞の後に置きます。

- 後置されやすい形容詞と並列されたりetで結ばれている場合
  un roman **long et ennuyeux**　長くて退屈な小説

- 長めの副詞（très、trop、assez、si、toutなどではない副詞）で修飾されている場合
  une voiture **incroyablement petite**　信じられないほど小さな自動車

- 前置詞句で修飾・補足されている場合
  une jeune fille **jolie à croquer**　とてもかわいい娘
  un élève **bon en maths**　数学がよくできる生徒

(3) 位置により意味の異なる形容詞

形容詞によっては、名詞の前に置くか後に置くかで全く異なる意味になる場合があります。いくつか例を見ておきましょう。

名詞の前	名詞の後
un ancien élève　卒業生（元生徒）	une famille ancienne　旧家（古くからの家系）
la dernière semaine　最後の週	la semaine dernière　先週
une pauvre femme　哀れな女	une femme pauvre　貧しい女
le même auteur　同じ作者	l'auteur même　その作者そのもの
un seul homme　ただ1人の男	un homme seul　1人でいる男、独り者
une simple question　単なる質問	une question simple　簡単な質問

> **中上級!** 名詞の前後で意味が変わる形容詞

　名詞の前に置くのが基本の形容詞でも、その修飾を受ける名詞の種類によって意味が変わってくることもあります。例えば形容詞 grand は、ふつうは「大きい」（人間であれば「背が高い」）という意味であり、付加詞として用いるときは名詞の前に置きますが（例：**un grand bâtiment** 大きな建物）、職種などを表す名詞を修飾すると「偉大な」という意味になることがあります。

　un **grand** acteur (écrivain, savant, homme)
　大俳優（大作家、大学者、偉人）

　この場合、grand を名詞の後に置けば「背が高い」という意味になります。

　似たような例として gros「太った；規模の大きい」があります。これもふつうは名詞の前に置く形容詞（例：**un gros bébé** 太った赤ん坊）ですが、次のような例外があります。

　un **gros** industriel （大企業を営む）実業家　　un **gros** mangeur 大食漢

　この場合も、gros を名詞の後に置けば「太った」という意味になります。

　また、形容詞 curieux は「奇妙な」という意味なら名詞の前後どちらにも置けるのですが、もう 1 つの「(人が) 好奇心の強い」という意味では後に置きます。

　une histoire **curieuse**、une **curieuse** histoire　奇妙な話（出来事）
　une **curieuse** femme　奇妙な女／une femme **curieuse**　好奇心の強い女

（4）名詞の前にも後にも置ける形容詞

　上記以外の形容詞は、一般に名詞の前にも後にも置くことができますが、**基本となる位置は名詞の後**です。前後どちらに置いても意味に大きな違いはないのですが、名詞の前に置くと主観的な評価や感情のニュアンスが強くなり、場合によっては気取った感じにもなります。

名詞の後	名詞の前	訳
une journée agréable	une agréable journée	心地よい一日
une petite ville charmante	une charmante petite ville	すてきな小さい町
un souvenir merveilleux	un merveilleux souvenir	すばらしい思い出
une guérison rapide	une rapide guérison	迅速な治癒
un succès remarquable	un remarquable succès	見事な成功
une amélioration sensible	une sensible amélioration	顕著な改善

4. 付加詞でのみ使用する形容詞

名詞に直接付いて修飾する付加詞としてのみ使う形容詞があります。

1）関連形容詞 ☞ p.135 2)

un compte **bancaire**　銀行口座
（× Ce compte est bancaire. のような属詞としての用法は不可）

une réforme **scolaire**　学校改革
（× Cette réforme est scolaire. のような属詞としての用法は不可）

> メモ　ただし、対比的な文脈（「…ではなく〜だ」）の中や、品質形容詞的に用いられると属詞で現れることもあります。

Ce parc n'est pas **national**, mais **départemental**.
この公園は国立ではなく県立だ。

On me reproche d'être trop **scolaire** en cours.
私は授業が杓子定規すぎると言われる。

2）序数詞

la **deuxième** rue　2番目の通り
（× Cette rue est deuxième. のような属詞としての用法は不可）

3）位置により意味の異なる形容詞で名詞の前に置く場合

名詞の前に置いた場合と後に置いた場合で意味が異なる形容詞があります。☞ p.136 これらは、一般的に名詞の後での意味でなら属詞としても使えますが、名詞の前での意味では属詞としては使えません。

名詞の後　une question **simple**　簡単な質問
　　　　　Cette question est **simple**.　この質問は簡単だ。

名詞の前　une **simple** question　単なる質問
　　　　　（× Cette question est simple.「単なる」の意味では不可）

> **中上級!** 属詞でのみ使用する形容詞
>
> 属詞でのみ使用する形容詞というのはまれですが、bon の「（計算）合っている」と「（切符など）有効である」という意味での使用は、そのまれな例です。
>
> Le compte est **bon.** 計算は合っている。
> (× **un bon compte** この意味では不可)
>
> Ce billet n'est plus **bon.** この切符は期限切れだ。
> (× **un bon billet** この意味では不可)

5. 形容詞の形態変化

(1) 原則

形容詞はふつう、関係する名詞の性・数に応じて形が変化します（副詞的に用いられる場合 ☞ p.128 は除く）。例えば付加詞として複数形女性名詞を修飾するなら女性形かつ複数形になります。基本的には名詞の場合と同じように、**女性形は男性形の末尾にeを、複数形は単数形の末尾にsを付けます。**

	単数	複数
男性	petit	petit**s**
女性	petit**e**	petit**es**

属詞の例　　Leurs maisons sont très **petites.** 彼らの家はとても小さい。
付加詞の例　Ils préfèrent les **petites** voitures.
　　　　　　彼らは小さい車のほうを好む。

> **メモ** 複数形のsはリエゾンする場合（例：de belles‿îles 美しい島々）を除いて発音に関わりませんが、女性形はeが付くことによって男性形と発音が違ってくる場合があるので注意しましょう。
> (1) 男性形の ①末尾の発音が口母音（鼻母音ではない母音）で、かつ後に子音文字がない場合、②末尾が発音される子音文字である場合は、女性形になっても発音は変わりません。
>
> ①の例：joli – jolie きれいな　　connu – connue 有名な
> ②の例：dur – dure きつい　　original – originale 独創的な
> 　　　　supérieur – supérieure 上方の、より優れた

（2）男性形の末尾が発音されない子音文字の場合は、女性形で e が付くことにより、その子音が発音されるようになります。

petit – petite　小さい（女性形では最後に [t] の音が発音される）

français – française　フランスの（女性形では最後に [z] の音が発音される）

（2）形態変化の例外

形容詞の形の変化の原則は上に見たように単純ですが、微調整が必要なものや例外的な形になるものもあります。おおよそ次のとおりです。

1) 性（女性形を作るときの例外）
① 男性形が e で終わっているものはそのまま
女性形はそのままで、さらに e を重ねることはしません。

-e ➡ -e　facile – facile　簡単な　　difficile – difficile　難しい
　　　　　　bête – bête　ばかな

> メモ　動詞の過去分詞由来の形容詞で男性形の末尾がアクセント記号のついた é になっている形容詞には注意してください。原則どおり女性形には e を付けます。
>
> fatigué – fatiguée　疲れた　　　fermé – fermée　閉まっている

② 男性形の末尾の子音を重ねてから e を付ける
[鼻母音で終わるもの]

-on ➡ -onne　　bon – bonne　よい　　mignon – mignonne　かわいらしい
　　　　　　　　（ただし nippon – nippone（nipponne も可）「（軽蔑的に）日本の」
　　　　　　　　lapon – lapone（laponne も可）「ラップランドの」）
-ien ➡ -ienne　ancien – ancienne　昔の　　italien – italienne　イタリアの
-éen ➡ -éenne　européen – européenne　ヨーロッパの
　　　　　　　　coréen – coréenne　韓国・朝鮮の

▶ ただし -in　-ain　-ein　-un　-an は原則どおり e だけを付けます。

voisin – voisine　隣の　　certain – certaine　確実な
brun – brune　褐色の　　persan – persane　ペルシャの
plein – pleine　いっぱいの

5. 形容詞の形態変化

▶ -inと-anの例外

bénin – bénigne （傷、病などが）軽度の　　malin – maligne 抜け目のない
paysan – paysanne 農民の　　rouan – rouanne （馬が）葦毛の

[-lで終わるもの]

-el ➡ -elle　habituel – habituelle いつもの　officiel – officielle 公式の
-eil ➡ -eille　pareil – pareille 同じような
-ul ➡ -ulle　nul – nulle 無価値の
-il ➡ -ille　gentil [ʒɑ̃ti] – gentille [ʒɑ̃tij] 親切な

▶ ただし -al -olは原則どおりeだけを付けます。

banal – banale 平凡な　　espagnol – espagnole スペインの

[-sで終わるもの]

-s ➡ -sse　bas – basse 低い　　épais – épaisse 厚い
　　　　　gras – grasse 脂ののった　　gros – grosse 太った
　　　　　las – lasse 倦み疲れた

▶ ただし大多数は原則どおり -se になります。

gris – grise 灰色の　　japonais – japonaise 日本の
mauvais – mauvaise 悪い

▶ -sの例外

frais – fraîche 新鮮な　　tiers – tierce 第3の

[-etで終わるもの]

-et ➡ -ette　muet – muette 無言の　　net – nette 鮮明な

▶ ただし -et → -ète となるものも少数あります。　☞ p.142 ③

complet – complète 完全な　　concret – concrète 具体的な
discret – discrète 控えめな　　inquiet – inquiète 心配している

[-ot で終わるもの]

- **-ot ➡ -otte**　sot – sotte　愚かな
  vieillot – vieillotte　古くさい　など少数の語

▶ その他の -ot は**原則どおり -ote** となります。

idiot – idiote　愚かな　　dévot – dévote　信心深い

③ **男性形に e を付けるが、直前の母音 e が è になるもの**

- **-er ➡ -ère**　cher – chère　値段が高い　　fier – fière　自慢に思う
  léger – légère　軽い　　premier – première　最初の
- **-et ➡ -ète**　complet – complète　完全な
  inquiet – inquiète　心配している

④ **男性形に e を付けるが、直前の子音文字が変わるもの**

- **-eux ➡ -euse**　dangereux – dangereuse　危険な
  heureux – heureuse　幸せな
- **-f ➡ -ve**　neuf – neuve　新品の　　positif – positive　ポジティブな
  (ただし bref – brève 「簡潔な」では前の母音 e が è になります。)

▶ 語末の変化がやや大きいものも含め、ほかにも次のような形容詞があります。

jaloux – jalouse　嫉妬深い　　faux – fausse　偽りの
doux – douce　穏やかな　　roux – rousse　赤毛の

⑤ **男性形の末尾が c のもの**

2つのタイプがあります。

- **-c ➡ -que**　public – publique　公共の　　turc – turque　トルコの
  franc – franque　フランク族の
  (ただし grec – grecque 「ギリシャの」では -c → cque となります。)
- **-c ➡ -che**　blanc – blanche　白い　　franc – franche　率直な
  (ただし sec – sèche 「乾いた」では前の母音 e が è になります。)

⑥ 男性形の末尾が -eur のもの

-eur ➡ -euse　travailleur – travailleuse 勤勉な
　　　　　　　trompeur – trompeuse 人を欺く

▶ ただし次のような形容詞は原則どおり e を付けて女性形にします。

extérieur(e) 外の　　　intérieur(e) 内の
meilleur(e) よりよい　supérieur(e) 上級の　inférieur(e) 下級の

⑦ 男性形の末尾が -teur のもの

-teur ➡ -trice　émetteur – émettrice 発信する
　　　　　　　protecteur – protectrice 保護する

⑧ その他

-g ➡ -gue　long – longue 長い
-gu ➡ -guë　（トレマを u のほうにつけた -güe も可）
　　　　　aiguë – aiguë 鋭く尖った　ambigu – ambiguë 曖昧な

⑨ 男性第2形を持つ形容詞

beau「美しい」、nouveau「新しい」、vieux「年老いた、古い」、fou「気が狂った」、mou「ふにゃふにゃの」は、母音や無音の h で始まる単数男性名詞の前でだけ用いる第2形があります。これらの形容詞の女性形はこの男性第2形をもとにして作ります。

男性形	男性第2形	女性形
beau	bel	belle
nouveau	nouvel	nouvelle
vieux	vieil	vieille
fou	fol	folle
mou	mol	molle

男性形、男性第2形の使い分けの例を挙げましょう。

[男性形：一般の単数男性名詞の前]
　un **beau** château 美しい城　　un **vieux** Hollandais 年老いたオランダ人

[男性第2形：母音・無音の h で始まる単数男性名詞の前]
　un **bel** arbre 美しい木　　un **vieil** ami 古くからの友人

[女性形：単数女性名詞の前]

une **belle** vue 美しい眺め　　une **vieille** chanson 古い歌

> **メモ** 複数男性名詞の前では第2形は使いません。

de **beaux** arbres 美しい木々（× de bels arbresは不可）

> **メモ** 男性第2形は持ちませんが、jumeau「双子の」も同様の女性形になります。

des frères jumeaux 双子の兄弟　　des sœurs **jumelles** 双子の姉妹

2) 数（複数形を作るときの例外）

形容詞の複数形の例外規則は**男性形の場合**だけに関わります。女性形複数はすべて原則どおり女性形単数にsを付けます（例：spéciale ⇒ spéciales 特別な）。

① 単数形が s または x で終わっているもの

複数形はそのままで、さらにsを重ねることはしません。

-s ⇒ -s　bas – bas 低い　　français – français フランスの
-x ⇒ -x　doux – doux 穏やかな　　heureux – heureux 幸せな

② 単数形の末尾が -eau のもの

複数形にするにはxを付けます。

-eau ⇒ -eaux　beau – beau**x** 美しい　　nouveau – nouveau**x** 新しい
　　　　　　　jumeau – jumeau**x** 双子の

③ 単数形の末尾が -al のもの

大多数の形容詞で複数形の末尾が -aux になります。

-al ⇒ -aux　général – génér**aux** 一般的な　　national – nation**aux** 国の
　　　　　　social – soci**aux** 社会の　　spécial – spéci**aux** 特別な

▶例外

原則どおりsを付けて複数形にするほうがより一般的なものがあります。

banal(s) 平凡な　　fatal(s) 致命的な　　final(s) 最終の
glacial(s) 凍りつくような　　naval(s) 海軍の

3) 形態変化をしない形容詞

一部の形容詞は形が変化しません。したがって関係する名詞との性・数の一致が起こりません。

［副詞由来］

bien よい／pas mal 悪くない／debout 立っている／loin 遠い／près 近い

Elle est **bien**, cette montre.　いいね、この腕時計。

［外来語］

chic シックな／cool ［俗］かっこいい／kaki カーキー色の／
snob スノッブな／standard 標準の

> メモ　ただし慣用に揺れもあり、複数形でsを付けることもあります。

J'ai rencontré des tas de gens très **cool(s)**.
私はかっこいい人にたくさん出会った。

［名詞由来］

marron 茶色の／émeraude エメラルドグリーンの／
bidon ［俗］でたらめな／tendance ［俗］トレンディーな／
bon marché 値段が安い／pure laine 純毛の

Je cherche une voiture d'occasion **bon marché**.
私は安い中古車を探している。

Les expériences qu'elle a faites sont complètement **bidon**.
彼女がやった実験は全くでたらめなものだ。

（3）名詞との性・数一致の注意点

1）1つの形容詞が2つ以上の名詞と関係する場合
① 名詞の性が同じ場合

名詞が〈男性＋男性〉であれば形容詞はもちろん男性形複数、〈女性＋女性〉であれば女性形複数になります。

付加詞　les livres et les films **destinés** aux enfants
　　　　　　　子ども向けの本や映画
　　　　une table et une chaise **bancales**　ガタガタする机と椅子
属詞　　Marie et Léa sont très **gentilles** avec moi.
　　　　　　　マリとレアはとても私に親切だ。

② 名詞の性が異なる場合
形容詞は男性形複数を用います。

付加詞 les garçons et les filles **musulmans** イスラム教徒の少年少女
une cravate et un mouchoir **blancs** 白いネクタイとハンカチ

> **メモ** この場合、形容詞が男性形と女性形で同じ発音（例：noir－noire 黒い）であれば問題はないのですが、発音が異なる場合（例：blanc－blanche 白い）、名詞の配列は〈女性＋男性〉のほうが望ましいとされます。女性名詞と形容詞男性形が隣り合う（例えば un mouchoir et une cravate blancs）と音声的に違和感があるからです。ただし、順序の入れ替えがしにくいこともあるので〈男性＋女性〉の並びもよくあります。

属詞 Ni le roi ni la reine n'étaient **présents** à la cérémonie.
王も王妃も式に姿を見せなかった。

2）2つ以上の形容詞が1つの複数名詞を修飾する場合

形の上では2つ以上の形容詞が付加詞として1つの複数名詞を修飾していても、実際には別々の対象を示している場合があります。

Les gouvernements français et allemand se sont mis d'accord sur la réforme fiscale.
仏独両政府は税制改革に関して合意した。
（= le gouvernement français et le gouvernement allemand）

3）色の形容詞

色の形容詞のうち、次のものは**性・数**による形態変化を**しません**。

① 本来は名詞だが形容詞的に用いられる場合

［よく使われるもの］

marron 茶色の／orange オレンジ色の

Jean porte toujours des chaussures **marron**.
ジャンはいつも茶色の靴を履いている。

［その他］

émeraude エメラルドグリーンの／ocre 黄土色の／
turquoise トルコ石（青緑）色の／olive オリーブ色の

［couleur de …色の］

couleur de cerise さくらんぼ色の／couleur d'encre 墨色の

Elle portait des gants **couleur de cerise**.
彼女はさくらんぼ色の手袋をしていた。

> **メモ** ただし次の4つは完全に形容詞化していて形態変化をします（語末がeで男女同形。sを付けて複数形）。rose ピンクの／mauve 薄紫の／écarlate スカーレットレッドの／pourpre 赤紫の

② **ニュアンスを示す語と組み合わさった形容詞**

色のニュアンスを示す形容詞や名詞と組み合わさった色の形容詞は形態変化をしません。

rouge vif 鮮やかな赤色の／jaune pâle 薄黄色の／
châtain clair 明るい栗色の／bleu ciel スカイブルーの

Choisissez plus souvent des légumes **vert foncé** et orange.
濃い緑色やオレンジ色の野菜をもっと選ぶようにしましょう。

> **メモ** これらの組み合わせは、ニュアンスを付けた色の名詞（le rouge vif 鮮やかな赤色）を形容詞的に使ったものと考えると、①と同じように理解できます。あるいは前置詞句からの省略（un liquide〈d'un〉bleu clair 明るい青色の液体）と考えても、やはり色の名詞ということになります。

4）合成形容詞

2つの形容詞が合成されたものは、関係する名詞が両方の性質を具えていると理解される場合は、2つともその名詞に応じて形の変化をします。

des cerises aigres-douces 甘酸っぱいさくらんぼ（← aigre-doux）

des femmes sourdes-muettes 聾唖の女性たち（← sourd-muet）

des femmes ivres mortes 完全に酔いつぶれた女性たち（← ivre mort）

これに対し、最初の形容詞が副詞的に後の形容詞を修飾していると解されるものもあり、その場合は後のものだけが形の変化をします。

des jeunes filles court-vêtues（← court-vêtu）
短いスカートを履いた娘たち

des personnes haut placées 高い地位の人々（← haut placé）

des fenêtres grand(es) ouvertes 大きく開いた窓
（← grand ouvert：grandのほうも変化させて grandes ouvertes も可能です）

第6章 動詞句・動詞

動詞句は、〈主語―述語〉の述語に当たる部分です。動詞はその中核となり、単独で、または他の要素と結び付いて、主語の行為・状態・作用などを表します。

1. 動詞句

動詞句は、主語となる名詞句と結び付いて「文」を形成します。文を〈主語―述語〉という関係で考えた場合の述語に相当します。

> | Le bébé | dort |. 赤ちゃんは寝ている。
>   名詞句　動詞句
>
> | Mon mari | a ouvert la porte avec un fil de fer |.
>   名詞句　　　動詞句
> 夫は針金を使ってドアを開けた。

上の例に見られるように、動詞句は動詞（dort）だけで成り立っていることもあれば、動詞（a ouvert）が名詞句（la porte）や前置詞句（avec un fil de fer）などを伴った、より複雑な組み合わせで成り立っていることもあります。

動詞と結び付いて意味を補いながら動詞句を形づくる要素は**動詞の補語**と呼ばれます。補語には、意味的・文法的に文が成立するために必須のものと、補足的で任意のものとがあります。

例えば2つ目の例文の la porte「ドア」は、この文がフランス語の正しい文として成立するためには欠かせない要素ですが、avec un fil de fer「針金で」はそうではありません。

> **メモ** ×Mon mari a ouvert. だけではフランス語の文として成立しません。ouvrir「開ける」という語で表される事態には、「開ける人」のほかに「開けられるもの」が含まれ、フランス語ではこの両者を表現しないと文法的にも正しい文になりません。そこで、「開けられるもの」である la porte を補って、Mon mari a ouvert la porte. とすれば正しいフランス語の文が出来ます。つまり la porte は必須の補語ということになります。

どういった要素が必須であるかは、動詞（動詞の各用法）により決まってきます。これを整理して、フランス語の文のパターンとして主なものを列挙したのがいわゆる「基本文型」☞ p.152 です。ここでは、第3節で、動詞と必須要素との関係を詳しく述べます。☞ p.152～176

> **メモ** 「動詞の補語」としては、一般に目的補語（直接目的語と間接目的語）、状況補語、動作主補語の3種が挙げられます。
> 　目的補語は動詞が表す動作の対象を示し、状況補語は時・場所・理由など動作のさまざまな状況を示します。また、動作主補語は受動態の文で動作主を示します。

　J'ai envoyé un mail à Agnès ce matin.
　私は今朝アニェスにメールを送った。

この文において、un mailは直接目的語、(à) Agnèsは間接目的語、ce matinは状況補語です。
　本書では、補語が必須のものであるかどうかということと、直接補語（動詞に直接付く）か間接補語（前置詞を介して動詞に付く）かということを分類の基準とします。

2. 動詞

　動詞は、動作・状態・作用などを表しますが、使用される状況に応じて形が変化（**活用**と呼びます）し、その変化の仕方の特徴によって他の品詞と区別されます。それらの形と、それぞれの文中での機能は次のとおりです。

（1）動詞の活用と機能

1）人称法における活用

　主語となる名詞句の人称および数に応じた形に変化し、**動詞句の中核**となります。（＊例文の下線部が動詞句です。）

　Vous prendrez la deuxième rue à droite. (単純未来の2人称複数)
　2本目の道を右に行ってください。

　人称法における活用は、すべて**叙法**と**時制**という枠組みの中で体系的に整理されています。☞ 動詞の叙法と時制の章 p.190

> **メモ** フランス語学習の場面では、「活用」と言うと、ふつうはこの1）を指します。例えば「êtreを接続法現在形で活用させる」のような場合です。非人称法（次の2）、3）、4））がほぼ固定的なのに対し、1）は圧倒的に変化の数も多く、学習上の大きな課題となるからです。

2）不定詞

　動詞の原形のことで、主に**名詞句と同等**の働きをします。主語、目的語、属詞として用いられたり、前置詞に付いて前置詞句を形成します。
☞ p.252　（＊以下、例文の下線部は、動詞とその補語からなるグループです。）

Ma fille n'aime pas **travailler**.　私の娘は勉強するのが嫌いだ。

Elle est partie sans me **dire** au revoir.
彼女はさよならも言わずに行ってしまった。

　不定詞は、動詞が活用による形の変化を受ける前の形だと考えることができます。つまり動詞を代表する形であり、辞書の見出しや動詞活用の分類の基準として用いられます。

3）分詞（現在分詞・過去分詞）
形容詞と同等の働きをします。 ☞ p.260

現在分詞　une villa **donnant** sur la mer　海に面した別荘

過去分詞　un plan **revu** par des experts indépendants
　　　　　中立な専門家のチェックを受けた案

> **メモ** 形容詞的な働きのほかに、過去分詞は人称法活用・不定詞・分詞の複合形や受動態を作るときに、現在分詞はジェロンディフを作るときにも用います。

4）ジェロンディフ
副詞と同等の働きをします。 ☞ p.273

Sabine travaille **en écoutant** de la musique.
サビーヌは音楽を聴きながら勉強する。

　以上のどの場合においても、動詞にはさまざまな必須あるいは任意の補語が付いてひとまとまりのグループとなります（下線を施した部分）。

◆単純形と複合形
　上記の1）人称法での活用、2）不定詞、および3）の現在分詞には、動詞がそのまま単独で形を変化させる場合（**単純形**）と〈助動詞＋過去分詞〉という組み合わせの形を取る場合（**複合形**）とがあります。

［単純形］

Lucien **vient**.　リュシアンは来る。

Il faut lui **téléphoner**.　彼（彼女）に電話しなければならない。

les personnes **travaillant** à l'étranger　外国で就労している人たち

［複合形］

Lucien **est venu**.　リュシアンは来た。

Merci de m'**avoir téléphoné**.　電話をくれてありがとう。

les personnes **ayant travaillé** plus de dix ans
10年以上働いた人たち

> メモ 複合形は一般的には「その出来事はすでに完了している」ということを表します。ただし、複合過去形のように「こういう出来事があった」という単なる過去を表す場合もあります。☞ p.196 (2)

(2) 動詞活用のタイプ

動詞活用のタイプは不定詞の形にしたがって、次の3つに分けられます。

1) 第1群動詞 (-er型)

不定詞の末尾が -er で終わる動詞で、フランス語動詞のほぼ90%を占めると言われます。すべてが基本的には同じ活用パターンです。新語の動詞はほとんどこの型で作られます。

例：aimer 愛する／arriver 到着する／chanter 歌う／entrer 入る／habiter 住む／oublier 忘れる／parler 話す／rester とどまる／téléphoner 電話をする／travailler 勉強する、働く　など

例外的に綴りや発音が部分的にやや不規則になるものもあるので、活用表で確認する必要があります。次のような -er型動詞です。

例：commencer 始める／manger 食べる／payer 支払う／acheter 買う／appeler 呼ぶ／envoyer 送る　など

例外の中でも envoyer「送る」と renvoyer「送り返す、解雇する」は、わずかな綴りの変化のほかに、単純未来形と条件法現在形が不規則になります。

また、aller「行く」はかなり不規則な活用をするので第3群動詞とします。

2) 第2群動詞 (-ir型)

不定詞の末尾が -ir で終わる動詞のほとんどで、約300ほどあります。すべてが同じ活用パターンです。

例：finir 終える／choisir 選ぶ／réfléchir しっかり考える／rougir 赤くなる／grossir 太る　など

3）第3群動詞

このグループは、いろいろな活用タイプの寄せ集めにすぎません。わずかな違いも数えれば、60以上ものタイプがあります。不定詞の末尾は -er（aller のみ）、-ir、-oir、-re のどれかで終わります。

être「…である」、avoir「持っている」、aller「行く」、venir「来る」など、使用頻度の高い動詞が多数含まれます。ここに例として挙げている動詞は、すべて別タイプの活用をします。

> 例：partir 出発する／mourir 死ぬ／ouvrir 開ける／pouvoir …できる／savoir （情報を）知っている／voir 見る／dire 言う／écrire 書く／lire 読む／attendre 待つ／connaître （人、ものを）知っている／faire する、作る／boire 飲む／croire 信じる　など

＊諸時制の活用形の特徴については、それぞれの時制の項を見てください。　☞ 動詞の叙法と時制の章 p.190

3. 動詞と動詞に付く必須要素

動詞句は動詞とそれに付くさまざまな要素から成り立っています。

ここでは、フランス語として意味的・文法的に完結した正しい文を作るために、動詞に結合させるべき最小限必要な要素（**必須補語**と呼びます）は何か、という構文パターンの観点から動詞（動詞の各用法）を分類します。

最初に、この節で取り上げるフランス語の主要な構文パターン（**基本文型**）を一覧できるように、例文とともに挙げておきます。〈　〉でくくった部分が動詞句です。

> **（1）être**
> ① **主語＋〈être＋属詞〉**　☞ p.153
>   Robert est grand.　ロベールは背が高い。
> ② **主語＋〈être＋場所の補語など〉**　☞ p.155
>   Mes parents sont à Paris.　私の両親はパリにいる。
> **（2）自動詞**
>   **主語＋〈動詞〉**　☞ p.155
>   Sophie travaille.　ソフィは勉強している。

（3）移動・居住を表す動詞

主語＋〈動詞＋場所の補語〉 ☞ p.156

Je vais au Japon.　私は日本に行く。

（4）他動詞

1）必須補語1つ

① **主語＋〈動詞＋直接補語〉** ☞ p.158

Marie a lu beaucoup de livres.　マリは本をたくさん読んだ。

Ce sac coûte 500 euros.　このバッグは500ユーロする。

② **主語＋〈動詞＋間接補語〉** ☞ p.162

Ariane ressemble à sa mère.　アリアンヌはお母さんに似ている。

2）必須補語2つ

① **主語＋〈動詞＋直接補語＋間接補語〉** ☞ p.168

J'ai prêté mille euros à Camille.　私はカミーユに1000ユーロ貸した。

② **主語＋〈動詞＋間接補語＋間接補語〉** ☞ p.172

Tu as parlé de ce problème à tes parents ?
君、この問題をご両親に話した？

③ **主語＋〈動詞＋直接補語＋直接補語〉** ☞ p.172

Nathalie a payé ce sac 520 euros.
ナタリーはこのバッグに520ユーロ払った。

3）必須補語3つ ☞ p.173

4）その他

主語＋〈動詞＋直接補語＋属詞〉 ☞ p.173

Je trouve son idée intéressante.　私は彼（彼女）の考えを面白いと思う。

（1）être

être「…である」は、次の2つの構文を取ります。 ☞ ①②

① 主語＋〈être＋属詞〉

êtreは、主語と形容詞句（ときに意味的に同等の前置詞句）あるいは名詞句とを結び付け、主語の性質や、何ものかなどを述べる働きをします。この場合のêtreを**繋合動詞**（繋辞、コピュラとも呼びます）と言います。またêtreと結び付く形容詞句（あるいは同等の前置詞句）や名詞句を、属性を表しているということから、**属詞**と呼びます。

> **メモ** 属詞も広い意味では必須補語と言えますが、述語である動詞句の中でのステータスが、他の動詞における必須補語（例えば直接目的語など）とはかなり異なるので、「必須補語」という用語は主に他動詞との関連で用いることにします。

他動詞は意味的にも述語の中心となり、必須補語はその動作の対象や参与者を補足するのに対し、être は主語と属詞のつなぎ役にすぎず、属詞が意味的に述語の中心となります。

(ⅰ) 属詞が形容詞句などの場合

主語の性質や特徴を述べたり、評価したりします。

Robert **est** très grand.　ロベールはとても背が高い。

C'**est** formidable !　すばらしい！

La princesse **était** d'une grande beauté.
王女はたいそう美しかった。

(ⅱ) 属詞が名詞句の場合

主語がどういう種類に属するものかを述べたり、あるいは主語が何ものかを同定します。

Je suis un chat.　『吾輩は猫である』

Paris **est** la capitale de la France.　パリはフランスの首都である。

C'**est** un cadeau pour toi.　これは君へのプレゼントだよ。

▶主語（人）の職業、国籍、地位、宗教などを言う場合、属詞の名詞には**冠詞を付けません**。

Vous **êtes** étudiant ?　あなたは学生ですか？

Mon père **était** instituteur.　父は小学校の教師だった。

Son mari **est** français (Français).　彼女の夫はフランス人だ。
（冠詞を付けないので形容詞的なイメージが強くなり、名詞の **Français**「フランス人」よりも形容詞の **français** として書くことがふつうになっています）

　メモ　職業や国籍であっても、修飾句が付いていたり、強調などのニュアンスがある場合は不定冠詞を伴います。

Fabrice est **un avocat très habile**.　ファブリスは辣腕弁護士だ。

Je ne suis qu'**un médecin**.　私は医者にすぎない。

◆その他の繋合動詞

繋合動詞としては、être のほかに devenir「…になる」、rester「…のままである」、paraître「…のように見える」、sembler「…のように見える」、また動詞相当句 avoir l'air (de)「…のような様子である」などがあります。

Céline **deviendra** médecin.　セリーヌは医者になるだろう。

Luc **reste** jeune malgré son âge.
リュックはあの歳だけど相変わらず若々しい。

Mon mari **semblait** très fatigué.　夫はたいへん疲れた様子でした。

> **メモ** paraîtreとsemblerは常用では形容詞句を属詞とします。また、非人称構文でもよく使われます。詳しい語法については辞書で確認してください。

② 主語＋〈être ＋場所の補語など〉

主語の居場所やあり方などを示します。

Mes parents **sont** à Paris depuis deux jours.
私の両親は２日前からパリにいる。

Le malade **est** dans un état critique.　病人は危機的な状況にある。

Tu **es** avec qui ?　君、誰と一緒にいるの？

（2）自動詞

別の要素によって補われることなく、主語名詞句と結び付いて文を形成できる動詞を**自動詞**と呼びます。

主語＋〈動詞〉

Tu **pleures** ?　君、泣いてるの？

Sophie **travaille**.　ソフィは勉強している。

> **メモ** もちろん実際の発話文では、意味を補足する要素☞ 状況補語 p.14 ① や、動詞を修飾する副詞句などが頻繁に現れます。

Tu pleures **tout le temps**.　君はしょっちゅう泣くんだね。

Sophie travaille **seule dans sa chambre**.
ソフィは自分の部屋で１人で勉強している。

▶いろいろな自動詞の例
［人の動作］

bâiller あくびをする／dîner 夕食をとる／dormir 眠る／jouer 遊ぶ／
pleurer 泣く／rire 笑う／tousser 咳をする／
travailler 勉強（仕事）をする／trembler 震える

［移動の様態］

　courir 走る／marcher 歩く／nager 泳ぐ／voler 飛ぶ

［出来事］

　briller 輝く／brûler 燃える／éclater 破裂する／fondre 溶ける

［存在・様子の変化］

　naître 生まれる／mourir 死ぬ／apparaître 現れる／disparaître 姿を消す／manquer 欠けている／commencer 始まる／finir 終わる／changer 変わる／doubler 倍になる／grandir 大きくなる／rougir 赤くなる

［移動］

　arriver 到着する／descendre 降りる／entrer 入る／monter 昇る／partir 出かける／rentrer（家に）帰る／revenir 戻ってくる／sortir 外に出る／tomber 落ちる、倒れる／venir 来る

> **メモ** 移動を表す動詞はたいてい補語無しで使えますが、意味の性質上、当然想定される起点「…から」や到達点「…へ」が示されることも多くあります。　☞ 下記(3)

　On est arrivés **à Nice** à minuit.　私たちは夜の12時にニースに着いた。

（3）移動・居住を表す動詞

　必須補語が前置詞を介して付くという点では間接他動詞 ☞ p.162② と同じですが、その補語が**住所や移動の到達点・起点となる場所**を表す動詞です。

主語＋〈動詞＋場所の補語〉

　Je vais **au Japon** cet été.　私はこの夏日本に行く。

　Claire habite **à Paris**.　クレールはパリに住んでいる。

　Tu viens **d'où** ?　君はどこから来たの？

> **メモ** この場合の動詞を自動詞とし、補語は状況補語（任意の要素として付け加えることができる）とする人もいます。本書では、(1) aller、habiterなど場所の補語が基本的には省略できない動詞もあること（×Je vais. / ○J'y vais. や ×J'habite. / ○J'y habite.）、(2) arriver、partirなど単独で使用できるものでも、あらかじめ了解されている場所の補語が省略されたものと考えられること、(3) ただし、これらの場合の間接補語は移動の到達点・起点などとなる場所を表し、行為に関わる当事者と

は見なしにくい（間接目的語とは呼びにくい）ことから、自動詞や間接他動詞とは別のものとして項目を立てました。

> **メモ** 様態を表す補語が付くと、場所の補語を省略できることがあります。
> 例：aller vite 速く進む／aller avec vous あなたに同行する／habiter seul 1人で住む／habiter avec ses parents 両親と一緒に住む

▶「起点」（一般に de）を除いては、補語を導入する前置詞は場合に応じていろいろ変わることが多く、間接他動詞の場合には一定であるのとは対照的です。

Claire habite **à** Paris (**en** Allemagne, **chez** sa tante, **derrière** l'église).
クレールはパリ（ドイツ、叔母さんの家、教会の裏）に住んでいる。

▶ このタイプの動詞の例
［移動］

aller 行く／arriver 到着する／descendre 下がる、降りる／entrer 入る／monter 上がる、乗る／partir 出かける／passer 立ち寄る、移る／retourner （もとの場所に）戻る／revenir de …から戻る／sortir de …から外に出る／venir de …から来る

> **メモ** arriver、descendre、monter、partir、venir、revenir などのように、到達点と起点のどちらとも結び付くことができるものもあります。
> Nadine est partie **en vacances**.　ナディーヌはバカンスに出かけた。
> On est partis **de l'hôtel** à quatre heures et demie.
> 我々は4時半にホテルを出た。

［居住等］

habiter 住む／rester とどまる／séjourner 滞在する／loger 泊まる

> **メモ** 居住等を表す動詞に場所の補語が直接（前置詞無し、かつ無冠詞で）付く形で現れることもあります。所番地、あるいは到達点・起点となる駅、港、番線などです。
> J'habite **10 place d'Italie**.　私はイタリー広場10番地に住んでいる。
> Le train partira **voie 12**.　列車は12番線から発車する。

（4）他動詞

主語名詞句と結び付いて文を形成するために補語を必要とする動詞を**他動詞**と言います。必須補語の数と、それらが直接補語（動詞に直

接付く補語）か間接補語（前置詞を介して動詞に付く補語）かによっていくつかの種類に分けられます。

> **メモ** 他動詞（verbe transitif）という用語は、もともと「対象に影響を及ぼす」という意味合いを持ち（典型例：casser 壊す）、動作の対象を指す「目的語」という概念と対になります。どちらも意味に依拠し、範囲がやや曖昧な呼称です。

1）必須補語が1つの場合
① 主語＋〈動詞＋直接補語〉

「直接補語＝直接目的語」である場合と「直接補語＝目的語と見なし難い」場合に分けられます。

(i)〈直接補語＝直接目的語〉である場合

〈動詞＋直接補語〉の場合、大多数の動詞において、直接補語は「動作の対象（目的）」を表すので、**直接目的語**（直接目的補語）と呼ばれます。また、直接目的語を取る動詞を**直接他動詞**と呼ぶこともあります。主語が動作の起点となる当事者（人・ものなど）を表すとすると、直接目的語はその動作のもう一方の当事者（人・ものなど）を表します。

Les journaux ont critiqué le plan du gouvernement.
　　　　　　　　　　　　　　　直接目的語
新聞は政府の計画案を批判した。

Marie a lu beaucoup de livres sur le Japon.
　　　　　　直接目的語
マリは日本関連の本をたくさん読んだ。

▶直接目的語は人称代名詞あるいは代名詞 en（＋数詞など）の形で現れることもあります。

Les journaux l'ont critiqué.　新聞はそれを批判した。

Marie **en** a lu beaucoup.　マリはそれらをたくさん読んだ。

> **メモ** 動詞の直後に名詞句が続くとき、ふつうそれは直接目的語ですが、まれに状況補語の場合もあります。

Il sort **la clé** pour ouvrir la porte.　彼はドアを開けるために鍵を取り出す。
（この sortir は他動詞。la clé「鍵」は直接目的語）

Il sort **la nuit** pour boire un verre.
彼は一杯引っかけるために夜中に外出をする。
（この sortir は自動詞。la nuit「夜中」は状況補語）

名詞句が直接目的語であれば人称代名詞に置き換えることができます。

Il **la** sort pour ouvrir la porte.　彼はドアを開けるためにそれを取り出す。

また、状況補語であれば文中での位置が比較的自由で、例えば文頭にも置けます。

La nuit, il sort pour boire un verre.
夜中、彼は一杯引っかけるために外出する。

▶受動態について

多くの場合、この構文は**受動態**に**変換**できます。その際、もとの直接目的語が受動態における主語となります。☞ 受動態 p.348

Le plan du gouvernement **a été critiqué** (par les journaux).
政府の計画案は（新聞により）批判された。

ただし、**avoir**「持っている」、**comporter**「含む」など、受動態にできない直接他動詞も一部あります。

▶基本的には直接目的語の役割を担うのは名詞句（代名詞も含む）ですが、動詞の意味によっては名詞句に準じて不定詞、補足節 ☞ p.413 などがその役割を果たすこともあります。

Chantal aime **écrire des poèmes**. （不定詞）
シャンタルは詩を書くのが好きだ。

Tu sais **que Nicole est retournée en France**？（補足節）
ニコルがフランスに帰ったって知ってる？

▶いろいろな直接他動詞の例

他動詞と直接目的語の意味的関係は、広く言えば「動作とその対象」ということですが、より細かく見れば、さまざまな場合があります。いくつか例を挙げます。

［すでに存在する対象に変化をもたらす］

blesser 傷つける／casser 壊す／ouvrir 開ける／peindre ペンキを塗る／tuer 殺す

［対象を作り出す］

construire 建設する／écrire 書く／préparer 用意する／fabriquer 作る

［人の心理に影響を与える］

attrister 悲しませる／énerver いらつかせる／étonner 驚かせる／gêner 困惑させる

上記の動詞は主語が直接目的語（対象）に直接作用して影響を及ぼすものですが、次の動詞のように、両者の間に影響関係がない場合も多数あります。

aimer 好きである／attendre 待つ／chercher 探す／comprendre 理解する／concerner …に関する／connaître 知る／lire 読む／quitter …を去る／remercier …に礼を言う／saluer …に挨拶をする／savoir 知る／traverser …を横切る／trouver 見つける／voir 見る

◆ 他動詞の絶対用法

他動詞は、基本的には必須の補語を伴って用いられるものですが、実際には補語無しで現れることもよくあります。これを**絶対用法**と言います。次の2つの場合です。

［文脈・状況から何が対象となるのかが分かっている場合］

Regarde ! ほら、見て！

Je ne **sais** pas. 知りません（分かりません）。

Vous voulez **essayer** ? ご試着（お試し）になりますか？

Voulez-vous **répéter** encore une fois, s'il vous plaît ?
もう一度言っていただけますか？

対象が社会・文化的に了解されていることもあります。

Jean-Claude **boit** trop. ジャン・クロードは（酒を）飲み過ぎだ。

Vous **avez** déjà **mangé** ? あなたはもう食事をしましたか？

［動作そのものを問題とし、対象が何ものかは重要ではない場合］

Ma fille sait déjà **lire** et **écrire**. 娘はもう読み書きができる。

Après le repas, nous **avons chanté** autour du feu.
食事の後、私たちはキャンプファイアを囲んで歌を歌った。

大多数の直接他動詞は上のどちらかの条件が満たされていれば必須補語（直接目的語）を省略した形で使用できます。ただし、次のように**省略が難しい動詞**もあります。

apercevoir 見かける／avoir 持っている／contenir 含む／découvrir 発見する／détester 大嫌いである／remplir 満たす／rencontrer 出会う／résoudre 解決する　など

> **メモ** 間接他動詞 ☞ p.162 ② は一般的に必須補語（間接目的語）を省略できませんが、次の動詞のように、よく省略が起こるものもあります。
> 例：mentir 嘘をつく／réfléchir よく考える／renoncer 断念する／répondre 答える／résister 耐える／téléphoner 電話する　など

(ii) 〈直接補語＝目的語〉とは見なし難い場合

他動詞の中には、直接補語が動作の対象（目的語）と見なし難い場合、言い換えれば主語と並んで動作の一方の当事者と見なし難い場合がいくつかあります。

[値段・寸法・重量などを示す場合]

coûter「…の値段である」、valoir「…の価値がある」、mesurer「…の寸法である」、peser「…の重さである」などの動詞は、直接補語として値段・寸法・重量を表す数値等を取ります。

Ce sac coûte **500 euros**.　このバッグは500ユーロする。

Jean-Louis mesure **1 m 90**.　ジャン・ルイは身長1メートル90だ。

Le bébé pèse **4 kilos**.　赤ん坊は体重4キロだ。

Notre piscine fait **12 m de long sur 4 m de large**.
うちのプールは長さ12メートル、幅4メートルだ。

> **メモ** これらの動詞のうち coûter、valoir、peser は数値を示す補語の代わりに副詞などを使うこともあります。

Cette voiture coûte **très cher** (**une fortune**).
この車はとても高い（ひと財産もする）。

Ce véhicule pèse **trop lourd**. Il ne pourra pas traverser le pont.
この車両は重すぎる。橋を渡れないだろう。

[直接補語が属詞に準ずる場合]

直接他動詞の constituer「構成する」、former「形づくる」、représenter「体現する」がほぼ être「…である」の意味合いで用いられることがあります。この場合、補語は目的語というよりも属詞的に働きます。つまり、〈動詞＋直接補語〉が〈être＋属詞〉と同じような意味内容を持つわけです。

Mes parents forment **un couple idéal**.
私の両親は理想的なカップルだ。

Cette diversité culturelle représente **un énorme avantage**.
この文化的多様性はとても大きなメリットである。

[匂いの種類を示す場合]

動詞 sentir「…の匂いがする」では、直接補語は匂いの種類を特定するものであり、動作の一方の当事者（目的語）とは見なせません。

Ça sent **le moisi** ici.　ここはかび臭い。

Françoise sentait **une odeur de rose**.
フランソワーズはバラの香りがした。

> メモ　匂いの種類を表す直接補語の代わりに bon、mauvais もよく使われます。

Ça sent **mauvais** ici.　ここは悪臭がする。
Cette fleur sent **très bon**.　この花はとてもいい匂いがする。

▶ 受動態について

動詞が直接補語を取る構文でも、（ii）の場合のように、その補語が目的語（動作の対象、動作の一方の当事者）と見なせない構文は、**受動態にすることはできません**。　☞ 受動態 p.348

> メモ　「(ii)〈直接補語＝目的語〉とは見なし難い場合」で挙げた動詞でも、(i) の用法と同じ「直接補語が目的語となる用法」があるものもあります。その場合は受動態にすることが可能です。mesurer「寸法を測る」、peser「目方を量る」、constituer「構成する」、former「形づくる」、représenter「象徴する、代表する」、sentir「匂いを嗅ぐ」などが該当します。

Le temps de réaction **a été mesuré** en centième de seconde.
反応時間は百分の1秒単位で測定された。

Une équipe spéciale **a été formée** sur ordre du ministre.
大臣の指令により特別チームが編成された。

L'odeur de l'incendie **a été sentie** jusqu'au cœur de Paris.
火災の臭気はパリの中心部でも感じられた。

② **主語＋〈動詞＋間接補語〉**

必須補語が**前置詞を介して動詞に付く場合**も、多くの動詞において、その補語は「動作の対象（目的）」（動作のもう一方の当事者）を表すので、目的語ということになります。前置詞を介して間接に動詞に付くので**間接目的語**と呼ばれます。また、この構文を作る動詞を**間接他動詞**と呼ぶこともあります。

Ariane ressemble beaucoup **à** sa mère.
　　　　　　　　　　　　　　　　間接目的語
アリアンヌはお母さんにとても似ている。

Nous avons discuté **de** ce point.
　　　　　　　　　　　　　間接目的語
私たちはその点について話し合った。

Ne tirez pas **sur** le pianiste.
　　　　　　　　　　　間接目的語
ピアニストを撃たないで。
(善意の人・責任のない人を非難するな、という意味の表現)

▶ 間接目的語は人称代名詞（間接目的語、遊離形）や代名詞 y、en など の形で現れることもあります。

Ariane **lui** ressemble beaucoup.
アリアンヌは彼（彼女）にとても似ている。

Nous **en** avons discuté. 　私たちはそれについて話し合った。

Ne tirez pas sur **lui**. 　彼を撃たないで。（[俗] Ne lui tirez pas dessus.）

中上級！ 間接目的語の代名詞化（前置詞が à の場合）

〈前置詞 à ＋間接目的語〉を代名詞化する場合、動詞によっていくつ かのタイプがあります。間接目的語が「人」か「もの」かによって、次の ようになります。

［間接目的語が「人」の場合］

次の①②のどちらか一方だけが可能です。

①〈à ＋間接目的語〉 ➡ 間接目的語人称代名詞（lui、leur）
②〈à ＋間接目的語〉 ➡〈à ＋遊離形人称代名詞〉（à elle、à eux など）

［間接目的語が「もの」の場合］

〈à ＋間接目的語〉 ➡ y

(1)〈人：間接目的語人称代名詞、もの：y〉となる動詞

Elle a échappé de justesse **à l'agresseur**.
彼女は危ういところで暴漢から逃れた。

➡ Elle **lui** a échappé de justesse.

J'ai échappé **à l'attentat** par miracle. 　私は奇跡的にテロを免れた。

➡ J'**y** ai échappé par miracle.

同タイプの動詞：appartenir à …に属する／convenir à …に都合がよい、適う／échapper à …を逃れる／nuire à …を害する／obéir à …に服従する／répondre à …に答える／résister à …に抵抗する／ressembler à …に似ている

メモ ressemblerは、間接目的語が「特定の人」であれば代名詞化してlui、leurとなりますが、「タイプとしての人」であればyを使います。

Paul ressemble **à son père**. 　ポールは父親に似ている。
→ Paul **lui** ressemble.

Paul ressemble **à un garçon de dix ans**.
ポールは10歳の子どものような見かけだ。
→ Paul **y** ressemble.

(2)〈人：遊離形人称代名詞、もの：y〉となる動詞

Je pense toujours **à ma femme**. 　私はいつも妻のことを思っている。
→ Je pense toujours **à elle**.

Je n'ai pas pensé **aux frais** ! 　費用のことは考えなかったよ（忘れていた）。
→ Je n'**y** ai pas pensé !

同タイプの動詞：penser à …のことを考える／renoncer à …を断念する／songer à …に思いをはせる／tenir à …に執着する

(3)〈もの：y〉となる動詞（目的語として「人」を取らない動詞）

Le maire a consenti **à l'interruption des travaux**.
市長は工事の中断に同意した。
→ Le maire **y** a consenti.

同タイプの動詞：correspondre à …に合致する／participer à …に参加する／réfléchir à …について熟考する／remédier à …を是正する

(4)〈人：間接目的語人称代名詞〉となる動詞（目的語として「もの」を取らない動詞）

Ce jouet a beaucoup plu **à ma fille**.
そのおもちゃはとても娘の気に入った。
→ Ce jouet **lui** a beaucoup plu.

> 同タイプの動詞：pardonner à …を許す／plaire à …の気に入る／mentir à …に嘘をつく／écrire à …に手紙を書く／téléphoner à …に電話をかける
>
> **メモ** mentir、écrire、téléphonerの目的語は人のほかに「組織」のこともあり得ますが、その場合は代名詞化しないで目的語を省略するか、文脈によっては3人称複数の代名詞 leur（☞ p.92 1)）を使います。
>
> Tu as téléphoné **à l'hôpital** ? ➡ Tu (**leur**) as téléphoné ?
> 病院に電話をかけた？

▶受動態について

〈主語＋動詞＋間接目的語〉の構文は受動態には変換できません。ただし obéir à「…に服従する」、pardonner à「…を許す」は例外で、間接目的語を主語にして受動態の文を作ることができます。古いフランス語では、これらは直接目的語を取る動詞であったことに由来します。

Tu **es pardonné**.　君は許された（＝君を許す）。

▶間接目的語が不定詞など

基本的には間接目的語の役割を担うのは名詞句（代名詞も含む）ですが、動詞の意味によっては不定詞、補足節などがその役割を果たすこともあります。

Tu as pensé **à acheter de l'eau** ?　水を買うのを忘れなかった？

Ma fille rêve **de partir en France**.
娘はフランスに行くことを夢見ている。

Ma mère tient absolument **à ce que je fasse mes études aux États-Unis**.
母はどうしても私をアメリカの大学に行かせたいと思っている。

▶いろいろな間接他動詞の例

間接目的語を導く前置詞は動詞（およびその意味）により異なります。用いられる前置詞ごとに代表的な動詞を挙げておきます。

［前置詞 à］

appartenir à …に所属する／consentir à …に同意する／convenir à …に都合がよい／correspondre à …に合致する／échapper à …を逃れる／écrire à …に手紙を書く／mentir à …に嘘をつく／nuire à …を害する／obéir à …に服従する／pardonner à …を許す／participer à …に参加する／penser à …のことを考える／plaire à …の気に入る／réfléchir à …についてしっかり考える／remédier à …を是正する／renoncer à …を断念する／répondre à …に答える／résister à …に抵抗する／ressembler à …に似ている／songer à …に思いをはせる／téléphoner à …に電話をする／tenir à …に執着する

［前置詞 de］

abuser de …を乱用する／bénéficier de …の恩恵に浴する／changer de …を替える／dépendre de …しだいである、依存する／discuter de …について話し合う／disposer de …を自由に利用できる／douter de …を疑う／manquer de …が欠けている／profiter de …を利用する／rêver de …を夢見る／souffrir de …で苦しむ

> **メモ** changer と manquer は、de の後には無冠詞の名詞が来ます。

On peut y aller sans changer de **train**.
電車の乗り換えなしでそこに行ける。

Cette fille manque de **patience**.　あの娘は辛抱が足りない。

> **メモ** 前置詞 de で導かれる目的語を代名詞にする場合、目的語が「もの」であれば〈de ＋間接目的語〉全体を en に置き換えて動詞の前に置きます。☞ p.98 ②

les personnes qui bénéficient **du nouveau régime**
新制度を利用できる人
→ les personnes qui **en** bénéficient

目的語が「人」であれば、遊離形人称代名詞を使って de lui、d'elle などのようにするのが基本となります。

Ça dépend **de ma femme.** → Ça dépend **d'elle**.
それは妻しだいだ。

[前置詞 sur]

　　agir sur …に作用する／compter sur …を当てにする／donner sur …に面している／insister sur …を強調する／reposer sur …に基づく／sauter sur …に跳びかかる／tirer sur …を撃つ／tomber sur …に行き当たる

　　メモ 前置詞surで導かれる目的語が「もの」の場合は、代名詞への変換はできませんが、〈sur＋間接目的語〉全体をdessusあるいはlà-dessusに置き換えられます。dessusは「具体的なもの」「抽象的な事柄」どちらの場合も使えますが、やや俗語的です。là-dessusは「抽象的な事柄」の場合に使います。

　Notre chambre donne **sur le port**. 私たちの部屋は港に面している。
→ Notre chambre donne **dessus**.
　Le conférencier a insisté **sur ces faits**. 講演者はそれらの事実を強調した。
→ Le conférencier a insisté **là-dessus**.

　　目的語が「人」であれば、遊離形人称代名詞を使ってsur lui、sur elleなどのようにします。また、俗語的な言い方で、間接目的語人称代名詞とdessusを組み合わせた形を使えます（compter surでは不可）。

　Je compte **sur mes enfants**. 私は子どもたちを当てにしている。
→ Je compte **sur eux**.

　Les policiers ont sauté **sur le malfaiteur**.
　警官たちは犯人に跳びかかった。
→ Les policiers ont sauté **sur lui**. / **lui** ont sauté **dessus**.

[前置詞 avec]

　　alterner avec …と交互に入れ替わる／rompre avec …とのつながりを絶つ／sympathiser avec …と気が合って仲良くなる

[前置詞 par]

　　commencer par …から始まる／finir par …で終わる／passer par …を通過する

[前置詞 pour]

　　opter pour …を選択する

[前置詞 après]

　　courir après …を追い求める

3. 動詞と動詞に付く必須要素

> **メモ** 意味・用法に応じて異なる前置詞と結び付く動詞もあります。また、直接他動詞として、あるいは2つの目的語を必須とする用法を持つ動詞もあります。
>
> correspondre à …に合致する　　correspondre avec …と文通する
> répondre à …に答える　　répondre de …を保証する
> compter sur …を当てにする　　compter …を数える
> donner sur …に面している　　donner ～ à … ～を…に与える

2）必須補語が2つの場合

　動詞の表す出来事が、動作の起点となる当事者（主語）のほかに、2つの要素を必要とする場合があります。この場合、動詞に必須補語が2つ付くことになります。

① 主語＋〈動詞＋直接補語＋間接補語〉

　必須補語が2つの場合、たいてい2つのうち一方は直接に、もう一方は前置詞を介して間接に動詞に付きます（別文型 ☞ p.172②③）。

　また、この構文は、多くの場合、直接・間接補語ともに目的語（行為の対象）と見なすことができます（別文型 ☞ p.171 ▶）。この構文を二重目的語構文と呼ぶこともあります。

> J'ai prêté **mille euros** à Camille.
> 　　　　　　直接目的語　　間接目的語
> 私はカミーユに1000ユーロ貸した。
>
> On n'a pas informé **le roi** de cet échec.
> 　　　　　　　　　直接目的語　間接目的語
> 王にはこの不首尾のことは伝えられなかった。

　最初の例のように、間接目的語を導入するのに前置詞àを使う動詞が多く、続いて前置詞deを使うものがある程度あり、その他の前置詞を使うものも少数あります。

　意味のタイプとしては、「二者間でのものの移動」（具体、抽象、情報など）を表すものが多くあります。

▶このタイプの動詞の例

　便宜上、間接目的語を導く前置詞ごとに分けておきます。

［前置詞à］

　間接目的語は一般的に「人」です。3人称なら間接目的語人称代名詞 lui / leur で代名詞化されます。大きく分けると、この「人」は「与える」などの行為の相手方、つまり「もの」の移動先である場合と、「奪う」などの行為の相手方、つまり「もの」の所有元である場合とがあります。

- [「与える」型] 直接目的語の移動：主語→間接目的語

   もの・考えなどの移動：donner 与える／offrir 贈る／prêter 貸す／envoyer 送る／vendre 売る／apporter 持ってくる（いく）／remettre 渡す／rendre 返す／distribuer 配る／laisser 置いていく／proposer 提案する／promettre 約束する／confier 預ける／louer 貸す／enseigner 教える

   （＊以下、太字が直接目的語、下線部が間接目的語です。）

   ### Alain a vendu **sa voiture** à un ami.
   アランは自分の車を友だちに売った。

   ### Je lui ai proposé **un nouveau plan**.
   私は彼（彼女）に新しいプランを提案した。

   情報などの伝達：annoncer 告げる／dire 言う／indiquer 示す／apprendre 知らせる

   ### J'ai dit à ma mère **que je ferais attention**.
   私は母に、気をつけるから、と言った。

   その他：permettre 許可する／montrer 見せる／demander 頼む／commander 注文する／substituer 置き換える

   ### Tu as montré **ces photos** à tes parents ?
   君はこれらの写真をご両親には見せたの？

   ### Partout, on substitue **l'efficacité** au bien-être.
   至る所で効率性が福祉に取って代わっている。

- [「奪う」型] 直接目的語の移動：主語←間接目的語

   もの・考えなどの移動：arracher 奪い取る／voler 盗む／emprunter 借りる／enlever 取り上げる／prendre 取る／retirer （与えたものを）取り上げる／acheter 買う

   ### On lui a volé **son passeport**.　彼（彼女）はパスポートを盗まれた。

   [前置詞de]
   情報の伝達を表す動詞がいくつかあります。この場合、情報内容が

間接目的語としてdeで導入され、情報の伝達先となる人は直接目的語となります。

情報の伝達：avertir 知らせる／aviser 通告する／informer 知らせる／prévenir 前もって知らせる、警告する

Il faudra **les** prévenir de la date de la prochaine séance.
彼らに次回の会議の日取りを知らせないといけない。

その他：accuser …のことで非難する／approcher …に近づける／faire …にする／priver …から剥奪する／recevoir …から受け取る／remplir …で満たす

On accuse **cet écrivain** de plagiat.
この作家は盗作していると非難されている。

Ils veulent faire de leur fille **une chanteuse d'opéra**.
彼らは娘をオペラ歌手にしたいと思っている。

［前置詞en］
多く、「手を加えた結果」を〈en + 間接目的語〉で表します。

changer …に変える／transformer …に作り変える／traduire …に翻訳する／diviser …に分割する

La fée transforma **la citrouille** en un magnifique carrosse.
妖精はかぼちゃをすばらしい馬車に変えました。

［その他の前置詞］

confondre avec …と混同する／échanger contre …と交換する／remplacer par …で置き換える／renseigner sur …について情報を与える

▶二重目的語構文においても、動詞の意味によっては、目的語に不定詞や補足節などを置くことが可能です。例えば情報の伝達を表す動詞などです。

Papa m'a promis **de m'emmener au zoo**. （直接目的語）
パパは私を動物園に連れていってくれると約束した。

Jean accuse mon fils **d'avoir rayé sa voiture.** （間接目的語）
ジャンは私の息子が車にキズをつけた犯人だと言っている。

Pascal a dit à sa femme **qu'il voulait changer de travail**.
パスカルは妻に、仕事を変わりたいと言った。　　　（直接目的語）

Montre-moi **comment il faut faire.** （直接目的語）
どうすればいいのかやって見せてよ。

> **メモ** informerやprévenirのような動詞では、情報を表す目的語が名詞句であれば前置詞deによって導入されるのに対して、補足節であればふつう前置詞deは現れません（de ce que... ではなくque... となる）。ただしこれを代名詞化すると、leではなくenになります。☞ p.414 2)

Hervé nous a prévenus **de la date de son arrivée**.
エルヴェは私たちに到着の日を知らせてきた。

Hervé nous a prévenus **qu'il arriverait le 16 août**.
エルヴェは私たちに8月16日に到着すると知らせてきた。

▶〈動詞＋直接目的語＋場所の補語〉

動詞の意味によっては、間接補語が場所を表す表現になることがあります。例えば、次のような動詞です。

mettre 置く／déposer 置く／laisser 置いていく／placer 配置する／
poser 置く、取り付ける／retirer 引き出す／sortir 取り出す／
conduire 導く／emmener 連れていく

（＊例文の太字は場所の補語です。）

On pourra déposer les bagages **à la réception**.
フロントに荷物を預ければいいよ。

Mon oncle a sorti **de sa poche** une longue guirlande de drapeaux. 叔父はポケットから長い万国旗を引っ張りだした。

Tu emmènes les enfants **à la foire** ?
子どもたちを移動遊園地に連れていってくれる？

▶直接目的語と間接目的語の順序

語順は〈直接目的語—間接目的語（あるいは場所を表す補語）〉とするのが基本ですが、それぞれの長さやどちらに焦点を置きたいか（より注目させたいか）などにより、〈間接目的語—直接目的語〉の順序に

なることもあります。（代名詞の場合については ☞ p.82-85、p.94 ）

J'ai donné **ma vieille voiture** à mon neveu.
私は古い車を甥にやった。　　　　　　　　　　　（直接目的語－間接目的語）

Nous avons offert à Marie **un beau foulard de soie**.
私たちはマリにきれいな絹のスカーフをプレゼントした。
　　　　　　　　　　　　　　　　　　　　　　　（間接目的語－直接目的語）

② 主語＋〈動詞＋間接補語＋間接補語〉

　2つの必須補語がどちらも前置詞を介して導入される場合もあります。これらの補語は目的語です。parler de ... à ～「～に…のことを話す」はこの構文の代表です。

Tu as parlé de ce problème à tes parents ?
　　　　　　　間接目的語　　　　　　間接目的語
君、この問題をご両親に話した？

Je discute souvent avec mon mari de l'avenir de notre fils.
私は息子の将来のことをよく夫と話し合う。

このタイプの構文を取る動詞は「…について～と話す」という意味合いのものがほとんどです。

メモ「…から～へ移動する」という意味合いの一連の動詞もあります。（3）で見た移動の動詞 ☞ p.156 の一部が「起点」と「到達点」の両方を補語としたものです。

La nationale 13 va de Paris à Cherbourg.
国道13号線はパリからシェルブールまで通っている。

③ 主語＋〈動詞＋直接補語＋直接補語〉

　2つの必須補語がどちらも前置詞を介さずに導入されることがあります。多くの場合、一方は売買の対象を表す目的語で、もう一方は売買などの金額を示す補語です。

Tu as acheté **combien ta voiture** et l'as revendue **combien** ?
君は車をいくらで買って、いくらで売ったの？

Nathalie a payé **ce sac 520 euros**.
ナタリーはこのバッグに520ユーロ払った。

Alain a loué **une voiture 10 000 dollars la semaine** à Miami.
アランはマイアミで週1万ドルで車を借りた。

メモ acheter「買う」とlouer「借りる」は金額の前に前置詞pourを置くこともあ

ります。

J'ai loué une voiture **pour** 10 euros.　私は10ユーロで車を借りた。

　また、評価額を言うestimerやévaluerでは、評価額は前置詞àで導入する間接補語になります。

On estime ce tableau **à** un million d'euros.
この絵の評価額は100万ユーロである。

3）必須補語が3つの場合

3つの補語を必要とする動詞はまれですが、次のようなものがあります。

traduire un roman du japonais en français
　　　　　①　　　　②　　　　③
小説を日本語からフランス語に翻訳する

transporter les marchandises de Paris à Marseille
　　　　　　①　　　　　　　②　　　　③
商品をパリからマルセイユまで運搬する

メモ 前ページ③主語＋〈動詞＋直接補語＋直接補語〉で見た売買等の動詞に取引の相手方を加えれば、補語が3つ必要な構文になります。

L'État lui a acheté ces îlots trois millions d'euros.
国は彼（彼女）からこれらの小島群を300万ユーロで買った。

4）その他
主語＋〈動詞＋直接補語＋属詞〉

　直接目的語（A）に加えて形容詞句など（B）を必須の要素とする構文です。多くの場合「AをBであると思う」「AをBにする」のような意味を表します。

Je trouve **son idée** très intéressante.
　　　　　直接目的語　　　属詞
私は彼（彼女）の考えをとても面白いと思う。

Nous l'avons élue déléguée de classe.
　　直接目的語　　　属詞
私たちは彼女をクラス代表委員に選んだ。

　この構文は、直接目的語が指すものについて、それらがどういう性質や役割を持つのかを言うものです。性質・役割を表す形容詞句（例：**très intéressante** とても面白い）や名詞句（例：**déléguée de classe** クラス代表委員）は**直接目的語の属詞**と呼ばれます。

▶ このタイプの動詞

属詞として形容詞句を取るか名詞句を取るかで分けます。

［属詞は形容詞句］

croire …を〜であると信じる／déclarer …を〜であると宣言する／estimer …を〜であると判断する／garder …を〜に保つ／juger …を〜であると判断する／rendre …を〜にする／vouloir …が〜であることを望む

Le stress me **rend** irritable. 　（＊下線を施した部分が属詞です。）
ストレスがあると私は怒りっぽくなる。

Tu **veux** comment ton steak, saignant, bien cuit ?
君、ステーキはどんな焼き具合がいい？ レア？ ウエルダン？

［属詞は名詞句］

appeler …を〜と呼ぶ／élire …を〜に選ぶ／faire …を〜にする／nommer …を〜に任命する、と名付ける

Le garçon était si petit qu'on l'**appelait** le Petit Poucet.
その子はあまりにも小さくて、「親指小僧」と呼ばれていました。

▶〈前置詞＋属詞〉

動詞の種類によっては、属詞が前置詞（または前置詞に準ずる語）を介して導入される場合があります。

choisir（comme, pour）…を〜として選ぶ／considérer（comme）…を〜と見なす／désigner（comme）…を〜に指名する／prendre（pour）…を〜と取り違える／tenir（pour）…を〜と見なす／traiter（de）…を〜呼ばわりする／voir（comme）…を〜として見る

On la **considère comme** la meilleure spécialiste des mangas japonais.
彼女は日本の漫画について一番の専門家だと見なされている。

On me **prend** souvent **pour** mon frère.
私はよく兄（弟）と間違えられる。

◆ 動詞 avoir と体の部位

体の特徴を述べるのに、属詞構文〈主語 + avoir + 直接目的語（体の部位）＋ 形容詞〉を使えます。直接目的語は体の部位を表す名詞で、定冠詞を付けます。意味の面から見ると、2つの場合があります。

(1) 外見的な特徴を言う

Sophie a **les cheveux châtains**.　ソフィの髪の毛は栗色だ。

François a **les yeux bleus**.　フランソワの目は青色だ。

(2) 一時的な様子を言う

その部位の恒常的な特徴ではなく、一時的にある様子をしている場合です。

Qu'est-ce que tu as ? Tu as **les yeux rouges**.
どうしたの？　目が赤くなってるよ。

Tu as **les mains sales** ! Va te les laver !
手が汚れてるよ。洗ってきなさい。

中上級！「体の特徴」と冠詞

Sophie a les cheveux châtains.「ソフィの髪の毛は栗色だ」では、les cheveux「髪の毛」が直接目的語で、châtains「栗色の」は属詞です（例えば文脈が整えば「髪の毛」を代名詞化して je les ai châtains と言えます）。定冠詞を不定冠詞に代えて、属詞構文ではない Sophie a des cheveux châtains.（この場合は des cheveux châtains 全体が直接目的語）も言えます。けれども、単に外見的な特徴を言うだけ、すなわち毛髪の色や目の色のようにいくつかの選択肢が想定されていてそのどれかを言うだけ、という単純な状況では、ふつうは定冠詞（つまり属詞構文）を使います。

これに対して、髪の毛・目などの性質そのものに着目した場合は、不定冠詞を使って「そういう種類の髪の毛・目などを持っている」という言い方になります。

Sophie a des cheveux très fins.　ソフィはとても細い髪の毛をしている。

François a des yeux vitreux.　フランソワはどんよりした目をしている。

また、髪の毛の場合は、一部分について言うときも不定冠詞を用います。

Mon père commence à avoir des cheveux blancs.
父は髪の毛に白いものが交じり始めた。

中上級!　直接目的語の属詞について

属詞には、**主語の属詞**と**直接目的語の属詞**があります。主語の属詞は必ずêtreなどを介して対象（主語）と結び付きますが、直接目的語の属詞は、対象（直接目的語）と区切り無しで並ぶことがあります。属詞が形容詞句であれば、見かけ上は、付加詞として名詞を修飾している形容詞句と区別できません。

次の文を見てください。この文は（ⅰ）（ⅱ）2つの解釈が可能です。

J'ai trouvé cette idée géniale.

（ⅰ）「私はこのすばらしい考えを思いついた」（**trouver** 見つけ出す）

　cette idée géniale「このすばらしい考え」がひとまとまりの名詞句で、trouverの直接目的語。形容詞géniale「すばらしい」は名詞idée「考え」を修飾する付加詞。

（ⅱ）「私はこの考えをすばらしいと思った」（**trouver** …を〜だと思う）

　cette idée「この考え」が直接目的語、génialeは属詞。

ふつうは文脈・状況に基づいてどちらなのかを判断します。文法的には、（ⅱ）のような属詞構文では、（特に「長さ」を考慮して）次のように直接目的語と属詞の順番を入れ替えることが可能です。

J'ai trouvé ⏟géniale⏟ ⏟cette idée qui résoudrait presque tous les problèmes⏟.
　　　　　　属詞　　　　　　　　　　直接目的語

私は、ほぼすべての問題を解決できてしまうこの考えをすばらしいものだと思った。

また、直接目的語を代名詞にした場合、（ⅱ）ではもちろん属詞は後に残ります。

（ⅰ）Je l'ai trouvée.　私はそれを思いついた。（l' = cette idée géniale）

（ⅱ）Je l'ai trouvée géniale.　私はそれをすばらしいと思った。

（l' = cette idée）

さらに、trouverやjuger「判断する」のように、動詞によっては〈直接目的語＋属詞〉を主語の属詞構文（cette idée est géniale その考えはすばらしい）に置き換えて補足節にすることができる場合もあります。

J'ai trouvé ⏟que cette idée était géniale⏟.
　　　　　補足節（この文ではtrouverの直接目的語）

私はその考えをすばらしいと思った。

第7章 代名動詞・代名動詞構文

再帰代名詞「自分を、自分に」を伴った動詞を代名動詞と言います。
代名動詞を用いた文には、いくつかの意味のタイプがあります。

再帰代名詞を伴った動詞を代名動詞と言います。もととなる動詞はほぼすべて他動詞です。再帰代名詞とは**主語と同一のものを指す代名詞**で、とりあえずは「自分を、自分に」という意味だと考えられます。

次の2つの例文を比べてみましょう。

> Marie regarde la télévision.　マリはテレビを見ている。
>
> Marie se regarde dans la glace.　マリは鏡で自分の姿を見ている。

最初の文では動詞 regarder の直接目的語は la télévision で、「見る」行為の対象が「テレビ」であることを示しています。一方、2つ目の文では再帰代名詞 se が直接目的語になっています。マリの見ている対象が「自分自身」であることを示しているわけです。

このように分かりやすいケースでは、代名動詞構文に現れる再帰代名詞は、もととなる他動詞が表す動作の対象が他者ではなくて「自分」であることを示します。

実際には、代名動詞構文の意味・用法はより複雑で、上に見たもの(「再帰的用法」と呼びます)を含め5つほどに分類されます。

1. 代名動詞の活用

代名動詞の活用の特殊性は、(1) もととなる動詞の直前に**人称に応じた再帰代名詞**が置かれることと、(2) 複合形(例えば複合過去)の**助動詞として être を使う**ことです。例として se reposer「休息する」の直説法現在形と複合過去形を見ましょう。

se reposer 直説法現在形	
je me repose	nous nous reposons
tu te reposes	vous vous reposez
il se repose	ils se reposent
elle se repose	elles se reposent

* 再帰代名詞は動詞の直前に来ます（肯定命令形は例外：Reposez-vous.「休息しなさい」）。
* 1人称・2人称の再帰代名詞は通常の1人称・2人称の目的語代名詞と同じです。
* 3人称の再帰代名詞は性・数に関わりなく常にseとなります。

> **メモ** 代名動詞が不定詞 ☞ p.252 やジェロンディフ ☞ p.273 などで現れる場合も、再帰代名詞は動作の主語に対応する形になるので注意しましょう。

Le médecin m'a dit de m'allonger sur le lit.
医師は私にベッドに横になるように言った。

En vous couchant plus tôt, vous vous sentirez mieux le matin.
もっと早く寝るようにすれば、朝も気分がよくなりますよ。

se reposer 直説法複合過去形	
je me suis reposé(e)	nous nous sommes reposé(e)s
tu t'es reposé(e)	vous vous êtes reposé(e)(s)
il s'est reposé	ils se sont reposés
elle s'est reposée	elles se sont reposées

* 複合形では助動詞にêtreを使い、再帰代名詞はその前に置きます。
* 再帰代名詞が直接目的語なら、過去分詞は主語の性・数に一致させます。

> **メモ** 過去分詞は、正確には直接目的語の性・数に一致させるわけですが、3人称の再帰代名詞seには性・数を見分ける特徴がないので、主語で判断することになります。

2. 構文による分類

代名動詞だけで文法的・意味的に文が完結する場合（もととなる他動詞が要求する目的語が1つだけの場合）と、他の要素が必須となる場合があります。

1) 代名動詞だけで完結
[再帰代名詞は直接目的語]

Tu t'es bien reposé ? 君、しっかり休んだ？

Nathalie a avancé un peu et puis s'est retournée.
ナタリーは少し前に進み、それから振り返った。

▶このタイプの代名動詞の例

s'arrêter 止まる／s'asseoir 座る／se baigner 水浴する／
se coucher 横になる／se dépêcher 急ぐ／s'ennuyer 退屈する／
se lever 起きる／se promener 散歩する　など

［再帰代名詞は間接目的語］

Éric et moi, on ne **se parle** plus.　エリックと私はもう口もきかない。

Ses parents **se ressemblent** tellement qu'on les croirait frère et sœur.
彼（彼女）の両親はとても似ていて、まるで兄妹みたいだ。

2）代名動詞だけでは完結せず、他の要素が必須
① もう1つ目的語を取るもの
［再帰代名詞は直接目的語、もう1つは間接目的語］

Moi, je fais la cuisine. Toi, tu t'occupes **du vin**.
料理は私がするから、あなたワインを担当してよ。

Claire s'est disputée **avec sa mère**.　クレールは母親とけんかした。

▶このタイプの代名動詞の例

前置詞 de：s'apercevoir de …に気がつく／se méfier de …に用心する／
se servir de …を使う／se souvenir de …を思い出す

前置詞 à：s'abonner à （定期のもの）に予約する／s'attendre à …を予期する／
s'intéresser à …に興味を持つ

その他の前置詞：se marier avec …と結婚する／se prendre pour 自分を
…だと思い込む／se renseigner sur …について問い合わせる

［再帰代名詞は間接目的語、もう1つは直接目的語］

Je ne me rappelle pas **son nom**.
私は彼（彼女）の名前が思い出せない。

Elle s'est offert **un bon repas** pour fêter seule son anniversaire.
1人で誕生日を祝うため、彼女はごちそうを奮発した。

▶ このタイプの代名動詞の例

s'acheter（自分のために奮発して）…を買う／se donner la mort 自ら命を絶つ／s'imposer …を自分に課す／se payer …を自分に奮発する　など

② 場所などを表す補語が必須のもの

L'histoire se passe **dans le Paris du XVIe siècle**.
話の舞台は16世紀のパリである。

Mets-toi **plus près de la statue**. Voilà. Ça sera une belle photo.
もっと像に近寄って。そうそう。きれいな写真になるよ。

▶ このタイプの代名動詞の例

se cacher +**場所** …に隠れる
s'installer +**場所** …に身を落ち着ける
se rendre +**場所** …に赴く　　など

③ 再帰代名詞（直接目的語）の属詞が必須のもの

J'étais très malade hier, mais je me sens **beaucoup mieux** aujourd'hui.
昨日はとても具合が悪かったけど、今日は気分がずっとよくなった。

Les expériences se sont révélées **décevantes**.
実験は期待はずれな結果に終わった。

▶ このタイプの代名動詞の例

s'appeler +**名前** …という名前である
se croire +**形容詞句**　自分を…だと思う
se prendre pour +**名詞句**　自分を…だと思い込む　　など

④ 代名詞 en、y を伴うもの

La situation était délicate, mais Nicole **s'en est** bien **sortie**.
状況は微妙だったが、ニコルはうまく切り抜けた。

Cécile **s'en est** violemment **prise** à moi.
セシルは私のせいだと言って激しく非難した。

▶ このタイプの代名動詞の例

s'en aller 立ち去る／s'en retourner （もといた所に）帰る／s'en tenir à …だけにとどめておく／s'y prendre + やり方 …で問題に取り組む／s'y connaître en …に詳しい

> **メモ** s'en aller、s'en retourner、s'en sortir は目的語を取らない動詞から代名動詞が作られた数少ない例です（古いフランス語ではより自由で多数あります）。また、これらに現れるenは「そこから」という意味に基づいています。このenが単語内に組み込まれたものとしてはs'endormir「眠り込む」、s'enfuir「逃げ去る」、s'envoler「飛び立つ」があります（それぞれdormir「眠る」、fuir「逃げる」、voler「飛ぶ」と比べてください）。

⑤ 体の部位に関するもの

「手を洗う」「指を切る」などのように、自分の体に関わる出来事にはよく代名動詞が使われます。再帰代名詞で主語自身の出来事への関与を表し、目的語で対象となる部位を示します。一般的には、**体の部位には定冠詞が付きます**。また、多くの場合、体の部位は直接目的語、再帰代名詞は間接目的語になります。

Sarah **s'est brûlé la main** en faisant la cuisine.
サラは料理をしていて手をやけどした。

Ne **vous frottez** pas **les yeux** même si vous avez des démangeaisons.
かゆみがあっても目をこすってはいけません。

Je **me brosse les dents** après chaque repas.
私は毎回食後に歯を磨いている。

Chloé **s'est blessée au genou gauche** pendant l'entraînement.
クロエはトレーニング中に左膝を傷めた。
（**s'** は直接目的語、**au genou gauche**「左膝に」は部位を表す間接補語）

▶ このタイプの代名動詞の例

se casser le bras 腕の骨を折る／se couper le doigt 指を切る／se fouler la cheville 足首を捻挫する／se gratter la tête 頭をかく／se laver les mains 手を洗う／se sécher les cheveux 髪の毛を乾かす／se serrer la main （互いに）握手をする　　など

3. 用法による分類

　代名動詞は、主語と再帰代名詞の意味的な役割に基づいて5つの用法に分けることができます。ただし、同じ代名動詞でもたいてい複数の用法があります。

1) 再帰的用法

　「自分自身を対象にして…する」という意味を表します。行為の対象である目的語を再帰代名詞seにすることで、その行為が他者ではなく自分自身に向けられていることを示すものです。たいていの場合、主語は「人」です。

〈再帰代名詞＝直接目的語〉の場合

> Narcisse **se regarde** dans la fontaine.
> ナルシスは泉に自分の姿を映して眺める。
>
> Narcisse **s'aime** trop pour répondre à l'amour de la nymphe Écho.
> ナルシスは自己陶酔に浸っていて妖精エコーの愛に応えられない。

　同タイプの動詞：se couvrir 自分の身を覆う／s'habiller 服を着る／se munir de …を携行する／se présenter 自己紹介する／se raser (自分の)ひげをそる／se sacrifier 自己を犠牲にする

〈再帰代名詞＝間接目的語〉の場合

> Céline **s'est offert** un nouveau vélo.
> セリーヌは新しい自転車を奮発して買った。
>
> Tu **t'es lavé** les mains ?　手は洗ったの？

　同タイプの動詞：s'acheter 自分のために買う／se mordre 自分の…を嚙む／se procurer 入手する

2) 相互的用法

　「お互いに…し合う」という意味を表します。ここでも再帰代名詞seは、主語の指すものが同時に行為の対象でもあることを示すので、一種の再帰的用法であると言えます。ただし相互的用法では、主語の指すものは複数であり、お互い同士が相手を対象として行為を行うこ

とを表すことになります。主語は「人」が多いですが、動詞によっては「もの」のこともあります。

〈再帰代名詞＝直接目的語〉の場合

Ma femme et moi, on **s'est connus** au lyceé.
妻と私は高校で知り合った。

Les deux hommes **se détestent** l'un l'autre.
2人はお互いを毛嫌いしている。

同タイプの動詞：s'aimer 愛し合う／se battre 殴り合う／s'embrasser キスをする／se regarder dans les yeux 見つめ合う／se rencontrer 出会う／se toucher 隣接し合っている／se voir 会う

〈再帰代名詞＝間接目的語〉の場合

Vous **vous ressemblez** beaucoup, toi et ton frère.
君と兄（弟）さんはとても似ているね。

Les deux gouvernements **se sont échangé** des informations.
両政府は情報を交換し合った。

同タイプの動詞：s'écrire 互いに手紙を書く／s'envoyer des mails 互いにメールを送る／s'offrir des cadeaux プレゼントし合う／se serrer la main 握手を交わす／se téléphoner 電話し合う

▶相互的用法のやや特殊なものとして、同じもののつらなりを表す場合があります。

Les mariages **se sont succédé** dans notre village.
うちの村では次々と結婚式が続いた。
（se は間接目的語 ← もとの動詞 succéder à）

［その他の例　se は直接目的語］

se suivre 次々と続く／se superposer 重なり合う

3）自動詞的用法

　代名動詞（例：s'ennuyer 退屈する）が、もととなる他動詞（例：ennuyer 退屈させる）に対応する自動詞のような意味を表します。再帰代名詞 se を目的語に置いた形式になってはいますが、意味的には、

それが主語の行為の対象を示すとは考えにくい場合です。代名動詞全体として、主語の心理状態や動作・動きを表しているだけです。主語が「人」ではなく「もの」であることもあります。

Les enfants **s'ennuient** le dimanche.
子どもたちは日曜日には退屈する。

Ne **vous inquiétez** pas.
ご心配には及びません。（比較：他動詞 **inquiéter** 心配させる）

Murielle **s'est réveillée** au milieu de la nuit.
ミュリエルは真夜中に目が覚めた。（比較：他動詞 **réveiller** 目を覚まさせる）

La porte **s'est refermée** avec fracas.
ドアが大きな音を立ててまた閉まった。
（比較：他動詞 **refermer** もとどおりに閉める）

［その他の例　se はすべて直接目的語］
［人が主語］

s'allonger 横になる／s'amuser（面白おかしく）楽しむ／s'asseoir 座る／se cacher 隠れる／se coucher 寝る／se dépêcher 急ぐ／se disperser（群集などが）ちりぢりになる／s'essouffler 息が切れる／s'endormir 眠り込む／s'énerver いらだつ／se lever 起きる／se perdre 道に迷う／se promener 散歩する／se reposer 休息する／se soigner 養生する

［ものが主語］

s'allumer（明かりが）ともる／s'améliorer 改善する／se casser 壊れる／se couvrir（空が）曇る／se déchirer 破れる／se dégrader 悪化する／se détériorer 悪化する／s'élargir 幅が広くなる／s'éteindre（火・明かりが）消える／se fermer 閉まる／se gâter 傷む、悪くなる／s'ouvrir 開く／se présenter（機会などが）生じる／se produire（事態などが）生じる／se rétrécir 幅が狭くなる／se rompre 切れる、折れる、決壊する／se terminer 終わる

> **メモ** 実際には、構文の観点からは「自動詞的」（構文による分類1、代名動詞だけで完結）とは言えず、間接目的語など必須補語を要求する動詞もあります。
> 例：s'intéresser à …に興味を持つ／se marier avec …と結婚する／s'occuper de …を担当する、面倒を見る／s'appeler …という名前である／s'installer（ある場所に）身を落ち着ける、座る

これらも含めた名称として、ここで使った「自動詞的用法」ではなく「**中立的用法（neutre）**」と呼ばれることがあります。再帰代名詞 se が、能動的な意味を持つ文の行為の対象の印（再帰的用法）でもなく、受動的な意味を持つ文の行為の対象の印（受動的用法）でもない、ということを踏まえた名称です。

4）受動的用法

代名動詞（例：se vendre 売られる）が、もととなる動詞（例：vendre 売る）に対応する受動的表現のようになる場合です。再帰代名詞 se はもとの他動詞が表す行為の対象を示すと考えられますが、この用法の特殊な点は、主語が行為者ではなく、逆に行為を受ける側を表しているところです。

Ce produit **se vend** uniquement par correspondance.
この製品は通信販売のみとなります。
（主語 ce produit「この製品」は売られる側）

Mon nom **s'écrit** avec un « s » à la fin.
私の名前は最後に s を付けて書く。（主語 mon nom「私の名前」は書かれる側）

◆ 受動的用法のポイント

受動的用法にはいくつか特徴的な点があります。

① ふつう 3 人称だけで用います。
② 主語は多くの場合「もの」です。

> メモ 「人」について使うこともできますが、ça で受け直さないと受動的用法に解釈されにくくなります。

Les personnes âgées, **ça se respecte**.
高齢者は敬意を持って接せられるべきだ。

③ その「もの」の一般的な特徴や性質を表すことが多く、特定の個体の特定の時点での出来事を表すことはできません。したがって、時制も現在形や半過去形が多く、複合過去形などとはあまりなじみません。

> メモ ただし時制については絶対的ではなく、複合過去などになる場合もあります。

Le livre **s'est vendu** à un million d'exemplaires.
その本は 100 万部売れた。

④「…できる」「…すべきである」というニュアンスを伴うことがよくあります。

Ça **se mange** ?　これ食べられるの？

Ce roman **se lit** très facilement.　この小説はとても簡単に読める。

Ça ne **se fait** pas.　そういうことはするものではない。

⑤潜在的に不特定の動作主が想定されている（主語は誰かから行為を受ける）ので、**on**を主語にして、もとの他動詞を使った文によってほぼ同じ意味を表すことができます。

On vend ce produit uniquement par correspondance.
この製品は通信販売のみである。

On peut manger ça ?　これ食べられますか？

ただし、受動態の文のように**par X**などで動作主を明示することはできません。

× Ça se fait par les Français.　は不可。
（比較：Ça se fait en France.　それはフランスでは行われている。）

⑥一般的な特徴や性質を表す形式（特に**ça**で受け直して主語とする総称文）としてはとても応用範囲が広く、直接他動詞であればたいていこの用法の代名動詞構文を作ることができます。

Un pantalon, ça **s'essaye**.　ズボンというのは試着してみるものだ。

La musique, ça **se commence** jeune.
音楽は若いうちに始めるのがいい。

Un hôtel, ça **se quitte** à midi au plus tard.
ホテルというのは、遅くとも正午にはチェックアウトするものだ。

5）本来的用法

現在のフランス語ではもととなる動詞との対応関係の中には置けず、代名動詞を独自のものとして捉えるしかない場合です。

これらの代名動詞では、**文法上は直接目的語**である再帰代名詞**se**に、行為の対象という意味的役割を与えることはできません。2つのグループがあります。

① 代名動詞でしか存在しないもの

もととなる動詞が現在では使われることがなく、代名動詞だけが使われる場合です。

Il faut **se méfier** de cet homme.
あの男には気をつけないといけない。

Je ne me souviens pas de son nom.
彼（彼女）の名前が思い出せない。

[その他の例]

s'absenter 不在にする／s'abstenir de …するのを控える／s'accouder 肘をつく／s'accroupir うずくまる／se désister 立候補を取り下げる／s'écrier …と叫ぶ／s'efforcer de …しようと努力する／s'emparer de 奪い取る／s'enfuir 逃げ去る／s'évader 脱走する／se fier à 信頼する／se moquer de ばかにする／se raviser 考えを変える／se réfugier 避難する／se repentir de 後悔する

② もとの動詞の意味とずれるもの

　もととなる動詞は現在でも使われますが、代名動詞として使う場合とは意味が異なります。

Taisez-vous ! お黙りなさい。（**taire** 表に出さずに隠しておく）

Elle s'est aperçue qu'elle avait commis une grosse erreur.
彼女はとんでもない間違いをしたことに気がついた。（**apercevoir** 見かける）

[その他の例]

s'approprier 我が物にする（approprier 適合させる）
s'attendre à 予期する（attendre 待つ）
se douter de 気づいている（douter de 疑いを抱く）
s'imaginer 思い込む（imaginer 想像する）
se mettre à 着手する、し出す（mettre 置く）
se passer （ある場所などで）起こる（passer 立ち寄る、通過する、過ごす）
se passer de 無しで済ます
se plaindre 不平を言う、こぼす（plaindre 気の毒に思う）
se rendre 赴く、降伏する（rendre 返す）
se servir de 使う（servir 奉仕する）
se tromper 間違える（tromper だます）

中上級！ 代名動詞の各用法の違い

（1）再帰的用法と自動詞的用法

再帰的用法と自動詞的用法（中立的用法）の間の線引きは必ずしも自明ではありません。

典型的な再帰的用法（s'aimer、se regarderなど）は、「主語が自分自身を他者のような対象としてそれに行為を加える」という意味合いが強いものです。この場合、行為をする自分と受ける自分が分離しているとも言えます。

一方、典型的な自動詞的用法（s'ennuyer、se réveillerなど）では、そのような分離はありえません（s'ennuyerは自分が自分を退屈させるわけではありません）。

ただ、この判断は、主語が人である意図的な行為（s'habiller、se raser、se coucher、se lever、se promener...）の場合にはやや難しくなります。

（2）自動詞的用法と本来的用法②

自動詞的用法（中立的用法）と本来的用法②の区別にも問題があります。代名動詞ともとの動詞の意味のずれ具合はさまざまだからです。

例えば、se dépêcherやse soignerは厳密に言えば少しずれがあることになるでしょう（dépêcher 急派する、soigner 手当をする）。

同様に、se dire「（頭の中でこうだろうと）思う」やse demander「…かしらといぶかる」も表立った言語行為であるdire「言う」、demander「尋ねる」と外れていることになります。

あるいは、se reposerやs'essoufflerは意味の上ではきっちり対応しますが（reposer 休息させる、essouffler 息切れさせる）、もとの動詞では主語はふつう「もの」になります。

これらすべて本来的用法②とすることも考えられます。

（3）「もの」が主語になる自動詞的用法と受動的用法

自動詞的用法の「もの」が主語である場合と、受動的用法の違いは主に次の3点です。

（ⅰ）受動的用法では動作主が想定されているのに対して、自動詞的用法では動作主は想定されず、むしろ「自然に」「自動的に」というニュアンスになります。動作主（不特定）を想定した場合は、onを主語にするか受動態を使います。次の文を比較してください。

La porte s'est refermée. ドアがまた閉まった。（自動詞的用法）

On a refermé la porte. / La porte a été refermée. （受動態）
ドアがまた閉められた。

(ii) 受動的用法は一般的な特徴や性質を表し、ある一時点での個別的な出来事を表せないのに対して、自動詞的用法はどちらを表すこともできます。

× Le dernier exemplaire s'est vendu à midi.
（最後の1冊は正午に売れた）は不可。

○ La porte s'est refermée une minute après. （自動詞的用法）
ドアは1分後にまた閉まった。

(iii) 受動的用法はほとんどの直接他動詞をもとにして作れますが、自動詞的用法は特定の動詞に限定され、自由に作ることはできません。例えば一部の動詞は、代名動詞ではなく、もとのままで他動詞にも自動詞にもなります。

例：**augmenter** 増やす / 増える　　**diminuer** 減らす / 減る
　　brûler 燃やす / 燃える　　　　**changer** 変える / 変わる
　　commencer 始める / 始まる　　**finir** 終える / 終わる
　　cuire 煮る / 煮える

中上級！ 再帰代名詞の省略

使役構文で、faire「…させる」に続く代名動詞の再帰代名詞が省略されることがあります。

La police **a fait disperser** les manifestants.
警察はデモ隊を追い散らした。（← se disperser ちりぢりになる）

laisser「…するままにしておく」、envoyer「…しに行かせる」などでも同様です。

Il **a laissé éteindre** sa pipe.　彼はパイプの火が消えるままにした。

この省略は任意ですが、faire taire「黙らせる」、laisser échapper「（人を）取り逃がす、（言葉などを）つい口に出してしまう」、envoyer promener「（人を）追い払う」など、慣用句のようになっているものもあります。

また、laisser、envoyerなどの構文では、意味上の主語を動詞の直後ではなく直前に置くこともできますが、その場合は代名動詞の再帰代名詞は残ります。

Il a laissé sa pipe **s'éteindre**.

第8章 動詞の叙法と時制

叙法、時制、どちらも動詞が取る形態です。叙法は、文の内容を話し手がどのように提示しているかを示す形式です。時制はその内容を「過去、現在、未来」などに位置づける形式です。

叙法

叙法は、動詞の形態変化（活用）を分類するときに用いられる概念です。**直説法**、**条件法**、**接続法**、**命令法**の4つがあります。これらは、文の内容に対する話し手の「心的態度」のあり方に対応する、とされます。おおよそ次のとおりです。

直説法　内容を事実・現実のこととして提示
条件法　内容を仮定に属するものとして提示
接続法　内容を潜在的なものとし、要求や願望などの対象として提示
命令法　内容を指令・命令として提示

しかし、これはかなり漠然とした対応関係しか示しておらず、それぞれの叙法に属する文の実際の使われ方は、より複雑です。したがって、とりあえず、4つの叙法は動詞の活用の種類を表す単なる名前であると考えるのが無難です。

> **メモ**　上の4つは、人称・数による形の変化を持つので人称法と言います。このほかに、「心的態度」を表すわけではありませんが、広い意味で叙法とされる非人称法の不定詞と分詞があります。☞ 不定詞 p.252、分詞 p.260

時制

時制も、活用を分類するときに用いられる概念です。主なものは現在形と過去形です。ただ、叙法によってはさらに細かく分かれます。

現在形は「現在」、過去形は「過去」というように、しばしば形の名称とそれが表す「時の概念」が一致しますが、それぞれの時制の実際の用法にはさまざまなものがあります。

したがって、叙法の場合と同じように、時制も動詞の活用の種類を表す単なる名前であると考えるのが妥当です。

> **メモ**　「時制」とは、厳密に言えば現在形や過去形などのことを指します。しかし教育現場などでは、「直説法半過去形」（つまり直説法という叙法の半過去形という時制）などのひとまとまりを「時制」ということばで簡略化して表現することもよくあります。

時制の数は、直説法が8つ、条件法が2つ、接続法が4つ、命令法が2つです。すべてが〈**単純形—複合形**〉のペアを成しています（直説法

4ペア、条件法1ペア、接続法2ペア、命令法1ペア）。

以下、動詞 faire を例として展開してみます。

直説法	現在 →		未来
	il fait — il a fait	il fera — il aura fait	
	現在形　複合過去形	単純未来形　前未来形	
	↓	↓	
	過去 →		過去未来
	il faisait — il avait fait	(il ferait — il aurait fait)	
	半過去形　大過去形	条件法現在形　条件法過去形	
	il fit — il eut fait		
	単純過去形　前過去形		
接続法	il fasse — il ait fait	il fît — il eût fait	
	現在形　過去形	半過去形　大過去形	
命令法	faites — ayez fait		

> **メモ** 条件法現在形は、形の面では直説法の単純未来形と半過去形の組み合わせと言えます。語幹は単純未来形と同じで、語尾は未来形の印の -r- と半過去形語尾 -ait などとの組み合わせになっています。また意味的にも、形そのままに「過去から見た未来」を表す用法があります。
>
> さらに、「仮定」という内容は条件法だけのものではないことも考慮に入れて、条件法を独立した叙法として立てない立場もあります。直説法の中の1つの形として、上の表にあるように、最初の四角形の右下隅に納まることになります。

1. 直説法

直説法は最も基本的な叙法で、文の内容を事実・現実のこととして提示します。しかし、それにとどまるわけではなく、さまざまな手段で仮定的な内容、潜在的な内容、命令的な内容なども表すことができます。

その広い用途に応じて、時制は他の叙法に比べて細分化しており、合計8つあります。現在形が1つ、過去形が5つ（複合過去、半過去、大過去、単純過去、前過去）、未来形が2つ（単純未来、前未来）です。

(1) 現在形

現在形は主に現在の出来事を表しますが、厳密な意味での「現在」だけではなく、さまざまな使われ方をして意味の広がりを持ちます。

1. 直説法

1）活用

それぞれの動詞の活用は辞書などの活用表で確認する必要がありますが、ここではいくつかのポイントだけ挙げておきます。

① 単数人称の語尾

ほぼすべての動詞で、**je**、**tu**、**il**のところの語幹は同じです。語尾だけが次のように変化します。

[-er型、ouvrir型など]

- **-e -es -e**

  je chant**e**　　tu chant**es**　　il chant**e**
  j'ouvr**e**　　tu ouvr**es**　　il ouvr**e**

  同じ語尾の動詞：chanter　ouvrir　offrir　cueillir　souffrir　など

[その他の動詞]

- **-s -s -t**

  je fini**s**　　tu fini**s**　　il fini**t**
  je par**s**　　tu par**s**　　il par**t**

  同じ語尾の動詞：finir　partir　faire　venir　voir　lire　écrire
  　　　　　　　savoir　croire　éteindre　connaître　boire　mourir
  　　　　　　　recevoir　vivre　résoudre　など

- **-x -x -t**（-s -s -tの変種）

  je peu**x**　　tu peu**x**　　il peu**t**

  同じ語尾の動詞：pouvoir　vouloir　valoir

- **-ds -ds -d**

  je pren**ds**　　tu pren**ds**　　il pren**d**

  同じ語尾の動詞：prendre　attendre　coudre

- **-ts -ts -t**

  je me**ts**　　tu me**ts**　　il me**t**

  同じ語尾の動詞：mettre　battre　など

- **-cs -cs -c**

  je vain**cs**　　tu vain**cs**　　il vain**c**

同じ語尾の動詞：vaincre　convaincre

例外：être　avoir　aller

② **複数人称の語尾**

ほぼすべての動詞　➡　**-ons -ez -ent**

nous chant**ons**　　vous chant**ez**　　ils chant**ent**
nous pren**ons**　　vous pren**ez**　　ils prenn**ent**

例外：être　avoir　aller　faire　dire

③ **nous と vous のところの活用**

ほぼすべての動詞で語幹が同じ。違いは語尾の **-ons** と **-ez** のみ。

nous av**ons**　　vous av**ez**　　　nous ven**ons**　　vous ven**ez**

例外：être　faire　dire

2）基本的な用法

① 現在進行中の出来事

現在形の最も基本的な用法は、発話時点においてある状態が成立している（おおよそ「…である」に相当）、あるいはある出来事が進行中である（「…している」）ことを言うものです。

Je **suis** très fatigué.　私はとても疲れている。

Tu n'**as** pas faim ?　君、おなかすいてない？

Qu'est-ce que vous **faites** là ?　あなた、そこで何をしてるんですか？

Où **est** Marie ? — Elle **travaille** dans sa chambre.
マリはどこ？ — 部屋で勉強してるよ。

② 未来

また、未来の出来事を確定的に述べる場合にも用います（「…する」）。

Je **pars** la semaine prochaine.　私は来週発つ。

Vous **travaillez** demain ?　あなたは明日仕事をしますか？

2人称で断定的に用いると、命令・指示のニュアンスになることがあります。

Toi, tu **attends** ici.　君はここで待つんだ。

③ 習慣、一般的真理

現在の習慣的な出来事、人・ものなどの性質、一般的真理などを述べるのにも用います（「…する、している」「…である」）。

Aude **va** à l'hôpital une fois par mois.
オードは月に1度病院に行っている。

Mon mari **fume** beaucoup.
私の夫はヘビースモーカーだ。（≠今、タバコを吸っている最中だ）

Ce produit **vient** de France.
この製品はフランスから来ている。（＝フランス産だ）

L'eau **bout** à cent degrés.　水は100度で沸騰する。

この③では、発話時点で何らかの出来事が進行中であるわけではなく、言わば時間を超えた形で「事態の成立」を表しています。

> **中上級!** **これまでの継続時間と現在形**
>
> 状態や出来事の現在までの継続時間をdepuis...「…から」、ça fait... que「…になる」などの表現によって示す場合でも、現在形を用います。この点では、完了形を使う英語と異なります。
> Ma fille **est** malade depuis deux jours.　娘は2日前から病気だ。
> Ça fait trente ans que je **travaille** dans cette usine.
> 私は30年この工場で働いている。

> **中上級!** **現在形：その他の用法**
>
> 現在形は、単に「状態・出来事が成立する」ことを示すだけであり、積極的に事態を現在（発話時点）に位置づけるものではない、というのが有力な説です。「過去」や「未来」に事態をはっきりと位置づける過去形・未来形とは違って、現在形が「現在」を表す（上記2)①）のは、状況・文脈・語彙の意味的特性などにより「発話時点」への関連づけが行われた結果である、というものです。この現在形の緩さから、2)の基本的な用法や次の諸用法が出てきます。
>
> ［近い過去］
> ごく少数の移動を表す動詞（**arriver** 到着する、**rentrer** 家に帰ってくる、**sortir** 外出する、など）は、**à l'instant**「今しがた」、**seulement**「ただ

…だけ」などの表現を伴って「ほんの今…したばかりだ」という意味になります。

> Claude n'est pas là ? — Il **sort** à l'instant.
> クロードはいないの？—ついさっき出かけたよ。

> On a passé la nuit dans une boîte, et voilà, je **rentre** seulement.
> ディスコに一晩中いて、ほらね、今家に帰ってきたところだよ。

［出来事と同時進行の描写］

スポーツの実況中継や料理の実演など、出来事を同時進行で描写する場合です。

> …Rabiot **envoie** un centre parfait, le ballon **arrive** sur Perrin qui **décoche** un tir, mais le ballon **passe** au-dessus de la barre…
> ラビオの完璧なセンタリング、ボールがペランに届いてペランのシュート、しかしボールはバーの上を越えて行きます…

［歴史的現在、物語の現在形］

歴史記述や小説など、現在形で物語ることがよくあります。現在形が記述全体に及ぶもの、部分的に過去形と交替するものなどさまざまですが、一般的には、その場に立ち会う感覚になり、より臨場感が増します。

> L'année **commence** mal pour Molière : sa femme **meurt** en février et en mars Lully **obtient** du roi le privilège exclusif de l'Opéra.
> その年の始まりはモリエールにとって厳しいものとなった。2月には妻が逝き、3月にはリュリにオペラの独占上演権が王から与えられた。

> Camille **lance** tout de suite, très fort : « Quelqu'un ? »
> Il **attend** une seconde puis **se met** à courir. La première salle **est** très grande...　　　　　　　　　　　　　　(Lemaitre)
> カミーユはすぐに大声で叫んだ。「誰かいるか？」
> 一瞬待って、彼は走り出した。最初の部屋はとても広かった。

物語の現在形は日常の会話でもよく現れます。

> Je me suis couché à minuit comme d'habitude. Quelques minutes après, j'**entends** un bruit bizarre, je **me lève**, je **m'approche** de la fenêtre, je **regarde** dehors, c'était un rat énorme qui grignotait le pneu de ma voiture.
> いつもどおり12時に寝たんだけど、何分かしたら妙な音が聞こえてきたんだ。で、起き上がって、窓に行って外を見たんだ。そしたら巨大なネズミが車のタイヤをかじってたんだよ。

（2）複合過去形

複合過去形の用法は主に2つで、「過去」と「現在完了」を表します。どちらも日本語ではおおよそ「…した」に相当するので、使用はとても簡単です。2つの用法の使い分けを気にする必要はほぼありません。（ただし否定形では注意すべき点があります。☞ p.198 (i)）

> **メモ** 「現在形に対応する完了形」という形式が示すように、複合過去形は「現在完了」がもともとの意味です。

ただし、「…していた、…だった」に相当する半過去形との使い分けには注意する必要があります。☞ p.198 (ii)

1）活用

複合過去形は、〈**助動詞の現在形＋過去分詞**〉です。助動詞は、大多数の動詞ではavoir、主語の移動を表す動詞など一部のものではêtreを使います。☞ 助動詞 p.245、過去分詞 p.263　助動詞がêtreの場合、過去分詞は主語と性・数が一致します。

chanter 歌う（助動詞avoir）		venir 来る（助動詞être）	
j'ai chanté	nous avons chanté	je suis venu(e)	nous sommes venu(e)s
tu as chanté	vous avez chanté	tu es venu(e)	vous êtes venu(e)(s)
il a chanté	ils ont chanté	il est venu	ils sont venus
		elle est venue	elles sont venues

また、代名動詞はすべてêtreが助動詞です。再帰代名詞が直接目的語である場合、過去分詞はそれと性・数一致します。☞ 代名動詞 p.177

2）基本的な用法

① 過去

過去に起こった出来事を表します。「いついつ、こういうことが起こった」というように、出来事を過去に位置づけるわけです。話し手の身の回りの日常的な出来事から過去の歴史的な出来事まで、何にでも使います。

> Dimanche, on **est allés** au musée Picasso. C'était magnifique.
> 日曜日ピカソ美術館に行ったんだ。すばらしかったよ。
> （**on**は3人称単数ですが、「私たち」の意味で使うときは過去分詞を複数形にします）

C'est la première fois que j'**ai mangé** du caviar.
キャビアを食べたのは初めてだ。

Louis XIV **a donné** beaucoup de fêtes à Versailles.
ルイ14世はヴェルサイユで多くの祝祭を催した。

▶ 出来事の継続時間や終了時点などを補足したり、繰り返し行われた出来事の継続期間や回数などを補足することができます。いずれの場合も、出来事は全体として一括して捉えられていて、「終わっているもの」ということに変わりはありません。

J'ai dormi **sept heures** cette nuit.　昨日の晩は7時間寝た。

On a attendu Sophie **jusqu'à cinq heures**, mais elle n'est pas venue.
5時までソフィを待ったけど、来なかった。

Nadine a travaillé **plusieurs fois** dans ce café.
ナディーヌは何度もこのカフェで働いたことがある。

> **メモ** 継続時間・終了時点・期間を補足したものは、複合過去形でも日本語では「…していた」という訳が適切な場合もあります。

J'ai habité deux ans en Australie.　私は2年間オーストラリアに**住んでいた**。

Nous avons bavardé tout l'après-midi.
私たちは午後中**おしゃべりをしていた**。

Pendant quarante ans, Marcel est venu travailler dans cette usine.
40年の間マルセルはこの工場に働きに**来ていた**のだ。

② 現在完了

　過去の出来事を発話時点と結び付けて、その影響が現在に及ぶことを示します。現在の状況を過去の出来事の影響によって特徴づけるもの、とも言えます。肯定形では déjà「すでに」、否定形では (pas) encore「まだ…ない」などの副詞を伴うと、典型的な現在完了になります。

Tu as faim ? — Non, j'**ai** déjà **mangé**.
おなかすいてる？ — いや、もう食べた。（だから、今は空腹ではない）

J'ai très faim. Je n'**ai** pas encore **mangé**.
すごくおなかがすいたわ。まだごはん食べてないのよ。

現在完了の1つのケースとして、**経験**と呼ばれる用法もあります。

Vous **avez lu** ce livre ?　　あなたはこの本を読みましたか？

▶ sortir「外に出る」、partir「出かける」、arriver「着く」など、être を助動詞とする動詞のごく一部は、現在完了よりもさらに明確に「現在の状態」を表すことがあります。

Sarah n'est pas là ? — Elle **est sortie** en ce moment.
サラはいないの？ — いま外出中だよ。

Olivier **est parti** depuis mercredi.
オリビエは水曜日から出かけている。

Le train **est** déjà **arrivé**.
列車はもう到着している。

◆**複合過去形についての注意点**
（ⅰ）複合過去形の否定形
　複合過去の否定形は、日本語ではおおよそ「…しなかった」（過去）と「まだ…していない」（現在完了）に相当します。後者は、対応する日本語では過去形にならないので注意しましょう。

過去　Hier, je ne suis pas allé au travail.
　　　昨日は仕事に行かなかった。
完了　Je n'ai pas encore lu ce livre.
　　　私はまだこの本を**読んでいない**。

（ⅱ）複合過去形と半過去形
　複合過去が出来事を、**一括して捉えて完了したもの**（おおよそ「…した」に相当）として表すのに対し、半過去は出来事を、**過去の基準時点において進行中でありまだ完了していないもの**（おおよそ「…していた」に相当）として提示します。

複合過去　Après le repas, **j'ai dormi** une demi-heure.
　　　　　食後、私は30分寝た。
半過去　　Je **dormais** quand Luc est rentré.
　　　　　リュックが帰って来たとき、私は寝ていた。

（ⅲ）複合過去形と単純過去形
　どちらもおおよそ「…した」に当たりますが、単純過去は歴史記述や物語に用いる典型的な文章語であるのに対して、複合過去形は日常的会話で多用されます。

3）複合過去形：その他の用法
[toujoursなどとともに]

　複合過去形をtoujours「いつも」などとともに用いると、「これまでずっと…してきた」という今までの一貫性を表す表現になります。

　J'ai **toujours** acheté une petite voiture. C'est plus pratique.
　私は常に小さい車を買ってきた。そのほうが便利だから。

[近い未来における完了]

　ごく近い未来に「…してしまっている」と言う場合です。未来予測である前未来形を使った場合よりも確定事項というニュアンスが強くなります。

　Un peu de patience. J'**ai fini** dans dix minutes.
　ちょっと辛抱して。あと10分で終わるから。（10分後には終わっているから）

[条件節の中で]

　未来のことを仮定する条件節（si...「もし…」）の中での未来完了を表します。siの後に未来形（単純未来、前未来）は置けないので、言わば前未来形の代わりとして使うわけです。

　Si tu **as fini** avant que je vienne, tu ne m'attendras pas.
　もし僕が来る前に終わってしまったら、君、僕を待たなくていいよ。

[現在形に対する完了形]

　p. 196〜の2）で見た①過去②現在完了は、ともに発話時点を基準に置いた用法です。ただし、複合過去形は現在形に対応する完了形なので、例えば習慣や一般的真理のように、現在形を使って表される文の中などで、その現在形に対応する完了形として用いられます。

　Alain baisse toujours les yeux quand il n'**a** pas **compris**.
　理解できなかった場合、アランはいつも視線を落とす。

　Un accident **est** vite **arrivé**.
　事故というものはあっと言う間に起きてしまう。
　（完了形にして「起きてしまっている」という側面を強調）

> **中上級！** **重複合過去形**
>
> 　複合過去形の「過去」を表す用法に対応する完了を表す形式として、**重複合過去**形が使われることがあります。単純過去に対する前過去形と同様の位置づけです。話し言葉で、特に南フランスなどで使われます。多くの場合、dès que「…するとすぐに」、quand「…したとき」などに導かれる従属節に現れ、ふつう複合過去形の主節との組み合わせで使われます。主節の出来事の直前に出来事が完了していることを示します。
>
> 　Dès qu'il **a eu fini** le repas, il est parti promener son chien.
> 　彼は食事を終えるとすぐに犬の散歩に出かけた。

（3）半過去形

　半過去形は「未完了過去」を表します。出来事や状態を過去に位置づけますが、それらが**まだ完了せず継続中**のところで捉えたものです。おおよそ、出来事なら「…していた（…している最中だった）」、状態なら「…だった」に相当します。

　また半過去形は、si「もし…ならば」とともに用いて、「現在（未来）の反現実仮定」を表します。

1）活用

　半過去形の語尾は -ais -ais -ait / -ions -iez -aient です。
　語幹は直説法現在形の1人称複数 nous の活用（下の矢印の左側の活用）と同じです。例外は être で、ét- が語幹となります。

faire する：nous fais ons ➡ （直・半過去）je fais ais　vous fais iez など
venir 来る：nous ven ons ➡ （直・半過去）je ven ais　vous ven iez など
boire 飲む：nous buv ons ➡ （直・半過去）je buv ais　vous buv iez など

faire する		être …である	
je faisais	nous faisions	j'étais	nous étions
tu faisais	vous faisiez	tu étais	vous étiez
il faisait	ils faisaient	il était	ils étaient

2）基本的な用法
① 過去の特定の時点での状況

　文脈などで示される**過去の特定の時点での状況**を描きます。

Lise **dormait** profondément quand le train est arrivé à Nice.
列車がニースに着いたとき、リーズはすっかり眠り込んでいた。

J'ai lu son dernier roman. C'**était** passionnant.
彼（彼女）の最新作を読んだけど、ものすごく面白かったよ。

Hier, j'**étais** très malade. Alors, je ne suis pas allé au travail.
昨日はとても具合が悪かったので、仕事に行かなかった。

Jacques s'est sauvé de la classe pendant que le professeur **écrivait** au tableau.
先生が黒板に字を書いている間にジャックは教室を抜け出した。

② 過去のある時期における状況

　ある程度時間幅をもった**過去のある時期における状況**を描きます。動詞の意味内容によっては、**習慣や反復行為**を表すことになります。たいてい「以前」や「…だった頃」のような表現とともに使います。

Avant, ma sœur **avait** les cheveux très courts.
以前、妹（姉）は髪をとても短くしていた。

Il n'y a pas longtemps, les Japonais **mangeaient** encore beaucoup de riz.
そう遠くない昔、日本人はまだたくさんお米を食べていた。

▶過去のある時期を示す表現としても半過去がよく使われます。〈quand + 半過去〉という表現です。

Cécile venait souvent me voir **quand** elle **était** petite.
セシルは、小さかった頃よく私に会いに来てくれていた。

Quand j'**habitais** à Paris, j'allais au cinéma tous les jours.
パリに住んでいたときには毎日映画に行っていた。

> メモ　〈quand + 半過去〉は、「過去の時期」を示す表現としては何の問題もないのですが、「…していたとき（…している最中に）」という特定の時点を指す表現としてはあまり使いません。その意味では、接続詞quandと半過去形の相性はよくないと言えます。特に文頭はそうです。
>
> ×**Quand** je **dormais**, ma fille est partie.
> 私が寝ているときに娘は出かけていった。
>
> (○ Je dormais **quand** ma fille **est partie**. / ○ Ma fille est partie **pendant que** je **dormais**. など)

3）半過去形：その他の重要な用法
①〈si＋半過去〉 現実に反する仮定

仮定文の「もし…ならば」を表す従属節（条件節）において、仮定される内容が**現在の現実に反する**ものである場合は、動詞は現在形ではなく半過去形にします。 ☞ 条件法 p.218

Si j'**étais** toi, j'en parlerais à tes parents.
僕が君だったら両親にそのことを話すよ。

仮定される内容が未来のことであっても、現実味がないと考えている場合は、やはり半過去形を使います。

Si ça **se répétait**, je vous rembourserais.
同じことがまた起こるようなら、返金しますよ。

客観的に現実味がないというよりは、実現してほしくないというような、主観的な気持ちに基づくこともあります。

Si jamais il **pleuvait**, notre projet tomberait à l'eau.
万が一雨が降りでもしたら、我々の計画はおじゃんになってしまうだろう。

▶条件節〈si＋半過去〉を単独で使うと、**勧誘、願望、忠告**などを表す文になります。

Si on **allait** au cinéma ?　映画に行かないか？

Si j'**avais** un peu plus de temps…　もう少し時間があったらなあ。

Si tu **te couchais** plus tôt !　もっと早く寝たらどうなの。

> メモ　一般的には、このタイプの仮定文で主節を省略すると、「その場合はどうなるのだろう」という意味になります。上の勧誘などはそれの特化したものです。

Et si le loup revenait…　もしまたオオカミが戻ってきたら…

▶〈comme si＋半過去〉は「まるで…であるかのように」という意味です。通常の〈si＋半過去〉と同様に現在の事実に反していることを表します。

Elle me parle toujours **comme si** j'**étais** son fils.
彼女はいつも私が自分の息子ででもあるかのような話し方をする。

主節が過去形であっても、comme si 以下の時制はそのまま使います。

Elle me parlait **comme si j'étais** son fils.
彼女は私が自分の息子ででもあるかのように話していた。

② 時制の照応―過去における現在

間接話法の文で、主節が過去形(「…と言った」など)の場合、補足節の出来事が主節と同時点のものであれば半過去を用います。 ☞ p.450

Marie a dit à son mari qu'elle **voulait** habiter à Paris.
マリは夫に、パリに住みたいと言った。

◆ポイント

(ⅰ) 半過去形とpendant「…の間」など

半過去形は、まだ完了していない、終点に至っていなくて継続中という観点から出来事や状態を描くものです。したがって、始まりから終わりまでの継続時間・継続期間を示す〈(pendant +)時間〉や **toute la journée**「1日中」などとは一緒に使えません。また終点を示す **jusqu'à**「…まで」などの表現とも一緒に使えません。こういった場合には、複合過去、単純過去などを使います。日本語では「…していた」となることが多いケースなので、注意しましょう。

J'**ai travaillé** à la bibliothèque tout l'après-midi.
私は午後中ずっと図書館で勉強をしていた。(× **Je travaillais...** は不可)

Pendant deux ans, Brice **est venu** me voir une fois par semaine.
2年にわたって、ブリスは週1度私に会いに来ていた。(× **Brice venait...** は不可)

Louis XIV **régna** (pendant) 72 ans.
ルイ14世は72年間王位にあった。(× **Louis XIV régnait...** は不可)

> **メモ** 〈pendant +時間〉とは違い、〈pendant +出来事〉のほうは半過去とともに使えます。

Ils **habitaient** à Nagano pendant la guerre.
彼らは戦時中は長野に住んでいた。

ただし〈pendant + tout(e) +出来事〉「…の間ずっと」であれば、半過去は使いにくくなります。

Marc **a dormi** pendant toute la conférence.
マルクは講演の間中寝ていた。(× **Marc dormait...** は不可)

(ii) 動詞と半過去形の相性

　動詞（や述語）が表す出来事や状態には、それぞれ固有の時間的展開のイメージ（**アスペクト**と呼びます）が伴います。いくつか例を見てみましょう。

 dormir「眠る」：ある時点で始まり、一定の時間活動が続き、別の時点で終わる出来事

 ressembler「似ている」：始まりや終わりは特に想定されず、単にある種の状態の持続

 éclater「破裂する」：始まりと終わりがくっついたような物理的に瞬間的な出来事

 sortir「外に出る」：内から外への移動という状態変化のみに着目した瞬間的な出来事

　一方、半過去形が表すのは、もちろん「過去」の出来事・状態なのですが、アスペクトの観点から言うとまだ**完了せず（終点に至らず）継続中のところで捉えた事態**です。継続中のところで捉えるためには、時間幅が必要ですから、dormirやressemblerタイプの動詞（や述語）とは問題なく結び付きます。

 Cécile **dormait** quand je suis rentré.
 私が帰ってきたとき、セシルは寝ていた。

 Didier **ressemblait** beaucoup à son grand-père quand il était petit.
 ディディエは小さい頃おじいさんにとても似ていた。

　これに対して、瞬間的な出来事であるéclaterやsortirは基本的には半過去形と相いれません。半過去形になる場合は特殊な意味であったり、用法であったりします。

 Les obus **éclataient** autour de nous.
 砲弾が我々の周りに炸裂していた。（複数の砲弾の破裂が継続）

 Ils **sortaient** souvent après le dîner.
 彼らは夕食後よく外出した。（習慣、反復）

 Léon est arrivé juste au moment où on **sortait** du magasin.
 我々がちょうど店から出ようとしていたときにレオンがやって来た。
 （「内→外」の状態変化の直前）

中上級！ 半過去形：その他の用法

[絵画的半過去]

書き言葉でよく使われる手法です。一見、単純過去を用いるのが適切に思える状況で、あえて半過去を使うことによって、出来事の進展を長引かせて強く印象づける効果があります。主に以下の3つの場合があります。（1）（2）は定型化していますが、（3）は筆者の文体的意図がより強く反映されています。

(1) 冒頭

ひとまとまりの話（例えば段落など）の冒頭、話の発端部分に瞬間的な出来事を表す動詞（述語）の半過去形を持ってきます。出来事の起こった時点を示す状況補語を伴います。

  L'année suivante, Mazarin **succédait** au grand cardinal (= Richelieu).
  Le nouveau ministre (= Mazarin) sut aussi gagner la faveur de la reine Anne, si bien d'ailleurs qu'on parla d'un mariage secret entre la régente (= Anne) et le cardinal....

(Grimberg)

 翌年、マザランは枢機卿リシュリューの後継者となった。
 新宰相となったマザランは巧みに立ち回ってアンヌ王妃の寵愛をも受けることとなった。その寵愛の度は相当なもので、摂政アンヌと枢機卿マザランは密かに結婚しているのではないか、との噂も流れた。

(2) 結び

ひとまとまりの話の結びとして、瞬間的な出来事を表す動詞（述語）の半過去形を持ってきます。「その…後に」のような状況補語に先立たれるのがふつうです。

  La nouvelle salle du Palais Royal, (...), fut construite par l'architecte de la Ville Moreau (...). L'inauguration eut lieu le 20 janvier 1770, (...). Mais le mauvais sort veillait : **onze ans plus tard**, le 8 juin 1781, un nouvel incendie la **détruisait**.

(Nébrac)

 新しいパレ・ロワイヤル劇場は（…）パリ市付き建築家のモローにより建てられた（…）。柿落としは1770年1月20日に行われた（…）。しかし不幸の神は見逃してはくれなかった。11年後の1781年6月8日、新たな火災により劇場は焼失してしまった。

(3) 連続描写

物語が半過去形の連続で進展していく場合もあります。それぞれの

出来事が瞬間的なものかどうかは問いません。ふつうは単純過去形（あるいは現在形）を用いるような場面です。

L'instant après, Maigret **frappait** de petits coups à la porte voisine. Il **devait** attendre un certain temps avant d'entendre le grincement d'un sommier, puis de pas sur le plancher. La porte ne **faisait** que s'entrouvrir.
　—Qu'est-ce que c'est ?
　—Police.

(Simenon)

次の瞬間、メグレはトントンと隣家の扉を叩いた。しばらく待って、ようやくベッドの軋る音が聞こえ、次に床を歩く足音が耳に入った。扉がわずかに開いた。
　—何だい？
　—警察だ。

[自由間接話法で]

過去形（ふつう単純過去形）で語られる物語の中に現れる自由間接話法において、中心的な時制となります。☞ p.456

Jacques se dit : après tout, il **était** le seul héritier. Ne **valait**-il pas mieux laisser le temps agir ?

ジャックは思った。何のかの言っても自分が唯一の相続人なのだから、時間が解決してくれるのを待っているほうがいいのではないだろうか。

[反現実]

過去の現実に反する出来事を表します。「もう少しで…するところだった」と言うときに用います。条件法過去形と置き換え可能ですが、半過去形は、事態が実現に向かっていた（しかし幸い実現せず）という切迫感があります。仮定を表す状況補語などに先立たれます。

Sans ce coup de chance, tout le monde **mourait** !

その幸運がなければみんな死んでいたよ。

[愛情表現]

幼児やペットに対して、2人称（**tu**）ではなく3人称、現在形ではなく半過去形を用いて話しかけることがあります。

Alors, on **avait** faim, mon petit toutou ?

おなかすいちゃったのね、私のワンちゃん？（＝ **tu as faim ?**）

[語調緩和]

ごく限られた表現で半過去形を使って、丁寧な依頼を表します。

Je **voulais** (Je **venais**) vous demander un petit service.

ほんのちょっとばかりご用をお願いしたいのですが（お願いに伺ったのですが）。

(4) 大過去形

　大過去形の基本は**過去完了**としての用法です。「すでに…してしまっていた」という意味になります。また、**過去の反現実仮定**を表す形として si「もし…ならば」とともに用いられます。

1) 活用

　大過去形は、〈**助動詞の半過去形＋過去分詞**〉です。

finir 終える		partir 出発する	
j'avais fini	nous avions fini	j'étais parti(e)	nous étions parti(e)s
tu avais fini	vous aviez fini	tu étais parti(e)	vous étiez parti(e)(s)
il avait fini	ils avaient fini	il était parti	ils étaient partis
		elle était partie	elles étaient parties

2) 基本的な用法
① 過去完了

　過去のある時点を基準点に取り、その時点にはすでに**出来事は完了**してしまっていた、ということを表します。基準点における状況を描くために用います。

> Quand Maryse est arrivée à la gare, le train **était** déjà **parti**.
> マリーズが駅に着いたとき、列車はもう出発してしまっていた。

> À 30 ans, Rémy **avait** déjà **divorcé** deux fois.
> 30歳のときレミはすでに2度離婚を経験していた。

> Le chien était énorme. Je n'**avais** jamais **vu** un chien pareil.
> その犬は巨大だった。それまであんな犬は見たことがなかった。

▶ **Je te l'avais bien dit !** タイプ　（失望・後悔の大過去）

　意に反する行為や予想外の出来事があったときに、それに対するコメントとして用いられる大過去です。現在の状況に対して用いられているように見える場合でも、基準点はあくまで過去（例えば言外に想定されている行為のあった時点）であると考えられます。

> Je te l'**avais** bien **dit !** ちゃんと言ってあっただろう！
> （注意を促しておいたのに、へまをした人に対して）

8 動詞の叙法と時制

1. 直説法

Tu m'avais promis de m'emmener au zoo !
動物園に連れてってくれるって約束だったじゃないか。
(その約束が反故にされたと分かって)

Franchement, je n'y avais pas pensé jusqu'à maintenant.
いやほんとに、今までそれは思いつきませんでしたよ。
(単に je n'y ai pas pensé.「ああ、それには気づかなかった」というのではなく、「過去のしかるべき時点にそうすべきだった、思いつくべきだったのかもしれないけれど」というニュアンスを含む)

▶ **反復・習慣での先行**

　過去の反復行為や習慣を述べる文において、dès que「…するとすぐに」や quand「…したとき」などに導かれる従属節で大過去を使うと、先行する出来事を表します。

Dès que j'avais fermé les yeux, je m'endormais aussitôt.
私は目を閉じると、たちまち寝入ってしまうのが常だった。

Quand il avait terminé son repas, papa prenait toujours un peu de digestif.
パパは、食事を終えるといつも食後酒をたしなんだものだった。

② 〈si ＋大過去〉　**過去の現実に反する仮定**

　仮定文の「もし…ならば」を表す従属節（条件節）において、仮定される内容が過去の現実に反するものである場合、動詞を大過去形にします。☞ p.223 ①

Si tu ne m'avais pas aidé, je ne m'en serais jamais sorti.
君が助けてくれていなかったら、僕はうまく切り抜けられなかっただろう。

▶ 条件節〈si ＋大過去〉を単独で使って余韻を残すこともあります。「その場合、どうなっていただろう」という意味合いになります。

Si j'avais su...　そうと分かっていればなあ。（後悔）/ もしそれを知ってしまっていたとしたら。（疑問）

▶ 〈comme si ＋大過去〉は「まるで…であったかのように」という意味です。通常の〈si ＋大過去〉と同様に過去の現実に反していることを表します。

André dépense de l'argent **comme s'**il **avait gagné** à la loterie.
アンドレはまるで宝くじに当たったみたいにお金を使う。

主節が過去形であっても、**comme si** 以下の時制はそのまま使います。

André a dépensé de l'argent **comme s'**il **avait gagné** à la loterie.
アンドレはまるで宝くじに当たったみたいにお金を使った。

③ 時制の照応―過去における現在完了

間接話法の文で、主節が過去形（「…と言った」など）の場合、補足節の出来事が主節の時点で完了しているものであれば大過去を用います。☞ p.450

Marie a dit à son mari qu'elle **avait trouvé** un bon appartement.
マリは夫に、いいアパルトマンを見つけたと言った。

> **中上級！ 大過去形：その他の用法**
>
> 　大過去形は半過去形と対になる完了形なので、半過去形と同様の用法が観察されます。ここでは次のものを挙げておきます。
>
> ［自由間接話法で］
> 　過去形（ふつう単純過去形）で語られる物語の中に現れる自由間接話法において、現在完了を表します。☞ p.456
>
> Robinson tendit l'oreille. N'**avait**-il pas **entendu** une voix humaine (...) ?　　　　　　　　　　　　　　　　　(Tournier)
> ロビンソンは耳を澄ませた。何か人の声が聞こえはしなかったか？
>
> ［語調緩和］
> 　ごく限られた表現で大過去形を使って、丁寧な依頼を表します。
>
> J'**étais venu** vous demander un petit service.
> ほんのちょっとばかりお願いがありまして伺ったのですが。

（5）単純未来形

単純未来形は未来の出来事や状態を表します。おおよそ「…するだろう」という意味です。不確定な未来のことを言うので、文脈、主語、動詞（述語）の種類などによって、いろいろなニュアンスになります。

1）活用

単純未来形の語尾は -rai -ras -ra / -rons -rez -ront です。

多くの動詞では、不定詞に avoir の直説法現在形（ただし nous は -ons、vous は -ez に短縮したもの）を付ければ単純未来形が作れます。不定詞の末尾が -re のものは e を省いて avoir の直説法現在形を付けます。

finir 終える ➡ je finirai　　prendre 取る ➡ je prendrai
lire 読む ➡ je lirai　など

parler 話す		attendre 待つ	
je parlerai	nous parlerons	j'attendrai	nous attendrons
tu parleras	vous parlerez	tu attendras	vous attendrez
il parlera	ils parleront	il attendra	ils attendront

メモ 歴史的にも、単純未来形は〈不定詞＋avoir の直説法現在〉という組み合わせがもとになって成立しています。

上記の作り方とは語幹が違うものもあります。次の動詞、および同タイプの活用の動詞です。

être ➡ je serai　　　　avoir ➡ j'aurai　　　　aller ➡ j'irai
acquérir ➡ j'acquerrai　courir ➡ je courrai　　cueillir ➡ je cueillerai
devoir ➡ je devrai　　　émouvoir ➡ j'émouvrai　envoyer ➡ j'enverrai
faire ➡ je ferai　　　　falloir ➡ il faudra　　 mourir ➡ je mourrai
pleuvoir ➡ il pleuvra　 pouvoir ➡ je pourrai　 recevoir ➡ je recevrai
savoir ➡ je saurai　　　valoir ➡ je vaudrai　　venir ➡ je viendrai
voir ➡ je verrai　　　　vouloir ➡ je voudrai

2）基本的な用法
① 予定
未来に実現することになっている事態を表します。

Mon fils **aura** dix ans l'année prochaine.
息子は来年10歳になる。

Le mariage **aura lieu** le 7 septembre.　結婚式は9月7日に行われる。

② 予測

未来にある事態が実現することを予測します。

Ne t'inquiète pas. Elle **viendra**.　大丈夫。彼女はきっと来るよ。

Il **pleuvra** toute la matinée sur la région parisienne.
（天気予報）パリ地方は午前中いっぱい雨になるでしょう。

③ 命令

2人称の主語で単純未来を使って、命令や指示を表すことがあります。

Tu **feras** attention aux voitures.　車には気をつけるんだよ。

Vous **prendrez** ce médicament le matin et le soir.
この薬を朝と晩に服用してください。

④ 意思

1人称の主語で単純未来を使って、実現に向けた（あるいは拒否の）意思を示すことがあります。

Je vous **rappellerai** ce soir.　今晩またあなたに電話します。

Je ne **répondrai** pas à vos questions.
みなさんの質問にお答えする気はありませんから。

◆単純未来形のポイント

(i) 仮定文での単純未来形

単純未来形は、「もし…なら」という仮定から導かれる帰結を表す文にもよく現れます。

Si Lucie vient, Julien **sera** content.
もしリュシーが来たら、ジュリアンは喜ぶだろう。

Tu ne **pourras** pas dormir si tu bois du café maintenant.
君、今コーヒーを飲むと眠れなくなるよ。

S'il pleut, on **restera** à la maison.　もし雨が降ったら、家にいよう。

(ii) 単純未来形／現在形の比較

未来の出来事は現在形でも表せます。単純未来形の場合は、予定・

予測であれ、意思であれ、多かれ少なかれ「不確定な未来」ということがベースにあります。一方、現在形の場合は、ごく単純に「それは確定している出来事だ」というニュアンスになります。

Il **viendra** lundi.　彼は月曜に来るだろう。
（来るはずだ、きっと来るだろう、来ることになっている）

Il **vient** lundi.　彼は月曜に来る。

（iii）単純未来形 / 近接未来形の比較

未来の出来事を表すのに、多くの文脈で単純未来形の代わりに近接未来形 ☞ p.248 を使えます。上の①〜④の例文は、すべて近接未来形で置き換えることができます。

Le mariage **va avoir** lieu le 7 septembre.
結婚式は9月7日に行われる。

Vous **allez prendre** ce médicament le matin et le soir.
この薬を朝と晩に服用してください。

両者はほぼ同等で、単純未来形より近接未来形のほうがより日常会話的である、と言われることもあります。ただし、どちらかしか使えないという文脈・状況もあります。☞ 中上級 p.213

3）単純未来形：その他の用法

[語調緩和]

単純未来形が語調緩和の役割を果たすことがあります。定型的な表現に見られます。

Ce **sera** tout pour aujourd'hui.　今日のところはこれで全部です。

Ça vous **fera** quinze euros.　（店で）15ユーロになります。

Je **dirai** que c'est un travail très soigné.（dire 言う）
これはとても入念になされた仕事ですね。

Je ne vous **cacherai** pas que je suis un peu offusqué.
はっきり言って、少々気分を害しております。（cacher 隠す）

[推測]

現在の何らかの状況に対する「説明」を推測して言う文において、être あるいは avoir の単純未来形が使われることがあります。ただし、日常語ではあまり使われません。

J'ai trouvé ce beau livre sur le bureau : ce **sera** le cadeau d'une admiratrice.　　　　　　　　　　　　　　　（Riegel ほか）
このきれいな本が机の上に置いてあったけど、誰かファンの人からのプレゼントだろう。

[物語の中の未来]

単純過去形や現在形で語られる物語の中で、未来を先取りして述べることがあります。

Louis XIV monta sur le trône en 1643. Il **règnera** 72 ans.
ルイ14世は1643年に王位についた。その治世は72年間に及ぶことになろう。

中上級! 単純未来形 / 近接未来形の使い分け

上で見たように、単純未来形と近接未来形は多くの文脈で置き換えができます。しかし、どちらかしか使えない場合もあります。

単純未来形は、現在（発話時点）とは無関係に、「未来のある時点でこれこれのことが起こるだろう」と予測するのが基本です。一方、近接未来形は現在とつながった未来と言えます。現在からそのまま未来の出来事につながってゆく、言わば現在の延長上に出来事を位置づけるものです（準助動詞として **aller**「行く」を使うのは偶然ではないでしょう）。

[単純未来形を使う場合]

（ⅰ）quand「…するとき」で導かれる従属節では単純未来形を使います。quand は発話時点とは切り離された何らかの基準点を設定する表現だからだと考えられます。

Je te prie de me prévenir quand tu **verras** l'eau bouillir.
お湯が沸いているのを見たら私に教えてね。　　　　　　　（Franckel）

（ⅱ）未来の仮定をする仮定文から導かれる「その場合はこうなるだろう」という結論にはよく単純未来形が使われます。si「もし…なら」という仮定は、多くの場合、現在とは無関係の状況を仮定するからだと考えられます。

Si Lucie vient, Julien **sera** content.
もしリュシーが来たら、ジュリアンは喜ぶだろう。

> **メモ** ただし、si... でも現在の状況に基づいたものもあります。その場合はむしろ近接未来形が適切になります。
>
> Si ça continue, je **vais me fâcher**. (Franckel)
> いいかげんにしないと怒るよ。
>
> ［近接未来形を使う場合］
> 現在の状況からそのまま何らかの事態に移行しそうである場合は、近接未来形を使います。「（今にも）…しそうだ」「まもなく…する」などは、その例です。
>
> Il **va pleuvoir**. （空が曇ってきたのを見て）雨が降りそうだな。
>
> L'avion **va décoller**. （飛行機が動き出したので）もうすぐ離陸するよ。
>
> Tu n'y arrives pas ? Alors, je **vais** t'**aider**.
> うまくいかないの？じゃあ手伝ってあげるよ。
>
> Maintenant qu'il a fini ses études, il **va retourner** au Japon.
> 彼もいよいよ勉学を終えたから、日本に帰るんだ。 (Franckel)
>
> Tu ne **vas** quand même pas me **laisser tomber** maintenant !
> まさか今さら僕を見捨てたりしないだろうね。

（6）前未来形

前未来形は「未来完了」を表します。おおよそ「…してしまっているだろう」という意味です。

1）活用

前未来形は、〈助動詞の単純未来形＋過去分詞〉です。

finir 終える		partir 出発する	
j'aurai fini	nous aurons fini	je serai parti(e)	nous serons parti(e)s
tu auras fini	vous aurez fini	tu seras parti(e)	vous serez parti(e)(s)
il aura fini	ils auront fini	il sera parti	ils seront partis
		elle sera partie	elles seront parties

2）基本的な用法

前未来形は「未来完了」を表します。すなわち、未来のある時点を基準点に取り、その時点にはすでに**出来事は完了してしまっている**、

ということを示す形です。基準点の状況を描きます。

① 前未来形の文が単独、または主節

あらかじめ設定された基準点には出来事が完了してしまっていることを表す場合です。

À 8 heures, je **serai rentré**.　8時には家に帰ってきています。

J'**aurai** tout **terminé** quand vous reviendrez.
あなたが戻ってくるころには全部終わらせておきます。

② 前未来形の文が従属節

出来事が完了した時点で次の出来事に移行することを表す場合です。単純未来形を使った主節とセットにして使います。

Je te préviendrai quand j'**aurai fini**.　終わったら知らせるよ。

Tu fermeras la cage dès que le rat **sera entré** dedans.
ネズミが中に入ったらすぐに籠を閉めるんだ。

3) 前未来形のその他の用法

[迅速な完了]

未来完了の一種ですが、定型的な表現で動作の素早い完了を表します。

S'il m'embête, **j'aurai vite fait de** le mettre à la porte.
あいつが僕にうるさいことを言ったら、すぐに追い出してやるよ。

Vous aurez bientôt fini de vous chamailler ?
あんたたち、いいかげんにけんかをやめたらどうなの。

[推測]

何らかの状況に対して、その説明となる過去の出来事を推測する場合です。

Camille n'est pas là. Elle **aura** encore **oublié** notre rendez-vous.
カミーユが来ていない。また、会う約束を忘れたんだな。

[強調]

過去の出来事について、その結果を強調するのに前未来形を使うことがあります。

Tu l'**auras voulu** !
自業自得だよ。(←自分でそれを望んだ) / もう知らないからね。

On **aura** tout **vu** !　ひどいね、何でもありだな。

On **aura remarqué** que...
…ということはお気づきになったと思います。

(7) 単純過去形

単純過去形は、もっぱら歴史記述や小説などで用いられます。おおよそ「…した」という意味になります。

1) 活用

単純過去形はその使用範囲から言って、まず**3人称 (単数、複数) の形に慣れることが大事**です。

語尾に現れる母音により4つのタイプがありますが、ほとんどの場合、どの動詞であるかは語幹からすぐに分かります。

(1) a型　parler 話す		(2) i型　partir 出発する	
je parlai	nous parlâmes	je partis	nous partîmes
tu parlas	vous parlâtes	tu partis	vous partîtes
il parla	**ils parlèrent**	**il partit**	**ils partirent**
(3) u型　pouvoir …できる		(4) in型　venir 来る	
je pus	nous pûmes	je vins	nous vînmes
tu pus	vous pûtes	tu vins	vous vîntes
il put	**ils purent**	**il vint**	**ils vinrent**

* 語尾は、3人称単数が -a -it -ut -int、複数が -èrent -irent -urent -inrent のいずれかになります。

* a型は語尾の母音が複数あります。-er型の動詞 (allerを含む) がこのタイプです。

* i型とu型の3人称単数は、過去分詞と同じか、または似たものが多くあります。
  il finit (finir、過去分詞 fini)　　il dit (dire、過去分詞 dit)
  il mit (mettre、過去分詞 mis)　　il prit (prendre、過去分詞 pris)
  il eut (avoir、過去分詞 eu)　　il dut (devoir、過去分詞 dû)
  il lut (lire、過去分詞 lu)　　il vécut (vivre、過去分詞 vécu) など

* 過去分詞が -u であっても i型の単純過去形のものがあります。
  il répondit (répondre、過去分詞 répondu)
  il battit (battre、過去分詞 battu) など

* どの動詞なのか分かりにくいものがいくつかあります。
  il fut（←être）　il fit（←faire）　il vit（←voir）　il vint（←venir）

2）基本的な用法

　単純過去形は、もっぱら**歴史記述や小説**などで用いられ、出来事を「…した」という過去のものとして描きます。典型的な書き言葉で、歴史に言及するような例外的な場合を除いては、ほぼ日常の話し言葉では使われません。

　発話者（書き手）の現実の世界からは独立した、登場人物などが織りなす別の世界を作り上げます。ですから、1 人称小説などがあるにしても、3 人称で使われることが圧倒的に多くなります。

　En ce jour de 1688, Racine **reçut** une lettre qui le **jeta** dans une grande agitation. Elle émanait de Madame de Maintenon qui lui écrivait : ...　　　　　　　　　　(Nébrac)
1688年のその日、ラシーヌは1通の手紙を受け取り、激しく動揺した。手紙はマントノン夫人からのもので、そこには次のように書かれていた。…

　単純過去は「…した」という意味で、出来事が完結していることを示します。ですから、上の例に見られるように、単純過去が現れるたびに新たな出来事が発生したことになり（reçut 受け取った、jeta 投げ入れた）、それによって物語が進展して行きます。

　一方、半過去形（および大過去形）は、ある時点における状況や性質を描き、物語を先に進める力はありません（émanait …からのものだった、écrivait 書いていた）。

▶ 単純過去は行為などの全体（初めから終わりまで）を一括して捉えるものです。行為などが時間幅を持っている場合、継続時間や終点を表すような表現と組み合わせることもできます。

　Juliette l'attendit **jusqu'à l'aube / pendant deux ans**.
ジュリエットは夜明けまで（2年の間）彼を待った。

（8）前過去形

　前過去形は単純過去形に対応する完了形です。

1）活用

　前過去形は、〈**助動詞の単純過去形＋過去分詞**〉です。

finir 終える		partir 出発する	
j'eus fini	nous eûmes fini	je fus parti(e)	nous fûmes parti(e)s
tu eus fini	vous eûtes fini	tu fus parti(e)	vous fûtes parti(e)(s)
il eut fini	ils eurent fini	il fut parti	ils furent partis
		elle fut partie	elles furent parties

2）基本的な用法

　前過去形は多くの場合 quand「…したとき」、lorsque「…したとき」、après que「…した後で」、dès que「…するとすぐに」で導かれる従属節に現れます。書き言葉であり、ふつう単純過去形の主節と組み合わせて用います。

Dès qu'il eut terminé la pièce, il la montra au roi.
彼は芝居を書き上げるとすぐに王に見せた。

▶まれに、vite「素早く」、en un instant「一瞬のうちに」のような表現とともに単文で現れ、行為の素早い完了を表します。

Le renard eut vite récupéré le morceau de viande.
キツネは素早く肉片を回収した。

2. 条件法

　条件法は、現実に反する仮定をもとにして、「その場合はこうなるところなのだが」（現在、未来）、「その場合はこうなっていただろうに」（過去）のような、その**現実に反する仮定から導き出される帰結**を表します。この基本的な意味と関連するものとして、語調緩和など他の用法があります。

　また、条件法はその形そのままに、間接話法で**過去における未来**を表します（時制の照応）。

　時制としては現在形と過去形の2つだけです。

（1）条件法現在形

1）活用

　条件法現在形は、語尾が **-rais -rais -rait / -rions -riez -raient** となります。

語幹から -r- までの部分は直説法単純未来形と全く同じです。語尾の -r- を除いた部分は -ais -ais -ait / -ions -iez -aient で、これは直説法半過去形の語尾と同じです。
　ですから、条件法現在形は、直説法の**単純未来形と半過去形を組み合わせた形**であると言えます。

faire する	
je ferais	nous ferions
tu ferais	vous feriez
il ferait	ils feraient

2）基本的な用法
条件法現在形の主要な用法は次の3つです。

①現実に反する仮定文の帰結部分を表す
②希望表明や依頼をするときの語調を和らげる
③間接話法などでの「過去における未来」を表す

① 反現実仮定文

　現実に反する仮定をし、そこから導かれる「その場合はこうなるだろう、こうなるところなのだが」といった**現在・未来における**帰結を表す部分に条件法現在形が用いられます。
　この種の仮定文の典型は、次のような組み合わせです。

〈si + 半過去，条件法現在〉
[現実に反する仮定] ➡ [そこから導かれる帰結]

〈si + 半過去〉は現実に反する仮定をする従属節です。

　Si j'avais plus d'argent, j'**achèterais** une moto japonaise.
　もっとお金があったら、日本のバイクを買うんだけど。

　Si je n'étais pas ta mère, je ne **serais** pas inquiète comme ça.
　私があんたの母親じゃなければ、こんなふうに心配しないわよ。

▶上の例では、〈si + 半過去〉は現在の現実に反する仮定ですが、この形は未来について仮定することもあります。その場合は、厳密に言えば「現実に反する」とは言えませんが、とても現実味が薄い、実現の可能性を考え（たく）ない仮定です。

Si je devenais roi, tu **serais** princesse.
もし僕が王さまになったら、君は王女さまだね。

▶ 文脈によっては、条件法現在を使った主節でも、過去の現実に反する仮定を表す〈si + 大過去〉と組み合わせて使われることもあります。

Si tu ne m'avais pas aidée, je **serais** encore au bureau en train de faire les comptes.
あなたが手伝ってくれてなかったら、私まだ会社にいて勘定していたとこだわ。

▶ 現実に反する仮定は、いつも〈si + 半過去〉などの形で現れるわけではありません。状況補語、副詞、主語などさまざまな文内の要素で表されます。あるいは前文脈だけで示されていることもあります。
言い換えれば、条件法が使われていれば、文脈中のどこかに「現実に反する仮定」を求めることになります。

[状況補語]
À ta place, je ne dirais rien à tes parents.
僕が君だったら親には何も言わないな。

[副詞]
Normalement, je ne devrais pas être là.
本当は私がここにいたらまずいんだけどね。

[主語]
Les Français raisonneraient autrement.
フランス人だったらまた違った考え方をするだろうね。

② 語調緩和

条件法現在形は、希望の表明や依頼など、対人関係の中で語調を和らげる形としてとてもよく使われます。

[希望の表明]
Je **voudrais** me lever tôt demain.　明日は早く起きたいんです。

J'**aimerais bien** apprendre le japonais.
私は日本語を習ってみたい。

[助言など]
Tu **devrais** te reposer.　君、休息を取ったほうがいいよ。

Vous **feriez mieux de** tout avouer maintenant.
もう全部白状してしまったほうがいいですよ。

Il vaudrait mieux attendre jusqu'à la semaine prochaine.
来週まで待ったほうがいいでしょうね。

[依頼など]

Pourriez-vous m'envoyer un échantillon ?
見本を1つお送りいただけますか？

Ça t'ennuierait d'accompagner Marie à l'école ?
マリを学校に連れてってくれない？（←それは君を煩わせるか？）

Vous n'**auriez** pas une cigarette à me donner ?
タバコを1本もらえませんかね？

[勧誘など]

Ça te dirait de dîner avec moi un de ces jours ?
近いうちに私と夕食しない？

[推測]（pouvoir「かもしれない」、devoir「…のはずだ」）

Elle **pourrait** revenir d'un instant à l'autre.
今にも彼女が戻ってくるかもしれない。

L'avion **devrait** arriver dans une heure.
飛行機はあと1時間で着くはずです。

▶ 単純な語調緩和というよりも、「できるものであれば」とか「本当なら」のような、「現実性がない話である」というニュアンスが強い場合もあります。

J'aimerais bien marcher sur la Lune.　月の上を歩いてみたいなあ。

Tu **devrais** arrêter de fumer.
あんた、タバコをやめるべきなんだけどねえ。

③ 過去未来―時制の照応

　条件法現在形は単純未来形と半過去形を組み合わせた形 ☞ p.219 をしています。この形そのままに、条件法現在形は「過去から見た未来」を表します。
　この用法はふつう間接話法の中で現れます。間接話法の文で、主節が過去形（「…と言った」など）の場合、補足節の出来事が主節の時点から見て未来であることを示します。☞ p.450

Thomas promit à sa mère qu'il ne **reverrait** plus Jeanne.
トマはもうジャンヌには会わないと母親に約束した。

Je lui ai dit que je l'**attendrais** à six heures.
私は彼（彼女）に6時に待っていると言った。

> **メモ** この例で、6時というのが、例えば「明日の6時」のように、今から見ても未来であるときは、「私が言った」時点ではなく「今」を基準点として、単純未来形を使うこともできます。

Je lui ai dit que je l'**attendrai** à six heures.

◆成句的表現

条件法現在形を使った成句的な表現があります。日常よく使うものをいくつか挙げておきます。

On dirait un ours ! / **On dirait que** c'est un ours !
（大きな犬を見て）まるでクマみたいだ。

On dirait qu'il n'y a personne. （推測）どうも誰もいないようだ。

> **メモ** この表現は、過去の状況について言う場合は、条件法過去を使います。
> **On aurait dit** un ours ! まるでクマみたいだった。
> **On aurait dit qu**'il n'y avait personne. どうも誰もいないようだった。

Tu crois qu'elle va venir ? — **Ça m'étonnerait**.
彼女、来るかなあ？ ― 無理だね（それはありえないだろう）。

Il faut absolument protéger la tête, **ne serait-ce qu**'avec un simple mouchoir.
絶対に頭は（何かで）保護する必要がある。たとえそれがただのハンカチであっても。

（2）条件法過去形

1）活用

条件法過去形は、〈助動詞の条件法現在形＋過去分詞〉です。

faire する		venir 来る	
j'aurais fait	nous aurions fait	je serais venu(e)	nous serions venu(e)s
tu aurais fait	vous auriez fait	tu serais venu(e)	vous seriez venu(e)(s)
il aurait fait	ils auraient fait	il serait venu	ils seraient venus
		elle serait venue	elles seraient venues

2）基本的な用法

条件法過去形の主な用法は次の3つです。

① 過去の現実に反する仮定文の帰結部分を表す
② 単文で、過去のことに対する後悔、非難などを表す
③ 間接話法などでの「過去における未来完了」を表す

① 反現実仮定文

過去の現実に反する仮定をし、そこから導かれる「その場合はこうなっていただろう、こうなっていたのに」といった**過去における帰結**を表す部分に条件法過去形が用いられます。

この種の仮定文の典型は、次のような組み合わせになります。

〈si＋大過去，条件法過去〉
[過去の現実に反する仮定] ➡ [そこから導かれる帰結]

〈si＋大過去〉は過去の現実に反する仮定をする従属節です。

Si elle m'avait parlé de ces problèmes, je l'**aurais aidée**.
彼女がそれらの問題を話してくれていたら、助けてあげたのだが。

L'accident ne **se serait** pas **produit** s'ils avaient été plus prudents.
彼らがもっと慎重だったら事故は起こらなかっただろう。

▶ 場合によっては、条件法過去を使った主節でも、現在の現実に反する仮定を表す〈si＋半過去〉と組み合わせて使われることもあります。

Si je n'avais pas confiance en toi, je ne t'en **aurais** pas **parlé**.
君のこと信頼してなければこの話はしなかったよ。

▶ 現実に反する仮定は、いつも〈si＋大過去〉などの形で現れるわけではありません。さまざまな要素がその役割を果たします。また、前文脈だけで示されていることもあります。一般的に言って、条件法が現れていれば、文脈中のどこかに「現実に反する仮定」を求めることになります。

[状況補語]

Avec un peu plus d'efforts, tu aurais réussi tous ces examens.
もう少し頑張っていたら、君はこれらの試験に全部受かってたよ。

[目的補語]

L'assassin, c'est sûrement quelqu'un qu'elle connaissait. Elle n'**aurait** jamais **ouvert** la porte **à un inconnu.** (Simenon)
殺人犯はきっと彼女の知り合いだ。知らない人間だったら彼女は絶対ドアを開けなかっただろうから。

② 後悔・非難などの表現

条件節との組み合わせではなく単文で、特に devoir「…すべきである」、pouvoir「…できる」、vouloir「…したい」を条件法過去形で使って後悔や非難などを表すことができます。

J'**aurais dû** travailler plus.
私はもっと勉強しておくべきだった。

Vous n'**auriez** pas **dû** lui dire ça.
あの人にそういうこと言うべきではなかったですよ。

Tu **aurais pu** me téléphoner.
私に電話をくれてもよかったんじゃない？

Ils **auraient pu** m'attendre.
彼ら、私を待つことくらいできただろうに。

J'**aurais voulu** être pilote.
私は本当はパイロットになりたかった。

③ 過去における未来完了—時制の照応

条件法過去形は前未来形と大過去形を組み合わせた形をしていると言えます。この形そのままに、条件法過去形は「過去から見た未来完了」を表します。

この用法はふつう間接話法の中で現れます。間接話法の文で、主節が過去形（「…と言った」など）の場合、補足節の出来事が「主節の時点から見ての未来」に位置するある時点で完了してしまっていることを示します。 ➡ p.450 (3)

Jean a promis qu'il **aurait terminé** l'analyse à mon retour.
ジャンは、私が戻る頃には分析を終わらせておくと約束した。

中上級！条件法：その他の用法（現在形、過去形共通）

［現実に反する仮定の表現］

ふつう条件法は、反現実仮定文の中で「その場合はこうなるのだが」「その場合はこうなっていたのに」のような帰結の部分に現れます。ただし、次の（i）（ii）のケースのように、ある種の構文では、現実に反する仮定を表す条件節（「もし…であったなら」）のほうにも現れます。

（i）条件法の文の並列

条件法の文を並列すると、最初の文が反現実の仮定を表します。

J'**aurais** plus d'argent, j'achèterais une moto japonaise.
もっとお金があれば日本のバイクを買うんだけど。

Tu **serais venu**, tu te serais bien marré.
君、来ていたらしっかり楽しめたのに。

（ii）quand bien même など

quand bien même や quand (même) に導かれて、「たとえ…であったとしても」という反現実の仮定かつ譲歩を表す書き言葉的な表現になります。

Quand bien même toutes les bases **seraient** prises, ils continueraient le combat.
たとえすべての基地が奪われようと、彼らは戦いを続けるだろう。

メモ au cas où という表現も後に条件法を置き「万一…な場合には」という意味を表します。ただ、仮定の非現実性はそれほど強くはありません。

Au cas où tu ne **pourrais** pas venir, envoie-moi un mail.
万一来られない場合はメールしてよ。

［不確定情報］

伝聞であったり、裏付けが取れていない情報であることを示すために条件法を使います。新聞やニュースなどでよく使われます。

D'après certains témoignages, il y **aurait** deux Français parmi les otages.
人質にはフランス人が2人含まれているという証言もある。

Les deux parties **seraient parvenues** à un accord.
両陣営は合意に至ったもようである。

［反語的疑問文］

相手の断定に対して「そのようなことはありえない」と反語的に否定するときに条件法を使うことがあります。

Tu me prêtes 100 euros ? — Pourquoi je te **prêterais** de l'argent ?
100ユーロ貸してよ。 — どうして君にお金を貸さなきゃなんないのさ。

Je l'**aurais insultée**, moi ?　彼女をののしっただって、僕が？

[想像の世界]

ある状況を想像して描写するときに条件法を使います。「(その想像の世界では) こうであろう、そしてこうであろう…」という場合です。

Sur cette île déserte, je **vivrais** avec mon chien, j'**irais** à la pêche le matin, j'**attraperais** plein de poissons, je **préparerais** un bon repas pour moi et pour mon chien, après je **ferais** la sieste sur la plage…
その無人島で、私は犬と暮らすのだ。朝は釣りに出かけ、いっぱい魚を獲って、自分と犬のためにおいしいごはんをこしらえ、その後浜辺で昼寝をするのだ…

Moi, je **serais** le policier, et toi, tu **serais** le voleur.
(子どもの遊びなどで) 僕がお巡りさんで、君は泥棒ね。

[可能性]

関係節で条件法 (多く現在形) を使って、「(場合によっては、うまくすれば) …できるような」という意味を表すことができます。

Ce n'est pas facile de trouver un système qui **résoudrait** tous nos problèmes.
我々が直面している問題をすべて解決できるようなシステムを見つけるのは容易ではない。

[語調緩和]

条件法過去形を使った j'aurais voulu demander… は文脈によっては、過去のことではなく、je voudrais demander… とほぼ同じ意味のとても丁寧な言い方になることがあります (「…をお願いしたいと考えたしだいです」)。

3. 接続法

接続法は特定の構文 (例えば願望、必要性などを表す構文) の従属節で用います (関係節以外は、すべて que で始まる従属節)。

Il faut que j'**aille** à la banque.　(aille は aller の接続法現在形)
私は銀行に行かないといけない。

この例で用いた **il faut que**「…であることが必要だ」という構文では、従属節の動詞を接続法にしなければいけません。直説法の **je vais**（現在形）や **j'irai**（単純未来形）を使うと誤用になります。

逆に、次の例では接続法は使えません。

Elle sait que ton père est avocat.
彼女は君のお父さんが弁護士だと知っている。
（× ton père soit avocat は不可。soit は être の接続法現在形）

このように接続法は、話し手が自分の意味しようとするところにしたがって自由に選ぶ、というものではありません（一部の例外を除く）。ですから、接続法を使うべき構文であるかどうかは、最終的には辞書などでいちいち確認することになります。

ただ、接続法を要求する構文は意味的なタイプと特徴がはっきりしているので、そこから、どういうときに接続法を使うかを、ある程度類推することはできます。 ☞ p.229

接続法は、一般的には、事態を現実化したものとしてではなく、**潜在的なものとして把握**する形式だと言えます。しかし、この特徴づけは多くの具体例を大ざっぱにカバーする程度のもので、単なる目安にすぎません。

接続法の時制

接続法の時制は、〈現在形 / 過去形〉のペアと〈半過去形 / 大過去形〉のペアがあり、合計4つの形を取ります。これらが表す時間的な意味は次のとおりです。

単純形（**現在と半過去**）：主節の表す時点と同時、あるいはそこから見て未来

複合形（**過去と大過去**）：主節の表す時点から見て過去

Je suis vraiment content que tu viennes. （接続法現在形）
君が来てくれるというのは本当にうれしいよ。

Je suis vraiment content que tu sois venu. （接続法過去形）
君が来てくれたのは本当にうれしいよ。

日常語で使われるのはほぼ現在形と過去形だけです。半過去形と大過去形はとても凝った言い方で、ふつうは格調の高い書き言葉として用いられます。 ☞ 中上級 p.238

（1）活用

1）接続法現在形

（i）接続法現在形の語尾は -e -es -e / -ions -iez -ent です。例外的な語尾になる動詞は être と avoir のみです。

（ii）語幹は、大多数の動詞で直説法現在形の ils の活用（下の矢印の左側の活用）の語幹と同じです。

finir 終える ： ils finissent ⇒ （接・現在）je finisse vous finissiez など
partir 出発する： ils partent ⇒ （接・現在）je parte vous partiez など
vendre 売る ： ils vendent ⇒ （接・現在）je vende vous vendiez など

partir 出発する	
je parte	nous partions
tu partes	vous partiez
il parte	ils partent

（iii）語幹が nous、vous のところと他の4つ（je, tu, il, ils）で異なる動詞があります。これらの動詞も含めてほぼすべての動詞で、nous と vous の接続法現在形は直説法半過去形と全く同じ形になります。

acheter 買う		**venir** 来る	
j'achète	nous achetions	je vienne	nous venions
tu achètes	vous achetiez	tu viennes	vous veniez
il achète	ils achètent	il vienne	ils viennent

[語幹が nous、vous と他の4つで異なる動詞]

acheter appeler aller boire devoir émouvoir prendre
recevoir valoir venir vouloir およびこれらと同タイプのもの

（iv）例外的な語幹になる動詞が8つあります。
[語幹は単一]

faire する ： (ils font) ⇒ je fasse vous fassiez
pouvoir できる ： (ils peuvent) ⇒ je puisse vous puissiez
savoir 知っている： (ils savent) ⇒ je sache vous sachiez

[nous、vousは直説法半過去と同じ。他の4つの語幹が例外]

aller 行く　　: (ils vont)　　⇒ j'aille　　vous alliez
vouloir 欲しい: (ils veulent) ⇒ je veuille　vous vouliez
valoir 値する : (ils valent) ⇒ je vaille　vous valiez

[語幹、語尾とも例外]　être　avoir
（＊êtreとavoirの活用は、下の接続法過去形の活用の助動詞の部分を見てください。）

2）接続法過去形

接続法過去形は、〈助動詞の接続法現在形＋過去分詞〉です。

acheter 買う		venir 来る	
j'aie acheté	nous ayons acheté	je sois venu(e)	nous soyons venu(e)s
tu aies acheté	vous ayez acheté	tu sois venu(e)	vous soyez venu(e)(s)
il ait acheté	ils aient acheté	il soit venu	ils soient venus
		elle soit venue	elles soient venues

（2）接続法を要求する構文

　従属節は文中での役割にしたがって3種類に分けられます。☞ p.413
その3種類すべてで、接続法を使うべき構文が見られます。

1）補足節（＝名詞句の役割をする節）で
　Tu veux que je vienne avec toi ?（vienneはvenirの接続法現在形）
　一緒に行ってあげようか？

2）関係節（＝形容詞句の役割をする節）で
　C'est la meilleure solution qu'on puisse imaginer.
　これは考えうる限り最善の解決策だ。（puisseはpouvoirの接続法現在形）

3）状況補語節（＝状況補語の役割をする節）で
　Il vaut mieux rentrer avant qu'il pleuve.
　雨が降る前に帰ったほうがいい。（pleuveはpleuvoirの接続法現在形）

　それぞれについて、よく使う構文を意味別に挙げておきます。

1）補足節

　さまざまな動詞や非人称構文などが接続法を要求するので、2）3）に比べて数ははるかに多くなります。主節の意味タイプの主なものは

3. 接続法

次のとおり（①〜⑥）です。

① 願望、要求、命令、必要性など

「こうあってほしい」「こうあるべきだ」といった願望や要求などを表す文では、願望などの内容の部分（従属節）を接続法にします。

Qu'est-ce que tu veux que je fasse ?
私に一体どうしてほしいのよ？

Il vaudrait mieux que vous attendiez ici.
ここでお待ちになったほうがいいと思いますよ。

La municipalité a interdit qu'on nourrisse les pigeons.
市当局はハトへのえさやりを禁止した。

Les Français souhaitent que l'État intervienne davantage dans ce domaine.
フランス国民は国がこの分野にもっと関与することを望んでいる。

> **メモ** souhaiter que「…であることを願う」は接続法を要求する構文ですが、意味の近いespérer que「…であることを期待する」には直説法を用います。

J'espère que tu **viendras**.　君、来てくれるよね。

[その他の例]

consentir 同意する／demander 求める／dire …であるようにと言う／
empêcher 妨げる／ordonner 命令する／
il est indispensable 不可欠である

② 確実性の欠如、可能性

ある事態の成立を断定せず、不確実であったり可能性のレベルでとどめていることを表す構文です。

Il n'est pas sûr que cette mesure suffise.
この措置だけで事足りるのかどうか。

Il est possible qu'elle soit fâchée.
彼女が腹を立てている可能性もある。

> **メモ** 接続法を要求するpossible「可能な」に対して、il est probable que「…である可能性が高い」にはふつう直説法を使います。

Il est probable que l'explosion **est** due à un attentat.
爆発はテロの可能性が高い。

[その他の例]

il se peut 可能性がある／il semble …のようだ／
il n'est pas certain 確実ではない

③ 感情、主観的評価

ある事態について「うれしい、満足である、ひどい、驚いている、悲しい、残念だ、当然だ、重要だ」などのように感情を表明したり主観的な評価をする文では、対象となる事態を接続法で表します。

Ma mère sera **contente** que tu **puisses** venir.
君が来られると聞いたら母は喜ぶよ。

Ça m'**a** un peu **étonné** que Léa **soit partie** si tôt.
レアがあんなに早く帰ってしまったのにはちょっと驚いた。

C'est dommage qu'il ne **fasse** pas très beau.
天気があまりよくないのは残念だ。

Il est normal que les avis **soient** partagés.
意見が分かれているのは当然のことだ。

L'essentiel, c'est que tu **sois** là.
大事なのは君がそこ（ここ）にいることなんだ。

④ 危惧

「こうなる（こうである）のではないかと危惧する」のように、ある事態が成立する（成立してしまっている）ことを懸念する文です。

J'**ai** bien **peur** que cette guerre ne **finisse** pas.
この戦争は終わらないのではないかととても心配だ。

[その他の例]

craindre 恐れる

⑤ 疑念

ある事態が成立する（成立してしまっている）ということを疑問視して認めていないことを表す文です。

> Nous **doutons** fort que le gouvernement **puisse** tenir toutes ses promesses.
> 政府が公約をすべて守れるとは、我々にはとても思えない。

［その他の例］

il est douteux　疑わしい

⑥ 意見・主張などの否定や判断保留

　croire「信ずる、思う」、penser「考える、思う」、dire「言う」など意見や主張を提示する動詞が否定形や疑問形になると、従属節は接続法になります。

> Je **ne crois pas** qu'elle **vienne**.　私は彼女が来るとは思わない。
>
> **Pensez-vous** que le gouvernement **soit** responsable de cet accident ?
> あなたは政府にこの事故の責任があると思いますか？
>
> Je **ne prétends pas** que tout **soit** parfait.
> すべてが完璧だなどと言うつもりはありません。

[メモ] nier「否認する」やcontester「それは真実ではないと異議を唱える」など、もともと否定の意味合いを含むものにも、ふつうは接続法を使います。

⑦ 名詞の同格

　次のような名詞に対して、その対象となる内容を同格として補足節で表す場合、接続法を用います。

願望（souhait, désir）／意思（volonté）／恐れ（peur, crainte）／
後悔（regret）／必要性（nécessité）／可能性（possibilité）／
確率（probabilité）　など

> Agnès n'avait qu'un **désir** : **que** sa fille **devienne** célèbre.
> アニェスが望むのはただ1つ、娘が有名になることだった。
>
> La **probabilité qu'**il **réussisse** est nulle.
> 彼が成功する確率はゼロだ。

[メモ] そのほか、fait「事実」、idée「考え」なども同格の補足節が接続法になることがあります。

⑧ 文頭への遊離

強調のために que に導かれた補足節が文頭に遊離して置かれることがあります。その場合、主節の動詞の意味にかかわらず、補足節は接続法になります。補足節が主語として文頭に来る場合も同じです。

Que ce problème **soit** difficile à résoudre, tout le monde l'admet.
この問題を解決するのが難しいことはみんなが認めている。

Que les gens **puissent** être aussi cruels l'attrista profondément.
人々がこれほど残酷になりうることに彼（彼女）は深い悲しみを覚えた。

2）関係節

関係節には限定的用法と説明的用法があります。 ☞ p.430 (3) 限定的用法で動詞が接続法になることがあります。次の場合です。

① 〈先行詞＋関係節〉が表す対象が現実のものとして確定していない場合

この場合、関係節は何らかの性質を表し、接続法は、その性質を具えた対象が存在するかどうか確定していないことを強調します。

Je cherche quelqu'un **qui sache** l'italien et le chinois.
私は誰かイタリア語と中国語ができる人を探している。

② 〈先行詞＋関係節〉が表す対象の存在自体が否定される場合

そういう性質を具えた対象は何一つない、という場合です。先行詞が rien「何も…（ない）」や personne「誰も…（ない）」のことがよくあります。

Je ne trouve **pas de** philosophe **qui puisse** répondre à cette question.
この問題に答えられる哲学者を私は見つけられない。

Il n'y a **rien qui soit** inutile dans ce monde.
この世界に、無用なものなど何一つない。

③ 〈先行詞＋関係節〉が数ある中で唯一のものと言う場合

先行詞は最上級、le seul「唯一の」、le dernier「最後の」のような表現で修飾されており、唯一であることが示されます。「数ある中で唯一」であることを強調する場合です。

C'est **le plus beau** château **que** j'**aie** jamais **vu**.
それは私が今まで見た中で最も美しい城だ。

C'est **le seul** ministre **qui soit** un peu raisonnable.
少しは分別のある大臣というのはあの人だけだ。

3）状況補語節

状況補語節にも接続法を要求するものがあります。状況補語節の表す意味にしたがって見ておきましょう。

① 時間関係

J'attendrai **jusqu'à ce qu'**il **revienne**.　彼が戻るまで私は待ちます。

［その他の例］

avant que　…の前に／en attendant que　…までの間

② 目的

Nous mettons une voiture à votre disposition **afin que** vous **puissiez** vous déplacer à votre guise.
あなたが好きなように動けるよう、車を１台用意しました。

［その他の例］

pour que　…のために／de sorte que　…となるように／
de peur que　…とならないように、…となるのを恐れて

③ 譲歩

Bien que l'accident **se soit produit** en plein jour, on ne trouve aucun témoin.
事故は真っ昼間に起きたにもかかわらず、目撃者が全く見つからない。

［その他の例］

quoique　…にもかかわらず／malgré que　…にもかかわらず／
encore que　（補足）とはいえ…だが

Que ce **soit** toi **ou** moi, il faudra de toute façon lui en parler.
君であろうが僕であろうが、どっちみち彼（彼女）にはそのことを話す必要がある。

Quelle que soit la solution adoptée, il y aura toujours des mécontents.
どんな解決策を取っても常に文句を言う人は出てくる。

[その他の例]

aussi ... que　どれほど…であったとしても／quoi que　たとえ何であっても／
qui que　たとえ誰であれ／où que　どこであっても

④ 条件・仮定

Je lui rendrai ce livre, **à moins que** tu le **fasses** toi-même.
私があの人にこの本返しておくわ。あなたが自分で返すって言うのなら別だけど。

[その他の例]

à condition que　…という条件付きであれば
à supposer que (supposons que)　…であると仮定してみよう
pourvu que　…でありさえすれば
pour peu que　わずかであっても…しさえすれば

メモ　si ... et que...「もし…であり、かつ…であれば」のように条件を重ねて、2つ目の条件をqueで導入する場合、正式にはqueの後ろは接続法になります。ただし、日常語では直説法がより一般的です。

Si ça t'intéresse et que tu **es** (接続法 tu sois) libre demain, tu pourras venir nous voir.
もし君がこれに興味を持って、その上明日暇だったら、僕たちに会いに来ればいいよ。

⑤ 否定、理由の否定

Robert est parti **sans que** je **m'en aperçoive**.
私が気づかぬうちにロベールは帰ってしまった。

Les deux pays ont signé la paix, **non qu'**ils **se soient** vraiment **mis** d'accord, mais ils y ont été poussés par les États-Unis.
両国は和平案に調印したが、本当に合意に達したからではなく、米国に促されたからだ。

⑥ 限定

Ils habitent toujours à Lyon, **autant que** je **sache**.
私の知るかぎりでは、彼らは相変わらずリヨンに住んでいる。

4）独立した文での接続法

queに導かれた接続法が、独立した文として現れることがあります。この場合、意味としては、命令、必要性、願望などを表すので、「1）補足節」で見た構文の主節が削除されて従属節だけが独立したものと考えることができます。

Qu'il parte immédiatement !　彼は直ちに出発するように！
（「そう伝えよ」という意味合いで、聞き手を介して行う3人称への命令）

Euh, **que** je ne **dise** pas de bêtise ...
えーと、変なことは言わないようにして…

Mettez-vous face au mur ! Et **que** ça **saute** !
壁のほうを向くんだ。早くしろ。（**Et que ça saute !** は成句）

▶成句的表現では**que**に導かれないものもあります。

Vive la France ! **Vive** la République !　フランス万歳、共和国万歳！

Advienne que pourra !　なるようになれ！（どうなってもかまわない）

5）直説法と接続法の使い分け

直説法と接続法を意味により使い分ける場合もあります。

[動詞comprendre 理解する]

「事実を把握する」という意味では直説法、「それももっともなことだと思う」という意味であれば後ろに接続法が来ます。

J'ai compris qu'elle ne m'**aimait** pas.（直説法）
僕は彼女から愛されていないことが分かった。

Je comprends qu'il **soit** vexé.（接続法）
私は彼が気を悪くしているのも当然だと思う。

[動詞dire 言う]

「ある内容を口にする」という意味では直説法、命令の意味であれば後ろに接続法が来ます。

Il dit qu'il **viendra** tout de suite.（直説法）
彼はすぐに来ると言っている。

Dites-lui qu'il **vienne** tout de suite.（接続法）
すぐに来るように彼に言いなさい。

[関係節で]

　対象を現実にあるものと捉えている場合は直説法、潜在的なレベルにとどまっている場合は接続法になります。

Je cherche un livre que j'**ai vu** dans votre catalogue. （直説法）
おたくのカタログで見た本を探しているんですが。

Je cherche un livre qui **puisse** plaire à ma fille. （接続法）
私は娘が喜びそうな本を探している。

[その他]

　croire, penser などの否定文・疑問文、bien que など譲歩、あるいは評価を表す文では、意味の上での必要性から直説法が使われることがあります。特に未来形、半過去形です。

Je ne crois pas qu'il **dira** oui.　彼が「うん」と言うとは思えない。

Bien que je n'**étais** pas accompagné d'une femme, ils ont été très gentils à mon égard.
同伴女性はいなかったのだが、彼らは私にとても親切にしてくれた。

C'est dommage qu'elle n'**était** pas là.
彼女がそこにいなかったのは残念だ。

> **メモ**　接続法を要求する構文は、従属節で表されている事態が確定しているか否かにより大きく2つに分けられます。願望、要求、目的など、その事態はまだ確定しておらず潜在的なレベルにとどまっているものが1つ。もう1つは、評価、譲歩など、その事態は確定していて、それについて評価したり論拠としての有効性を否認したりするものです。後者の場合（上記[その他]の3つの例文）、従属節の事態は現実性を持っているので、その事態をより細かく忠実に表現できる直説法に頼ることになるのだ、と考えられます。

（3）接続法の時制

主節の時制との関係

　接続法には4つの時制がありますが、日常語で用いられるのはほぼ**現在形と過去形**だけです。したがって、主節の動詞が現在形・未来形であろうが過去形であろうが、従属節ではこの2つだけが使われます。

① 主節が現在形・未来形

- [主節の時点から見て] 従属節が現在・未来 ⇒ 接続法現在形

Léa regrette que Jean **parte**.
レアはジャンが行ってしまうのを残念がっている。

- ［主節の時点から見て］従属節が過去 ⇒ 接続法過去形

  Léa regrette que Jean soit parti.
  レアはジャンが行ってしまったのを残念がっている。

② **主節が過去形**

- ［主節の時点から見て］従属節が現在・未来 ⇒ 接続法現在形

  Léa regrettait que Jean parte.
  レアはジャンが行ってしまうのを残念がっていた。

- ［主節の時点から見て］従属節が過去 ⇒ 接続法過去形

  Léa regrettait que Jean soit parti.
  レアはジャンが行ってしまったのを残念がっていた。

中上級! 接続法半過去形・大過去形

この2つの時制はとても凝った格調高い書き言葉に現れます。

（1）活用

1）接続法半過去形

接続法半過去形は、語尾の形によって4つの活用タイプに分かれます。

(1) a型 ： -asse   -asses   -ât / -assions   -assiez   -assent
(2) i型 ： -isse   -isses   -ît / -issions   -issiez   -issent
(3) u型 ： -usse   -usses   -ût / -ussions   -ussiez   -ussent
(4) in型： -insse -insses -înt / -inssions -inssiez -inssent

各動詞がどのタイプになるのかは、直説法単純過去形の場合と全く同じです。

語幹も直説法単純過去形のそれぞれの型と全く同じです。

(1) a型 ：aimer 愛する ⇒ il aimât   ils aimassent など
(2) i型 ：dire 言う ⇒ il dît   ils dissent など
(3) u型 ：être である ⇒ il fût   ils fussent など
(4) in型：venir 来る ⇒ il vînt   ils vinssent など

2）接続法大過去形

接続法大過去形は、〈助動詞の接続法半過去形＋過去分詞〉です。

faire する ⇒ il eût fait   ils eussent fait など
venir 来る ⇒ il fût venu   ils fussent venus など

（2）主な用法
接続法半過去形・大過去形の主な用法は次のとおりです。

① 時制の照応
接続法を要求する構文において主節の動詞が過去形の場合、従属節に半過去形・大過去形を用います。

主節が過去形（格調の高い書き言葉の場合）

- ［主節の時点から見て］従属節が現在・未来 ➡ 接続法半過去形

  Léa regrettait que Jean **partît**.
  レアはジャンが行ってしまうのを残念に思っていた。

- ［主節の時点から見て］従属節が過去 ➡ 接続法大過去形

  Léa regrettait que Jean **fût parti**.
  レアはジャンが行ってしまったのを残念に思っていた。

▶ 主節が複合過去形の場合は、現在につながる形ということで、格調高い書き言葉であってもふつう接続法現在形・過去形を用います。

  Léa a regretté que Jean **soit parti**.
  レアはジャンが行ってしまったのを残念に思った。

▶ 格調高い書き言葉では、主節が条件法であれば、それが現在形であっても従属節には接続法半過去形・大過去形を使います。

  Léa regretterait que Jean **fût parti**.
  レアはジャンが行ってしまったのを残念に思っているようだ。

② 未完了過去と過去完了を意味する場合
接続法を要求する構文の従属節において、直説法の半過去形（未完了過去）と大過去形（過去完了）に相当する意味を表します。

  Il est possible qu'elle **fût** malade alors.（接続法半過去形）
  当時彼女は病気だったのかもしれない。
  （日常語では例えば　Elle était peut-être malade à l'époque.）

③ 反現実仮定文
接続法大過去形は、現実に反する仮定文で用いられます。この用法は**条件法過去第2形**と呼ばれることがあります。日常語においては条件法過去形が担う用法です。

主に帰結を表す主節（あるいは単文）で用います。また、従属節（条件節）あるいは両方の節に現れることもあります。

  Qui l'**eût soupçonné** de tant d'ingratitude ?　　(Quinault)
  彼がこれほど恩知らずだとは、一体誰が疑うことができただろうか？

  Ç'**eût été** outrecuidant de solliciter la faveur du roi.
  王の配慮を願い出ていたら、それは身の程知らずということになっていただろう。

> また、接続法半過去形は主語と倒置して「たとえ…であろうと」という意味を表します。
>
> Les fautes sont inévitables, **fût-ce** le meilleur des dictionnaires.
> ミスというのは不可避である。たとえ最良の辞書であっても。

4. 命令法

命令法は、2人称では「…しろ、しなさい」という命令を、1人称複数では「…しよう」という勧誘を表す叙法です。

(1) 活用

命令法は3つの人称があるだけです。動詞 attendre「待つ」なら、次のようになります。それぞれ直説法現在形と全く同じ形で、主語を省いただけです。

2人称単数　　Attends.　待って。(← ~~tu~~ attends)
2人称複数　　Attendez.　待ってください。(← ~~vous~~ attendez)
1人称複数　　Attendons.　待ちましょう。(← ~~nous~~ attendons)

1) 活用上の注意

直説法現在形で単数人称の活用語尾が -e、-es、-e となる動詞(-er 動詞、ouvrir、cueillir など)と aller では、2人称単数(tu)の命令法は語末の -s を削除します。

　Avance !　前に進め。(← tu avance~~s~~)

ただし、aller の 2人称単数 Vas-y !「さあやれよ」、Manges-en !「これ食べなさいよ」のように後ろに y と en が来るときは -s が残ります。

2) 例外的な活用をする動詞

例外となる動詞が4つあります。être、avoir、savoir、vouloir で、これらは接続法現在形がもととなっています。ただ、接続法とはわずかに形が異なるものもあるので辞書で確認しましょう。

　例：savoir の命令法は sachez、接続法は vous sachiez で語尾が -ez と -iez で異なります。

3）補語人称代名詞の位置

　主語を持つ通常の文において動詞の前に置かれる補語人称代名詞なども、一般の目的語と同じように、**命令法の肯定形では動詞の後ろに置きます**。

　その際、補語人称代名詞とen、yはハイフン（- trait d'union）で動詞とつなぎます。

　Laisse-**le** tranquille.　彼をそっとしておきなさい。

　Dites-**lui** d'attendre.　彼（彼女）に、待つように言ってください。

　Prends-**en** un peu.　それをちょっと食べたら？

▶代名動詞についても同じです。

　Dépêchez-**vous** !　急いでください。（代名動詞 se dépêcher）

▶動詞の後ろに置かれると、人称代名詞 me、te は moi、toi というアクセントを担える形（強勢形）になります。

　Laisse-**moi** tranquille.　私をそっとしておいてくれ。

　Dépêche-**toi** !　急ぎなさい。（代名動詞）（← tu te dépêches）

4）否定形

命令法の否定形は ne ... pas で挟みます。

　Ne fume **pas**.　タバコを吸うな。

5）否定形の場合の補語人称代名詞の位置

　命令法の否定形の場合、肯定命令とは違って、代名詞は主語を持つ通常の文と同じ位置です（動詞の前）。人称代名詞は強勢形にはなりません。代名動詞についても同じです。

　Ne **m'en** parlez pas.　私にその話をしないでください。
　（← vous ne m'en parlez pas）

　Ne **t'**inquiète pas.　心配しないで。
　（← tu ne t'inquiètes pas）（代名動詞 s'inquiéter）

（2）意味・用法

1）2人称の場合

　2人称の場合は聞き手に対する「…しろ、しなさい」という指令を表

しますが、使われる動詞や文脈・状況などにより命令・指示・アドバイス・勧め・懇願などのニュアンスを帯びます。

Allez, circulez. （警察が）さあ、立ち止まらないで。

Préchauffez le four à 210 degrés.
（料理番組）オーブンをあらかじめ210度に温めてください。

Va voir un autre médecin. 他のお医者さんに相談してみたら。

Assieds-toi là. どうぞそこに座ってよ。

Rendez-moi mon argent！ 私のお金返してください。

▶ 命令法を否定形にすると「…するな、してはいけません」という禁止を表します。

Ne restez **pas** ici. ここにいてはいけません。

Ne me demande **pas** pourquoi. 私に理由は聞かないで。

▶ s'il vous plaît「お願いします」やje vous en prie「どうかお願いですから」などの表現を伴うことがよくあります。

Passe-moi l'eau, **s'il te plaît**.
（食卓などで）そこの水こっちに回してくれる？

Ne criez pas, **je vous en prie**.
大声出さないでくださいよ、お願いだから。

2）1人称複数の場合

1人称複数の場合は、聞き手も巻き込んで「…しよう」という誘い・提案を表します。

Chantons ensemble！ 一緒に歌いましょう。

Laissons-la tranquille. 彼女をそっとしておこう。

Dépêchons-nous！ 急ごう。

▶ 否定形であれば「…しないようにしよう」という意味です。

N'en parlons **plus**. もうその話はやめましょう。

▶「自分も聞き手もともに」というよりはむしろ聞き手が対象で、語調を緩和するために1人称複数を使うこともあります。

Soyons sérieux.　冗談は無しにしましょうよ。

Ne nous affolons pas.　お互い、パニクらないようにしましょう。

（代名動詞　s'affoler 恐慌をきたす）

◆命令法以外の命令・依頼・勧誘表現

「…するように」という指令の表現や「…しよう」という勧誘の表現は、命令法だけに限りません。いくつか例を見ておきましょう。

現在形で　　　Tu m'attends ?　僕を待ってくれる？
単純未来形で　Tu viendras à dix heures.　君、10時に来るんだよ。
動詞pouvoirを使って　Tu peux m'aider ?　手伝ってくれる？
〈on va ...〉　On va travailler ensemble.　一緒に勉強しようよ。
〈si＋半過去〉　Si on allait au cinéma ?　映画にでも行かない？

> **中上級!** 命令法についての補足
>
> （1）条件節に相当する用法
> 　命令法の文が他の文とセットとして使われ、一種の仮定文となることがあります。
> 　命令法の文は前提となる仮定のほうを表します。
> 　**Demande-lui**. Il te répondra.　彼に聞いてごらんよ。教えてくれるから。
>
> （2）完了形の命令法
> 　完了形の命令法が現れることがあります。助動詞être、avoirを命令法の形にして過去分詞を付けます。使用頻度はかなり低くなります。
> 　**Ayez fini** avant six heures.　6時までに終わるようにしてください。
>
> （3）3人称に対する命令
> 　3人称に対応する命令法はありませんが、〈que＋接続法！〉がそれに相当する形であるとされます。
> 　**Qu'elle vienne** ici immédiatement !　直ちに彼女がここに来るように。

第9章 助動詞・準助動詞

助動詞とは、動詞の複合形（複合過去形など）を作るときに用いられるavoirとêtreのことを指します。
準助動詞とは、述語の時間的展開や真偽判断などをより詳しく示す補助的な動詞のことです。

1. 助動詞

（1）複合形と助動詞

　助動詞とは、動詞を複合形に活用させるときに用いられるavoirとêtreのことです。（また、受動態を作るときに用いられるêtreも助動詞と呼ばれます。☞ 受動態 p.348 ）
　複合形は〈助動詞＋動詞の過去分詞〉という組み合わせで、一般的には「…してしまっている」という完了の意味を表します。

> **メモ** 主な複合形は次の10個です。直説法、条件法、接続法については対応する単純形と並べて挙げておきます（それぞれ右側の紫色が複合形）。
> 直説法：現在形─複合過去形　　半過去形─大過去形
> 　　　　単純未来形─前未来形　　単純過去形─前過去形
> 条件法：現在形─過去形
> 接続法：現在形─過去形　　　　半過去形─大過去形
> 命令法、不定詞、現在分詞：それぞれの複合形

　複合形になった動詞が、どの叙法、どの時制、どの人称・数で用いられているかを示すのは助動詞の部分です。

> **J'aurai** terminé ce travail avant 6 heures.
> 私は6時より前にこの仕事を終えているだろう。

> Il est content d'**avoir** réussi l'examen d'anglais.
> 彼は英語の試験に受かって喜んでいる。

　最初の例では助動詞avoirが直説法単純未来形なので、動詞terminer「終える」は叙法としては直説法、時制としては前未来形で用いられていることが分かります。人称は1人称単数です。
　2つ目の例では助動詞avoirが不定詞なので、動詞réussir「成功する」は不定詞の複合形になっていることが分かります。

（2）avoir か être か

1）助動詞が avoir の動詞

ほとんどの動詞の助動詞は avoir です。動詞としての être と avoir も、助動詞には avoir を使います。

Tout le monde **a pleuré**. みんなが泣いた。

Elle m'**a prêté** son dictionnaire. 彼女は私に辞書を貸してくれた。

Jean **a été** très gentil avec moi. （動詞 être）
ジャンは私にとても親切にしてくれた。

J'**ai eu** vingt ans en février. （動詞 avoir）
私は2月に20歳になった。

2）助動詞が être の動詞

① 主語の移動や状態変化を表す動詞

主語の移動や状態変化を表す動詞には複合形の助動詞として être を用います。主なものは次のとおりです。

aller 行く／apparaître 姿を現す／arriver 到着する／décéder 死去する／descendre 降りる／devenir …になる／entrer 入る／intervenir 介入する／monter 上に行く／mourir 死ぬ／naître 生まれる／partir 出発する／parvenir 到達する／passer 通る、立ち寄る／remonter 上に戻っていく／rentrer （家に）帰る／repartir また出発する、帰っていく／rester とどまる／retourner 戻っていく／revenir 戻ってくる／sortir 外に出る／tomber 落ちる、転ぶ／venir 来る

Sa fille **est devenue** actrice. 彼（彼女）の娘は俳優になった。

Merci d'**être venu**. 来てくれてありがとう。

② すべての代名動詞

代名動詞はすべて複合形の助動詞として être を用います。

Nicole **s'est levée** tôt ce matin. ニコルは今朝早く起きた。

Je ne crois pas **m'être trompé**. 私は間違えたとは思わない。

3）どちらの助動詞も使う動詞

動詞はたいてい複数の意味を持ちますが、その意味によって使うべき助動詞が変わるものが少数あります。例えば、「助動詞が être」のと

ころで挙げた動詞の中には、主語ではなく直接目的語の移動にも使える動詞があり、その場合は助動詞がavoirになります。主なものを挙げます。

descendre 降ろす／monter 運び上げる／passer 手渡す／remonter 再び上げる／rentrer 入れる／sortir 取り出す

Il **a sorti** un lapin de son chapeau.
彼は帽子からウサギを取り出した。

また、descendre、monter、remonter、passerのように主語の移動経路を直接補語として取るものがあります。その場合も助動詞はavoirになります。

Louis **a monté** la côte d'un pas traînant.
ルイは引きずるような足取りで坂を上っていった。

さらに、monter、remonterのように、主語がもので、状態変化を表すときはavoirを助動詞として使うものもあります。

Les prix **ont** encore **monté**.　物価がまた上がった。

上記の例以外のケースもあるので、それぞれの動詞あるいは意味について、どちらの助動詞を使うのかは辞書で確認してください。

2. 準助動詞

(1) 準助動詞の種類

準助動詞は、**後ろに**動詞の**不定詞**を置いた形で用います。一般の動詞と同じように活用して人称、数、叙法、時制を示します。

Je **dois** partir.　私はもう行かなければならない。

この例では、直説法現在形の1人称単数になっている準助動詞devoir「…しなければならない」の後ろに動詞partir「出発する、行ってしまう」が不定詞のまま続いています。

準助動詞はそれぞれ固有の意味を持っており、いくつかのタイプに分類できます。

メモ どこまでを準助動詞として考えるかは、はっきり決まっているわけではありません。

2. 準助動詞

1) 述語を時間的展開のどの時点で捉えているかを示す

述語の表す事態について、それが始まる前、展開中、終わった後、などのうち、どの時点で捉えているのか（アスペクト ☞ p.204 ）を示す役割を果たします。純粋に時間的な意味だけではなく、何らかの別のニュアンスを含むこともよくあります。

> commencer à (de) …し始める／se mettre à …し出す／
> finir de …し終わる／achever de …を完了する／
> arrêter de …するのをやめる／continuer à (de) …し続ける／
> être en train de …している最中である／
> être sur le point de まさに…しようとしているところである／
> faillir あやうく…するところである／
> manquer de あやうく…するところである
> (aller ☞ p.248 (2) 、venir de ☞ p.249 (3))

Léa s'est mise à pleurer en apprenant la nouvelle.
その知らせを聞いてレアは泣き出した。

Charles a failli mourir pendant la guerre.
シャルルは戦時中もう少しで死にそうになったことがある。

2) その他

時間的な意味合いのもののほかに、次のような準助動詞を挙げることができます。

［可能、能力など］

> pouvoir …できる／savoir …できる技能がある、…する術を心得ている

Tu peux nager jusqu'au rocher ? あの岩まで泳げるかい？

Vous savez nager ? あなたは泳げますか？

［義務］

> devoir …しなければならない／être obligé de …せざるをえない／
> avoir besoin de …する必要がある／n'avoir qu'à …するだけで十分である

Nous sommes obligés de rester ici.
我々はここにとどまらざるをえない。

[推測、可能性]

 pouvoir …するかもしれない／devoir …するに違いない／
 sembler …するように見える／avoir l'air de …であるような様子である／
 risquer de …する恐れがある

Le nouveau système **semblait** fonctionner correctement.
新システムは正常に機能しているようだった。

[意思、願望]

 vouloir …したい／avoir envie de …したい気分である／
 compter …するつもりである／oser 大胆にも…する

Je **voudrais** parler à Madame Husson.
ユソンさんにお話ししたいのですが。

Elle est trop timide. Elle n'**ose** pas te parler.
彼女は恥ずかしくて君に話しかける勇気がない。

[使役、許容]

 faire …させる／laisser …させておく　☞ 使役構文 p.353、放任構文 p.360

Henri m'**a fait** visiter son laboratoire.
アンリは研究所を案内してくれた。

（2）近接未来〈aller ＋不定詞〉

 allerは代表的な準助動詞です。〈aller ＋不定詞〉は**近接未来**と呼ばれ、「これから…する」という「近い未来」、あるいはより一般的に「…する」という「未来」を表します。☞ 単純未来形との比較 p.212 **直説法現在形**で広く用いられます。

Le train **va** bientôt arriver.　列車はまもなく到着します。（近い未来）

Je **vais** rester ici.　私はここにいることにします。（近い未来）

Ils **vont** se marier l'année prochaine.
彼らは来年結婚する。（未来）

À Prague, vous **allez** contacter James.
プラハではジェームズとコンタクトを取ってくれ。
（単純未来形と同じように命令的ニュアンスを持つことがあります）

▶ 準助動詞 aller は**直説法半過去形**でも用います。その場合は、「…しようとしていた」という、より特化した意味になります。

René est arrivé juste au moment où on **allait** partir.
ちょうど私たちが出かけようとしていたところにルネがやって来た。

メモ aller を本来の「行く」という意味で使うと、〈aller ＋不定詞〉は「…しに行く」という意味になります。ふつう時制・文脈・状況などで近接未来との区別はつきますが、判断のつかないこともあります。

Elle **est allée voir** sa grand-mère.　彼女は祖母に会いに行った。

Elle **va voir** sa grand-mère.　彼女は祖母に会いに行く。
　　　　　　　　　　　　　　　　彼女は祖母に会う。（近接未来）

（3）近接過去〈venir de ＋不定詞〉

近接未来の aller と対をなすように、venir を準助動詞とした〈venir de ＋不定詞〉は「…したばかりだ」という意味を表します。この形は**近接過去**と呼ばれます。ふつうは**直説法現在形・半過去形**で使います。
前置詞 **de** が必要なことと、意味が「近い過去」に特化していることに注意しましょう。また、「ほんの今しがた」だけでなく「ごくごく最近」の場合にも使います。

Tu es là depuis longtemps ? ― Non, je **viens d'**arriver.
ずっとここにいたの？ ― いや、いま来たところだよ。

La commission **vient de** publier un rapport provisoire.
特別委員会はつい最近暫定報告書を出した。

Marc **venait de** terminer ses études quand il a rencontré Sarah.
サラに出会ったときマルクは大学を出たばかりだった。

メモ 近接過去は現在の状況を描く表現なので、「いつそれをしたのか」を表す状況補語とは相性がよくありません。

× La commission vient de publier un rapport **la semaine dernière**.
　　は不可

○ La commission **a publié** un rapport **la semaine dernière**.
　　特別委員会は先週報告書を出した。

（4）pouvoirとdevoir

　重要な準助動詞であるpouvoirとdevoirには意味の異なるいくつかの用法があり、すべてよく使うものばかりです。

1）pouvoir
① 可能「…することができる」

Serge est malade. Il ne **peut** pas venir aujourd'hui.
セルジュは病気だ。今日は来られない。

メモ pouvoirを複合過去や単純過去など「終点まで至った」ことを含む時制で使うと、不定詞の事態は「行われた」ことを表します。

J'**ai pu** ouvrir la porte avec un tournevis.
私はねじ回しでドアを開けることができた。（＝私はドアを開けた。それが可能だった）

許可　①から派生して「…してもよい」という意味でも使います。

Je **peux** ouvrir la fenêtre ?　窓を開けてもいいですか？

依頼　2人称の疑問文で「…してくれますか？」という表現としても使います。

Docteur, **pourriez**-vous me faire un certificat médical ?
先生、診断書を書いていただけませんか？

② 推測―可能性「…かもしれない、…することもありうる」

Évidemment, il **peut** y avoir d'autres solutions que celle-ci.
もちろんこれ以外の手立てもあるかもしれない。

Ce genre d'accident **peut** arriver à tout le monde.
この手の事故は誰にでも起こるかもしれないことだ。

散発　②から派生して「ときには…することもありうる」という意味でも使います。

Ici, il **peut** neiger même en mai.
ここは5月に雪が降ることもある。

2）devoir
① 義務「…しなければならない」

Je **dois** partir tôt demain matin.
私は明日の朝早く出ないといけない。

Tout le monde doit obéir à cette règle.
みんながこの規則に従わなければいけない。

> **メモ** devoirを複合過去や単純過去など「終点まで至った」ことを含む時制で使うと、不定詞の事態は「行われた」ことを表します。

On a dû payer 200 euros pour une chambre minable.
お粗末な部屋に200ユーロも払わなければならなかった。（＝仕方がないので払った）

禁止 否定形はふつう「…してはいけない」という意味になります。

Tu ne dois pas regarder la télé trop longtemps.
あまり長くテレビを見ていてはだめだよ。

予定、運命 ①から派生して「…するはずである、することになっている」という意味にもなります。

Denis devait revenir ce matin, mais il a eu un empêchement.
ドゥニは今朝帰ってくるはずだったけど、都合が悪くなったんだ。

② **推測―確信**「…である、するに違いない」

Elle doit se dire que je suis un mou.
彼女きっと僕をフヌケ野郎だと思ってるだろうな。

Il doit y avoir une sortie quelque part.
どこかに出口があるはずだ。

第10章 不定詞・分詞・ジェロンディフ

不定詞は動詞が取る形態の1つで、文中では名詞的に機能します。同じように、分詞（現在分詞、過去分詞）は形容詞的な機能を、ジェロンディフは副詞的な機能を持ちます。

1. 不定詞

　不定詞は動詞としての機能の一部を保ちつつ、文中で**名詞句に相当する役割**を持ちます。単独または目的語などを伴った形で、文の主語、属詞、目的語などになります。

　Aimer n'est pas **céder**.（主語、属詞）
　愛するというのは何でも許すことではない。

　また不定詞は、準助動詞に導かれる形で、あるいは使役構文や放任構文などでも用います。☞ 使役構文 p.353、放任構文 p.360

　Tu peux m'aider ?　手伝ってくれる？（準助動詞 **pouvoir** ＋不定詞）

　メモ　不定詞が動詞句に準ずる働きをする場合もあります。☞ 中上級 p.259

　不定詞は文法上の主語を持たず、したがって人称・数の変化がありません。また、過去・現在・未来などへの位置づけも固有には行えません。しかし、否定形になったり目的語や状況補語を取るという動詞特有の機能は保っています。

　メモ　辞書などの語法や構文の説明で〈…＋不定詞〉のような表記が現れますが、これは動詞の不定詞単体だけを意味するわけではなく、不定詞に目的語・状況補語などが付く場合も含まれます。以下でも、簡略にするためにすべて「不定詞」という表記にします。

◆単純形と複合形

　不定詞は、1つの動詞につき単純形（しばしば現在形と呼ばれます）と複合形（しばしば過去形と呼ばれます）の2つがあり、複合形は「完了」を表します。

　例：単純形　aimer　愛する　　複合形　avoir aimé　愛した

　メモ　aimerのような直接他動詞の場合には、能動態（aimer、avoir aimé）のほかに受動態が加わり合計4つの形を持つことになります。

　例：受動態　現在形 être aimé　　過去形 avoir été aimé

能動態の単純形（aimer）を除けば、いずれも助動詞 avoir、être の不定詞に動詞の過去分詞が付いたものです。

◆ 文の主動詞との時間関係

主動詞が現在形であっても過去形であっても同じです。

単純形　主動詞の表す時点から見て現在、未来

Elle était contente de **visiter** Paris.
彼女はパリを見物できるのがうれしかった。

複合形　主動詞の表す時点から見て過去

Elle était contente d'**avoir visité** Paris.
彼女はパリを見物できたのがうれしかった。

> メモ　不定詞の複合形が「未来完了」を表すこともあります。

J'espère **avoir terminé** avant six heures.
6時までには終わらせておきたいと思います。

◆ 不定詞の否定形

不定詞を否定形にする場合、否定の ne ... pas などは両方ともまとめて不定詞の前に置きます。

C'est difficile de **ne pas manger** toute une journée.
1日中食べないでいるのは難しい。

J'ai dit à ma fille de **ne plus fumer**.
私は娘に、もうタバコは吸わないようにと言った。

> メモ　不定詞が複合形の場合も同様に、助動詞の前にまとめて置きます。ただし、書き言葉などでは助動詞の前後に分かれさせることがよくあります。

Je regrette de **ne pas avoir tenu** ma promesse.
私は約束を守らなかったことを後悔している。

Il a été condamné pour **n'avoir pas assisté** une personne en danger.
彼は危険に瀕した人を助けなかったことで有罪になった。

（1）名詞句に相当する役割

文の中での役割をもとに分けて見てみましょう。

1）主語

Garder un enfant demande beaucoup de patience.
子どものお守りはとても忍耐が要る。

2）主語の属詞

Vouloir, c'est **pouvoir**.　成せば成る。（意志を持てばできるものだ）

◆êtreの後ろに属詞として不定詞を置く場合

（i）主語には不定詞を置きません。文頭に遊離した不定詞を主語 ce で受け直します。

Vouloir, c'est pouvoir.　成せば成る。

（ii）否定文では不定詞をそのまま主語にすることが多くあります。

Aimer n'est pas céder.　愛するというのは何でも許すことではない。

（iii）名詞句なら、そのまま主語にすることも、文頭に遊離して ce で受け直すこともできます。その場合、属詞になる不定詞は de で導入します。

Le mieux est **de** créer une équipe spécialisée.
一番いいのは専門的なチームを作ることだ。（**Le mieux, c'est de...** も可能）

Notre problème, c'est **de** réaliser une distribution équitable.
我々の問題は、公正な分配を実現することだ。（**Notre problème est de...** も可能）

3）目的語

① 直接目的語の場合

不定詞が、主動詞である直接他動詞に直接付く場合と、前置詞 de または à を介して付く場合とがあります。

［不定詞が直接付く動詞］〈動詞＋不定詞〉

adorer 大好きである／aimer 好きである／croire …すると思う／détester 大嫌いである／espérer …できることを願う／préférer …するほうを好む／prétendre …であると言い張る

Elles adorent **danser**.　彼女らは踊るのが大好きだ。

J'ai cru **comprendre ce qu'il voulait dire**.
私は彼の言いたいことが分かったと思う。

［不定詞が前置詞 de に導かれる動詞］〈動詞＋de＋不定詞〉

accepter 承諾する／décider 決める／essayer 試みる／éviter 避ける／oublier 忘れる／promettre 約束する／refuser 拒否する／tenter やってみる

Michel a décidé **de déménager**. 　ミシェルは引っ越すことにした。

J'ai oublié **de lui téléphoner**. 　彼 (彼女) に電話するのを忘れた。

[不定詞が前置詞àに導かれる動詞]〈動詞＋à＋不定詞〉

apprendre 　習う、教える／chercher 　なんとか…しようとする

Tu m'apprendras **à nager le papillon**.
バタフライの泳ぎ方教えてね。

> **メモ** ここでは、不定詞 (あるいは〈de (à) ＋ 不定詞〉) は直接目的語なので、代名詞化すると一般的には直接目的語代名詞のle、あるいは動詞の後ろに直接に付くçaになります。☞ 中性代名詞 le p.94

Il **l'**a décidé. / Il a décidé **ça**. 　彼はそれを決定した。
(le, ça = (de) déménager)
Tu me **l'**apprendras. / Tu m'apprendras **ça**. 　それ、教えてね。
(le, ça = (à) nager le papillon)
ただし、adorer、aimer、détester、préférerにはçaを使います。
Elles adorent **ça**. 　彼女らはそれが大好きだ。(ça = danser)

② 間接目的語の場合

不定詞が、主動詞である間接他動詞に前置詞deまたはàを介して付きます。

[不定詞が前置詞deに導かれる動詞]〈動詞＋de＋不定詞〉

parler de 　…するつもりだと話す／rêver de 　…を夢見る／
se passer de 　…しないで済ます／
se souvenir de ＋**複合形** 　…したことを思い出す

Lucie rêve **de vivre au Canada**.
リュシーはカナダで暮らすことを夢見ている。

> **メモ** ここでは不定詞は間接目的語なので、代名詞化するとenになります。☞ p.98 ②

Elle **en** rêve. 　彼女はそれを夢見ている。(en = de vivre au Canada)

[不定詞が前置詞àに導かれる動詞]〈動詞＋à＋不定詞〉

consentir à 　…に同意する／contribuer à 　…に貢献する／
penser à 　…するのを忘れない／renoncer à 　…を断念する／
réussir à 　…に成功する／tenir à 　なんとしても…したいと思う／
s'attendre à 　…を予期する／se résigner à 　あきらめて…する／
consister à 　(その内容は) …することにある／hésiter à 　…をためらう

Hervé a renoncé **à partir en vacances cet été**.
エルヴェは、この夏バカンスに行くのはあきらめた。

Je ne m'attendais pas **à te voir ici**.
ここで君に会うとは思っていなかったよ。

> **メモ** ここでは不定詞は間接目的語なので、代名詞化するとyになります。☞ p.106 2)

Il y a renoncé. 彼はそれをあきらめた。(y = à partir en vacances cet été)

Je ne m'y attendais pas. 私はそうなるとは思っていなかった。
(y = à te voir ici)

ただし、consister、hésiterなど〈動詞＋à＋名詞句〉の構文を持たないものはyを使えません (× J'y hésite. は不可)。

4）非人称構文の補語

前置詞なし：il faut …しなければならない／il vaut mieux …するほうがいい

前置詞 à：il reste à …することが残っている、まだ…しないといけない

前置詞 de：il convient de …するのが適当である／
il importe de …するのが大切である／il s'agit de …することが必要である／
il ne s'agit pas de …しないようにしなければいけない／
il suffit de …するだけで十分である／
il est (c'est) 形容詞 de …するのは〜である／
il est urgent de 至急…する必要がある

Il vaut mieux **rester ici**. ここにいたほうがいい。

Il est urgent **de trouver un remplaçant**.
至急代わりの人を見つけなければならない。

5）名詞の補語

不定詞は前置詞を介して名詞と結び付きます。前置詞が de の場合は名詞の内容を具体的に述べて特定します。前置詞が à の場合は用途・目的を表しますが、合成語になっているものも多くあります。また、目的を表すものとして、前置詞 pour「…するための」を介することもあります。

前置詞 de：la joie de vivre 生きる喜び
le désir de rendre les gens heureux 人々を幸せにしたいという願い
la peur de se faire punir 罰せられはしないかという不安

前置詞 à：chambre à coucher 寝室／machine à coudre ミシン／
salle à manger 食堂／
chambre à louer 貸し部屋／maison à vendre 売り家／
un article à terminer avant le 16 16日より前に仕上げないといけない記事

> **メモ** 最後の3例のように意味的に名詞が不定詞の直接目的語になるものは、「…すべき〜」という意味で比較的自由な組み合わせで作ることができます。

J'ai encore beaucoup de **copies à corriger**.
私は、採点しないといけない答案がまだたくさんある。

▶ 次のような表現は主語の属詞として使います。
〈le seul (+名詞) à +不定詞〉 …する唯一のもの
〈le premier (+名詞) à +不定詞〉 …する最初のもの
〈数 (+名詞) à +不定詞〉 …するのはこれだけの数のもの

Jacques est le seul Français **à travailler dans ce domaine**.
ジャックはこの分野で仕事をする唯一のフランス人である。

On était cinq **à manger sur la terrasse**.
テラスで食事をしていたのは我々5人だった。

6）形容詞の補語

形容詞の補語となる不定詞は前置詞 de または à に導かれます。

前置詞 de：capable de …する力量がある／certain de …を確信している／
content de …に満足している／digne de …するのにふさわしい／
fier de …を自慢に思う

Je suis content **d'avoir fini ce travail**.
この仕事を終えることができてうれしい。

前置詞 à：apte à …に適性のある／prêt à …する用意ができている

Les chiens étaient prêts **à bondir**.
犬たちは今にも飛びかからんばかりであった。

> **メモ** 上に挙げた形容詞の場合も、補語となる〈de ＋不定詞〉と〈à ＋不定詞〉を代名詞化すると、それぞれ en と y になります。
>
> J'**en** suis content.　私はそれに満足している。（en = d'avoir fini ce travail）

▶ difficile「難しい」、facile「簡単である」、agréable「心地よい」、désagréable「不快である」などの形容詞に〈à ＋不定詞〉が補語として付くことがあります。☞ p.133 ◆

Sa voix est désagréable **à entendre**.
彼（彼女）の声は聞いていて心地よくない。

C'est une situation difficile **à imaginer**.
それは想像するのが難しい状況である。

この場合、不定詞は直接他動詞で、その意味上の目的語は形容詞が属詞・付加詞として関わっている名詞句（sa voix、une situation）です。

7）状況補語

〈前置詞＋不定詞〉の形を取る前置詞句が状況補語として機能することがあります。

avant de …する前に／jusqu'à …するほどまでに／pour …するために／sans …すること無しに

Vous pouvez y aller **sans changer de train**.
乗り換え無しでそこに行けますよ。

8）比較の対象を表す補語

plutôt que「…よりはむしろ」などの表現や比較級において、que の後ろに来る「比較の対象」が不定詞であることがあります。その場合はふつう〈前置詞 de ＋不定詞〉という形にします（ただし de 無しも可能）。

Je préfère attendre plutôt que **de revenir demain**.
明日出直してくるよりは待つほうがいい。

Et quelle meilleure position pour réfléchir que **de s'allonger dans l'herbe,** (…) 　　　　　　　　　　　(Aline Giono)
じっくり考えるには、草っぱらで寝そべる以上にいい姿勢はないわ（…）

（2）準助動詞に導かれて

準助動詞には動詞の不定詞が続きます。　☞ 準助動詞 p.246

L'avion va **décoller**.　飛行機はまもなく離陸する。

Tu peux **me prêter cent euros** ?　100ユーロ貸してくれる？

（3）移動動詞などに導かれて

主語の移動を表す動詞の後ろに不定詞が直接付いて、「…しに行く」のように目的を表します。

aller 行く／venir 来る／descendre 下に行く／monter 上に行く／
partir 出かける／sortir 外出する／rentrer 家に帰る

André est allé **chercher du vin** à la cave.
アンドレは地下室にワインを取りに行った。

Aude est venue **me voir** hier.　昨日オードが私に会いに来た。

メモ 直接目的語の移動を表す動詞に不定詞が付く場合もあります。

J'ai envoyé Denis **acheter du vin**.　私はドゥニにワインを買いに行かせた。

中上級! 不定詞：動詞句に相当する役割

不定詞のままの動詞が独立した文や特定の従属節の中で、述語の中心として働くことがあります。（ふつう述語の中心となるのは、適切な人称・時制などに活用した動詞です。）

［独立した文の中心］

（1）疑問詞に直接に不定詞を付けると「…すべき」という意味になります。

Que **faire** ?　どうすればいいのだろう？（何をすべきか？）

En pareil cas, à qui **demander** de l'aide ?
このような場合、誰に助けを求めるべきか？

（2）不定詞だけで用いて、指示、命令などを表すことがあります。注意書き、料理レシピなどで使います。

Mélanger les jaunes d'œuf et le sucre.　卵の黄身と砂糖を混ぜる。

Ne pas se pencher au dehors　車外への身の乗り出し禁止

（3）不定詞にすることにより、驚き、憤慨などを表します。意味上の主語を遊離させて置くこともあります。

Travailler pendant les vacances !　バカンス中も仕事だなんて。
Moi, **battre** ma femme ? Jamais !　俺が女房を殴る？あり得ないよ。

（4）物語の中で、〈et 主語 de ＋ 不定詞〉の形で現れることがあります。「そして～は…した」という意味です。

... Et le moineau de **se cacher** dans les plumes de l'aigle.
そこでスズメはワシの羽の中に隠れました。

［従属節の中心となる動詞が不定詞］

（1）疑問詞に直接、不定詞を付けたものが間接疑問節として働きます。

Je ne sais plus que **faire**.　私は、もうどうしていいか分からない。

（2）関係代名詞に直接付いた形で関係節と同じ働きをします。

Nous cherchons un endroit où **passer** la nuit.
私たちは夜を過ごせる場所を探している。

2. 分 詞

　分詞には**現在分詞**と**過去分詞**があります。どちらも動詞としての機能の一部を保ちつつ、文中で形容詞と同じような働きをします。

現在分詞　les habitants **parlant** le français et l'allemand
　　　　　フランス語もドイツ語も話す住民
過去分詞　un immeuble **construit** au début du XXe siècle
　　　　　20世紀初頭に建てられた建物

　これらの例では、分詞は目的語や状況補語を従えており（動詞としての機能）、その全体をまとめて直前の名詞を修飾する役割を果たしています（形容詞としての機能）。
　また、上の例から分かるように、**現在分詞は能動的な意味**（**parlant** 話す）を、**直接他動詞の過去分詞は受動的な意味**（**construit** 建てられた）を表します。
　上の例は分詞を付加詞として用いたものですが、このほかに**直接目的語の属詞としての用法**および**同格用法**があります。　☞ 形容詞句の役割 p.125

(1) 現在分詞

1）形

単純形と複合形があります。

単純形　語尾は -ant です。語幹は直説法現在形の nous のところと同じなので、nous の活用語尾の -ons を -ant に変えれば現在分詞になります。

> 例：chanter「歌う」nous chantons ➡ 現在分詞 **chantant**
>
> 例外3つ： être ➡ **étant**　　avoir ➡ **ayant**　　savoir ➡ **sachant**

複合形　助動詞の現在分詞（単純形）と過去分詞の組み合わせです。

> **ayant chanté**　　　**étant parti**

> メモ　フランスの文法書では、ここで言う「現在分詞の複合形」は「過去分詞の複合形」という扱いになっています。しかし、助動詞の形態によって複合形を分類する日本の伝統のほうが分かりやすいので、ここではそれに従いました。

▶ 基本的に単純形は「未完了」、複合形は「完了」を表します。

単純形　les personnes **buvant** plus de trois tasses de café par jour
　　　1日に3杯以上コーヒーを飲む人

複合形　les personnes **ayant bu** plus de trois tasses de café
　　　3杯以上コーヒーを飲んだ人

また、主動詞の時点から見て、単純形は「同時」、複合形は「過去」を表します。

単純形　Elle a longtemps cherché un interprète **parlant** japonais.　彼女は日本語を話す通訳を長い間探していた。

複合形　La police a enfin trouvé deux personnes **ayant vu** la victime.　警察は被害者を見た人をようやく2人見つけた。

2）用法

形容詞（句）と同じように、**付加詞・属詞**（ただし直接目的語の属詞のみ）**・同格**という3つの使い方があります。

現在分詞は書き言葉に現れることが多く、日常の話し言葉ではあまり使われません。

2. 分詞

① 付加詞

名詞の後ろに直接付いて意味的な修飾を加えます。話し言葉では関係節を用いるほうがふつうです。

un interprète parlant japonais
日本語が話せる通訳（＝ qui parle japonais）

un scientifique ayant obtenu un prix Nobel
ノーベル賞を取った科学者（＝ qui a obtenu un prix Nobel）

Les personnes ne se souvenant pas de leurs rêves sont nombreuses.
夢を覚えていない人は多い。（＝ qui ne se souviennent pas de leurs rêves）

② 直接目的語の属詞

直接目的語に関わります。主語の属詞としては使いません。

Ces gens sont considérés comme appartenant à des classes privilégiées. これらの人々は特権階級に属すると見なされている。

Je l'ai aperçue sortant du magasin.
私は彼女が店から出てくるところを見かけた。（＝ Je l'ai vue sortir du magasin.）

③ 同格

現在分詞（とその補語など）を文頭などに遊離して、**主語の様態**を表します。文脈により、理由、条件などいろいろなニュアンスを帯び、状況補語節に相当する働きをします。

きわめて書き言葉的な表現方法であり、話し言葉ではジェロンディフ、状況補語節、文の並列などを使って表現するのがふつうです。

遊離させて置く場所は、多くの場合、文頭か文末です。主語名詞句の直後に置くこともあります。主語が代名詞の場合は文頭か文末に置くのがふつうです。

Étant fonctionnaires, ils sont soumis à un certain nombre d'obligations.
公務員として、彼らはいくつかの義務に従わねばならない。（理由、原因）

Elle aurait pu éviter ce malheur, prenant davantage de précautions.
もっと慎重に行動していれば、彼女はこの不幸を避けられたのだが。（条件）

Le roi institua un nouvel impôt, **sachant que cela provoquerait la révolte de la noblesse**.
貴族たちの反抗を招くことを承知しながら、王は新税を導入した。（譲歩）

Michel contemplait la mer, **rêvant de partir loin, s'imaginant seul avec son chien sur une île déserte**.
ミシェルは海を眺めていた。遠くに旅立つことを夢見、孤島にたった1人で犬と一緒にいる自分の姿を思い描いていた。（状況の詳細、補足）

◆ 複合形の例

Jacques, **ayant terminé son travail plus tôt que d'habitude**, sortit se promener dans le bois.
いつもより早く仕事を終えたジャックは、森へ散歩に出た。

（2）過去分詞

1）形

さまざまなパターンがあります。主なものは次のとおりです。

- 語尾が -er の動詞 ⇒ -é
  aimer ⇒ aimé　chanter ⇒ chanté　（aller も同様）

- 語尾が -ir の動詞 ⇒ （多く）-i
  finir 型：finir ⇒ fini　choisir ⇒ choisi
  partir 型：partir ⇒ parti　dormir ⇒ dormi
  　accueillir ⇒ accueilli　fuir ⇒ fui　bouillir ⇒ bouilli　など

  [-i にならないもの]
  venir ⇒ venu　ouvrir ⇒ ouvert　mourir ⇒ mort
  courir ⇒ couru　acquérir ⇒ acquis　など

- 語尾が -oir の動詞 ⇒ （ほとんど）-u（**devoir** は -û）
  devoir ⇒ dû　pouvoir ⇒ pu　vouloir ⇒ voulu　savoir ⇒ su
  voir ⇒ vu　recevoir ⇒ reçu　pleuvoir ⇒ plu
  falloir ⇒ fallu　など

  [-u にならないもの] asseoir ⇒ assis

- 語尾が -re の動詞 ⇒ （多く）-u
  attendre ⇒ attendu　connaître ⇒ connu　lire ⇒ lu　boire ⇒ bu
  plaire ⇒ plu　croire ⇒ cru　vivre ⇒ vécu　résoudre ⇒ résolu
  battre ⇒ battu　vaincre ⇒ vaincu　conclure ⇒ conclu　など

[-uにならないもの]
faire ➡ fait   prendre ➡ pris   mettre ➡ mis   naître ➡ né
dire ➡ dit   écrire ➡ écrit   construire ➡ construit
conduire ➡ conduit   suivre ➡ suivi   nuire ➡ nui
éteindre ➡ éteint   rire ➡ ri   など

2）用法
① 〈助動詞＋過去分詞〉で動詞の複合形や受動態を作る
　過去分詞は助動詞（avoir, être）と結び付いて、動詞の複合形や受動態を作ります。

　J'ai allumé la lampe.　私は電灯をつけた。（複合過去形）

　Elle **est aimée** de tout le monde.
　彼女はみんなに好かれている。（受動態）

② 形容詞に相当する用法
　過去分詞には、形容詞（句）と同じように、**付加詞・属詞・同格**という**3**つの使い方があります。
　これらの場合、過去分詞は関連づけられている**名詞と性・数が一致**します。

　les routes **construites** par les Romains
　古代ローマにより造られた街道（女性・複数）

> **メモ**　付加詞、属詞、同格として用いられる過去分詞の意味には、もとの動詞の種類により「受動的」なものと「能動的」なものがあります。同格用法ではいずれも助動詞êtreを含んだ現在分詞複合形に相当します。
> ・直接他動詞の過去分詞 ➡ 受動的意味
> 　行為を受ける、受けている　aimé (= étant aimé) 愛されている
> 　行為を受けた後の状態にある　construit (= ayant été construit)
> 　　　　　　　　　　　　　　建てられた
> ・自動詞（助動詞être）の過去分詞 ➡ 能動的意味
> 　行為を完了した　venu (= étant venu) 来た、来ている
> ・一部の代名動詞をもととする過去分詞 ➡ 能動的意味
> 　行為を完了した後の状態にある
> 　assis (= étant assis ← s'asseoir) 座っている

（i）付加詞
　名詞の後ろに直接付いて意味的な修飾を加えます。

　un candidat **élu** à Paris　パリで選出された候補者（直接他動詞）

les étudiants **venus** du monde entier
世界中からやって来た学生（助動詞が être である自動詞）

un passager **assis** côté fenêtre
窓側に座っている乗客（代名動詞）

le droit de succession **prélevé** par le fisc
税務当局に徴収される相続税（直接他動詞）

un téléphone d'urgence **mis** à la disposition des femmes **battues**
DV 被害女性（殴られる女性）用に設けられた緊急電話（直接他動詞）

> **メモ** 話し言葉では関係節を用いるほうが一般的です。

le droit de succession qui sera (a été) prélevé par le fisc
税務当局に徴収される（された）相続税

(ii) 属詞

　主語の属詞として直接他動詞の過去分詞を置いたものは受動態、自動詞（助動詞 être）の過去分詞を置いたものは複合過去などの複合形ということになります。

　ここでは代名動詞をもととする場合と、直接目的語に対する属詞の例のみを挙げます。

Jean était confortablement **installé** dans le fauteuil.
ジャンは心地よく肘掛け椅子におさまっていた。（代名動詞）

On peut considérer une relation complexe comme **composée** d'une série de relations binaires. （直接目的語の属詞）
複雑な関係というのは一連の2項関係から成り立っていると見なせる。

(iii) 同格

　現在分詞の場合と同じように、文頭などに遊離して、**主語の様態を**表します。文脈により、理由、条件などいろいろなニュアンスを帯び、状況補語節に相当する働きをします。

　書き言葉的な表現方法であり、話し言葉では状況補語節、文の並列などを使って表現するのがふつうです。

　遊離させて置く場所は、多くの場合、文頭です。主語名詞句の直後に置くこともあります。主語が代名詞の場合は文頭に置くのがふつうです。

2. 分 詞

Tourné à la hâte, son film n'a pas eu le succès escompté.
大急ぎで撮影されたため、彼（彼女）の映画は見込み違いの低調に終わった。
（主語の様態）

Partis très tôt le matin, ils eurent le temps de visiter la cathédrale.
早朝に出発したので、彼らは時間に余裕があり大聖堂を見学した。（理由・原因）

Monique, **assise devant la cheminée**, lisait un roman policier.
モニクは暖炉の前に座って推理小説を読んでいた。（主語の様態）

中上級！ 分詞節

　分詞が固有の主語を伴って現れることがあります。これは分詞節（あるいは絶対分詞節）と呼ばれます。動詞は通常の活用をしていないけれども、一応、主語と述語が具わっているので「節」と見なすわけです。コンマ (, virgule) で区切って主節の前や後ろなどに置き、状況説明・理由・時などを表す状況補語節として働きます。書き言葉です。

Le temps aidant, leur colère se dissipera.（現在分詞）
時間がたてば彼らの怒りも消えるだろう。

Son travail achevé, elle sortit se promener.（直接他動詞の過去分詞）
仕事を終えると、彼女は散歩に出た。

Le chat parti, les souris dansent.（助動詞が être である自動詞の過去分詞）
（諺）鬼のいぬ間に洗濯。（←猫が行ってしまうとネズミが踊る）

Le roi ayant atteint la majorité, tous les grands du royaume vinrent lui rendre hommage.（現在分詞の複合形）
王が成年に達したので、国中の有力貴族たちが臣従の誓いを立てるためにやって来た。

Les choses étant ce qu'elles sont, on ne peut plus qu'attendre.
（現在分詞）
事態はこうなっていてどうしようもないのだから、あとは待つしかない。

　ちなみに、「絶対」(absolu) という名称はラテン語文法から来ています。フランス語の分詞節に則して言えば、文法的には主節への従属関係が示されていない（例えば、理由を表す接続詞 parce que などで主節に結び付けられていない）、つまり「文法的には主節から独立している」という意味です。

(3) 分詞と形容詞

　動詞の分詞をもとにして、そこから完全に形容詞として扱われるようになった形容詞があります。現在分詞（-ant）に由来するものは特に**動詞的形容詞**と呼ばれます。例えば次のような形容詞です。

charmant 魅力的な／effrayant 恐ろしい／embêtant やっかいな／
important 重要な／intéressant 興味深い／plaisant 楽しい／
souriant にこやかな／suffisant 十分な

　これらはふつうの形容詞なので、関係づけられた名詞と性・数の一致をします。また、意味により très「とても」のような程度の副詞を付けることができます。現在分詞にはこれらの性質はありません。

| 形容詞 | des femme **très** souriant**es**　にこやかな女性 |
| 現在分詞 | des femmes travaillant à temps partiel
　　　　パートタイムで働く女性 |

現在分詞と比べて動詞的形容詞の綴りが少し異なるものがあります。

- 現在分詞 -gu**ant**、-qu**ant** は形容詞では -g**ant**、-c**ant** となります。

fatiguant ➡ fatigant 疲れさせる／intriguant ➡ intrigant 好奇心をそそる／
convainquant ➡ convaincant 説得力のある／
provoquant ➡ provocant 挑発的な

- 現在分詞 -**ant** が形容詞では -**ent** になるものがあります。

différent 異なった／équivalent 同等の／excellent すばらしい／
influent 影響力のある／précédent この前の　など

▶現在分詞とは違って、過去分詞は関係づけられた名詞と性・数が一致します。その点は形容詞に近いと言えます。しかし、次の例のように、過去分詞には状況補語や動作主補語が付くことがよくあります。

un pull fait **à la main**　手編みのセーター
une église détruite **par les Francs**
フランク族により破壊された教会

次のように、形容詞の印とされる très が例外的に付くものもあります。

une personne très appréciée par ses collègues
同僚からとても評価されている人

◆「結果状態」を表す過去分詞

直接目的語の状態変化を表す他動詞の過去分詞（例えば ouvrir 開ける ➡ ouvert）は、動作の受身（「開けられた」）と動作の結果の状態（「開いている」）の両方を表すことができます。状況補語の種類によって、あるいは単独で使われると、後者の意味になり、状態を表す形容詞として辞書などにも登録されることが多くなります。

[過去分詞] un magasin ouvert l'an dernier　去年開店した店
[過去分詞？形容詞？どちらとも取れる]
　　　　　un magasin ouvert depuis l'an dernier
　　　　　去年から開店している店
[状態を表す形容詞]

> une fenêtre ouverte 開いている窓／une porte fermée 閉まっているドア
> un réveil cassé 壊れた目覚まし時計／
> un rideau déchiré 引き裂かれたカーテン／
> une lampe allumée 明かりのともった電灯／le ciel couvert 曇り空／
> un homme épuisé へとへとに疲れた男　　など

（4）過去分詞の一致について

過去分詞は、関係づけられた名詞の性・数に応じて形の変化を起こします。これを**過去分詞の一致**と言います。

1）形の変化

形の変化のパターンは形容詞の場合と同じです。

女性形＝男性形末尾に **e** を付ける　aimé ➡ 女 aimé**e**　fait ➡ 女 fait**e**
複数形＝単数形末尾に **s** を付ける

　aimé ➡ 男複 aimé**s**　aimée ➡ 女複 aimé**es**
　fait ➡ 男複 fait**s**　faite ➡ 女複 fait**es**

ただし、単数形の末尾が s ならそのまま

　pris ➡ 男複 pris（女性形は prise なので s が付いて 女複 prises となる）

2）一致の規則

一致の規則は次のとおりで、原則は単純です。ただ、③では個別の問題でやや面倒な点があり、運用に揺れがある場合もあります。

① 形容詞に準じた使用での一致

形容詞のように付加詞・属詞・同格で用いられた場合は、関係を持つ名詞と性・数を一致させます。

付加詞　des voitures fabriqué**es** au Japon
　　　　日本で生産された車

属詞　（主語）Toutes les portes étaient fermé**es**.
　　　　　　ドアはすべて閉まっていた。

　　　（直目）La viande, je l'aime bien cuit**e**.
　　　　　　私は、肉はよく焼いたのがいい。

同格　Assiégé**e** par les Anglais, la ville était au bord de la reddition.
　　　イギリス軍に攻囲されて、町は降伏寸前であった。

② 主語との一致

être を助動詞として使う構文では過去分詞を主語名詞句の性・数と一致させます。次の2つの場合です。（être などの繋合動詞を介して主語の属詞となる場合は上の①。）

(ⅰ) 移動などを表す動詞の複合形（複合過去など）

Elles sont allé**es** à la piscine.　彼女たちはプールに行った。

(ⅱ) 受動態

Ces maisons ont été construit**es** au XVIe siècle.
これらの家は16世紀に建てられたものだ。

③ 直接目的語との一致

助動詞が avoir の複合形（複合過去など）で、**直接目的語が動詞よりも前に置かれている場合**、過去分詞は直接目的語の名詞句の性・数と一致します。

直接目的語が動詞の前に置かれるのは次の4つの場合です。

(ⅰ) 補語人称代名詞

補語人称代名詞は動詞の前に置かれます。その人称代名詞が直接目的語である場合です。

Tu as vu Marie ? — Non, je ne l'ai pas vu**e**.
マリを見かけた？ ― いや、見てないよ。

Vous **les** avez pris**es** où, ces photos ?
どこで撮ったのですか、この写真は？

直接目的語の属詞を伴う構文でも基本的には同じです。

Tu lui a parlé de ton idée ?
— Oui, il **l'**a trouvé**e** très intéressante.
君の考えを彼に話した？ — うん、とても面白いと思ったようだよ。

（ⅱ）関係代名詞

関係代名詞は関係節の先頭、つまり関係節の動詞よりも前に置かれます。その関係代名詞が **que**（直接目的語）である場合です。**que** は先行詞を代理しているだけなので、過去分詞は先行詞の性・数と一致させることになります。

Elles sont belles, les tomates **que** tu as achet**ées** !
きれいね、あなたの買ったトマト。

Je vais te montrer les photos **que** j'ai pris**es** à Grenade.
君にグラナダで撮った写真を見せてあげるよ。

（ⅲ）強調構文

強調構文によって直接目的語を取り立てると、動詞よりも前に来ます。

C'est **une chanteuse d'opéra** qu'il a épousé**e**.
彼が結婚したのはオペラ歌手の女性だ。

（ⅳ）部分疑問文、感嘆文

部分疑問文や感嘆文で直接目的語が動詞よりも前に置かれた場合です。

Quelles bêtises avez-vous fait**es** dans votre jeunesse ?
あなたは若い頃どういう愚行をしでかしましたか？

Que d'arbres Bouffier n'a-t-il pas plant**és** sur ce terrain aride !
この不毛の土地にブフィエはどれほどの木を植えたことだろう！

> メモ 269ページ③「直接目的語との一致」は、その理由がかなり理屈っぽいものであること（過去分詞とその意味的支えになるものとを性・数一致させる）、次ページの注意点も含めると規則がかなり煩雑であること、性・数を変化させても結局発音は変わらない過去分詞が多数あることなどから、日常語、特に話し言葉では守られないことも頻繁

に起こります。外国人フランス語学習者のみならず、フランス語を母語とする人にとっても、負荷ばかりがかかるあまり意味のない規則と言えるかも知れません。

◆ **直接目的語との一致に関する注意点**

次の (i) 〜 (vi) の場合は、ふつう過去分詞は性・数一致せず不変です。(vii) (viii) の場合は、条件しだいです。

(i) **値段、重量、寸法、時間などの場合**

coûter「…の値段である」、valoir「…の価値がある」、mesurer「…の寸法である」、peser「…の重さである」、durer「…だけ続く」などの動詞には値段・寸法・重量・時間などを表す数値等が直接付きます。そしてこれらの補語が関係節の先行詞として動詞より前に来ることがあります。しかしこれらの補語は直接目的語とは考えにくいので（例えば受動態の主語にはできません）、過去分詞は一致させません。

la somme que cet achat m'a **coûté** この購入にかかった額

les soixante kilos qu'il a **pesé** à vingt ans
彼が20歳だったときの60キロの体重

les trois heures que le film a **duré** 映画が続いた3時間

一方、上記の動詞でも補語が直接目的語と考えられるとき（例えば peser を「…の重さを測る」の意味で使った場合）は、過去分詞を一致させます。

toutes les valises que j'ai pesé**es**
私が重さを測ったすべてのスーツケース

ただし、2つの場合の区別は必ずしも簡単ではなく、最初の場合に過去分詞を一致させても公式には許容されています。

(ii) **過去分詞の直接目的語ではない場合**

直接目的語が前に来ていても、それが複合形になっている動詞の目的語でないこともあります。それは複合形の動詞が従える不定詞の直接目的語と理解される場合です。その場合は過去分詞は一致させません。

la voiture qu'il a **voulu** acheter 彼が買いたいと思った車
(voiture を代理している que は acheter の直接目的語)

les copies que j'ai **eu** à corriger 私が採点した答案

(iii) 中性代名詞 le

中性代名詞 le が直接目的語の場合、le が指すのは「～が…である」のような文的な内容なので、過去分詞は一致させません。

Tu sais que Luc vient demain ? — Oui, il me l'a **dit**.
リュックが明日来るって知ってる？ — うん、彼から聞いたよ。

(iv) 数量の代名詞 en

直接目的語が数量の代名詞 en の場合は、en が代理しているのが女性名詞や複数名詞であっても、過去分詞は一致させません。

Tu as acheté des tomates ? — Oui, j'en ai **acheté**.
トマト買った？ — うん、買ったよ。

Des mangas japonais, j'en ai **lu** plein.
日本のマンガはいっぱい読んだよ。

ただし、最初の例のように後ろに数量詞が付かないときは、過去分詞を一致させてもかまいません（j'en ai achet**ées**）。

(v) 非人称構文

非人称構文の動詞の過去分詞は、どんな場合でも一致させません。

la bagarre qu'il y a **eu** entre eux　彼らの間で起こった乱闘

la chaleur qu'il a **fait** hier　昨日の暑さ

(vi) 使役構文、放任構文

使役構文〈faire + 不定詞〉と放任構文〈laisser + 不定詞〉では、直接目的語が前に来ていても、faire と laisser の過去分詞は一致させません。

Je les ai **fait** partir immédiatement.　私はすぐに彼らを発たせた。

Maman nous a **laissé** dormir jusqu'à onze heures.
ママは私たちを11時まで寝させてくれた。

代名動詞構文である〈se faire + 不定詞〉と〈se laisser + 不定詞〉についても同様で、過去分詞は一致させません。

ただし laisser については、昔の規則に従って、直接目的語が不定詞の主語である場合には過去分詞を一致させることもできます。

Maman nous a laissé**(e)s** dormir jusqu'à onze heures.
ママは私たちを11時まで寝させてくれた。

(vii) 知覚動詞構文

知覚動詞 voir「見る、見える」、regarder「見る」、entendre「聞く、聞こえる」、écouter「聞く」、sentir「感じる」などは、不定詞を従えて「～が…するのを見る」のような構文を作ります。この場合の一致の規則は次のとおりです。

- 直接目的語が不定詞のもの ➡ 過去分詞は一致させない

  la chanson que j'ai **entendu** chanter　　私が（歌われるのを）聞いた歌

- 直接目的語が知覚動詞のもの（＝不定詞の主語）➡ 過去分詞は一致させる

  la chanteuse que j'ai entendu**e** chanter
  私が（歌っているのを）聞いた歌手

ただし、どちらの場合も、一致させても一致させなくても公式に許容されます。

知覚動詞をもととする代名動詞の構文〈se voir ＋不定詞〉などについても同様です。

(viii) 代名動詞構文（(vi)(vii) も参照）

代名動詞構文ではつねに再帰代名詞が動詞本体の前に来ます。これが直接目的語であれば、過去分詞と一致させます。本来的用法の代名動詞もこれに倣って一致させます。

Elle s'est bien repos**é**e.　彼女はしっかり休んだ

Elle s'est aperçu**e** de son erreur.
彼女は自分の間違いに気がついた。（本来的用法）

再帰代名詞が間接目的語であれば、過去分詞は一致させません。

Elles se sont **écrit** pendant plus de cinq ans.
彼女たちは5年以上も手紙のやりとりをした。

3. ジェロンディフ

ジェロンディフとは、〈**前置詞 en ＋現在分詞**〉（en travaillant など）という形式のことを言います。動詞を副詞的に機能させるものです。動詞の機能は一部保持しており、目的語や状況補語などを付けることもできます。

3. ジェロンディフ

ふつうは主動詞の主語がジェロンディフの意味上の主語となり、基本的には動作の**同時性**を表します。

(1) ジェロンディフの用法

1) 主動詞を副詞的に修飾

この場合は、主動詞の後ろに置き、動作が行われるときの**様態**を表します。おおよそ「…しながら」に相当します。

Jean travaille **en écoutant de la musique**.
ジャンは音楽を聴きながら勉強をする。

Aline est partie **en courant**.
アリーヌは走って出て行った。

2) 主節に対する状況補語節に相当

この場合は、主節に相当する文の前、主語名詞句の後ろなどにも置くことができます。使われている動詞や文脈などにより次のような意味になります。

① 時

En sortant du magasin, j'ai rencontré Léa.
店から出たところで（出るときに）、レアと出会った。

Jean a eu un accident **en conduisant la voiture de son père**.
ジャンは父親の車を運転していて事故に遭った。

② 手段・条件

J'ai réussi à ouvrir la porte **en cassant la serrure**.
私は錠を壊すことでドアを開けることができた。

En t'entraînant régulièrement, tu ferais plus de progrès.
こつこつ練習すれば君ももっと上達するんだけどね。

③ 理由・原因

Alain a abîmé sa santé **en buvant trop de cognac**.
コニャックの飲みすぎでアランは体を壊してしまった。

④ 対立・譲歩

多くの場合、toutで強調して〈tout en travaillant〉のような形にします。

Cécile reste bien mince **tout en mangeant énormément**.
ものすごく食べるのにセシルはスリムなままだ。

Michel m'a invitée à dîner **tout en sachant que je n'aime pas sortir le soir**.
私が夜の外出が嫌いなことを知りながら、ミシェルは私を夕食に招待した。

> **メモ** toutを付けた形で、同時性を強調する場合もあります。

Elle peut jouer du piano **tout en chantant**.
彼女は歌を歌いながらピアノが弾ける。

（2）注意点と補足

1）主語が異なる場合

ジェロンディフの意味上の主語が主動詞の主語と異なるのは正しくない使い方とされます。ジェロンディフの表す動作の主体が不明になるからです。しかし、意味的に問題がない場合もあります。

L'appétit vient **en mangeant**. 食べると食欲が湧いてくる。
（諺　手に入れて欲に目覚めるともっと欲しくなる。）

Le bureau de scolarité ? C'est à gauche **en entrant**.
教務課ですか？入って左ですよ。

En y réfléchissant, c'est peut-être la meilleure solution.
よく考えると、これが最善の策かもしれないな。

2）否定形

否定形のジェロンディフも使えます。

Avec ce système, on perd moins d'argent **en ne travaillant pas**.
この制度だと、仕事をしないほうがお金を損しない。

3）完了形

完了形のジェロンディフはあまり使いません。

Ces personnes, **tout en ayant travaillé plus de 40 ans**, ne touchent qu'une pension dérisoire.
これらの人たちは、40年以上働いたにもかかわらず、ごくわずかの年金しか受け取れない。

第11章 副詞

副詞は、動詞・形容詞など文の中の要素を修飾します。また、文全体を対象とする場合もあります。

副詞は、文の中のさまざまな要素を修飾します。代表的なものは、動詞や形容詞を修飾する場合です。

Sabine danse **bien**. （動詞 danser「踊る」を修飾）
サビーヌは上手に踊る。

Ce vin est **très** bon. （形容詞 bon「おいしい」を修飾）
このワインはとてもおいしい。

副詞は不変化語で、修飾する対象によって形が変わることはありません。

> メモ 例外は tout「すっかり」、seul「…だけ」などです。 ☞ p.290

副詞の数はとても多く、大部分は動詞（あるいは述語）か文全体を修飾するものです。形容詞・副詞・名詞句など、その他の要素を修飾するものはそれほど多くありません。

また、副詞が置かれる位置も、動詞（述語）・文全体を修飾する場合はいろいろな可能性がありますが、形容詞・副詞・名詞句などを修飾する場合は限られます。

1. 修飾する対象と副詞の位置

副詞が修飾する対象と、対象に応じて異なる「副詞の位置」との関係を確認しましょう。

（1）形容詞・副詞の修飾

1）「程度」の副詞による修飾

強弱の段階を表せるような性質を指す形容詞や副詞は、「程度」の副詞で修飾することができます。これらの副詞は、**形容詞・副詞の直前**に置きます。

Je suis **un peu** fatiguée.　私ちょっと疲れたわ。（形容詞を修飾）

Ne parle pas si fort.　そんなに大きな声で話すなよ。(副詞を修飾)

[形容詞・副詞にかかる副詞の例]

程度：très とても／assez かなり、割合／un peu 少し／peu ほとんど…ない／trop …すぎる／bien 大層／fort はなはだ／extrêmement きわめて／légèrement わずかに／excessivement 過度に／particulièrement 格別／plutôt どちらかと言うと／presque ほとんど

比較級：plus　aussi　moins　☞ 比較級 p.388

程度強、プラス評価：admirablement 感嘆するほどに／merveilleusement すばらしく／remarquablement すばらしく

程度強、マイナス評価：affreusement ものすごく／horriblement とんでもなく

> **メモ**　形容詞に準じて用いられる前置詞句、あるいは一部の成句的表現にも、これらの副詞を付けることができます。
> 例：très en colère とても怒っている／fort à l'aise とてもリラックスしている／il fait assez froid（気温）けっこう寒い／avoir très faim とても空腹である

2）その他の副詞による修飾

対象が形容詞の場合、性質の「分野」「あり方」「時間的な様相」などを表す副詞によって修飾を受けることがあります。

un discours **politiquement** correct
ポリティカル・コレクトな（政治的に正しい＝偏見・差別的な表現を含まない）言説

un traitement **médicalement** incohérent　医学的につじつまの合わない治療

une opération **intrinsèquement** inadaptée à notre cerveau
我々の脳には本質的に合わない操作

un système économique **fondamentalement** immoral
根本的に不道徳な経済システム

un ouvrier **provisoirement** absent　一時的に欠勤している工員

un enfant **fréquemment** malade　頻繁に病気になる子ども

（2）前置詞・前置詞句・名詞句・状況補語節・数詞の修飾

副詞の一部は、前置詞・前置詞句・名詞句・状況補語節・数詞にも付けることができます。

1. 修飾する対象と副詞の位置

1）前置詞

副詞 juste「ちょうど」、loin「遠く」、tout de suite「すぐ」などは、時間・位置関係を表す前置詞を修飾することがあります。**前置詞の直前に置きます。**

juste devant moi　私のすぐ前に

loin derrière notre voiture　私たちの車のはるか後方に

tout de suite après la réunion　会合のすぐ後で

2）前置詞句・名詞句・状況補語節

前置詞句・名詞句（代名詞を含む）・状況補語節を修飾するのは、「可能な選択肢の中での位置づけ」を表す副詞です。多くの場合、**修飾される対象の直前、または直後に置きます。**

Ils travaillent **surtout** pour l'argent.（前置詞句を修飾）
彼らはとりわけお金のために働いている。

Agnès lit beaucoup, des romans policiers **essentiellement**.
（名詞句を修飾）　アニェスはたくさん本を読む。主に推理小説だ。

Il se présentera **seulement** si le sondage le donne favori.
（状況補語節を修飾）
世論調査で優勢という結果が出た場合にかぎり、彼は立候補するだろう。

［前置詞句・名詞句・状況補語節にかかる副詞］

aussi …もまた／même …でさえも／seulement …だけ／uniquement …だけ／essentiellement 主に／principalement 主として／spécialement 特に／notamment とりわけ／surtout 特に／en particulier とりわけ　∥（名詞句のみ）seul(e) …だけ

メモ 上の3つ目の例文のように、状況補語節が対象の場合、副詞は直前に置きます。また、aussi は名詞句の場合には後ろ、même は対象の前に置きます。

J'ai faim. — Moi **aussi**.　おなかがすいた。— 私も。

Même un enfant peut répondre à cette question.
子どもでもこの質問には答えられる。

3）数詞

限定詞として働く数詞を修飾するのは、「数値が厳密か、おおよそか」などを表す副詞です。

> Il existe **environ** cent cinquante communes dans ce département.
> この県にはおよそ150の市町村がある。

［数詞にかかる副詞］

> juste ちょうど／presque ほとんど／exactement 正確に／
> environ およそ／pratiquement 事実上／seulement …だけ／
> approximativement 概算で

▶ encore「さらに」

副詞 encore にはいろいろな用法がありますが、「さらに、その上」という意味で〈数詞＋名詞〉を修飾することができます。

> On a dû payer **encore** mille euros.
> さらに1000ユーロ払わなければならなかった。

> Le directeur m'a accordé **encore** trois jours de congé maladie.
> 部長はさらに3日の病気休養を認めてくれた。

（3）動詞・述語の修飾

副詞が動詞・述語を修飾する場合、副詞は**動詞句の内部または後ろ**に置きます。**主語と動詞の間には置けません**。（例えば、× **Je toujours prends le métro.** は不可）

> メモ　ただし、主語が代名詞ではない場合（固有名詞・一般の名詞句）、主語と動詞の間にコンマで区切って挿入できる副詞があります。☞ （4）文全体の修飾 p.284

動詞の種類や活用の形に応じて、副詞を置くことができる位置は次の4つ（A、B、C、D）になります。副詞の種類によって、どの位置が可能であるのかは異なります。☞ 1）、2）、3）

A ［単純形の動詞のすぐ後ろ］

動詞が単純形で活用されている場合です。自動詞であるか必須補語（直接目的語など）を取る動詞であるかは問いません。

> Marie danse (A). （自動詞）　マリは踊る。
> Marie traduit (A) tes livres. （直接目的語を取る他動詞）
> マリは君の本を翻訳する。

Marie va (A) à Londres. （必須の間接補語を取る動詞）
マリはロンドンに行く。

B ［複合形の動詞。助動詞のすぐ後ろ、過去分詞の前］

　動詞が複合形で活用されている場合です。自動詞であるか必須補語を取る動詞であるかは問いません。

Marie a (B) dansé.　マリは踊った。
Marie a (B) traduit tes livres.　マリは君の本を翻訳した。
Marie est (B) allée à Londres.　マリはロンドンに行った。

C ［複合形の動詞。動詞全体（助動詞＋過去分詞）のすぐ後ろ］

　動詞が複合形で活用されている場合です。自動詞であるか必須補語を取る動詞であるかは問いません。

Marie a dansé (C).　マリは踊った。
Marie a traduit (C) tes livres.　マリは君の本を翻訳した。
Marie est allée (C) à Londres.　マリはロンドンに行った。

D ［必須補語の後ろ］

　動詞が必須補語（直接目的語など）を取る場合です。活用が単純形であるか複合形であるかは問いません。

Marie traduit tes livres (D).　マリは君の本を翻訳する。
Marie a traduit tes livres (D).　マリは君の本を翻訳した。
Marie va à Londres (D).　マリはロンドンに行く。
Marie est allée à Londres (D).　マリはロンドンに行った。

> **メモ** 動詞が〈準助動詞＋不定詞〉の場合は、複合形の場合に準じます（B、C、D）。
> Marie va (doit) (B) ranger (C) ses livres (D).
> マリは自分の本を片づけるだろう（片づけなければならない）。

　A、B、C、Dどの位置に置けるかは、副詞によって、また同じ副詞でも意味によって異なります。一般的に、よく使われる少数の副詞は、動詞が単純形ならA、複合形ならBが基本の位置です。一方、ほとんどの「様態」の副詞はA、B、C、Dすべての場所に置くことができます。

1）基本位置がA、Bの副詞

　次の副詞は、動詞が単純形ならA（動詞のすぐ後ろ）、複合形ならB（助動詞のすぐ後ろ、過去分詞の前）が基本の位置となります。

bien 上手に、たしかに／mal まずく／déjà すでに／encore また、いまだに／toujours いつも／souvent しばしば／parfois たまに

Marie va **toujours** à Londres. （**A**）　マリはいつもロンドンに行く。

Lucie a **bien** traduit ce livre. （**B**）
リュシーはこの本を上手に（たしかに）翻訳した。

J'ai **déjà** fini mon devoir d'anglais. （**B**）
私はもう英語の宿題を終えた。

Tu as **encore** oublié ton parapluie？（**B**）　また傘を忘れたの？

> **メモ** 上記の副詞が基本位置以外に来ることもありますが、その条件や意味解釈は複雑です。encore、souvent、parfois は、可能性としては、どの位置にも現れ得ます。また、très で強めると、bien、mal などは C の位置（動詞全体の後ろ、つまり過去分詞の後ろ）にも置きやすくなります。

Marie a traduit **très bien** tes livres.
マリはとても上手に君の本を翻訳した。

2）B の位置には置けない副詞

次の副詞は、A、C または D の位置に置きます。すなわち、動詞全体の後ろ（複合形なら過去分詞の後ろ）、または必須補語（目的語など）の後ろです。複合形では、助動詞と過去分詞の間（B の位置）には置けません。

tôt 早いうちに／tard 遅くなってから／ensemble 一緒に／seul 1人で

Ils ont dansé **ensemble**. （**C**）
彼らは一緒に踊った。（× **Ils ont ensemble dansé.** は不可）

Marie a mangé **tard** ce matin. （**C**）
マリは今朝はごはんを食べるのが遅かった。（× **Marie a tard mangé...** は不可）

Marie commence **très tôt** son travail. （**A**）/ Marie commence son travail **très tôt**. （**D**）
マリはとても早くから仕事を始める。

Marie a traduit **seule** tes livres. （**C**）/ Marie a traduit tes livres **seule**. （**D**）
マリは1人で君の本を翻訳した。（× **Marie a seule traduit tes livres.** は不可）

> **メモ** このグループでも、副詞により微妙な違いがあります。例えば、tôt、tard は très などの修飾を受けない単独での使用では、目的語などの後ろはやや座りが悪くなります。

また、ensembleは、動詞の後ろに目的語などが続く場合、助動詞と過去分詞の間に置くことが可能になります。

Ils sont allés à Londres **ensemble**. (**D**) / Ils sont allés **ensemble** à Londres. (**C**) / Ils sont **ensemble** allés à Londres. (**B**)
彼らは一緒にロンドンに行った。

3）すべての位置（A、B、C、D）が可能な副詞

「動作主の様態」「動作の様態」「程度」「強い程度と評価」「全体・完全性」などを表す副詞は、たいていA、B、C、Dのすべての位置に置くことができます。

[動詞は単純形]

Anne agitait **grâcieusement** son foulard. (**A**)

Anne agitait son foulard **grâcieusement**. (**D**)
アンヌは優美にスカーフを振っていた。（動作主の様態）

Jean trie **soigneusement** ses déchets. (**A**)

Jean trie ses déchets **soigneusement**. (**D**)
ジャンは自分のところのゴミを入念に分別する。（動作の様態）

[動詞は複合形]

Claire a **délicatement** ouvert le coffret. (**B**)

Claire a ouvert **délicatement** le coffret. (**C**)

Claire a ouvert le coffret **délicatement**. (**D**)
クレールはやさしくそっと小箱を開けた。（動作の様態）

Le bombardement a **complètement** détruit l'église. (**B**)

Le bombardement a détruit **complètement** l'église. (**C**)

Le bombardement a détruit l'église **complètement**. (**D**)
爆撃は教会を完全に破壊してしまった。（全体・完全性）

[その他の副詞の例]

動作主の様態：attentivement 注意深く／calmement 落ち着いて／clairement 明快に／fermement 断固として／gentiment 親切に、やさしく／habilement 巧妙に／intelligemment 賢明に／poliment 礼儀正しく／prudemment 慎重に／sèchement そっけなく

動作の様態：brusquement 突然／confortablement 快適に／différemment 違うやり方で／directement 直接に／facilement 簡単に／immédiatement 直ちに／inutilement 無駄に／machinalement（意識せず）機械的に／progressivement 徐々に／rapidement 急速に、手早く／simultanément 同時に

程度：considérablement 著しく／énormément ものすごく／légèrement わずかに／imperceptiblement かすかに

強い程度と評価：admirablement 見事に／impeccablement 完璧に／merveilleusement すばらしく／abominablement とんでもなくひどく

全体・完全性：entièrement まるまる全部／parfaitement 完全に／totalement 全部、完全に／partiellement 部分的に

可能な選択肢の中での位置づけ：essentiellement 主に／précisément まさしく／principalement 主として／seulement …だけ／spécialement 特に

> **メモ** 「動作主の様態」を表す副詞は、たいてい文頭に遊離して置くこともできます。主語が代名詞でなければ、主語と動詞の間に挿入することもできます。いずれも主語（動作主）の様態が強調されます。

Attentivement, Max a écouté les explications de Marie. ／
Max, **attentivement**, a écouté les explications de Marie.
注意深い様子で、マックスはマリの説明を聞いた。　　　　（Molinier et Levrier）

また、「動作の様態」の一部のもの（brusquement、immédiatement、rapidementなど）も文頭に遊離して置くことができます。前の文が表す出来事との時間関係などが強調されます。

L'accident a eu lieu à 0 h 27. **Immédiatement**, les secours sont arrivés sur les lieux.　　　　　　　　　　　　(Molinier et Levrier)
事故は0時27分に起きた。間髪を置かず、救急隊が現場に駆けつけた。

▶程度（量）を表す副詞でも、次のものは目的語の後ろには置けません（Ⓓの位置が不可）。

beaucoup たくさん、とても／un peu 少し／peu ほとんど…ない／trop …すぎる
比較級：plus より多く／autant 同じくらい／moins より少なく／davantage より多く

Anne aime **beaucoup** les chiens.
アンヌはとても犬が好きだ。（× Anne aime les chiens beaucoup. は不可）

J'ai **beaucoup** réfléchi sur ce problème. / J'ai réfléchi **beaucoup** sur ce problème.　私はこの問題についてはよく考えた。
（× J'ai réfléchi sur ce problème beaucoup. は不可）

（4）文全体の修飾

　副詞が文全体にかかる場合は、文頭に置きます。ふつうコンマ（, virgule）で区切ります。ものにより、文中や文末が有力な選択肢になることもあります。副詞が表す意味にはいくつかの種類があります。

1）出来事が起きる「時」「場所」に関わるもの

　文が表す出来事が起きる「時（時点、頻度など）」、あるいは「場所」を示す副詞は、多くの場合、文頭や文末に置かれます。
　「時」や「場所」は出来事そのものを構成する要素なので、その意味では述語との結び付きが強いと言えます。したがって、次ページの語尾が -ment 型の副詞の多くのように、「（3）動詞・述語の修飾」で見た副詞と同様、文中に置くことが可能なものがあります。

Aujourd'hui, je ne suis pas allé au travail.
今日、私は仕事に行かなかった。

Jean n'est pas à Paris **en ce moment**.　ジャンは今パリにはいない。

Récemment, ils ont acheté trois avions de chasse à une compagnie russe.
最近、彼らはロシアの会社から戦闘機を3機購入した。

Ici, il neige rarement.　ここはほとんど雪が降らない。

［その他の副詞の例］

時点：hier　昨日／demain　明日／autrefois　以前は／
avant　以前は、その前に／à ce moment-là　その時
(文中にも置けるもの) bientôt　まもなく／actuellement　現在／
dernièrement　最近／récemment　最近／ultérieurement　後になって／
préalablement　あらかじめ

頻度：(文中にも置けるもの) souvent　しばしば／de temps en temps　時々／
quelquefois　時折／parfois　時には／rarement　めったに／
occasionnellement　時折／fréquemment　頻繁に／
régulièrement　規則的に／périodiquement　定期的に／
quotidiennement　日常的に／exceptionnellement　例外的に

時間幅：(文中にも置けるもの) momentanément　一時的に／
provisoirement　暫定的に／temporairement　一時的に／
éternellement　永遠に

場所：là　そこ／là-bas　あそこ、向こう／devant　前に／derrière　後ろに／
à côté　横に、そばに／tout près　ごく近くに

2）叙述内容が当てはまる「分野・観点」を示すもの

　文の叙述内容について、それがどの分野についての話なのか、どの分野の観点からの判断なのか、を示す副詞があります。これらの副詞は、多くの場合、文頭に置きます。また、主語と動詞の間に挿入したり（主語が代名詞ではない場合のみ）、文末に置くこともできます。

Juridiquement, ce procédé est irréprochable.
法的には、このやり方には文句のつけようがない。

Cette opération, **militairement**, ne comporte aucun risque.
軍事的には、この作戦にはいかなるリスクもない。

[その他の副詞の例]

biologiquement 生物学的には／économiquement 経済(学)の観点からは／
grammaticalement 文法的には／politiquement 政治的には

3) 習慣・一般的傾向を述べるもの

「通常は」「一般的には」のような意味を表す副詞は、文頭のほかに、動詞の後ろ、文末など、いろいろな位置に置くことができます。一般的・習慣的なことを問題にするので、動詞はしばしば現在形か半過去形になります。

D'ordinaire, Paul ne vient pas au bureau avant dix heures.
ふつうポールが10時前に会社に来ることはない。

Les salles de bains, à l'époque, étaient **en général** assez mal éclairées.
当時、浴室はたいていかなり薄暗いものだった。

[その他の副詞の例]

habituellement いつもは／généralement 一般的に／
normalement ふつうなら

4) 出来事に対する評価を表すもの

文が表す出来事・事態に対して、話し手が行う評価を表すために使われる副詞があります。文の内容そのものからは独立しているので、文頭や文末にコンマで区切って置きます。また、主語と動詞の間に挿入されることもあります（主語が代名詞ではない場合のみ）。

Heureusement, il n'a pas plu pendant le match.
幸い、試合の最中に雨は降らなかった。

L'armée, **curieusement**, ne s'est pas opposée à cette décision.
不思議なことに、軍部はその決定に反対しなかった。

[その他の副詞の例]

malheureusement あいにく／par miracle 奇跡的に
paradoxalement 矛盾するようだが奇妙にも

5）叙述の真実性に関連するもの

文の叙述の真実性のあり方に対するコメントや留保を表す副詞です。位置は、文頭・文末への遊離、主語と動詞の間への挿入（主語が代名詞ではない場合のみ）、助動詞の後ろ・動詞全体の後ろ（過去分詞の後ろ）への付加など、かなり自由です。

Apparemment, ils n'étaient pas satisfaits de notre proposition.
見たところどうやら、彼らはこちらの提案に満足していないようだった。

Le ministre va **vraisemblablement** faire une courte visite au Caire.
大臣は恐らく足早にカイロを訪問することになろう。

［その他の副詞の例］

bien sûr　もちろん／peut-être　ひょっとすると／sans doute　恐らく／certainement　きっと／évidemment　もちろん／forcément　当然／manifestement　明らかに／naturellement　もちろん／probablement　たぶん／sûrement　きっと／visiblement　見たところ明らかに

▶これらの副詞は単独で、全体疑問文に対する肯定の返事として用いることができます。

Ils sont sortis ? — **Apparemment**.
彼らは出かけてるの？ — どうもそうみたい。

6）「言い方」についての補足コメントを表すもの

文の内容に対してではなく、聞き手に対してどういう態度でその文を言うのか、どんなふうにその文を言うのか、などを表す副詞です。文頭にコンマで区切って置きます。また、主語と動詞の間に挿入したり（主語が代名詞ではない場合のみ）、文末に置いたりもできます。

Franchement, c'est un navet, ce film.
はっきり言って駄作だよ、あの映画。

Entre nous, tu crois vraiment que ça va marcher ?
ここだけの話、本当にこれがうまくいくと思う？

[その他の副詞]

態度：honnêtement 正直なところ／sérieusement まじめに言って／sincèrement 正直なところ

形式：en gros おおまかに言って／concrètement 具体的に言って／objectivement 客観的に見て

その他：théoriquement 理屈では、ふつうなら／officiellement 公式には／pour ainsi dire 言わば

7）前の文からつなぐ接続詞的なもの

前の文の内容を踏まえて次につなぐ、接続詞的な役割の副詞です。位置に関しては、文頭に置くもの、文の動詞の後ろ（複合形なら助動詞の後ろ）にも置けるもの、などがあります。

Jacques est très gentil, et **en plus**, il est intelligent.
ジャックはとても親切だ。しかも頭がいい。

Quoi ? Personne n'est venu ? C'est **quand même** un peu exagéré.
え？ 誰も来なかったの？ それはいくらなんでもちょっとひどいなあ。

[その他の副詞の例]

文頭に置く：à propos ところで／bref ひと言で言えば／c'est-à-dire つまり／justement まさにそれだからこそ／autrement そうでなければ／puis それから／après その後で／premièrement 第一に／aussi それゆえ

文頭または動詞の後ろに置く：en outre その上／en effet 実際確かに／par conséquent それゆえ／au contraire それどころか／par contre それに対して／en tout cas いずれにしろ／cependant それなのに／pourtant … であるのに／d'abord まず最初に／ensuite 次に／enfin 最後に

2. 副詞についての補足

（1）Oui、Non、Si

全体疑問文に対する応答として用いる **oui**「はい」、**non**「いいえ」、**si**（否定疑問に対する肯定の答え）は、文や節に代わりうる副詞です。

☞ p.318 4)

Vous n'avez rien à déclarer ? — **Non**.
申告するものはありませんか？ — ありません。

Céline vient vraiment ? — Je crois que **oui**. （補足節）
セリーヌは本当に来るの？ — 来ると思う。

（2）副詞の形

1）副詞・副詞相当句・副詞句

副詞の多くは単一の単語ですが、ものによってはいくつかの単語から成るものもあります（副詞相当句）。

un peu 少し／bien sûr もちろん／par chance 幸いにも／
par exemple 例えば／en tout cas いずれにせよ／
en un mot ひと言で言えば／en ce moment 今現在／
de temps en temps 時々　　など

また、他の副詞によって修飾されていたり、〈前置詞＋補語〉を従えていたりして、より大きなグループで現れることもあります（副詞句）。

Véronique marche **très vite**. （他の副詞による修飾）
ヴェロニクは歩くのがとても速い。

Cette commission a été créée **conformément aux instructions du ministre**.
この委員会は大臣の指示に則って設置された。（補語による補足）

［補語を取る副詞の例］

contrairement à …に反して
indépendamment de …とは無関係に、…とは別にさらに

2）性・数の変化

次の副詞は例外的に形が変化します。

- **seul**「…だけ、1人／独りで」

もともと形容詞であり、副詞的に使われる場合も性・数の一致をします。

Ma grand-mère habite **seul**e dans une grande maison.
祖母は1人で大きな家に住んでいる。

Seules les troupes de Condé résistaient encore.
コンデ公の部隊だけがいまだに抵抗を続けていた。

- **tout**「まったく、ごく」

子音（有音のhも含む）で始まる形容詞を修飾する場合、その形容詞が女性形であれば性・数を一致させます。

Ces gens habitent dans de **tout**es petites maison en bois.
これらの人々はごく小さな木の家に住んでいる。

- **grand** (ouvert)、**large** (ouvert)「大きく（開かれた）」
  frais「…したばかりの」

副詞的に使われた形容詞です。ふつう性・数を一致させます。

une fenêtre **grand**e ouverte　大きく開かれた窓

des roses **fra**îches écloses　咲いたばかりのバラの花

3）語尾が -ment の副詞

多くの場合、形容詞の女性形に接尾辞 **-ment** を付けて副詞を作ることができます。

男性形	女性形	副詞	
délicat	➡ délicate	➡ délicatement	繊細に、やさしくそっと
heureux	➡ heureuse	➡ heureusement	幸いにも
nouveau	➡ nouvelle	➡ nouvellement	ごく最近
sec	➡ sèche	➡ sèchement	そっけなく

> **メモ** -mentの副詞を作れない形容詞もあります。
> 例：charmant 魅力的な／content 満足している／fâché 怒っている／français フランスの／important 重要な／intéressant 興味深い／perplexe 当惑した／travailleur 勤勉な／vieux 古い　など

▶ 通常の女性形とは別の形に -ment が付いている副詞もあります。

[形容詞の男性形に -ment が付くもの]

　男性形が母音で終わるものは、男女同形の e も含めて、そのまま -ment が付きます。

probable	➡ probablement	恐らく	vrai	➡ vraiment	本当に
poli	➡ poliment	礼儀正しく	aisé	➡ aisément	楽々と
résolu	➡ résolument	断固として			

> **メモ** 形容詞の男性形が u で終わるもので、-ment の副詞では次のように û と綴られるものがあります。ただし、このアクサン・シルコンフレックスは付けなくてもかまいません（1990年の綴り字修正案）。
> 例：assidûment 規則正しく熱心に／crûment あけすけに／dûment 規則に則って正式に／continûment 絶え間なく　など（assidument、crument なども可）

[語尾の e が é になって -ment が付くもの]

　一部の形容詞は、女性形あるいは男女同形の語尾 e が é となって -ment が付きます。

précis	➡ précisément	正確に	profond	➡ profondément	深く
aveugle	➡ aveuglément	盲目的に	conforme	➡ conformément (à)	…に則って
énorme	➡ énormément	ものすごく	commode	➡ commodément	ゆったり寛いで

[-amment、-emment となるもの]

　男性形の末尾が -ant、-ent である形容詞は、副詞になるとたいてい -amment、-emment という形になります（発音はどちらも [-amɑ̃]）。

brillant	➡ brillamment	輝かしく、見事に	constant	➡ constamment	常に
apparent	➡ apparemment	見たところ	évident	➡ évidemment	もちろん
prudent	➡ prudemment	慎重に	récent	➡ récemment	最近

[その他のもの]

gentil	➡ gentiment	親切に	bref	➡ brièvement	手短に　など

2. 副詞についての補足

中上級! 複数の用法を持つ副詞

副詞によっては、複数の用法を持つものがあります。表す意味、置かれる位置もそれに応じて変わります。

profondément

Elle était **profondément** blessée. （形容詞の修飾）
彼女は深く傷ついていた。

Il faut creuser plus **profondément**. （動詞の修飾）
もっと深く掘らないといけない。

franchement

Son dernier roman est **franchement** mauvais. （形容詞の修飾）
彼（彼女）の最新作は本当によくない。

Jean ne m'a pas parlé très **franchement**. （動詞の修飾）
ジャンはあまり率直に話してくれなかった。

Franchement, je n'ai pas aimé ce film. （言い方についての補足）
はっきり言って、あの映画はいいとは思わなかった。

中上級! 強調構文 c'est ... que による副詞の取り立て

c'est ... que は文が表す出来事・事態を構成する何らかの要素を取り立てて強調する構文です。したがって、文の叙述内容そのものには含まれずに外側から関わるタイプの副詞は、一般的に、c'est ... que で取り立てることができません。上記の1.（4）「文全体の修飾」の項の3）4）5）6）7）で見た副詞がそれに当てはまります。

一方、「文全体の修飾」の1）の多くのものや2）、(3)「動詞・述語の修飾」の3）で見たもののうち「動作主の様態」「動作の様態」などは、一般的に c'est ... que で取り立てることができます。

C'est **à ce moment-là** que j'ai vu Sophie.
私がソフィを見かけたのはそのときだ。

C'est **ici** que j'ai mis mon sac. 私がバッグを置いたのはここです。

C'est **légalement** que Luc a le droit d'agir ainsi.
(Molinier et Levrier)
あくまで法律的な観点から言えば、リュックにはこのように振る舞う権利がある。

C'est **attentivement** que Max a lu la notice. (Molinier et Levrier)
マックスは、注意深くその説明文を読んだのだ。

第12章 前置詞・前置詞句

前置詞は後ろに名詞句などを従えて前置詞句を形成します。
前置詞句は、文の中で状況補語や名詞の補語などいろいろな役割を持ちます。

前置詞と前置詞句

前置詞は、後ろに名詞句や動詞の不定詞などを従えて1つのまとまりとなり、それを単位として、文の中でいろいろな役割を果たします。このまとまりのことを**前置詞句**と呼びます。

Dominique travaille <u>à Bordeaux</u>.
　　　　　　　　　　　前置詞句
ドミニクはボルドーで働いている。

Tu lui as parlé <u>de ce problème</u> ?
　　　　　　　　　前置詞句
君はこの問題を彼（彼女）に話したの？　　（**parler de** …について話す）

上の例では、前置詞句 à Bordeaux は場所を表す状況補語の役割を、de ce problème は動詞 parler の間接目的語の役割を果たしています。

(1) 主な前置詞

主な前置詞は次のものです。単体のものと、数語からなる前置詞相当句があります。時間・空間関係を示すのが基本となるものが多くあります。ただし、前置詞の用法は広がりが大きく多様ですから、詳しくは辞書で確認してください。下の分類は便宜的なものです。

[単体の前置詞]

空間：à …に、…で／de …の、…から／en …に、…で／dans …の中に／sur …の上に／sous …の下に／devant …の前に／derrière …の後ろに／entre …の間に／chez …の家に／jusque …まで

時間：avant …の前に／après …の後で／pendant …の最中に／depuis …以来／dès …からすぐに／vers …のころに

その他：avec …とともに／sans …無しで／pour …のために／
contre …に反して／par …により／envers …に対して／parmi …の中で／
sauf …を除いて／malgré …にもかかわらず／selon …によれば／
d'après …によれば／vers …のころに

[前置詞相当句]

空間：à côté de …の横に／en face de …の向かいに／autour de …の周りに／
au milieu de …の真ん中に／près de …の近くに／loin de …から遠くに／
au-delà de …の向こうに／en deçà de …のこちらに／
du côté de …の側に／au bout de …の端に／au fond de …の奥に／
à travers …を横切って／au-dessus de …の上方に／
au-dessous de …の下方に

原因：grâce à …のおかげで／à cause de …のせいで

対象：à propos de …の件で／au sujet de …の件で／
quant à …について言えば／à l'égard de …に関して／
au lieu de …の代わりに

> メモ 他の品詞などで、前置詞のような用法を持つものがあります。
> comme …のように、…として（接続詞）／il y a（今から）…前に（非人称の提示文）

Sarah est devenue médecin **comme** sa mère.
サラは、母親と同じように医師になった。

Mon père est venu en France **il y a** trente ans.
父は30年前にフランスに来た。

（2）前置詞と冠詞の縮約

前置詞が à と de の場合、後ろに定冠詞男性単数形 le あるいは複数形 les の付いた名詞が来ると、1つに合体します。☞ 冠詞の縮約 p.47

Cette année, je vais **au** Japon.　私は今年日本に行く。（← à + le Japon）

最後が de や à になる前置詞相当句（à côté de、au fond de、quant à など）についても同様です。

Le bureau de Madame Vidal est **au fond du** couloir.
ヴィダルさんの部屋は廊下の突き当たりです。（← **au fond de** + **le couloir**）

> **メモ** 冠詞付きの人名の場合は、縮約をしません。
>
> un roman **de** Le Clézio　ル・クレジオの小説

（3）前置詞の後ろに来る要素

　前置詞の後ろに置くことができるのは、名詞句とそれに準ずる要素です。

① **一般の名詞句**

Léa enseigne l'anglais **dans un collège parisien**.
レアはパリの中学校で英語を教えている。

▶ 冠詞類（限定詞）の付かない名詞がそのまま前置詞の後ろに来ることもよくあります。例えば、**en** は無冠詞がふつうで、**sans** も全否定の場合には無冠詞になります。☞ p.70 (3)

Tu es venu **en voiture** ?　君、車で来たの？

On ne peut rien faire **sans argent**.　お金無しでは何もできない。

② **人称代名詞**

　前置詞の後ろに人称代名詞を置く場合は、遊離形（強勢形）を使います。

Jean-Pierre est très gentil **avec moi**.
ジャン・ピエールは私にとても親切だ。

▶ 動詞の間接目的語が à によって導かれる場合、次の2つの可能性があるので、注意が必要です。☞ p.163

Je pense **à toi**.（à＋人称代名詞の遊離形）
僕は君のことを考えている。

Je **lui** téléphone.（間接目的語人称代名詞。**téléphoner à** …に電話する）
私は彼（彼女）に電話をする。

③ **不定詞**

　一部の前置詞は、動詞の不定詞を導くことができます。

Denis travaille le soir **pour payer ses études**.
ドゥニは学費を賄うために夜働いている。

On peut y aller **sans changer de train**.
そこには電車の乗り換えなしで行ける。

Fais ce que tu peux **au lieu de te plaindre**.
不平を言ってないで、できることをやれよ。

▶動詞の直接目的語として不定詞を使う場合でも、動詞によっては直接に不定詞を続けるのではなく、deやàを使って不定詞を導入する必要があるものもあります。 ☞ p.254 ①

On nous a dit **d'attendre ici**.
私たちはここで待つようにと言われた。

J'ai appris **à nager le papillon** toute seule.
私はバタフライの泳ぎ方を独りで覚えた。
（比較：前置詞不要の例 **J'adore danser.** 私は踊るのが大好きだ。）

メモ 上の2つの例で、不定詞の部分を代名詞化するときは、中性代名詞 le を用います。le は直接目的語です。

On nous **l'a dit**.　私たちはそう言われた。

Je **l'ai appris** toute seule.　私は独りでそれを覚えた。

④ その他

例外的なものとして、次のようなものもあります。

depuis longtemps（peu）ずっと（ほんの少し）前から（longtemps、peuは副詞）／depuis quand　いつから（quandは疑問副詞）／
pour quand　いつの予定で／
pour dans huit jours　1週間後の予定で（前置詞の後ろに前置詞句）　など

メモ 名詞句に準ずるものとして補足節（que ～）を前置詞の後ろに置くこともできます。ただ、その形式では、〈前置詞＋que〉を従位接続詞と見なします。 ☞ 状況補語節 p.436
例：avant que …する前に／pour que …するために／malgré que …にもかかわらず　など

（4）前置詞句の役割

文の中で前置詞句が果たす役割は次のとおりです。

① 状況補語

Chez ma grand-mère, il y avait plein de poupées.
祖母の家には人形がいっぱいあった。（場所を表す状況補語）

Guy a fait beaucoup de progrès **grâce à son nouvel entraîneur**.
ギイは新しいコーチのおかげでとても上達した。（原因を表す状況補語）

② 動詞の間接目的語など
前置詞句が、動詞の間接目的語や場所の必須補語などの場合です。

Je compte **sur toi**.　君を当てにしてるからね。

Je vais **à Cologne** demain.　私は明日ケルンに行く。

③ 属詞など
前置詞句が、形容詞的に属詞・付加詞・同格として働く場合です。

Attention, maman est **en colère**.　気をつけろ。ママは怒ってるよ。

Le ministre était flanqué de trois hommes **en costume noir**.
大臣には黒スーツの男が3人付いていた。　☞ 下の④

④ 名詞の補語
名詞の補語の代表的なものは、deに導かれた前置詞句が所有関係を表すケースです。

la voiture **de Sophie**　ソフィの車

le plafond **de la cuisine**　台所の天井

その他の前置詞、その他の関係も多数あります。

un livre **sur le Japon**　日本についての本

un médicament **pour maigrir**　痩せるための薬

⑤ 形容詞・副詞の補語

Nathalie est fâchée **avec son petit ami**.
ナタリーはボーイフレンドと仲たがいしている。

Les enfants raisonnent différemment **des adultes**.
子どもは大人とは違った考え方をする。

中上級！ 前置詞の繰り返し

2つの要素を並べるのに、前置詞を繰り返す場合と繰り返さない場合があります。

[à、de、enの場合] ➡ 繰り返す

Ces places sont réservées **aux** personnes âgées et **aux** femmes enceintes.
これらの席は高齢者と妊婦専用である。

Ils parlent **en** français et **en** japonais à la maison.
彼らは家ではフランス語と日本語で話している。

ただし、成句であったりつながりが強いものについては反復しません。

le droit **de** vivre et mourir en paix
平安のうちに暮らし死んでゆく権利

[その他の前置詞の場合] ➡ 一般に繰り返さない

Nous cherchons une maison **avec** un grand living, une grande cuisine et au moins trois chambres.
私たちは広いリビングと広い台所と最低3つは寝室のある家を探している。

ただし、それぞれの要素を強調して、繰り返すことがあります。

Je crois que c'est la meilleure solution **pour** toi et **pour** ta femme.
これが君にとっても奥さんにとっても一番いい結論だと思う。

中上級！ 前置詞に導かれる要素の共有

対立的な意味を持つ2つの前置詞が、後ろに続く要素を共有することがあります。

avant et après le repas　食事の前と食事の後に
avec ou sans sucre　砂糖を入れるか砂糖無しでか
pour ou contre cette réforme　この改革に賛成か反対か

第13章 接続詞

接続詞は、2つの文や、文中で同じ役割を持つ2つの語句を結び付けます。形は変化しません。

接続詞は、2つの文や2つの語句を結び付けます。その結び付きのあり方により、**等位接続詞**と**従位接続詞**（または**従属接続詞**）に分かれます。

1. 等位接続詞

等位接続詞は次の7つです。

et そして、…と…　　**ou** または　　**ni** もまた…ない　　**mais** しかし
or しかるに　　**donc** それゆえ　　**car** というのも…だからなのだ

> メモ　この7つを覚えるために、Mais où est donc Ornicar ?「オルニカールは一体どこにいるの?」という語呂合わせの文がフランスでは使われます。

（1）語句の接続

等位接続詞は、文中で**同じ役割を持つ**語句を結び付けます。結び付けられた2つは対等であり〈支配―従属〉の関係にはないので、一方がなくても文は成立します。**et** と **ou** が典型です。

J'ai acheté une veste et deux cravates.
私はジャケット1着とネクタイ2本を買った。

Tu viens samedi ou dimanche ?
君が来るのは土曜? それとも日曜?

1つ目の例では **une veste** も **deux cravates** も、acheter「買う」の直接目的語という同じ役割を持っています。そして一方を削除しても、文法的には文は成立します（例：J'ai acheté une veste.）。

2つ目の例では、時を表す状況補語が **ou** で結ばれています。

▶ et または ou で3つ以上の語句を結び付ける場合、A, B et C のように、コンマ（, virgule）で区切って並べ、最後の2つだけを接続詞でつなぐのが最も一般的です。

Dans la vaste pièce, il n'y avait qu'une petite table, deux tabourets **et** une lampe cassée.
その広い部屋には、小さなテーブルと2脚のスツールと壊れた電気スタンドしかなかった。

▶ 否定を表す ni は構文が少し特殊になります。辞書で確認してください。やや書き言葉的です。

Ce soir, je ne prends pas de café, **ni** de thé.
今晩はコーヒーは飲まないし、紅茶も飲まない。（= **pas de thé non plus**）

Ce matin-là, Odile **ne** prit **ni** café **ni** chocolat.
その朝、オディルはコーヒーもココアも飲まなかった。

> **メモ** mais は基本的には文をつなぐ等位接続詞です。ただし、次のように語句を結び付けているように見える例もあります。
>
> Il est intelligent, **mais** très méchant. 彼は頭はいいけど、とても意地悪だ。
>
> ただし、et のように2つのものを1つにまとめて彼の性格を言っているとは考えられません。Il est intelligent という内容を根拠として導かれる何らかの結論（例えば「彼はすばらしい人間だ」）に対して、別の根拠 Il est très méchant を持ち出して、その結論は当たらないことを示すのが、mais の働きです。ですから、上例の mais の後ろは、文が省略されたものだと考えられます。

（2）文の接続

等位接続詞は、2つの文を結び付けることができます（ni は除く）。等位接続詞に導かれた文は必ず後ろに置き、〈文1―**等位接続詞**―文2〉という形になります。

文1の後ろは切れ目なく続けることも、コンマやピリオド（. point）で区切ることもあります。

Louis a enfin trouvé du travail **et** sa mère est très contente.
ルイがやっと仕事を見つけて、母親はとても喜んでいる。

Je pense, **donc** je suis. (Descartes)
私は考えている、だから私は存在する。（「我思う、ゆえに我あり」）

La négociation n'a pas abouti, **car** les deux pays n'ont pas voulu faire davantage de concessions.
交渉はうまくいかなかった。というのも両国がこれ以上の譲歩を拒んだからだ。

> **メモ** carは理由を提示するので、意味的には従位接続詞parce que「…だから」に似ています。しかし、parce queとは違って、必ず文1の後ろに付け加える形で用います。また強調構文で取り立てることができません。これらのことから、carは従位接続詞には分類されません。

(3) 等位接続詞に準ずる働きをする副詞

次のような副詞(相当句)は、等位接続詞と同じような働きをします。

論理関係：ainsi こうして／aussi それゆえ／en effet というのも…だから／par conséquent したがって／au contraire それどころか／par contre それに対して／d'ailleurs それにそもそも　など

L'entrée est gratuite, **par contre** ils te font payer les boissons.
入場は無料だけど、飲み物のお金は払わされるよ。

継起関係：d'abord まず最初に／puis それから／ensuite それから／enfin 最後に／finalement 結局／premièrement 第一に

On prend d'abord un apéritif et **ensuite** on va passer à table.
まず何か食前酒を飲んで、それから食卓に移動しよう。

> **メモ** これらの副詞は、次のような性質から、等位接続詞とは区別されます。
> (1) 副詞は文2の頭だけでなく文中でも使えます。
>   Cette réforme ne représente **par conséquent** aucun progrès.
>   (文1を受けて) この改革案はしたがって全く進歩にはなっていない。
> (2) 等位接続詞を2つ重ねて使うことはできないのに対して、副詞は等位接続詞と併用できます。
>   例：et puis そして次に／et enfin そして最後に／mais finalement でも結局は　など
>   等位接続詞と接続詞的な副詞をこうして区別するなら、伝統的に等位接続詞とされるdoncはむしろ副詞に分類されます。

2. 従位接続詞（従属接続詞）

単体の単語の従位接続詞は次の4つです。

補足節などを導くもの：**que**
状況補語節を導くもの：**quand** …するとき　**si** もし…なら　**comme** …なので

その他のものは、puisque「…なのだから」（←puis＋que）、lorsque「…するとき」（lors + que）のように合成されたものか、avant que「…する前に」やpour que「…するために」のように、複数の語の組み合わせが接続詞相当句として働いているものかのどちらかです。

従位接続詞は、文（この場合、「節」と呼びます）のみを結び付けます。従位接続詞が導く節（従属節）は、文法的に主節に従属します。 p.409 (1)

また、状況補語節は多くの場合、主節の前にも後ろにも置くことができます。 状況補語節 p.436

Quand tu viendras, je te montrerai les photos.
君が来たら、写真を見せてあげるよ。

Je peux lui téléphoner **si** c'est nécessaire.
私が彼（彼女）に電話してもいいわよ、もし必要なら。

メモ 従位接続詞の詳細については、特に「状況補語節」の項 p.436〜443 を参照してください。

第14章 否定文

否定文は、動詞を ne ... pas で挟んで作ります。日常会話ではよく ne が落ちて、動詞の後ろの pas だけで否定文になります。

1. 否定文の基本の形

(1) 否定詞 ne ... pas

文の中心である動詞を否定詞の ne と pas で挟むと否定文になります。

Je ne suis pas fatigué. 　僕は疲れていない。

Je ne regrette pas d'avoir choisi ce métier.
私はこの職業を選んだことを後悔していない。

> メモ　動詞の不定詞の否定形については「不定詞」の項 ☞ p.253 を参照してください。

▶ne ... pas の注意点
［ne のエリジオン］

否定詞の ne は、後ろに来る動詞や代名詞が母音・無音の h で始まる場合、n' となります。

Tu n'es pas fatigué ? 　君、疲れてないの？

Je n'y ai pas pensé. 　それは思いつかなかった。

［動詞が複合形の場合］

動詞が複合形の場合は、助動詞（avoir、être）を ne と pas で挟みます。

Je n'ai pas mangé ce matin. 　私は今朝はごはんを食べなかった。

Brigitte n'est pas allée à l'école aujourd'hui.
ブリジットは今日は学校に行かなかった。

［補語人称代名詞・代名詞 le、en、y との位置関係］

動詞の前に補語人称代名詞や中性代名詞 le、代名詞 en、y がある場合、ne はそれら代名詞よりも前に置きます。

1. 否定文の基本の形

Vous **ne** leur téléphonez **pas** ?
あなたは彼ら（彼女ら）に電話をしないのですか？

Je **ne** te l'ai **pas** dit ?　そのことあなたに言わなかったっけ？

N'y pense **pas**.　そんなこと考えるなよ。

▶ 〈pas de ＋名詞〉

動詞の表す動作の対象（直接目的語）としてある種類のもの（例：argent お金）が全否定されている場合、ne … pas d'argent（「お金という概念に相当するものは何も…ない」）のように、pas de 〜 という形になります。 ☞ p.45 3)

Je **n'**ai **pas d'**argent.　私はお金がない。
（比較：**J'ai de l'argent.** 私はお金を持っている）

Il **n'**y a **pas de** problème.　問題はありません。
（比較：**Il y a un problème.** 問題が１つある）

Elle **n'**a **pas** bu **de** vin.　彼女はワインを飲まなかった。
（比較：**Elle a bu du vin.** 彼女はワインを飲んだ）

（2）ne の省略

日常会話ではよく ne は省略され、pas だけが否定文の印となります。

Elle est **pas** venue ?　彼女、来なかったの？（＝ **Elle n'est pas venue ?**）

Ça marche **pas** ?　うまくいかないの？（＝ **Ça ne marche pas ?**）

Te gêne **pas**.　遠慮しなくてもいいよ。（＝ **Ne te gêne pas.**）

<u>メモ</u> 上記（１）（２）は、否定の基本形である ne … pas について述べましたが、（１）は次ページに挙げる「否定の副詞」を使った場合にも当てはまります。

Il **n'**y a **jamais** eu **de** problème.　問題が起こったことは一度もない。

また、（２）は「否定の副詞」だけでなく、personne、rien など、ほかの否定詞でも見られる現象です。

J'ai **rien** dit.　僕は何も言ってないよ。

2. いろいろな否定詞

pasのほかにも、neと呼応してさまざまな否定の意味を表す否定詞があります。

（1）品詞別の分類

1）否定の副詞

否定の副詞の代表はpasですが、そのほかに次のようなものがあります。すべてneとのセットで用いられます。そして、特徴は1で述べたものと同じです。

> plus もはや…ない／jamais 決して…ない、これまで一度も…ない／
> pas du tout 全く…ない／pas encore まだ…ない
> [凝った言い方] guère あまり…ない／point 少しも…ない／
> aucunement 全く…ない／nullement 全く…ない

Ma mère n'est plus jeune. 母ももう若くはない。

Tu n'as jamais mangé de caviar ?
君、一度もキャビアを食べたことがないの？

Je n'ai pas du tout pensé à ça.
そのことには全く思い至らなかった。

L'avion n'est pas encore arrivé. 飛行機はまだ到着していない。

La mentalité des dirigeants n'a guère changé depuis cent ans.
指導者層のメンタリティーは百年前からほとんど変わっていない。

▶その他の否定の表現

ほかにも次のようなものが、否定の表現としてneとのセットでよく使われます。

> plus du tout もはや全く…ない／rien du tout 全く何も…ない／
> pas tellement それほど…ということはない／pas trop ひどく…ということはない／pas très ＋形容詞・副詞 あまり…ではない／pas si ＋形容詞・副詞 それほど…ではない／pratiquement pas 事実上…ない／
> presque pas ほとんど…ない

Je n'aime **pas tellement** la bière.　私はあまりビールは好きではない。

Ça va ? Vous **n'**êtes **pas trop** fatigué ?
大丈夫ですか？ ひどく疲れたということはないですか？

Je **n'**ai **presque pas** dormi cette nuit.
私は昨日の晩ほとんど寝ていない。

2）否定の代名詞

次の「不定代名詞」☞ p.122 は否定の意味を持ち、**ne** とのセットで用います。

personne 誰も／rien 何も／aucun(e) 誰も、何も／
pas un(e) 1人も、1つも　//　[凝った言い方] nul(le) 誰も

personne と rien は主語、直接目的語、属詞、前置詞句を形成する名詞句の役割を果たすことができます。

Personne n'est vraiment satisfait de cette solution.（主語）
誰も本当にはこの解決策に満足していない。

Il **n'**y a **rien** dans tes poches ?（直接目的語）
あなたのポケットには何も入ってない？

Je **ne** travaille pour **personne**.（前置詞句の中で）
私は誰のためにも働いてはいない。

À l'impossible, **nul n'**est tenu.
（諺）不可能なことなど誰もやらされるいわれはない。

▶ rien と〈動詞の複合形〉、〈準助動詞＋不定詞〉
[動詞の複合形]

動詞が複合形で rien が直接目的語の場合、rien は**助動詞と過去分詞の間に置きます。**

Je **n'**ai **rien** vu.　私は何も見かけなかった。
（比較：Je n'ai vu personne.　私は誰も見かけなかった。
　　　 Je n'ai vu aucune voiture.　私は車は1台も見かけなかった。）

[準助動詞＋不定詞]

rien が準助動詞に続く不定詞の直接目的語の場合、rien は**不定詞の前に置きます。**

Je **ne** peux **rien** faire.　　私は何もできない。

(比較：Je ne peux rencontrer **personne**.　　私は誰にも会えない。
　　　　Je ne peux acheter **aucune** voiture.　　私はどの車も買えない。)

> **メモ** pouvoir、devoir、vouloir、savoir、oser、espérer などが複合形になった場合、rienの位置は不定詞の前、助動詞と過去分詞（pu、dû、voulu など）の間、どちらも可能です。

Je n'ai pu **rien** faire. / Je n'ai **rien** pu faire.　　私は何もできなかった。

▶ 形容詞句による修飾

否定の代名詞を形容詞句で修飾することができます（男性単数形。ただし pas un(e) などは性を一致させる）。その場合は、**de** を介して形容詞句を付けます。

Je n'ai trouvé personne **de sympathique**.
感じのいい人は1人も見つからなかった。

Rien **de plus simple** que de vivre heureux. Il suffit d'aimer.
幸せに生きるのは極めて簡単だ。愛すればいいのだ。

3）否定の限定詞

次の否定詞は、限定詞として名詞の前に付き、名詞句を形成します。ne とのセットで、「いかなる〜も…ない」という意味になります。

aucun(e) ／ pas un(e)　//　[凝った言い方] nul(le)

Aucun étudiant **n'**a réussi cet examen.
1人の学生もこの試験に合格しなかった。

Ça **n'**a **aucune** importance.
そんなことは全く重要ではない。（いかなる重要性も持たない）

> **メモ** nulとaucunを使った次の表現は、あらゆる場所、あらゆる時点を否定します。
> nulle part　いかなる場所にも／à aucun moment　いかなる時点においても
> Je **ne** trouve mes lunettes **nulle part**.　　眼鏡がどこにも見つからない。

4）否定の接続詞

否定の接続詞 ni「…もまた〜ない」は、2つ以上を並べて否定します。neとセットで用い ne 〜 ni … ni … という形が基本となります。

Ni Léa **ni** Alain **ne** m'ont (m'a) aidé.
レアもアランも私を助けてくれなかった。

Il **n'**avait **ni** argent **ni** pouvoir.　彼は金もなければ権力もなかった。

René **n'a pas** bu de café, **ni** de thé d'ailleurs.
ルネはコーヒーを飲まなかった、それに紅茶だって飲まなかった。

Le duc de Bourgogne **n'**aimait **ni ne** craignait le roi.
ブルゴーニュ公は王を嫌っており、それに恐れてもいなかった。

(2) 否定詞の組み合わせ

　否定詞を2つ(以上)組み合わせて使うことがあります。(rien、personne、aucun…、nulle partは組み合わせ要素から離れて現れることもあります。)

plus jamais (jamais plus) もう決して／
plus guère (guère plus) もうほとんど／plus personne もう誰も／
plus rien もう何も／plus aucun もういかなる…も／
plus nulle part もうどこにも／
jamais guère ほとんど決して／jamais personne 決して誰も／
jamais rien 決して何も／jamais aucun いかなる…も決して／
plus jamais aucun (jamais plus aucun) いかなる…ももう決して／
guère personne ほとんど誰も／guère rien ほとんど何も　など

Je **n'**achèterai **plus jamais** dans ce magasin.
私はもう絶対あの店では買い物をしない。

Il **ne** reste **plus rien** dans le frigo.　冷蔵庫には何も残ってないよ。

Elle **n'a jamais** parlé à **personne**.
彼女は誰にも一度も話しかけたことがない。

(3) 応答での否定詞の単独使用

　ne、pas、plusの3つを除いて、否定の副詞・代名詞は質問への答えとして単独で使用できます。

Vos fils viennent vous voir ? — Non, **jamais**.
息子さんたちは会いに来られますか？ — いいえ、全然。

Tu vois quelque chose ? — Non, **rien**.
何か見える？ — 何も見えない。

Il faut combien de voitures ? — **Aucune**.
車は何台必要だい？ — １台も要らないよ。

▶ **pas、plus の場合**

pas、plusは、それだけでは応答として使えませんが、別の語との組み合わせになっていれば使えます。

Tu as déjà mangé ? — **Pas encore**.
もうごはん食べた？ — まだよ。

Tu peux venir demain ? — **Peut-être pas**.
あなた、明日来られる？ — たぶんダメかも。

Vous habitez tous à Tokyo ? — Non, **pas moi**.
みなさん東京にお住まいなんですか？ — いえ、私は違います。

Tu vas toujours à la piscine ? — **Plus maintenant**.
相変わらずプールは行ってるの？ — 今はもう行ってない。

（４）制限の表現 ne ... que

ne ... que 〜 の組み合わせは「〜だけ…」という意味を表します。よく使われる表現です。直接目的語、間接目的語、属詞、状況補語、状況補語節などが対象で、queは対象となる要素の前に置きます。対象となる要素ごとに見てみましょう。

[直接目的語]

Je suis désolé, je **n'**ai **que** ça. ごめんなさいね、これしかないんですよ。

[間接目的語]

Nathalie **ne** parle **que** d'elle-même.
ナタリーは自分のことばかり話す。

[属詞]

Ce **n'**est encore **qu'**un enfant. あの子はまだほんの子どもなのよ。

[状況補語]

Ils **ne** vont commencer les travaux **que** dans trois mois.
彼らは３か月後にしか工事を始めないらしい。

[状況補語節]

Le voyage **n'**aura lieu **que** s'il y a au moins dix participants.
ツアーは最低10名の参加者がないと行われない。

[その他]

Il **n'**est **que** huit heures. On peut aller au cinéma.
まだ 8 時だ。映画に行こうよ。

▶ 対象が主語

ne ... que は、同義語の seul(e)、seulement とは異なり、主語を対象とすることはできません。日常会話では **il y a ... qui** ～ ☞ p.384 2) を使って次のような言い方で用を足します。

Il **n'y a que** Paul qui me comprend vraiment.
ポールだけが本当に私のことを理解してくれる。

▶ 対象が動詞句

動詞句を対象とする場合は、〈**ne faire que** + 不定詞〉という形を使います。

Elles **ne** font **que** manger des gâteaux.
彼女たちはケーキを食べてばかりいる。

▶ 否定詞との組み合わせ

[pas とともに]

ne ... pas que は「だけ」を否定して「だけではない」という意味になります。

Il **n'y a pas que** ça comme problème. Il y en a d'autres.
これだけじゃないんだ、問題は。ほかにもあるんだよ。

[plus、jamais とともに]

ne ... plus que と **ne ... jamais que** は「だけ」という意味です。plus と jamais のニュアンスが加わるだけです。

Je suis désolé, je **n'**ai **plus que** ça.
ごめんなさいね。もうこれしかないんですよ。

Je **n'**ai **jamais** bu **que** de la bière.
私はこれまでビールしか飲んだことがない。

（5）pas と特定の副詞

否定文において、pas（およびそれに置き換わりうる否定の副詞）は動詞（複合形なら助動詞）の直後に置きますが、間に副詞が入ることがあります。特に次のような確実性の度合いを表す副詞です。

[pasと動詞の間に入る副詞]

certainement、sûrement きっと／peut-être かもしれない／probablement 恐らく／sans doute たぶん／visiblement 明らかに／vraiment 本当に

Anne **ne** reviendra **sûrement pas**.　アンヌはきっと戻ってこないよ。
Ce **n'**est **peut-être pas** vrai.　それは本当じゃないかもしれない。

3. 否定文についての補足

(1) 否定文により否定される対象

否定形になっている動詞よりも前に置かれている要素は、ふつう否定の対象にはなりません。一方、動詞の後ろに置かれた状況補語などは否定の対象となることができます。

À Paris, je ne travaille pas (je fais du tourisme).
パリでは、私は仕事をしない（観光をするのだ）。

Je ne travaille pas à Paris (mais à Versailles).
私はパリで働いているのではない（ヴェルサイユでだ）。

最初の例では、「パリ」は事態の枠組みとして与えられており、否定の対象にはなりません。それに対して2つ目の例は、最初の例と同様の解釈のほかに、「パリ」を否定の対象とした「(私が働いているのは)パリではない」という解釈も可能です。

(2) toutと否定文

tout（tous les …、toutes les … など）は、否定形の動詞の後ろに直接目的語などとして置かれた場合、否定の対象となり、「すべてがそうであるというわけではない」の意味になります。

Je ne comprends pas **tout** ce qu'il dit.
私は彼の言うことがすべて分かるわけではない。（部分的に分かる）

Elle ne vient pas **tous** les jours.
彼女は毎日来るわけではない。（時々来る）

またtoutは、主語として否定形の動詞の前に置かれても否定の対象となり、多くの場合に「すべてがそうであるというわけではない」という意味になります。

Tous les étudiants ne sont pas venus.
学生全員が来たわけではない。（一部が来た）
（比較：**Trois étudiants ne sont pas venus.** 3人の学生が来なかった）

メモ ただし、次のように「一部」ではなく「どれも」が否定されているような例もあります。

Toutes vos menaces ne m'impressionnent pas. （Riegelほか）
あなたがそうやっていろいろ脅しをかけてきても、どれも私には通じませんよ。

（3）情報提供と反論

否定文は、状況によって、単なる情報の提供である場合と、相手の言明や想定に対する否定（反論）である場合があります。

［情報提供］

Jacques est venu à la fête ? — Non, il **n'**est **pas** venu.
ジャックはパーティーに来た？ — ううん、来なかった。

J'adore chanter, mais je **n'**aime **pas** tellement danser.
私は歌うのは大好きだけど、踊るのはあんまり好きじゃないの。

［反論］

Je t'assure, Denis **n'**a **pas** insulté Cécile.
ほんとだって。ドゥニがセシルを罵ったなどということはないよ。

Mais non, le problème **n'**est **pas** encore réglé.
とんでもない。問題はまだ解決したわけではないよ。

Pierre **n'**est **pas** petit ; au contraire, il est immense. (Ducrot)
ピエールは小柄なんかじゃないよ。それどころか、超大柄さ。

フランス語では、形の上ではどちらの場合も違いがありませんが、日本語では「反論」の場合、ふつうの否定文ではないことを示す「…ということはない」「…なのではない」のような手立てがあります。

中上級! **neだけでの否定**

次の場合、neだけで否定文になります。凝った書き言葉です。成句表現を除いて、すべてne ... pasも使えます。

（1）pouvoir「できる」、oser「あえて…する」、cesser de「…するのをやめる」に不定詞が続く場合、savoirに間接疑問節が続く場合

Juliette **ne** put (pas) retenir ses larmes.
ジュリエットは涙を抑えることができなかった。

Il **n'**osait (pas) regarder Mathilde de face.
彼にはとてもマチルドをまともに見ることができなかった。

Le prix de l'or **ne** cesse (pas) d'augmenter.　金の値段は上がる一方だ。

Je **ne** sais (pas) si j'y arriverai, mais au moins, je devrais essayer.
私にうまくできるかどうかは分からないが、少なくともやってみる必要はあろう。

また、je ne saurais …「私は…できない」のような婉曲表現もあります。

Je **ne** saurais vous dire les circonstances exactes de l'accident.
事故の正確な状況は私には分からないので申し上げられません。

（2）仮定のsi「もし」に導かれる状況補語節において

Vous étiez contre ce projet de loi, si je **ne** me trompe (pas).
あなたはこの法案に反対なさっていましたね、私の思い違いでなければ。

Personne ne pouvait entrer dans la pièce, si ce **n'**est sa femme.
誰もその部屋に入ることは不可能だった、彼の妻を除いては。
（成句 si ce n'est …　…を除いては）

（3）〈il y a (voilà) + 時間 + que …〉あるいは〈depuis que …〉という表現で、queの後ろの動詞が複合形の場合

Il y a longtemps que je **ne** vous ai (pas) vu.
お久し振りですね。（長い間あなたにお目にかかりませんでしたね）

（4）qui「誰」、quel「いかなる」を用いた反語的な疑問文において

Qui **n'**aspirerait (pas) à un monde meilleur ?
よりよい世界を切望せぬ人があろうか。

（5）「なぜ」の意味で用いたqueに導かれ、非難などを表す文において

Que **ne** m'en avez-vous parlé ?　（この構文ではpasを使いません）
どうしてそのことを私にお話しいただけなかったのでしょう？

（6）主節が否定・疑問になっている文の関係節において

Il n'y a rien qui **ne** me plaise (pas) dans ce métier.
この職業で私が気に入らないものは何ひとつない。（すべてが好きだ）

（7）成句的表現で

N'empêche que　それでもやはり…である
n'avoir cure de　…などどうでもいいことだ
（凝った表現）**n'**avoir garde de　…しないように気をつける

中上級! 虚辞の ne

特定の従属節で、肯定の意味であるのに ne が現れることがあります。肯定の意味のままなので、省くこともできます。この ne は、「虚辞の ne」と呼ばれます。否定の意味にはなりませんが、内容に感じ取れる潜在的な否定のイメージが形に現れたものと考えられます。虚辞の ne を用いるのは凝った書き言葉で、次のような場合に現れます。

（1）危惧・阻止・回避すべき事態を表す補足節において

> avoir peur、craindre、appréhender 恐れる／
> empêcher 妨げる／éviter 避ける　など

> Jeanne craint que son père **ne** la punisse.
> ジャンヌは父親に罰せられはしないかと恐れている。
> Il faudra absolument éviter que cela **ne** se reproduise.
> このようなことが再び起きることは何としても避けなければならない。

（2）疑念・否定の対象となる事態を表す補足節において、主節が否定・疑問に置かれている場合

> ne pas douter 疑わない／ne pas nier 否定しない／
> ne pas contester 疑義を差し挟まない

> Je ne doute pas qu'il **ne** dise la vérité.
> 彼が真実を言っていることを私は疑ってはいない。

（3）一部の状況補語節において

> avant que …する前に／à moins que …しないかぎり／
> de peur (crainte) que …を恐れて

> Il faut les prévenir avant qu'ils **ne** commencent.
> 彼らが始めてしまう前に彼らに知らせておかないといけない。

（4）優等・劣等比較級の比較の対象を示す que に続く節において

> Son adversaire était beaucoup plus coriace qu'il **ne** l'avait imaginé.
> 対戦相手は彼が想像していたよりもずっとしぶとかった。

第15章 疑問文

疑問文は、話し手が何かを断定するのではなく、聞き手に問いかけて答えを求めるときに使う文の形式です。多くはふつうの質問ですが、文脈により要求・依頼・勧誘などや反語を表すこともあります。

疑問文には、文全体の内容を問題として oui か non の答えを求めるもの（**全体疑問**）と、疑問詞を使って部分的な要素に答えを求めるもの（**部分疑問**）があります。

全体疑問　Vous êtes étudiant ?　あなたは学生ですか？
部分疑問　Tu habites **où** ?　君、どこに住んでるの？（疑問詞 où どこ）

> **メモ**　全体疑問文と部分疑問文のほかに、特殊なものとして、接続詞 ou を使って「A か B か？」と問う疑問文があります。
> Tu viens avec nous **ou** tu restes ici ?
> あなた、私たちと一緒に来る？ それともここにいる？

1. 全体疑問

全体疑問の文を作るには、**3つの方法**があります。
1)（語順はそのまま）音調を上げる
2) est-ce que を使う
3) 倒置をする

1) 音調を上げる

平叙文の語順のままで、文末の音調を上げます。とても簡単な操作なので、日常会話では圧倒的にこの形式が多くなります。

Tu veux du café ↗ ?　コーヒーはいかが？（コーヒーを欲しいか？）

Tu lui as donné un cadeau pour son anniversaire ↗ ?
彼（彼女）に誕生日のプレゼントをあげた？
（cadeau ↗ で上げて、後ろを低くすることもあります）

2) est-ce que を使う

平叙文の頭に est-ce que を付けると疑問文になります。平叙文の語順のままで疑問文が作れるので便利です。日常会話にも向いています。ただ、文の軽快さが損なわれるので、全体疑問の場合、それほど使用頻度が高いわけではありません。

Est-ce que vous connaissez la place Jussieu ?
ジュシユー広場はご存じですか？

3）倒置をする

主語を動詞のすぐ後ろに移動させ、〈動詞―主語〉という語順にして、疑問文であることを示します。音調は、文末が上がるのがふつうです。**単純倒置**と**複合倒置**があります。面倒な操作なので、日常会話ではそれほど使われません。特に複合倒置は書き言葉です。

① 単純倒置

主語が人称代名詞や ce、on の場合には、単純に**主語を動詞のすぐ後ろに置き**ます。こうして倒置したあとの動詞と代名詞主語は、ハイフン（- trait d'union）でつなぎます。

平叙文　　　　　　　　　　　　　　疑問文
Elle vient. ➡ elle vient ( ) ➡ **Vient-elle ?**
　　　　　　　　　　　　　　　　　彼女は来るだろうか？

Vous voulez du café. ➡ vous voulez ( ) du café
➡ **Voulez-vous** du café ?
　コーヒーはいかがですか？

C'est possible. ➡ ce est ( ) possible
➡ **Est-ce** possible ?
　そういうことは可能だろうか？

◆単純倒置の注意点

（i）-t- が現れる場合

主語が il、elle、on で、活用した動詞の末尾が -a か -e の場合、音を整えるために間に t を入れます。-er 型の動詞の直説法現在形はこれに当てはまります。

A-t-il raison ?　彼の言うことは正しいのだろうか？

Va-t-elle me pardonner ?　彼女は私を許すだろうか？

Parle-t-on français en Suisse ?　（-er 型の動詞）
スイスでフランス語は話されていますか？

（ii）動詞が複合形の場合

動詞が複合形の場合は、**助動詞のすぐ後ろに主語を置き**ます。過去分詞はもとの場所に残ります。

Avez-vous choisi ?　お選びになりましたか？

Êtes-vous allé à l'hôpital ?　病院には行きましたか？

(iii) 否定疑問文の場合

　否定疑問文の場合も、主語を動詞（複合形なら助動詞）のすぐ後ろに移動させます。ですから、neは動詞のすぐ前に残りますが、pas（plus、jamaisなど）は移動した主語の後ろに来ることになります。「否定文は動詞を ne ... pasで挟む」という原則は、ここでは崩れます。

Ce n'est pas sa faute. ➡ ce n'est (　) pas sa faute
　➡ **N'est-ce pas** sa faute ?
　　それは彼（彼女）のせいではないのか？

Vous n'êtes pas allé à l'hôpital. ➡ vous n'êtes (　) pas allé à l'hôpital
　➡ **N'êtes-vous pas** allé à l'hôpital ?
　　病院には行かなかったのですか？

Elle ne vous a pas parlé de lui. ➡ elle ne vous a (　) pas parlé de lui
　➡ **Ne vous a-t-elle pas** parlé de lui ?
　　彼女は彼のことをあなたに話さなかったのですか？

(iv) 主語が je の場合

　主語がjeで動詞が現在形の場合、ほとんど倒置はしません。

> **メモ**　凝った文体でjeを倒置することがあります。ai-je（avoir）、suis-je（être）、vais-je（aller）、dois-je（devoir）など。ただし、動詞が鼻母音やrの音などで終わる場合は倒置しません。（×vends-jeは不可）
> 　-er動詞は語末を -é にします。chanté-je（chanter）、acheté-je（acheter）など。

② 複合倒置

　主語がふつうの名詞句などの場合（人称代名詞、ce、on 以外のものの場合）は、**名詞句を主語人称代名詞で受け直して、その代名詞を動詞のすぐ後ろに移動させます。**

Le roi est-il satisfait ?　王は満足しているか？

　上の例に見るように、Le roi est satisfait. という平叙文に対して、× Est le roi ...? という単純倒置を行うことはできません。le roiをもう一度ilで受け直してest-il ...? としなければなりません。

> **メモ** 複合倒置は、遊離構文の Le roi, il est satisfait. をもとにして、主語の代名詞と動詞を倒置したものと考えられます。　☞ 遊離構文 p.377

Le roi est satisfait. ➡ Le roi **il** est satisfait. ➡ le roi il est (　) satisfait ➡ Le roi **est-il** satisfait ?

4) 全体疑問文に対する返答 oui、non、si

全体疑問文に対する返答の基本は、肯定する場合が oui「はい」、否定する場合が non「いいえ」です。

Tu as faim ? — **Oui**, j'ai faim.
　　　　　　 — **Non**, je n'ai pas faim.

君、おなかすいた？ ― うん、すいた。
　　　　　　　　 ― いや、すいてない。

ただし、否定疑問文に対しては、肯定文で答える場合、oui ではなく si を使います。

Tu n'as pas faim ? — **Si**, j'ai faim.
　　　　　　　　 — **Non**, je n'ai pas faim.

君、おなかすいてない？ ― すいた。
　　　　　　　　　　 ― すいてない。

> **メモ** 日本語では、否定疑問文に対する返事の仕方は紛らわしいことがあります。例えば「おなかすいてない?」に対して、否定文で答えるのに「うん、すいてない」も「いや、すいてない」もどちらも可能です。

2. 部分疑問

(1) 疑問詞のいろいろ

部分疑問文で使われる疑問詞としては、疑問代名詞、疑問副詞、疑問形容詞があります。また、これらの疑問詞を含んだ前置詞句もよく使われるので見ておきましょう。

1) 疑問詞

単体の疑問詞としては、次のものがあります。

① **疑問代名詞**

疑問代名詞の基本的なものは2つです。

人を指す場合：**qui** 誰　　　ものを指す場合：**que / quoi** 何

> **メモ** 「何」を表すque / quoiの使い分けは、例えば「私」を表す人称代名詞のme（直接目的語）/ moiの使い分けと似ています。que（直接目的語、属詞）は必ず動詞の前に付く接合形、quoiは遊離形です。どちらも主語としては使えません。

疑問代名詞には、もう1つlequelの系統があります。 ☞ ③▶

② **疑問副詞**

疑問副詞は次の5つです。

où どこに（で）　　**quand** いつ　　**comment** どのように
pourquoi なぜ　　**combien** いくつ、どれだけ

▶ combienは、deを伴って限定詞としても働き、〈combien de + 名詞〉という名詞句を作ります。

combien de livres 何冊の本　　**combien d'**argent どれくらいのお金

③ **疑問形容詞**

疑問形容詞は1つです。

quel どんな、どの

次のように、関係を持つ名詞の性・数にしたがって形が変わります。

	単数	複数
男性	quel	quels
女性	quelle	quelles

* 属詞として用いるほかに、限定詞として用い、〈quel + 名詞〉で名詞句を形成します。
　quelle voiture　どの車　　quel genre de musique　どういうタイプの音楽

▶ **lequel**

quelは、定冠詞と結び付いたlequelという形で「どれ、どの人」という意味の疑問代名詞になります。前文脈に出た名詞Nを受けてquel N「どのN」と言う代わりに使えます。

* lequelも性・数にしたがって 男単 lequel、女単 laquelle、男複 lesquels、女複 lesquellesとなります。
　また前置詞àやdeに続くと縮約が起こります。　男単 auquel、duquel、男複 auxquels、desquels、女複 auxquelles、desquelles ☞ 冠詞の縮約 p.47

2）疑問詞を含む前置詞句

前置詞句 ☞ p.293 は〈前置詞 + 名詞句〉という形を取り、文の中で動詞の補語や状況補語などいろいろな役割を果たします。ここでは、前

置詞句に疑問詞が含まれるものを確認しましょう。

① 〈前置詞＋疑問代名詞〉

　上で見たように、疑問代名詞が「誰」の場合はquiを、「何」の場合は遊離形のquoiを使います。

　avec **qui** 誰と一緒に　　avec **quoi** 何を使って
　par **qui** 誰によって　　par **quoi** 何によって

② 〈前置詞＋quel / combien de＋名詞〉

　前置詞に続く名詞句の限定詞がquelあるいはcombien deの場合です。

　avec **quel** couteau　どのナイフで
　avec **combien de** personnes　何人の人と一緒に
　dans **combien de** temps　どれくらいの時間の後に
　à **quelle** heure　何時に

③ 〈前置詞＋疑問副詞〉

　例外的に前置詞の後ろに副詞が来ます。quandとoùが対象です。

　depuis **quand** いつから／pour **quand** いつの予定で／
　jusqu'à **quand** いつまで／d'**où** どこから／par **où** どこを通って／
　vers **où** どこに向かって／jusqu'**où** どこまで　　など

（2）疑問詞・疑問詞を含む前置詞句の単独使用

　疑問詞（特に疑問副詞）・疑問詞を含む前置詞句などは、文の本体を省略して単独でもよく用いられます。（＊queおよび属詞の場合のquelは除きます。）

On te demande au téléphone. — **Qui ?**
君に電話だよ。―誰から？

De Sagan, je n'ai lu qu'un roman. — **Lequel ? / Quel roman ?**
私、サガンは小説1編しか読んでないの。―どれ？／どの小説？

Jacques va déménager. — **Quand ? / Pourquoi ?**
ジャックは引っ越しするよ。―いつ？／どうして？

Ils arrivent aujourd'hui. — **À quelle heure ?**
彼らは今日着くよ。―何時に？

（3）疑問詞を使った疑問文

部分疑問文、つまり疑問詞を使った疑問文を作る場合も、基本的には全体疑問文の場合と同じと見なせる**3**つの作り方があります。
1）語順はそのままにする
2）est-ce que などを使う
3）倒置をする

1）語順はそのまま

語順はそのままで、平叙文の中に疑問詞を組み込みます。疑問副詞や前置詞句などを文頭に置くこともできます。

こうしてできた文は、場合によりやや雑な感じがしますが、簡単な操作なので、日常会話の短い文ではよく使われます。次のように疑問詞の役割や種類によって語順が変わります。

① 主語の役割

疑問詞が主語の場合は、そのまま動詞の前に置きます。

Qui veut du café ?　コーヒー欲しい人は誰？

> メモ　quiが主語の場合、動詞は3人称単数で活用します。また、属詞なども男性単数形になります。

Qui n'est pas content ?　不満なのは誰か？

> メモ　〈quel＋名詞〉と〈combien de＋名詞〉をそのまま主語にした疑問文は凝った言い方です。これらについては、「3）倒置をする」のメモ（p.324）を見てください。

② 直接目的語、属詞の役割

疑問詞が直接目的語と属詞の場合は、そのまま動詞の後ろに置きます。

Vous cherchez **qui** ?　誰を探しているのですか？

Tu fais **quoi**, comme sport ?　スポーツは何をやってるの？

C'est **qui**, le garçon à côté de Jean ?　（Qui c'est ... も可）
誰なの、ジャンの横にいる男の子は？

Dis papa, c'est **quoi**, le futon ?　ねえパパ、フトンってなあに？

▶〈quel + 名詞〉と〈combien de + 名詞〉は、動詞の後ろだけでなく、文頭に置くこともあります。

Tu prends **quel pull** ?（または Quel pull tu prends ?）
あなた、どのセーターにするの？

Vous voulez **combien de tomates** ?　トマトは何個ご入り用ですか？
（または **Combien de tomates vous voulez ?**）

2. 部分疑問

> **メモ** 直接目的語として使う場合、combienと〈de＋名詞〉を離すこともできます。

Combien vous voulez **de tomates** ?

③ 疑問副詞

一般的には文中や文末に組み込むことも、文頭に置くこともできます。

Tu as vu ce film **où** ? （または Où tu as vu ce film ?）
この映画、どこで見たの？

Tu t'appelles **comment** ? （または Comment tu t'appelles ?）
君の名前は？

Ça coûte **combien** ? （または Combien ça coûte ?）
（お金）いくらかかりますか？

▶ quandはあまり前には置きません。

Tu pars **quand** ?　いつ出発するの？

> **メモ** quandを文頭に置いて〈主語―動詞〉と続けると、時を表す状況補語節「…するとき」と区別がつかなくなります。quand est-ce queという形にすれば曖昧さはなくなります。☞ p.323 ②

▶ pourquoiは前に置きます。後ろには置きません。

Pourquoi tu ne m'en as pas parlé ?
どうしてそのこと私に話してくれなかったの？

④ 前置詞句

疑問詞を含む前置詞句は、文中あるいは文末に組み込むことも、文頭に置くこともできます。

Vous parlez **de quoi** ? （または De quoi vous parlez ?）
君たち、何の話をしているの？

Tu viens **avec qui** ? （または Avec qui tu viens ?）
君は、誰と一緒に来るの？

Tu es là **depuis combien de temps** ?
（または Depuis combien de temps tu es là ?）
あなた、どれくらい前からここにいるの？

2) est-ce que、est-ce qui を使う

文頭に疑問詞・疑問詞を含む前置詞句などを置き、残りの文をest-ce queやest-ce quiで始めて〈主語―動詞…〉の語順はそのままにします。簡単な操作なので、日常会話に向いています。次の2つのグルー

プに分けて考えると分かりやすくなります。

① **疑問代名詞 qui と que**

qui「誰」、que「何」の場合、主語として用いるのか直接目的語・主語の属詞として用いるのかによって、きれいに形が分かれます。これらの形は日常会話でとてもよく使います。

	主語	直接目的語・属詞
誰	**qui** est-ce qui　誰が	**qui** est-ce que　誰を、誰
何	**qu'**est-ce qui　何が	**qu'**est-ce que　何を、何

* 先頭のqui、que（太字）が「誰」「何」を表します。
* 末尾（下線部）のquiは疑問代名詞が主語の役割、queは疑問代名詞が直接目的語・主語の属詞の役割を果たすことを示します。

[誰]　**Qui est-ce qui** vient demain ?（主語）
　　　明日は誰が来るの？

　　　Qui est-ce que vous attendez ?（直接目的語）
　　　あなたは誰を待っているのですか？

　　　Qui est-ce que je suis ?（主語の属詞）
　　　私は何者なのか？

[何]　**Qu'est-ce qui** s'est passé ?（主語）
　　　何が起こったの？

　　　Qu'est-ce que tu vas faire demain ?（直接目的語）
　　　君、明日は何をするの？

　　　Qu'est-ce qu'il y a dans ce carton ?（直接目的語）
　　　その段ボールには何が入ってるの？

　　　Qu'est-ce que c'est ?（主語の属詞）
　　　これは何ですか？

② **その他の疑問詞・疑問詞を含む前置詞句など**

est-ce queを使います。操作は簡単ですが、軽快さに欠けるのでそれほど好まれません。ただし、**quand est-ce que**と**où est-ce que**は比較的よく使われます。

Quand est-ce que tu vas nous inviter au restaurant ?
君、いつ僕たちをレストランに招待してくれるの？
（* quandとest-ce queは[t]の音でリエゾンします。）

Où est-ce que tu vas mettre tous ces livres ?
あなた、この本全部どこに置くつもり？

Quelle veste est-ce que tu as achetée à Milan ?
どのジャケットをミラノで買ったの？

Depuis quand est-ce que vous fumez tant de cigarettes ?
あなたは、いつからそんなにタバコを吸っているのですか？（＊リエゾンしません。）

3）倒置をする

疑問詞・疑問詞を含む前置詞句などを文頭に置き、その後ろは倒置して〈動詞―主語〉という語順にします。単純倒置と複合倒置の使い分けは全体疑問文の場合より複雑です。一部のものを除いて、日常会話ではあまり使われません。

① 原則

倒置の仕方の原則は全体疑問文の場合と同じです。

[主語：人称代名詞、ce、on]　➡　単純倒置

Qui est-ce ?（quiは属詞）
これは誰ですか？

Qui avez-vous vu ?（quiは直接目的語）
あなたは誰を見かけたのですか？

Que faites-vous là ?（queは直接目的語）
そこで何をやっているのですか？

Qu'y a-t-il dedans ?（queは直接目的語）
その中には何があるのですか？

À qui a-t-elle téléphoné ?（à quiは間接目的語）
彼女は誰に電話をしたのですか？

Comment vous appelez-vous ?（commentは直接目的語の属詞）
あなたのお名前は何ですか？

Depuis quand habitent-ils à Paris ?（depuis quandは状況補語）
彼らはいつからパリに住んでいるのですか？

> **メモ** queを属詞にしたQu'est-ce ? は古い形ですが、後ろに〈que＋名詞句 / 不定詞〉を続けると、「…とは何ぞや？」という文になります。

Qu'est-ce que la vie ?　人生とは何ぞや？

> **メモ** 主語が疑問詞の場合、すなわちqui、〈quel＋名詞〉、〈combien de＋名詞〉の場合には、そのまま文頭に置くので倒置は起こりません。

Qui t'a dit ça ?　誰がそれを君に言ったの？

Quel étudiant a eu la meilleure note ?
どの学生が一番いい点を取りましたか？

Combien d'étudiants ont réussi ?　何人の学生が合格しましたか？

ただし、〈quel＋名詞〉、〈combien de＋名詞〉は複合倒置を行うこともあります。
　　上の例文のような内容は、quelを用いるのであれば、次のように属詞にするか強調構文で取り立てるのがより日常的です。

Quel est l'étudiant qui a eu la meilleure note ?　（属詞）
一番いい点を取った学生は誰ですか？

C'est quel étudiant **qui** a eu la meilleure note ?　（強調構文）
一番いい点を取ったのはどの学生ですか？

また、〈combien de＋名詞〉なら、日常会話ではil y aと関係代名詞を使います。

Il y a combien d'étudiants **qui** ont réussi ?
合格した学生は何人いますか？

［主語：ふつうの名詞句］➡ 複合倒置

Qui le témoin a-t-il vu ?（quiは直接目的語）
目撃者は誰を見かけたのか？

À qui Léa a-t-elle prêté de l'argent ?（à quiは間接目的語）
レアは誰にお金を貸したのか？

Comment Serge a-t-il peint ce tableau ?（commentは状況補語）
セルジュはどうやってこの絵を描いたのか？

Depuis quand cette usine fabrique-t-elle des jouets ?
いつからこの工場はおもちゃを作っているのか？　（**depuis quand**は状況補語）

② 例外
　　主語がふつうの名詞句であっても、次の場合は**単純倒置**になります。
［qui、que、quelを主語の属詞として使う場合］

Qui est ce monsieur ?　あの男の人はどなたですか？

Que devient Louis XVI après son arrestation ?（＊凝った文体）
逮捕されたあと、ルイ16世はどうなるのか？

Quelle est votre nationalité ?　あなたの国籍は何ですか？

［queを直接目的語として使う場合］

Que va faire la France ?　フランスはどうするのか？

Qu'a dit Mazarin au roi ?　マザランは王に何と言ったのか？

［oùをêtreの補語として使う場合］

Où est Françoise ?　フランソワーズはどこ？

Où sont les WC, s'il vous plaît ?　お手洗いはどこですか？

3. 疑問文の意味

疑問文は、相手に情報を求めるのが基本ですが、使われている単語や発話の際の状況などによっては、要求・依頼・勧誘などを表すことがあります。 命令文の章 p.328 また、反語的に使われることもあります。

[要求・依頼]

Voulez-vous attendre un instant ?
少々お待ちいただけますか？

Vous pouvez répéter encore une fois, s'il vous plaît ?
もう一度繰り返していただけますか？

Vous avez l'heure, s'il vous plaît ? — Il est une heure.
時間分かりますか？ — 1時です。

[勧誘]

Tu viens avec nous ?　私たちと一緒に来ない？

On joue au tennis ?　テニスしない？

[反語]

Est-ce que je t'ai déjà menti ?
僕が君に嘘をついたことがあるかい？

中上級! 部分疑問文における倒置に関する補足

疑問副詞や疑問詞を含む前置詞句を伴う部分疑問文の場合には、主語がふつうの名詞句であっても、複合倒置だけでなく単純倒置も可能です。

Comment ce monsieur s'appelle-t-il ?
= Comment s'appelle ce monsieur ?
あの男の人は何という名前ですか？

Quand les secours viendront-ils ?
= Quand viendront les secours ?
救助隊はいつ来るのだろうか？

Depuis combien de temps cette situation dure-t-elle ?
= Depuis combien de temps dure cette situation ?
どれほど前からこの状況は続いているのだろうか？

ただし、次の場合は複合倒置だけが可能です。

[疑問詞が pourquoi]

Pourquoi la princesse ne se réveille-t-elle pas ?
どうして王女は目を覚まさないのだろうか？

[qui が直接目的語]

Qui ce monsieur attend-il ?　この男の人は誰を待っているのか？

[動詞の後ろに直接目的語がある場合]

Quand le président a-t-il pris **cette décision** ?
大統領はいつこの決定を下したのか？

中上級!　俗語的な部分疑問文

俗語的な部分疑問文の作り方がいくつかあります。どれも形式は規則的です。

▶ est-ce que、est-ce qui の代わりに、倒置していない c'est que、c'est qui を使います。

Quand **c'est que** tu reviens ?　いつ戻って来るんだい？
Qui **c'est qui** vient demain ?　明日来るのは誰だい？

▶ 強調構文を使って疑問詞などを取り立てます。

C'est quand **que** tu reviens ?　いつ戻って来るんだい？
C'est qui **qui** vient demain ?　明日来るのは誰だい？

▶ 上の文から c'est を外します。かなり粗雑な感じになります。

Quand **que** tu reviens ?　いつ戻って来るんだい？
Qui **qui** vient demain ?　明日来るのは誰だい？

第16章 命令文

命令文は、聞き手に「…しなさい」と要求する文です。要求の内容、要求の仕方、用いられる文の形式により、ニュアンスは変わります。

「…しなさい」「…してはいけません」という命令・禁止を表す代表的な文は、動詞を命令法にした文です。しかし、「命令（禁止を含む）」には、頭ごなしのものから丁寧な言い方のものまでいろいろな段階があり、命令法以外の形式もよく使われます。

また、「行動する（しない）ように聞き手に働きかける」行為という側面から考えると、「命令」のほかに「依頼」や「助言」などもあります。

ここでは、それらの表現の主なものを見ます。

命令・依頼・助言の表し方

(1) 命令

1) 命令法 ☞ p.240 で表す

最も直接的に、聞き手に対して何らかの行動をする（しない）ように促す形式です。どの程度の「命令」と理解されるかは状況によります。例えば、行動が聞き手の意に染まないものであれば強制的な命令となり、聞き手のためになるものであれば助言と理解されやすくなります。

Ne restez pas là, **circulez** !
（警察官などが）そこに立ち止まらないで、さあ進んで。

Ne criez pas, Monsieur, je n'y peux rien.
大声を出さないでくださいよ、どうしようもないんだから。

Regarde le ciel. Il va pleuvoir.
空を見て。これはひと雨来るよ。

Contactez-nous si vous êtes en difficulté.
悩み事があるなら、私たちにご相談ください。

▶ 命令の緩和

命令法の文に特定の表現を添えて、命令や指示を緩和することもできます。

Apportez-nous la carte, **s'il vous plaît**.
(レストランで) メニュー見せてもらえますか？

Attendez ici, **je vous prie**.　どうかここでお待ちください。

Je t'en prie, ne sois pas méchant avec moi.
お願いだから、私に意地悪しないでよ。

> **メモ** vouloirの命令法を使った〈Veuillez＋不定詞〉という形式張った丁寧表現もあります。

Veuillez nous rappeler plus tard.
(留守番電話など) のちほどおかけなおしください。

2）単純未来形で表す

2人称の単純未来形を使った文を断定的な調子で言うと「命令」の意味合いを帯びます。☞ p.211 ③

Tu ne **mangeras** pas toute la tarte.
タルト、全部食べないでよ。

▶ 近接未来形・現在形を使って表す

近接未来形や現在形も同じように「命令」として用いることができます。

Vous **allez partir** tout de suite.（近接未来形）
すぐに出発してください。

Toi, tu **restes** ici.（現在形）　君はここにいるんだ。

3）その他の表現

① devoir、pouvoirなど

準助動詞のdevoir「…しなければならない」やpouvoir「…できる」を使った文も、命令や指示の意味合いを持つことがあります。

Vous **devez** laisser vos bagages ici.
手荷物はここに置いていってください。

Vous ne **pouvez** pas entrer sans badge.　名札がないと入れません。

② ordonner、interdireなど

命令・禁止などを表すordonner「命令する」、interdire「禁止する」、prier「願う」のような動詞を使うこともできます。

Je vous interdis de parler politique devant les élèves.
生徒たちの前で政治の話をしないように。(私はあなたたちに禁止する)

Je vous prie de m'excuser pour le retard de réponse.
お返事が遅くなったこと、ご容赦ください。(私はあなたに願う)

(2) 依頼

1) pouvoir、vouloir p.250

　命令・指示と依頼の境界は必ずしもはっきりしているわけではありませんが、人に物を頼むときにはpouvoir、vouloirがよく使われます。

Vous pouvez répéter encore une fois, s'il vous plaît ?
もう一度繰り返していただけますか？

Pourriez-vous me faire savoir les modalités d'inscription et les tarifs ? (とても丁寧な表現)
登録手続きの方法と料金をお教えいただけますでしょうか？

Voulez-vous me suivre ? / Si vous voulez bien me suivre.
私についてきていただけますか？

2) その他の表現

　依頼の表現としては、状況に応じて、例えば次のように条件法を使った定型的なものもあります。

Marie, tu serais gentille d'aller chercher mes lunettes.
マリ、僕の眼鏡取ってきてくれるかなあ。

Ça ne vous dérangerait pas de m'accompagner jusqu'à chez moi ?
私を家まで送っていただけないでしょうか？

Je vous serais donc très reconnaissant(e) de bien vouloir m'accorder une année supplémentaire de bourse.
(願い書) そのようなわけで、奨学金の1年間延長をお認めいただけるようお願い申し上げます。(…していただければあなたにとても感謝する)

（3）助言

1) devoir、faire mieux de など
devoir や faire mieux de などの表現を、特に条件法現在で使うと、聞き手に対する助言や忠告になります。☞ p.220 ②

Vous devriez vous reposer un peu.　少し休んだほうがいいですよ。

Tu ferais mieux de te taire !　君、黙ってたほうがいいよ。

2)〈si＋半過去形〉
2人称の主語で〈si＋半過去形〉を使うと、「…してはどうか」という助言の意味を表すことができます。☞ p.202

Si tu arrêtais de fumer ?　あなた、タバコ吸うのやめたら？

3) conseiller、recommander
動詞 conseiller「助言する」、recommander「強く勧める」などを使うこともできます。

Je te **conseille** de boire moins de café.
君にはコーヒーをもう少し控えることを勧めるよ。

（4）特殊な形の命令・指示・依頼

1) 名詞句
名詞句だけで命令・指示・依頼を表せる場合があります。聞き手にどういう行動が求められているかは状況から理解されます。s'il vous plaît「お願いします」が添えられることもよくあります。

La porte, s'il vous plaît !　ドア、お願いします！（＝閉めてくれ）

Un peu de silence, s'il vous plaît !　ちょっと静粛に！

Une baguette et deux croissants, s'il vous plaît.
バゲット1本とクロワッサン2個お願いします。（＝ください）

2) 動詞の不定詞
標示、指示文、取扱説明書、ハウツー本などでよく用いられます。

Ralentir　（車などに対する標示）　減速

Ne pas se pencher au dehors　（電車などで）窓から身の乗り出し禁止

Rayer les mentions inutiles
（記入書類など）該当せぬ記載は線を引いて消すこと

Faire cuire à feu doux 　（レシピ）　弱火で煮ます（焼きます）

3）補語・形容詞の付いた名詞

公的な標示や掲示でよく用いられます。

Défense d'afficher　　貼紙禁止

Prière de ne pas marcher sur les pelouses
芝生の上を歩かないでください

Stationnement interdit　　駐車禁止

Sens unique　　一方通行

第17章 感嘆文

感嘆文は、ある出来事を前にして「なんと…なことだ！」という驚きを表す文です。

「なんと…なことだ！」という驚きや強い情動を表す文を、広い意味で感嘆文と呼ぶとすれば、ふつうの平叙文でも、音調により感嘆文となりえます。しかし、感嘆詞と呼ばれる語を使って、ある特定の形式を取る文が存在します。ここでは、それらの形式を中心に概観します。

感嘆文の形

(1) 感嘆詞を使った感嘆文

感嘆詞の多くは疑問詞と共通で、形式だけを見れば、感嘆文と疑問文の見分けがつかない場合もあります。

ただし、文字で書く場合、疑問文の終わりには疑問符（？）を付けるのに対して、感嘆文の終わりには感嘆符（！）を付けます。

1) 感嘆形容詞 quel

感嘆形容詞 quel は、限定詞として〈quel ＋ 名詞〉という形の名詞句を作ります。この名詞句は「なんという…だ！」という意味を表します。quel は、疑問詞の場合と同じように、名詞の性・数にしたがって形が変わります。

	単数	複数
男性	quel	quels
女性	quelle	quelles

quel は形容詞の修飾を受けた名詞に付くこともできます。この構文自体が「程度が強い」ことを表すので、名詞を修飾する形容詞に très など程度の副詞は付きません。

〈quel ＋ 名詞（＋ 形容詞）〉は、単独で使うことも、文の中の要素として使うこともあります。文中の要素としては、動詞の直接目的語や主語の属詞の役割を果たします。また、前置詞に導かれて前置詞句となることもあります。いずれの場合も**文頭**に置きます。

感嘆文の形

[単独で]

Quelle chaleur !　なんて暑さだ！

Quel château magnifique !　なんてすばらしいお城なんだ！

[直接目的語として]

Quels beaux cheveux elle a !
彼女はなんときれいな髪の毛をしているんだ！

Quelle chance j'ai eue de travailler avec eux !
あの人たちと仕事ができて、なんと私は運がよかったんだろう！

[主語の属詞として]

Quel virtuose il était, ce Paganini !
なんという名手だったんだ、あのパガニーニというのは！

[前置詞句で]

Dans son livre, elle aborde le sujet très intelligemment, et avec **quel** humour !
本の中で、彼女はとても賢明にそのテーマを扱っている。しかも、なんというユーモアあふれるやり方で！

> メモ　感嘆形容詞のquelそのものを属詞として使う場合もあります。凝った書き言葉です。
>
> **Quelle** ne fut pas ma déception !　私の失望はいかばかりだったろう。
> （この感嘆文のne ... pasは一種の強調　☞ 中上級 p.337 ）

2）**感嘆副詞 comme / ce que / qu'est-ce que / que**

　この4つはすべて同じように使えます。どの場合も文頭に置いて、属詞形容詞、動詞、副詞を修飾します。修飾される要素に程度の副詞（très、beaucoupなど）を付けることはできません。

> メモ　commeはやや凝った言い方、ce queはややくだけた言い方、qu'est-ce queはくだけた言い方、queはかなり凝った言い方です。日常会話ではqu'est-ce queがよく使われます。

[属詞形容詞の修飾]

Comme il est mignon !　この子はなんてかわいいんでしょう！

Ce que je la trouve belle, cette femme !
あの女性は本当にきれいだと思うよ。

[動詞の修飾]

　Comme il mange !　彼はなんとよく食べることか！

　Qu'est-ce que j'ai souffert !　僕はなんと苦しんだことか！

[副詞の修飾]

　Qu'est-ce qu'elle chante bien !　彼女はなんて上手に歌うんだろう！

　Que le temps passe vite !　なんて時間のたつのは速いのだろう！

▶数量の多さを言う場合

動詞の直接目的語に当たるものについて、その数量の多さを問題にする場合、くだけた言い方では次のように言うことができます。comme「…として」は前置詞的に用いられた接続詞です。

　Qu'est-ce qu'il boit **comme bière** !
　彼がビールを飲むことといったらものすごい。

　Qu'est-ce qu'il y avait **comme monde** à la gare !
　駅にいた人の数ときたらすごかったわ。

（2）その他の感嘆文

1）〈un(e) de ces ＋名詞〉

この形が感嘆文として使われる場合、ces は何か特定の「これらの…」を表すわけではありません。書き言葉でも話し言葉でも使われます。

　Il faisait **un de ces vents**, ce jour-là !
　その日の風のすごいことといったら！

　J'ai **une de ces faims** !　おなか減ったぁ！

2）〈être d'un(e) ＋名詞〉

人やものの性質について言う形なので、名詞は性質を表す抽象名詞を使います。書き言葉でも話し言葉でも使われます。

　Léa **est d'une patience** !　レアの忍耐強いことといったら…！

　Le château **est d'une beauté** !　その城の美しさときたら…！

　メモ この形は、名詞の後ろに続くべき形容詞（例：extraordinaire 並外れた、incroyable 信じられないような）を省いたものです。そのことによって、言葉にできないくらいものすごい、ということを示します。

感嘆文の形

3）〈être d'un ＋形容詞〉

上記 2）と同様の構文ですが、名詞ではなく性質を表す形容詞を使います。くだけた話し言葉です。

C'est d'un chiant, ses blablas !
あいつのおしゃべりのうっとうしいこと！

Marie **est d'un difficile** ! Y a rien (Il n'y a rien) qui lui plaît.
マリのうるさいことといったら…！ どれも気に入らないんだって。

中上級! 〈que de＋名詞〉〈combien de＋名詞〉

「なんという数量の…だ！」という意味になります。疑問詞の場合と同じように、combien de の後ろの名詞は、一部のものを除いて可算名詞を置きます。que de に制限はありません。どちらもかなり凝った言い方で、特に combien de は古めかしくなります。

Que d'arbres (Combien d'arbres) il a plantés sur cette terre aride !
この不毛の土地に、彼はどれほどの木を植えたことだろう！

combien は属詞形容詞、動詞、副詞を修飾することもできます。古めかしい言い方です。

Combien il est important de défendre la liberté d'expression !
表現の自由を守るのはどれほど重要なことだろう。

中上級! 感嘆文：主語の倒置

主語と動詞を倒置して感嘆文であることを表すことがあります。主語は人称代名詞、ce、on で、多くは属詞構文の場合です。凝った書き言葉です。

Est-il idiot !　彼はなんと愚かなのだ！

ちなみに、書き言葉では、否定形による強調の場合も主語を倒置します。

☞ 次ページ中上級

> **中上級!** **感嘆文：否定形による強調**
>
> 　感嘆文が否定形になることがあります。意味をより強調したニュアンスになります。凝った書き言葉で使うことが多く、主語と動詞を倒置させます。
>
> Que d'arbres **n'**a-t-il **pas** plantés sur cette terre aride !
> この不毛の土地に、彼はどれほどの木を植えたことだろう！
>
> 話し言葉でも、「数量の多さ」を言うときなどに現れることがあります。
>
> Oh là là, qu'est-ce que je **n'**ai **pas** souffert !
> いやはや、僕はなんと苦しんだことか！

第18章 さまざまな構文 1

基本的な〈主語─動詞─目的語〉という形のほかにも、さまざまな形式の構文があります。この章ではilを主語とする「非人称構文」と「…される」という受身を表す「受動態」を取り上げます。

1. 非人称構文

非人称構文とは、**代名詞ilを形式的な主語とする**構文です。この構文でだけ使う動詞によるものと、一般の動詞を非人称構文で用いたものの2つの場合があります。

概要

非人称構文は、代名詞**il**を形式的な主語として立てた構文です。

Il faut de la cannelle pour faire ce gâteau.
このお菓子を作るのにはシナモンが必要だ。(**il faut...** …が必要だ)

Il lui est arrivé une chose bizarre.
彼(彼女)に奇妙な出来事が起こった。(**il arrive...** …が起こる)

この場合の**il**には意味的な内容はありません。何ものかを指し示すわけではなく、ただ形式的に**主語の位置を占めている**だけです。この**il**は「非人称の**il**」と呼ばれます。

非人称構文の動詞は、主語の**il**に合わせて、常に**3人称単数の活用形**になります。複合過去形などの過去分詞が性・数の変化をすることもありません。

> **メモ** 通常の3人称単数男性形の人称代名詞ilは、文脈や発話の場面などに登場した特定のもの(男性名詞)を受けて、「彼」「それ」などと指し示します。

Alain est là ? — Oui, il est déjà arrivé.
アランはいる？ — うん、彼もう来てるよ。(**il = Alain**)

Il t'a plu, le film ? 面白かった、映画は？(**il = le film**)

非人称構文には、この構文でしか現れない動詞を使ったもの(**il faut...** など)と、一般の動詞を使ったもの(**il lui est arrivé...** など)とがあります。

（1）非人称構文でのみ使う動詞

天候を表す一連の動詞と、その他の動詞・動詞相当句があります。

1）天候を表す動詞

天候を表す動詞は非人称の il を主語として使います。次のような動詞です。

> pleuvoir 雨が降る／neiger 雪が降る／grêler ひょう（あられ）が降る／
> bruiner 霧雨が降る／tonner 雷が鳴る／venter 風が吹く／
> brumer もやが出る　　など

Il pleut depuis trois jours. 　ここ３日雨が降っている。

Il n'a pas **neigé** cet hiver. 　この冬は雪が降らなかった。

> メモ　天候を表す動詞が比喩的に用いられた場合は、ふつうの名詞句を主語に置くことができます。
>
> Les balles pleuvaient de partout.
> 弾丸が至る所から雨あられと降り注いできた。

◆天候を表す il fait

動詞 faire を非人称主語の il と組み合わせた il fait... も天候などを表す専門の形式です。

Il fait beau aujourd'hui. 　今日は天気がいい。

Il a fait très chaud tout le mois d'août. 　８月中、とても暑かった。

［その他の例］

> *il fait* mauvais 天気が悪い／froid 寒い／doux 穏やかだ／
> humide じめじめする／lourd むしむしする／sec 乾燥する／
> bon 気持ちがいい／clair 空が明るい／sombre 空が暗い／
> un temps magnifique すばらしい天気だ／du vent 風がある　　など

2）非人称構文でのみ使うその他の動詞・動詞相当句

最も重要なのは、il y a「…がある、いる」（動詞 avoir）、il faut「…が必要である」（動詞 falloir）、il est「（時刻）今…時である」（動詞 être）、il reste「…が残っている」（動詞 rester）の４つです。

Il y avait très peu de monde dans le magasin.
店にはほんのわずかしか人がいなかった。

1. 非人称構文

Il faudra beaucoup d'argent pour construire ce stade.
このスタジアムを造るにはとても費用がかかるだろう。

Il n'est que six heures.　まだ6時だ。

Il reste encore un quart d'heure.　まだ15分残っている。

上の例では動詞の後ろは名詞句ですが、il faut は後ろに不定詞も補足節も置くことができ、どちらもとてもよく使います。

Il faut **faire attention**.　気をつけなければならない。

Il faut **que tu fasses attention**.　君は気をつけなければならない。

以下に非人称構文でのみ使う表現をいくつか挙げておきます。

［後ろに名詞句が来るもの］

　il s'agit de...　それは…のことなのだ
　il était une fois...　昔々あるところに…がありました
　il y va de...　…にかかわる問題だ
　il en va de même de...、il en est de même de...　…についても事情は同様だ

［後ろに不定詞が来るもの］

　il ne reste plus qu'à...　あとはもう…するだけである

［後ろに不定詞・補足節が来るもの］

　il s'agit de (que) ...　…する必要がある
　il n'est pas question de (que) ...　…するなど問題外だ
　il est (grand) temps de (que) ...　そろそろ…すべきときだ

［後ろに補足節が来るもの］

　il paraît que...　[伝聞]　…であるということだ
　il semble que...　[推測]　…であるようだ
　il se trouve que...　（実はたまたま）…なのである
　il se peut que...　…である可能性もある
　il s'en faut de peu（de beaucoup）que...　もう少しのところで…である（…であるにはほど遠い）
　il va de soi que...　…であるのは当然のことである

Il y va de ma dignité.　私の沽券(こけん)にかかわることだ。

Non, nous n'avons aucune intention de faire de la censure. **Il s'agit d'**un malentendu.
いや、我々は検閲するつもりなど毛頭ない。それは誤解にすぎない。

Il paraît qu'un peu de vin est bon pour la santé.
少量のワインは健康にいいらしい。

> **メモ** 上に挙げた表現のうち、後ろの名詞句等を代名詞化できるのは il faut と il y a と il n'est pas question だけです。
> 　il y a は数量代名詞の en と、il faut は en および直接目的語人称代名詞とともに使うことができます。したがって、この2つの表現の後ろに来る名詞句などは文法的には直接目的語ということになります。

Il y a encore du lait ? — Oui, il y **en** a encore.
ミルクはまだある？ — うん、あるよ。

Il faut combien d'œufs ? — Il **en** faut trois.
卵はいくつ要る？ — 3つ要るよ。

On ne peut pas se passer de l'assurance scolaire ?
— Non, il **la** faut pour toute les activités obligatoires.
学校保険なしではだめなのですか？
— ええ、義務的行事については学校保険が必要です。

S'il **le** faut, je n'hésiterai pas à employer les grands moyens.
必要とあらば、非常手段に訴えることも辞さない覚悟だ。

　一方 il n'est pas question は、後ろに来る〈de+名詞句〉を、前置詞 de を含む代名詞 en に置き換えることができます。

On va acheter un appartement. — Non, il n'**en** est pas question.
マンション買おうよ。 — だめ。問題外だよ。

(2) 一般の動詞の非人称構文

1)〈il est＋形容詞＋de 不定詞（または補足節）〉

　非人称の il を主語にし、形容詞（または形容詞相当句）の後ろに不定詞か補足節を置きます。

① 後ろに不定詞が来る場合

　不定詞は前置詞 de で導入します。多くの場合、形容詞は「重要だ」「難しい」など価値判断を表すもので、「…するのは〜である」という意味です。

Il est important pour moi **de** continuer à travailler.
私にとって働き続けるのは大事なことだ。

Il ne devait pas **être difficile de** prévoir cette situation.
こういう状況を予測するのは難しくなかったはずだ。

[形容詞の例]

il est intéressant *de* 興味深い／agréable 心地よい／dangereux 危険だ／facile 簡単だ／possible 可能だ／impossible 不可能だ／indispensable 必要不可欠だ／normal 当然だ／inutile 無駄だ／honteux 恥ずべきことだ／triste 情けない／fatigant 疲れる／de bon ton ふさわしい／trop tôt 早すぎる／interdit 禁じられている

② 後ろに補足節が来る場合

多くの場合、価値判断や真偽判断を表す形容詞が使われます。後ろに補足節を置いて、「…であるのは〜である」という意味を表します。

形容詞の意味により、次の2つの例のように補足節の動詞が接続法になるものが多くあります。 ☞ p.229 (2)

Il est normal que l'État protège ses citoyens.
国家が国民を守るのは当然だ。

Il est possible que le prix de l'essence continue à baisser.
ガソリン価格は下落し続ける可能性もある。

[形容詞の例]

補足節は直説法：*il est* certain *que* ということは確かである／probable ほぼ確実だ／vrai 本当だ／connu 知られている
補足節は接続法：*il est* possible *que* である可能性がある／impossible 可能性はない／indispensable 必要不可欠だ／inutile 無駄だ／étonnant 驚くべきことだ／normal 当然だ／étrange 奇妙だ／honteux 恥ずべきことだ／lamentable 嘆かわしい／faux 本当ではない／interdit 禁じられている／de règle 慣例である／de tradition 習わしである

▶ 上記①②の構文はêtre以外の繋合動詞（**paraître** のように見える、**sembler** のように見える、**devenir** になる、**rester** のままである など）も、場合により使えます。

Il paraît impossible d'aboutir à un accord.
合意に至るのは不可能であるように見える。

> メモ 日常会話では非人称のilの代わりによく代名詞ceを使います。

C'est important pour moi de continuer à travailler.
私にとって働き続けるのは大事なことだ。

ただしceは、漠然と状況などを受けると考えられるので（この構文では〈de＋不定詞〉や補足節を先取りしているという考え方もあります）、〈c'est＋形容詞〉だけでも使えます。

C'est important. （それは）大事なことだ。

それに対して非人称のilは完全に形式だけの主語なので、Il est important. で切っては文が成立しません。

2）自動詞の非人称構文

〈il＋自動詞〉の後ろは動詞の種類によって、名詞句が来る場合、不定詞が来る場合、補足節が来る場合の**3**つがあります。いずれも**意味上の主語**となります。

① 後ろに名詞句が来るもの

Il manque encore deux assiettes.
まだお皿が2枚足りない。（**manquer** 欠ける）

Il est arrivé un accident terrible.
とんでもない事故が起こった。（**arriver** 起こる）

Il suffit d'un petit sourire pour adoucir l'ambiance.
わずかな微笑みだけで雰囲気が和らげられる。（**suffire** 十分である）

Il règne une drôle d'atmosphère ici.
ここは妙な雰囲気に包まれている。（**régner** 支配する）

［その他の例］

il existe 存在する／il subsiste 残存する

> メモ il manqueとil arriveでは、後ろの名詞を数量代名詞enに置き換えることができます。
>
> **Il en** manque encore deux.　まだ2つ足りない。（例えば「お皿」について）
>
> メモ suffireは非人称構文ではil suffit de...となり、前置詞deが必要です。

② 後ろに不定詞が来るもの

Il m'arrive parfois **de** m'endormir en regardant la télé.
私はたまにテレビを見ながら寝てしまうことがある。

Il vaut mieux éviter les phrases trop longues.
あまり長い文は避けたほうがいい。

［その他の例］

il suffit de... …するだけで十分である／il convient de... …するのが適切である／il importe de... …するのが重要である

③ 後ろに補足節が来るもの

②で見た表現はすべて、後ろに不定詞の代わりに補足節を置くことができます。これらの例では補足節の動詞は接続法になります。

Il arrive que les vols soient annulés à cause du vent.
強風のためフライトがキャンセルされることがある。

Il vaudrait mieux que tu jettes tous ces médicaments.
君、こんな薬全部捨ててしまったほうがいいよ。

［その他の例］

il en résulte que... そのことから…という結果が生じる

3）代名動詞の非人称構文

動詞の後ろに来る名詞句、補足節が意味上の主語となります。

Il s'est passé beaucoup de choses en un mois.
1か月でたくさんのことがあった。

［その他の例］

［後ろは名詞句］il se produit　起こる、発生する
［後ろは補足節］il s'ensuit que...　その結果…ということになる

4）直接他動詞（受動態）の非人称構文

非人称主語のilと特定の直接他動詞の受動態を組み合わせ、後ろに補足節を置いたものです。「書く」「確認する」「定める」のような動詞を使い、補足節の内容をクローズアップします。
多くの場合、書き言葉で事務的な表現です。

Dans la Bible, **il est écrit que** Dieu a créé l'homme à son image.
聖書には、神は自分の形になぞらえて人を創造した、と書かれている。

Il est rappelé aux clients **que** le magasin n'ouvre qu'à 10 heures.　　　　　　　　　　　（Delaveau et Kerleroux）
当店は10時開店になっておりますこと、お客さまにはご承知おきお願い申し上げます。

補足節の代わりに間接疑問節を置くこともできます。

Il n'a pas été précisé **quand s'arrêterait cette opération**.
この作戦がいつ終了するのかは明らかにされなかった。

［その他の例］

être constaté 確認される／décidé 決定される／démontré 証明される／établi 確定される／expliqué 説明される／proposé 提案される／souligné 強調される／statué 規定される、裁定が下される

中上級！ その他の非人称構文

　本文中で挙げた例文で使われているような非人称構文の多くは日常的にもよく使いますが、その他にも、書き言葉、改まった言い方として使われる非人称構文があります。
　動詞の後ろに名詞句が来る構文で、その名詞句が「人・もの」を指すか、「行為・出来事」を指すかによって分けられます。

(1) 後ろの名詞句が「人・もの」などを指す場合
　非人称構文を使って新規の人・ものを話題として導入します。動詞に続くのは不定名詞句（定冠詞や指示形容詞などにより限定されていない名詞句）が基本です。

［自動詞］
　あるものの**存在**、**出現**、**消失**などを表す文として非人称構文を用います。343ページ2）①と同様の構文ですが、それほど日常的ではありません。

Autrefois, **il naissait** beaucoup d'enfants, et **il en mourait** beaucoup.
昔は、多くの子どもが生まれて多くの子どもが死んでいた。

La semaine dernière, **il est venu** deux visiteurs qui m'ont fait réfléchir.　　　　　　　　　　　　　　　　　　　（Gareau）
先週、2人の訪問者があり、いろいろと考えさせられることになった。

動詞は「存在、出現、消失」などを表すものが基本ですが、同じ意味合いで用いられていれば、他の自動詞も使われることがあります。

Il dort un chat au coin du feu. (Jones) (= il y a)
暖炉のそばに猫が1匹寝ている。

Il nageait beaucoup de gens dans la piscine. (Jones) (= il y avait)
プールではたくさんの人が泳いでいた。

［代名動詞］
一部の自動詞的用法と多くの受身的用法が非人称構文にできます。

Il s'est présenté cinq candidats. (Riegelほか)
5名の志願者があった。

Il se pratique très peu de transplantations dans ce pays.
この国ではごくわずかの移植手術しか行われていない。

［直接他動詞の受動態］
形式としては344ページ4）と同じですが、後ろに名詞句を置いたものです。

Il a été créé une commission de surveillance.
監視委員会が設置された。

Il a été traduit plus de mille livres cette année.
今年は1000冊を超える本が翻訳された。

Il a été acheté vingt avions de chasse. 戦闘機が20機購入された。

　メモ この構文では、動詞が自動詞、代名動詞、直接他動詞の受動態のどれであれ、後ろの名詞句の名詞部分を数量代名詞enで置き換えることが可能です。

Il est venu deux visiteurs.
　➡（**visiteurs**について）Il **en** est venu deux.

Il a été acheté vingt avions de chasse.
　➡（**avions de chasse**について）Il **en** a été acheté vingt.

（2）後ろの名詞句が「行為・出来事」などを指す場合
［間接他動詞の受動態］
ふつう間接他動詞は受動態にはなりませんが、非人称構文で受動態にできるものがあります。後ろに来る名詞句は、単なる人・ものではなく、出来事的な内容を持つものです。

Il a été procédé à un réexamen complet du dossier.
その件について一から再検討がなされた。（**procéder à** …を行う）

Il n'a pas **été tenu compte du** fait que les victimes sont opposées à ce compromis.
被害者たちがこの妥協案に反対であるということは考慮されなかった。
（**tenir compte de** …を考慮に入れる）

メモ この構文では、間接目的語の部分を代名詞 y、en に置き換えることができます。

Il a été procédé à un réexamen... ➡ Il **y** a été procédé.
　　　　　　　　　　　　　　　　　　それがなされた。

Il n'a pas été tenu compte du fait que...
➡ Il n'**en** a pas été tenu compte.　それは考慮されなかった。

中上級! 非人称構文が使われる要因

　一般の動詞の非人称構文は、不定名詞句・不定詞・補足節を主語の位置から外すための手段だと考えられます。

　フランス語では一般的に、(1) 長い要素は後ろに置く、(2) 注目させたい新しい情報は後ろに置く、というのが座りのいい文になります。

　このことからすると、不定詞や補足節を主語にするのは、(1) または (2) に反すると言えます。また、不定名詞句を主語にするのは (2) に反することになります。そこで、形式だけの il を主語に立て、これらの要素を後ろに持っていくわけです。

　非人称構文の多くのものが書き言葉的な表現ですが、日常会話では例えば次のような言い方をします。

C'est difficile de vivre seul.　独りで生きるのは難しい。
（非人称構文：**Il est difficile de vivre seul.**）

J'ai eu deux visiteurs.　2人訪問者があった。
（非人称構文：**Il est venu deux visiteurs.**）

Il y a un chat qui dort au coin du feu.
暖炉のそばに猫が1匹寝ている。
（非人称構文：**Il dort un chat au coin du feu.**）

On a créé une commission de surveillance.　監視委員会が設置された。
（非人称構文：**Il a été créé une commission de surveillance.**）

2. 受動態

　主語Aが目的語Bを対象として「…する」という文の形式（**能動態**）に対して、Bのほうを出発点として主語に立て、「Bが（Aによって）…される」という「受身」の意味を表す形式にしたものが**受動態**です。

能動態　François Ier a construit le château de Chambord.
　　　　フランソワ1世はシャンボール城を建造した。

受動態　Le château de Chambord **a été construit** par François Ier.
　　　　シャンボール城はフランソワ1世により建造された。

能動態　Le peuple aimait Charles VI.
　　　　民衆はシャルル6世に好意を持っていた。

受動態　Charles VI **était aimé** du peuple.
　　　　シャルル6世は民衆に好意を持たれていた。

> **メモ**　「受動態」という言葉は、受動態の文で用いられる動詞の形態のことを言う場合も、文の形式を言う場合もあります。

（1）受動態の概要

　受動態の文を作ることができるのは、一部の例外を除いて、**直接他動詞**です。そして、上の例に見るように、受動態の文は、次の**3つの特徴**を具えています。

① 対応する能動態の文の直接目的語を主語に立てている。

　上の受動態の文では、それぞれ、能動態の直接目的語であった le château de Chambord「シャンボール城」と Charles VI「シャルル6世」が主語となっています。

② 動詞（直接他動詞）の形が受動態になっている。

$$\text{受動態} = \langle \text{être} + \text{過去分詞} \rangle$$

　上の例では、それぞれ être construit「建てられる」と être aimé「愛される」です。
　また、意味的に能動態と対応するように、それぞれ複合過去形（a été construit）と半過去形（était aimé）になっています。

③ 対応する能動態の文の主語は**par**または**de**により導入される。

対応する能動態の文の主語は、動作主補語として前置詞**par**または**de**を介して導入されます。上の例では、それぞれ**par François Ier**「フランソワ1世により」と**du peuple**「民衆から」です。

▶動作主の省略

動作主はよく省略されることがあります。誰が動作主なのか特定されていなかったり、特定されていても焦点を当てたい情報ではなかったりする場合です。

受動態の文は、実は、動作主を省略したもののほうがはるかによく用いられます。

Cinq tableaux **ont été volés** au Musée d'art moderne.
5枚の絵画が近代美術館から盗まれた。

Les résultats du concours **seront publiés** demain soir.
入学試験の結果は明日の晩に発表される。

Madame Coulon **est demandée** au téléphone.
(館内放送)クーロンさんお電話が入っています。(**demander** 求める)

Le château de Chambord **fut construit** au XVIe siècle.
シャンボール城は16世紀に建造された。

(2) 受動態についての注意点

1) 2つの目的語を取る動詞の場合

動詞が直接目的語と間接目的語の2つを取るものの場合でも、受動態の主語に立てられるのは直接目的語だけです。

Le prix spécial a été décerné à l'actrice française Marie Martin.
特別賞がフランス人女優マリ・マルタンに授与された。
(← **On a décerné le prix spécial à l'actrice française Marie Martin.**)

上の例で、間接目的語の**l'actrice française Marie Martin**を主語にして受動態の文を作ることはできません。 ☞ se voir ＋不定詞 p.367

2）受動態にできる間接他動詞

間接他動詞は受動態にすることができませんが、例外的に **obéir à**「…に服従する」と **pardonner à**「…を許す」は、間接目的語を主語に立てて受動態を作ることができます。古くに直接他動詞であった名残で、古い感じの言い方になります。

Tu es pardonné.　君を許そう（君は許された）。

> メモ　非人称構文で間接他動詞が受動態になることがあります。☞ 中上級 p.346 (2)

3）直接補語が動作の対象を表さない動詞の場合

動詞が直接補語を取るものでも、その補語が動作の対象（目的語）でなければ**受動態にはできません**。受動態にできるのはあくまで直接他動詞（直接目的語を取る動詞）のみです。

Ce sac a coûté 200 euros.　このバッグは200ユーロした。
（受動態は不可：× **200 euros ont été coûtés par ce sac.**）

[その他の例]

- valoir 100 euros（値段が）100ユーロである
- mesurer 2 mètres（身長・長さが）2メートルである
- peser 1 kilo（重さが）1キロである
- contenir dix litres（容量が）10リットルである
- régner dix ans 10年の間統治する／sentir le tabac タバコの匂いがする
- respirer la santé 健康そのものである

4）受動態にできない直接他動詞

直接他動詞であっても、**avoir**「持っている」、**comporter**「含む、（危険などを）伴う」のように受動態にならないものがあります。

また、行為に対する直接目的語の独立性が低く動詞と一体となるものや、主語が人で直接目的語がその体の部位である表現などは、受動態にならないものがよくあります。

Anne a baissé les yeux.　アンヌは目を伏せた。
（受動態は不可：× **Les yeux ont été baissés par Anne.**）

[その他の例]

- prendre peur 恐れをなす／prendre le train 電車を利用する／
- baisser la tête うなだれる／ouvrir la bouche 口を開く

5）動作主を par ではなく de で示す動詞

動作主を導入する場合は前置詞 par のほうが一般的ですが、下記のような動詞は de を用います。これらは、対象に対する働きかけが弱い動詞だと考えられます。

[動詞の例]

感情を表す動詞：aimer 愛する／détester とても嫌う／admirer 感嘆する／apprécier 評価する／respecter 尊重する

同伴を表す動詞：accompagner 付き添う／suivre 付き従う／précéder 先行する

その他の動詞：entourer 取り囲む／connaître 知る／ignorer 知らない

（3）行為と結果状態

動詞が直接目的語の「状態変化」を表すもの（例：casser 壊す、ouvrir 開ける）である場合、受動態の〈être + 過去分詞〉という形は「主語が状態変化を受けて生じた状態（結果状態）」を表すことがあります。

Tiens, la vitre est cassée. おや、窓ガラスが割れている。

La porte était ouverte quand je suis rentré.
私が帰ってきたときドアは開いていた。

上の例はそれぞれ、「割る、割れる」「開ける、開く」という動作を経た結果生じた状態を表しています。能動態（**On casse la vitre.** 窓ガラスを割る、**On ouvrait la porte.** ドアを開けていた）に対応する「行為」を受動態で表したものではありません。この意味で、ほとんど「状態」を表す形容詞と同じような感覚で用いられます。☞ p.268◆

[その他の例]

être fermé 閉まっている／être allumé （灯など）ともっている／
être éteint （灯など）消えている／être déchiré 引き裂かれている／
être écrit 書かれている／être couvert 覆われている

▶「結果状態」を表す文は、多くの場合、時制が**現在形か半過去形**です。「行為」を表していないので動作主補語は付きません。

逆に、〈être + 過去分詞〉の時制が複合形や単純過去形などである場合や、動作主が置かれている場合は、「行為」を受動態で表したものと解釈されます。

結果状態　La lumière de sa chambre **était allumée**.
　　　　　彼（彼女）の部屋の電灯はともっていた。

行為：受動態　Les bougies **ont été allumées** par les enfants du village.
　　　　　ロウソクは村の子どもたちによってともされた。

> **メモ** 直接目的語の「状態変化」を含まない動詞は、現在形や半過去形であっても「結果状態」を表すことはなく、能動態に対応した「行為」を表します。
>
> Le suspect **est surveillé** de près.　容疑者は厳しく監視されている。
>
> J'ai l'impression d'**être observé**.　私は誰かに見られているような感じがする。

(4)「受身」を表すその他の構文

「受身」の意味を表す構文は、受動態のほかにも次のようなものがあります。

① 〈se faire ＋不定詞〉 ☞ p.359

Attention ! Tu vas **te faire renvoyer** de l'école.
気をつけて。君、学校を退学させられちゃうよ。

② 〈se laisser ＋不定詞〉 ☞ p.364

Pierre **s'est laissé convaincre** d'acheter une nouvelle voiture.
ピエールは新しい車を買うよう説得されてしまった。

③ 〈se voir ＋不定詞〉 ☞ p.367

Le journaliste **s'est vu retirer** son passeport.
そのジャーナリストはパスポートを取り上げられた。

④ 代名動詞の受動的用法 ☞ p.185

Cette expression ne **s'emploie** plus de nos jours.
この表現は今日ではもう使われない。

第19章 さまざまな構文 2

「…させる」という意味の使役構文、「…するままにさせておく」という意味の放任構文、voir や entendre などの知覚動詞を使った構文を取り上げます。

1. 使役構文

使役構文は、動詞 faire を使って〈faire +不定詞〉という形にして、「(誰々に何々を)…させる」という意味を表す構文です。

例：faire partir 出発させる
　　faire travailler 働かせる、勉強させる
　　faire comprendre 分からせる

▶注意点
① 〈faire +不定詞〉は一体となり、特定の場合を除いては、間に語が挟まることはありません。
② faire が複合形の場合、直接目的語が前に来ても過去分詞は一致せず不変です。☞ p.272 (vi)

Cet exercice **fait travailler** les abdominaux.
この運動は腹筋を鍛える(働かせる)。

Sophie **a fait ranger** les jouets aux enfants.
ソフィは子どもたちにおもちゃを片づけさせた。

上の例文に見るように、使役構文の主語(Cet exercice この運動、Sophie ソフィ)は「…させる」主体や原因を表します。

一方、使役の対象となる行為を表す不定詞(travailler 働く、ranger les jouets おもちゃを片づける)の意味上の主語(les abdominaux 腹筋、les enfants 子どもたち)は、不定詞が自動詞か他動詞かで表し方が変わります。以下、不定詞の種類にしたがって、文型を確認しましょう。

(1) 不定詞が自動詞の場合

次のような文型になります。

> **主語＋faire ＋不定詞＋直接目的語**
> 　　　　　　　　　　　　不定詞の主語

Ce film **a fait pleurer** le monde entier.
この映画は世界中を泣かせた。

不定詞が自動詞の使役構文では、あたかも〈faire＋不定詞〉がひとかたまりの直接他動詞のようになり、後ろに直接目的語として不定詞（pleurer 泣く）の意味上の主語（le monde entier 世界中）を置きます。

次例のように後ろに状況補語が付くこともあります。

Gilles **a fait monter** sa fille **sur ses épaules**.
ジルは娘を肩の上に乗らせた。

▶ 目的語を省略した他動詞（いわゆる絶対用法）も自動詞と同じ構文になります。

Anne **fait attendre** tout le monde.　アンヌはみんなを待たせる。

▶ 直接目的語（＝不定詞の意味上の主語）が人称代名詞の場合は、〈faire＋不定詞〉の前に来ます。（代名詞の位置については ☞ 中上級 p.357）

Excusez-moi de **vous** avoir fait attendre.
お待たせしてすみませんでした。

（2）不定詞が直接他動詞の場合

不定詞の直接目的語はそのまま動詞の後ろに付きます。

① 意味上の主語を示さない場合

> 主語＋faire＋不定詞＋直接目的語
> 　　　　　　　　　　　不定詞の直接目的語

見かけ上は、(1) と同じ文型です。ただし、直接目的語は動詞のもともとの直接目的語です。

Tu **as fait réparer** ta voiture ?
君、車は直してもらった（修理させた）？

この文では、直接目的語 ta voiture「君の車」は、réparer「修理する」の意味上の主語ではなく、もともと動詞の直接目的語です（réparer ta voiture 君の車を修理する）。

② 意味上の主語を示す場合

不定詞の意味上の主語を示すには、前置詞àを使う場合とparを使う場合があります。

> **主語＋faire＋不定詞＋直接目的語＋à / par X**
> 　　　　　　　　　　不定詞の直接目的語　　　不定詞の主語

Xは名詞句です。à Xは文法的には間接目的語、par Xは動作主補語です。

前置詞 à　　**Éric a fait visiter** Paris **à ses parents**.
　　　　　　エリックは両親にパリを見物させた。

前置詞 par　**J'ai fait réparer** ma voiture **par un autre garagiste**.
　　　　　　私は別の修理工場に車を修理してもらった。

▶ à と par

àの場合とparの場合とでは意味がかなり違います。上の例文の **Éric a fait visiter Paris à ses parents.** は、「パリの見物をさせる」という使役行為が「両親」を**対象**として行われることを意味します。言わば「両親」にある種の状態変化を起こすことを主眼とするものです。ですから、その対象がない文は完結した感じがしません（× Éric a fait visiter Paris. エリックはパリを見物させた）。

一方 **J'ai fait réparer ma voiture par un autre garagiste.** は、あくまで「車の修理」が眼目で、「車」にある種の状態変化を起こすことを問題としています。そして、その状態変化が「別の修理工場」を**手段**として行われることを意味します。par … は単なる手段なので、これを削除しても文は完結しています（J'ai fait réparer ma voiture. 私は車を修理させた）。

> メモ　前置詞はàとparがほとんどですが、不定詞がaimer「好きである」、détester「とても嫌う」、estimer「評価する」、respecter「敬意を持つ」などの感情を表す動詞の場合はdeになります。

Son honnêteté fait estimer Jacques **de** tout le monde.
誠実だということでジャックはみんなから評価されている。

（3）不定詞が間接他動詞の場合

不定詞の目的語が前置詞を介して導入されるので、不定詞の意味上の主語のほうは（1）のように〈faire＋不定詞〉の直接目的語にすることができます。

> **主語＋faire＋不定詞＋直接目的語＋間接目的語**
> 　　　　　　　　　　　　　　　　不定詞の主語

Jean a réussi à **faire renoncer** sa fille **à** son projet.
ジャンは娘の計画をあきらめさせることができた。

Notre société **fait profiter** ses clients **de** sa longue expérience dans ce domaine.
お客様には、我が社のこの分野での長い経験をご活用いただけます（活用させる）。

　これらの文では、直接目的語（sa fille 娘、ses clients お客様）は不定詞（renoncer à …をあきらめる、profiter de …を利用する）の意味上の主語を表しています。

（4）不定詞が代名動詞の場合

通常どおり、〈faire + 不定詞〉の不定詞の位置に代名動詞を入れます。

J'ai fait **s'asseoir** les enfants en cercle.
私は子どもたちを円形に座らせた。

ただし、再帰代名詞を省略することもあります。

Ils ont fait **allonger** les prisonniers par terre à plat ventre.
彼らは捕虜をうつ伏せで地面に横にならせた。　　　(= s'allonger)

◆faireと不定詞の間に語が挟まる場合
・否定文の場合
　faire が単純形の活用で否定形になっているときは、pas、plus、jamais などが不定詞の前に来ます。

Tu **ne** fais **pas** réparer ta voiture ?　君、車は修理に出さないの？

・命令法（肯定形）になっていて、目的語が代名詞の場合
Fais-**la** entrer.　彼女を中に入らせなさい。

Faites-**moi** savoir les modalités de paiement.
支払い方法をお知らせください。

・tout「すべて」はよく不定詞の前に置かれます。また一部の副詞が不定詞の前に置かれることもあります。
La méditation nous fait **tout** comprendre.
瞑想すれば何もかもすべてが腑に落ちる。

Cet exercice ne fait pas **tellement** travailler les abdominaux.
この運動ではあまり腹筋は鍛えられない。

中上級! 使役構文と目的語の代名詞化

使役構文の基本的な例文と、それぞれの目的語を代名詞化したものを一覧表にして示します。

* 太字は不定詞の意味上の主語、下線部は不定詞のもともとの目的語です。
* 代名詞は〈faire＋不定詞〉の前に置きます。

			代名詞化した文	
自動詞		Léa fait sortir **Alain**. レアはアランを外に行かせる。	Léa **le** fait sortir. (le = Alain)	
直接他動詞	主語なし	Léa fait réparer sa voiture. レアは車を修理させる。	Léa **la** fait réparer. (la = sa voiture)	
	主語あり **à**	Léa fait savoir son intention **à Alain**. レアはアランに自分の意思を知らせる。	Léa **la** fait savoir à **Alain**. (la = son intention) Léa **lui** fait savoir son intention. (lui = Alain)	Léa la **lui** fait savoir.
	主語あり **par**	Léa fait réparer sa voiture **par Alain**. レアはアランに車を修理してもらう。	Léa **la** fait réparer par **Alain**. (la = sa voiture) （par lui はまれ）	
間接他動詞		Léa fait renoncer **Alain** à son projet. レアはアランに計画を断念させる。	Léa **y** fait renoncer **Alain**. (y = à son projet) Léa **le** fait renoncer à son projet. (le = Alain)	Léa l'**y** fait renoncer.

メモ 不定詞が直接他動詞の場合、意味上の主語が、上の表のような補語人称代名詞の間接目的語（lui、leur）ではなく、直接目的語（le、la、les）として現れることもあります。

Elle **le** fera aborder ce sujet.
彼女は彼がその話題に触れるようにさせるだろう。

また、不定詞が間接他動詞の場合、意味上の主語が間接目的語（lui、leur）として現れることもあります。

Paul **lui** a fait changer d'avis. (Jones)
ポールは彼（彼女）に意見を変えさせた。

2. se faire＋不定詞（再帰代名詞を伴う使役構文）

　使役構文が再帰代名詞を伴って〈se faire ＋不定詞〉という形になることがあります。たいていの場合、「人」が主語になります。ただし、ふつうの使役構文とは違って、主語が強く働きかけて「…させる」主体である場合はあまり多くありません。むしろ、その対極のような「…される」という**受身の表現としてよく使われます**。

　ここでは、中間的なニュアンスのものも含めた「使役」と「受身」の2つに分けて例示します。

(1) 使役「…させる、…してもらう」

　主語は、自ら主体となって働きかけて「自分に（を）…させる、…してもらう」受益者になる場合と、主体的な働きかけのない単なる受益者、あるいは原因の場合があります。どちらの意味合いになるかは単語・文脈などによります。再帰代名詞は不定詞の直接目的語のことも間接目的語のこともあります。

Je ne sais pas si je me suis fait bien comprendre.
私の言うことをちゃんと理解してもらえたかどうか分からない。（再帰代名詞は直接目的語）

Marie n'arrive pas à se faire aimer de ses élèves.
生徒たちはなかなかマリのことを慕ってくれない。（再帰代名詞は直接目的語）

Fouquet s'est fait bâtir un superbe château à Vaux-le-Vicomte.
フーケはすばらしい城館をヴォ・ル・ヴィコントに建てさせた。
（再帰代名詞は受益者を表す間接目的語　☞ p.91 3) ）

[その他の例]

seは直接目的語：se faire soigner 治療を受ける／se faire connaître 名を知らしめる／se faire remarquer 目立つ、人目につく／se faire conduire à …へ案内してもらう／se faire opérer par un chirurgien célèbre 有名な外科医の手術を受ける

seは間接目的語：se faire couper les cheveux 髪を切ってもらう／se faire faire un costume スーツを仕立ててもらう

> **メモ** 例外的に再帰代名詞が不定詞の意味上の主語を表している場合もあります。他者への働きかけ（使役）ではありえないので、自分自身の意思・努力のニュアンスを表します。
> 例：se faire bronzer（屋外などで）日に焼く／se faire maigrir（努力して）痩せる／se faire passer pour un spécialiste 専門家を名乗る

（2）受身「…される」

「人」が主語のものは、「受身」を表す構文として受動態よりも日常的に使われます。

典型的には「被害、迷惑」の意味合いになります。

再帰代名詞はたいてい不定詞の直接目的語ですが、まれに間接目的語のこともあります。

Elle s'est fait agresser dans le métro.　彼女は地下鉄で襲われた。

Je me suis fait voler mon sac.
私はバッグを盗まれた。（再帰代名詞は間接目的語）

不定詞の主語は par（感情を表す動詞なら de）で導入します。

Benoît n'aime pas se faire mouiller par la pluie.
ブノワは雨に濡れるのが嫌いだ。（濡らされる）

［その他の例］

se faire renverser par une voiture　車にはねられる／
se faire avoir　いっぱい食わされる／se faire prendre　捕まる／
se faire frapper　殴られる／se faire gronder　叱られる／
se faire insulter　ののしられる／
se faire renvoyer　解雇される、退学させられる

> **メモ** 意味合いは「受身」であってもあくまで使役構文なので、「自分の過失、自分が原因」というニュアンスが含まれると言われることがあります。しかし、実際にはそうでもなく、そのニュアンスによって受動態と使い分けることはまれです。

3. 放任構文

放任構文は、動詞 laisser の後ろに不定詞を置き、「…するままにさせておく」という意味を表す構文です。

2つの系統の文型があります。1つは laisser の後ろ、不定詞の前に不定詞の意味上の主語を置くもの、もう1つは〈laisser + 不定詞〉を一体として、使役構文と同じ文型にするものです。

> **メモ** laisser が複合形の場合、直接目的語が前に来ても過去分詞は一致せず不変です。☞ p.272 (vi)

(1) 不定詞の主語を不定詞の前に置く文型

主語 + laisser + 直接目的語 + 不定詞
不定詞の主語

① 不定詞が自動詞の場合

Le dimanche, je **laisse** les enfants **dormir** autant qu'ils veulent.
日曜日には私は子どもたちを好きなだけ寝させておく。

② 不定詞が直接他動詞の場合

Les autorités **laissent** ces entreprises **transférer** leurs bénéfices dans des paradis fiscaux.
当局はこれらの企業が収益をタックス・ヘイヴンに移すのを黙認している。

③ 不定詞が間接他動詞の場合

Jean **laisse** sa femme **parler de** leurs problèmes conjugaux à tout le monde.
ジャンは妻が誰にでも家庭問題を話すのをそのままにしている。

④ 不定詞が代名動詞の場合

Henri **a laissé** ses filles **se disputer**.
アンリは自分の娘たちが口論するのを放っておいた。

（2）使役構文と同じ文型

① 不定詞が自動詞の場合

> 主語＋laisser＋不定詞＋直接目的語
> 　　　　　　　　　　　　不定詞の主語

J'ai laissé tomber mon verre.
私は（手に持っていた）グラスを落としてしまった。

Ils **ont laissé passer** une belle occasion de démocratiser le système.
彼らは制度を民主化する絶好の機会を逃してしまった（通り過ぎるままにさせる）。

② 不定詞が直接他動詞の場合

> 主語＋laisser＋不定詞＋直接目的語＋à / par X
> 　　　　　　　　　　　　不定詞の直接目的語　　不定詞の主語

Il ne faut pas **laisser lire** ce livre **aux enfants**.
この本を子どもに読ませてはいけない。

L'empereur **a laissé envahir** le pays **par les barbares**.
皇帝は蛮族の国土侵略を許してしまった。

> メモ　前置詞àとparの違いについては使役構文の項を参照してください。☞ p.355

③ 不定詞が間接他動詞の場合

不定詞の目的語が前置詞を介して導入されるので、不定詞の意味上の主語のほうは①のように〈laisser＋不定詞〉の直接目的語にすることができます。

> 主語＋laisser＋不定詞＋直接目的語＋間接目的語
> 　　　　　　　　　　　　不定詞の主語

Il **laisse téléphoner** sa secrétaire **à toutes ses amies**.
彼は秘書が友だちみんなに電話するのをそのままにしている。

④ 不定詞が代名動詞の場合

通常どおり、〈laisser＋不定詞〉の不定詞の位置に代名動詞を入れます。

Il faut laisser **se reposer** vos muscles pendant 48 heures.
筋肉を48時間休ませておくことが必要です。

ただし、再帰代名詞が省略されることもあります。また、laisser échapper「取り逃がす、つい口に出してしまう」のように慣用句になっているものもあります。

La police **a laissé échapper** le suspect. （= s'échapper）
警察は容疑者を取り逃がしてしまった。

中上級！ 放任構文と目的語の代名詞化

放任構文の基本的な例文と、それぞれの目的語を代名詞化したものを一覧表にして示します。

[不定詞の主語を不定詞の前に置く文型]
* 太字は不定詞の意味上の主語、下線部は不定詞のもともとの目的語です。
* 不定詞の意味上の主語はlaisserの直接目的語なので、これを代名詞化した場合、laisserの前に来ます。これに対して、不定詞の目的語はlaisserの後ろに残り、不定詞の前に来ます。

		代名詞化した文	
自動詞	Léa laisse **Alain** dormir. レアはアランを寝させておく。	Léa **le** laisse dormir. (le = Alain)	
直接他動詞	Léa laisse **Alain** manger le gâteau. レアはアランがお菓子を食べるがままにしておく。	Léa laisse **Alain** le manger. (le = le gâteau)	Léa **le** laisse le manger.
		Léa **le** laisse manger le gâteau. (le = Alain)	
間接他動詞	Léa laisse **Alain** parler de ce problème. レアはアランがその問題を話すがままにしておく。	Léa laisse **Alain** en parler. (en = de ce problème)	Léa **le** laisse en parler.
		Léa **le** laisse parler de ce problème. (le = Alain)	

[使役構文と同じ文型]
* 太字は不定詞の意味上の主語、下線部は不定詞のもともとの直接目的語です。
* これらが代名詞の場合は〈laisser＋不定詞〉の前に置きます。

			代名詞化した文	
自動詞		Léa laisse dormir **Alain**. レアはアランを寝させておく。	Léa **le** laisse dormir. (le = Alain)	
直接他動詞	à	Léa laisse manger le gâteau **à Alain**. レアはアランがお菓子を食べるがままにしておく。	Léa le laisse manger **à Alain**. (le = le gâteau) Léa **lui** laisse manger le gâteau. (lui = Alain)	Léa le **lui** laisse manger.
	par	Léa laisse manger le gâteau **par des fourmis**. レアはお菓子がアリに食べられるがままにしている。	Léa le laisse manger **par des fourmis**. (le = le gâteau)	

4. se laisser＋不定詞（再帰代名詞を伴う放任構文）

再帰代名詞を伴う場合も、「…するままにさせておく」というのが基本的な意味です。また、不定詞によっては慣用句としてよく使う表現があります。

(1) 不定詞が自動詞の場合

再帰代名詞seは不定詞の意味上の主語です。「積極的に行動せず、なるがままである」という状況を表します。

Marie mange très peu et **se laisse maigrir**.
マリはごくわずかしか食べずに痩せ細るがままになっている。

[その他の例]

se laisser aller　積極的に対処せず投げやりのままである
se laisser vivre　のんきに暮らす
se laisser tomber sur son lit　ベッドにバタンと倒れ込む

4. se laisser ＋不定詞（再帰代名詞を伴う放任構文）

（2）不定詞が直接他動詞の場合

多くの場合、再帰代名詞 se は不定詞の直接目的語です。「自分が…されるままにしておく」という**受身**の意味になります。

Léon s'est laissé frapper sans réagir.
レオンは抵抗もせず殴られるがままになっていた。

Je me suis laissé tenter par cette voiture futuriste.
私はこの未来型自動車の誘惑に負けて選んでしまった。

Un profond désespoir se laisse deviner dans son humour noir.
彼（彼女）のブラックユーモアには深い絶望が読み取れる。

［その他の例］

se は直接目的語：se laisser injurier　罵倒されるがままになる
se laisser griser par la victoire　勝利に酔ってしまう
se laisser attendrir　ほろりとさせられてしまう
se laisser prendre　取り押さえられる、だまされる
se は間接目的語：se laisser faire　されるがままになる

5. 知覚動詞構文

知覚を表す動詞の voir「見える」、entendre「聞こえる」、regarder「見る」、écouter「聴く」、sentir「感じる」は、不定詞を後ろに置いて「～が…するのを見る」のような構文を作ることができます。

J'ai vu Marie entrer dans l'église.
私はマリが教会に入るのを見かけた。

文型は、上の例のように、知覚動詞の直接目的語として、不定詞の意味上の主語（Marie マリ）を不定詞（entrer 入る）の前に置くのが基本です（放任構文の（1）と同じ ☞ p.360 ）。

主語＋voir など＋直接目的語＋不定詞
　　　　　　　　　　不定詞の主語

① **不定詞が自動詞の場合**

J'ai entendu la porte **claquer**.　私はドアがバタンと閉まる音を聞いた。

Je **sens** la tension **monter** autour de moi.
私の周囲に緊張感が増すのを感じる。

② **不定詞が直接他動詞の場合**

Les enfants **regardaient** Jean **installer** la douche.
子どもたちはジャンがシャワーを取り付けるのを眺めていた。

③ **不定詞が間接他動詞の場合**

J'ai entendu par hasard mes parents **parler de** leur secret.
私は偶然に両親が自分たちの秘密を話し合っているのを聞いてしまった。

④ **不定詞が代名動詞の場合**

J'ai vu deux hommes **se battre** dans la rue.
私は2人の男が道で殴り合っているのを見た。

> **メモ** 知覚動詞には、次のような構文もあります。
>
> ・後ろに述語的用法の関係節 qui ～を置く
>
> J'ai entendu ma voisine **qui parlait à son chien**.
> 私はお隣さんが犬に話しかけているのを聞いた。
> (代名詞化：**Je l'ai entendue qui parlait à son chien**.)
>
> ・後ろに現在分詞を置く（書き言葉）
>
> Claire vit sa mère **essuyant ses larmes**.
> クレールは母親が涙を拭うのを見た。
> (代名詞化：**Claire la vit essuyant ses larmes**.)

中上級! 知覚動詞構文と目的語の代名詞化

知覚動詞構文の基本的な例文と、それぞれの目的語を代名詞化したものを一覧表にして示します。

* 太字は不定詞の意味上の主語、下線部は不定詞のもともとの目的語です。
* 不定詞の意味上の主語は知覚動詞の直接目的語なので、これを代名詞化すると、知覚動詞の前に来ます。これに対して、不定詞の目的語は知覚動詞の後ろに残り、不定詞の前に来ます。

		代名詞化した文	
自動詞	Léa voit **Alain** sortir. レアはアランが出て行くのを見る。	Léa **le** voit sortir. (le = Alain)	
直接他動詞	Léa voit **Alain** promener son chien. レアはアランが犬を散歩させているのを見る。	Léa voit **Alain** le promener. (le = son chien) Léa **le** voit promener son chien. (le = Alain)	Léa **le** voit le promener.
間接他動詞	Léa entend **Alain** parler de ce problème. レアはアランがその問題について話しているのを聞いてしまう。	Léa entend **Alain** en parler. (en = de ce problème) Léa **l'**entend parler de ce problème. (l' = Alain)	Léa **l'**entend en parler.

中上級! 使役構文と同じ文型

知覚動詞でも、使役構文の場合と同じように、〈知覚動詞＋不定詞〉を一体として扱う文型が用いられることもあります。

一般的にはより特殊な文体となりますが、entendre dire que...「…というような話を耳にする」や entendre parler de...「…の話を耳にする」のように慣用句としてよく使うものもあります。

[不定詞は自動詞]

On **entend chanter** les oiseaux.　小鳥たちが歌うのが聞こえる。
（代名詞化：**On les entend chanter.**）

[不定詞は直接他動詞]

・不定詞の意味上の主語を示さない場合

J'ai entendu dire que tu vas retourner au Japon.
君、日本に帰るんだってね。　（代名詞化：**Je l'ai entendu dire.**）

Tu **as entendu parler de** l'affaire des Poisons ?
「毒薬事件」って聞いたことある？　（代名詞化：**Tu en as entendu parler ?**）

・不定詞の意味上の主語も示す場合

J'ai vu jouer cet opéra **par des lycéens**.
このオペラを高校生が演じるのを見たことがある。
（代名詞化：**Je l'ai vu jouer par des lycéens.**　× par eux は不可）

Je **lui** ai déjà vu jouer ce rôle.
彼（彼女）がこの役を演ずるのを前に見たことがある。
（**à cet acteur** などは不可、**lui**、**leur** など補語人称代名詞のみ可）
（代名詞化：**Je le lui ai déjà vu jouer.**）

6. se voir ＋不定詞

〈se voir ＋不定詞〉が受身の意味を表す構文として用いられることがあります。凝った書き言葉です。

再帰代名詞 se は不定詞の直接目的語、間接目的語どちらの場合もあります。

> メモ　再帰代名詞が直接目的語の場合でも、複合形で voir の過去分詞は不変です。
> ☞ p.273（vii）

[再帰代名詞は直接目的語]

Le ministre **s'est vu citer** en justice.　大臣は法廷に召喚された。

[再帰代名詞は間接目的語]

Jules **s'est vu refuser** sa carte de crédit.
ジュルはクレジットカードを拒否された。

Hélène **s'est vu décerner** le prix spécial du jury.
エレーヌは審査員特別賞を授与された。

[その他の例]

se は間接目的語：se voir attribuer un privilège　特権を与えられる／
se voir retirer un droit　権利を取り上げられる

第20章 さまざまな構文 3

「～なのは…だ」という意味の強調構文、主題となる名詞句を文頭などに置く遊離構文、主語を動詞の後ろに置く倒置構文、日常会話でよく使われるVoilà、Il y aなどの構文を取り上げます。

1. 強調構文

強調構文とは、c'est ... qui ～ あるいは c'est ... que ～ という形式を用いて、「～なのは…だ」という意味を表す文のことを言います。とてもよく使われる構文です。

C'est Pierre qui a cassé le vase. 花瓶を割ったのはピエールだ。
（比較：Pierre a cassé le vase. ピエールは花瓶を割った）

C'est demain que Marie vient ? マリが来るのは明日だっけ？
（比較：Marie vient demain ? マリは明日来るの？）

最初の例は、「誰かが花瓶を割った」ということを前提として、「それ（花瓶を割った人物）はピエールである」というところに焦点を当て、強調した文です。

2つ目の例では、「マリが来る」ということを前提として、「それは明日のことである」というところに焦点を当て強調しています。

（1）強調構文の作り方

上に挙げた例と（　）内の通常の文を比較して分かるように、強調構文の作り方は次のとおりです。

① c'estの後ろに強調したい要素（Pierre ピエール、demain 明日）を置く。
② quiあるいはqueでつないで残りの部分（下線部 a cassé le vase 花瓶を割った、Marie vient マリが来る）を付け加える。

> **メモ** 強調構文は、通常の文（例えば上の比較で挙げた文）に比べて、〈c'est...〉と〈qui（que）～〉の2つの部分に分かれているので、「分裂文」とも呼ばれます。

強調構文では、c'est...によって文中のさまざまな要素を取り立てることができます。その取り立てた要素が後半部分の主語にあたるのか、それ以外の役割なのかにより、quiを使うかqueを使うかが決まります。

強調されるものが主語　　　：c'est ... **qui** ～
強調されるものが主語以外：c'est ... **que** ～

取り立てられる要素の役割にしたがって、例文を見ておきましょう。

1）主語

c'estで取り立てられている要素が、qui ～ の部分に対して主語の役割を持つ場合です。

Oh là là, le rideau est déchiré ! — **C'est** Filou **qui** a fait ça.
あらら、カーテンが破れてるよ。— フィルー（猫の名）がやったんだよ。

C'est moi **qui** suis responsable de tout ce désordre.
この混乱の責任は私にあります。

▶ qui ～ の部分の動詞は、取り立てられている**主語の人称、性・数に応じた活用形**になります。1つ目の例では3人称単数（男性）、2つ目の例では1人称単数（男性あるいは女性）です。

2）直接目的語

c'estで取り立てられている要素が、que ～ の部分に対して直接目的語の役割を持つ場合です。

C'est ça **que** tu appelles « un petit restaurant sympa » ?
これなの、あなたの言う「ちょっと気の利いたレストラン」って。

C'est cette veste **que** j'ai achetée à Milan.
ミラノで買ったのはこのジャケットなんだ。

▶ 取り立てられているのが直接目的語の場合、que ～ の部分の動詞が複合形であれば、**過去分詞は直接目的語と性・数が一致**します。2つ目の例で achetée が女性形になっているのは、先行する直接目的語 cette veste「このジャケット」が女性名詞だからです。☞ p.269 ③

> **メモ** 目的語（広い意味での「行為の対象」）とは考えにくい直接補語を取る動詞でも、直接補語を取り立てた強調構文を作ることができます。

C'est bien cent euros **que** ça coûte.　それの価格は確かに100ユーロなのだ。
（比較：**Ça coûte cent euros.**　それは100ユーロする。）

C'est l'odeur du tabac **que** la pièce sentait.
その部屋の匂いはタバコの匂いだった。
（比較：**La pièce sentait l'odeur du tabac.**　部屋はタバコの匂いがした。）

その他、次のような動詞があります。
例：mesurer（身長、長さが）…である／peser（重さが）…である／durer（継続時間が）…である

3）間接目的語

c'estで取り立てられている要素が、que〜 の部分に対して間接目的語の役割を持つ場合です。

C'est à toi **que** je parle.
僕は、君に話してるんだよ。（比較：**Je te parle.**）

C'est de ça **que** nous avons discuté avec le président.
まさにそのことを、我々は大統領と話し合ったのです。

▶ 間接目的語を取り立てる場合は、**前置詞とともにc'estの後ろに置きます**。間接目的語に限らず、一般に前置詞句はひとまとまりのセットとして取り立てます。

また、上の1つ目の例と、通常の文を比較してください。通常の文 **Je te parle.** では、間接目的語は前置詞の付かない人称代名詞 te です。一方、強調構文で間接目的語が取り立てられると、前置詞が復活して **à toi** となります。

> **メモ** 同様に、通常の文では代名詞 en や y になるものも、それらを取り立てた強調構文では de ça や à ça のように前置詞句になります。
>
> C'est **à ça** que je pense.　私が考えているのはそのことだ。
> （比較：**J'y pense.**　私はそのことを考えている。）

4）その他の要素

状況補語 ☞ p.14、ジェロンディフ、状況補語節、形容詞の補語も強調構文で取り立てることができます。 ☞ 中上級 p.374

C'est à Milan **que** j'ai acheté cette veste. （状況補語：場所）
私がこのジャケットを買ったのはミラノです。

C'est en octobre **qu'**il pleut le plus à Lyon. （状況補語：時）
リヨンで一番雨が降るのは10月だ。

C'est à cause de toi **que** nous avons manqué le train.
（状況補語：原因）
あなたのせいで私たち電車に乗り遅れたじゃないの。

C'est en forgeant **qu'**on devient forgeron. （ジェロンディフ）
（諺）鍛冶をすることで鍛冶屋になれる。
（実地の修業によってこそ一人前になれる。「習うより慣れよ」）

C'est quand j'avais huit ans **que** j'ai découvert ma passion pour le ballet.（状況補語節）
私がバレエを大好きになったのは8歳のときだ。

Les autres ont suivi mon exemple. Et **c'est** de ça **que** je suis fier.（形容詞の補語）
他の連中も僕に倣って同じようにしてくれた。それが僕にはうれしいんだ。

> メモ　上で見たような強調構文は日常的に用いられるものです。これらの他に、主語の属詞である名詞句（形容詞は不可）を取り立てる場合もありますが、凝った書き言葉です。

C'est une étrange fille **que** cette Perrette.
変わった娘だ、このペレットというのは。
（比較：Cette Perrette est une étrange fille.）
この場合、強調構文では繋合動詞êtreは省略されます。

> メモ　「強調構文で用いられるquiと直接目的語の場合のqueは関係代名詞、それ以外のqueは接続詞」とされます。しかし、関係代名詞が導く関係節が形容詞的に先行詞を修飾し、全体として1つの大きな名詞句となる場合（下の1つ目の例文）とは機能の仕方が全く違うので、しっかり区別する必要があります。強調構文の〈c'est … qui（que）～〉はひとまとまりの表現として考えるほうが現実的です。

Qu'est-ce que c'est ? — **C'est** un livre sur l'Europe **que** j'ai acheté à Paris.（que = 関係代名詞、強調構文ではない）
これ何？ — これは僕がパリで買ったヨーロッパについての本だよ。

C'est un livre sur l'Europe **que** j'ai acheté à Paris (non pas un livre sur l'Afrique).（強調構文）
僕がパリで買ったのはヨーロッパについての本だ（アフリカについての本ではない）。

（2）強調構文についての注意点

1）人称代名詞の取り立て

　一般にc'estの後ろに人称代名詞を置く場合は遊離形（強勢形）（**moi**、**toi**、**lui**…）を使いますが、強調構文の場合ももちろん同様です。通常の文ではje、tu…（主語）やme、te…（直接目的語）となるものを強調構文で取り立てる場合でも、c'estの後ろには遊離形を置きます。

C'est **toi** qui commences.（比較：**Tu commences.**）
君から始めるんだよ。

　また、人称代名詞の間接目的語を取り立てる場合は、通常の文でme、te、lui…となる場合でも、à moi、à toi、à lui、à elle…とします。

C'est à elle que tu as téléphoné ? (比較: Tu lui as téléphoné ?)
君が電話をした相手はその女性なの？

2）c'est と ce sont

取り立てるものが主語または直接目的語で、複数形の名詞句なら、ce sont を使います。また、人称代名詞でも 3 人称複数（eux、elles）なら、ce sont を使います。

Ce sont mes enfants **qui** m'ont offert cette montre.
この腕時計をプレゼントしてくれたのは、私の子どもたちです。

Ce sont eux **que** j'ai invités. 私が招待したのは彼らだ。

ただし、複数形の名詞句であれ、3 人称複数の代名詞であれ、日常会話では c'est がよく用いられます。

C'est mes enfants **qui** font la cuisine ce soir.
今晩食事の用意をするのは子どもたちだ。

> メモ 単数形の名詞句を連ねたものや、単数形―複数形の順で名詞句を連ねたものには、ふつう c'est を使います。

C'est ma femme et ma fille **qui** m'ont offert cette montre.
この腕時計をプレゼントしてくれたのは妻と娘です。

C'est ma femme et mes enfants **qui** m'ont offert cette montre.
この腕時計をプレゼントしてくれたのは妻と子どもたちです。

3）否定形

c'est ... qui（que）～「～なのは…だ」に対して、否定形の ce n'est pas ... qui（que）～「～なのは…ではない」もよく使います。

Ce n'est pas toi **qui** dois faire ce travail.
この仕事をやるべきはあなたじゃないわよ。

Ce n'est pas comme ça **qu'**il faut faire.
そんなやり方じゃだめだよ。

> メモ 否定形の場合、次の例のように「～なのは…ではない」という公式が当てはまらないものもあるので注意が必要です。

Ce n'est pas parce que tu as de l'argent **que** tu peux faire n'importe quoi.
君、お金があるからといって、何をやってもいいわけじゃないよ。

上の例と、「～なのは…ではない」という公式が当てはまる次の例を比べてください。

Ce n'est pas parce qu'elle était avec un autre garçon **que** je suis fâché.
僕が怒っているのは別に彼女が他の男と一緒にいたからじゃないよ。

4）c'estの時制

強調構文 c'est ... qui（que）〜 では、c'est は qui（que）〜 の時制が何であっても現在形で使います。

C'est Marie **qui** m'attendait.　私を待っていたのはマリだ。

C'est Marie **qui** viendra me chercher.　私を迎えに来るのはマリだ。

C'est lui **qui** l'avait demandé.　(Hanse)
それを要求していたのは彼だ。

ただし、後ろの時制に合わせることもできます（後ろが複合時制なら、対応する単純時制に）。

C'était Olivier **qui** avait raison.　正しいのはオリヴィエだった。

C'était lui **qui** l'avait demandé.　(Hanse)
それを要求していたのは彼だった。

> メモ　強調構文が従属節である場合、時制の照応で半過去形に、また構文上の要請で接続法になることがあります。

Je croyais que **c'était** Cécile **qui** m'avait téléphoné.
私は、電話をしてきたのはセシルだとばかり思っていた。

Il est possible que **ce soit** un ours **qui** a cassé les ruches.
ミツバチの巣箱を壊したのはクマである可能性もある。

5）「前提」について

強調構文では、qui（que）〜 の部分は「前提」となります。

Le vase est cassé ! — **C'est** Luc **qui** a fait ça.
花瓶が割れてるよ。— リュックがやったんだ。

上の例では、文脈から「誰かが花瓶を割った」ということが前提となっています。

しかし、前提の部分がいつも文脈に明示されていたり、文脈から推測されるものであるとは限りません。

Ce sont les Chinois **qui** ont découvert la poudre.
火薬を発見したのは中国人である。

Tu sais que **ce sont** les Français **qui** consomment le plus de vin ?
ワインの消費が一番多いのはフランス人だって知ってる？

これらの例では、「誰かが火薬を発見した」「誰かが一番ワインを消費している」ということを前提としていますが、その前提は文脈によるものではなく、一般的な共通認識によるものと考えられます。

中上級！ 強調構文による動詞・副詞・状況補語節の取り立て

［動詞］

動詞の取り立ては不可能ではありませんが、あまり使いません。取り立てる動詞の本来の位置はfaireで補います。

C'est dormir **qu'**il fait sans cesse.　　(Grevisse et Goosse)
彼はしょっちゅう寝ているのだ。

［副詞］

副詞には取り立てられないものが多くあります。ただし、動作の時点、場所を表すものは可能です。

C'est demain **que** Jules arrive.　ジュルの到着は明日だ。
C'est là **que** j'ai vu Anne.　私がアンヌを見かけたのはここだ。

また、動作の様態を表す副詞は、多くの場合取り立てることができます。ただし、他の様態との対比が明示されていたり、制限が加えられているほうがより自然になります。

Ce n'est que progressivement **que** la réconciliation s'est faite.
和解は徐々に、ゆっくりとした歩みでしか成らなかった。

［状況補語節］

状況補語節は多くのものが取り立てられますが、自然さ（違和感の無さ）の度合いにはばらつきがあります。

C'est pendant que je dormais **que** le bateau est parti.　(Flaubert)
船が出港したのは、私が寝ている間であった。

C'est pour que tu puisses bien travailler **qu'**on t'a loué un studio près de la fac.
あんたがしっかり勉強できるように、大学のそばに部屋を借りてあげたんだからね。

以下に、状況補語節のうち強調構文で取り立てやすいものと取り立てられない（または取り立てにくい）ものを挙げておきます。

1. 強調構文

[強調構文で取り立てやすいもの]

quand …するとき／lorsque …するとき／pendant que …している間に／après que …した後で／avant que …する前に／depuis que …して以来／parce que …だから／pour que …するために／afin que …するために／de peur que …を恐れて／de crainte que …を恐れてなど

[取り立てられない・取り立てにくいもの]

puisque …なのだから／comme …なので、…しているときに、…するにしたがって／bien que …にもかかわらず／quoique …にもかかわらず／à moins que …しない限り／pourvu que …でさえあれば／comme si あたかも…であるかのように／si もし…ならば

中上級！ つなぎの強調構文

強調構文は、後半のqui（que）〜 の部分を前提とし、前半のc'est … で取り立てた要素に焦点を当てて強調する形式です。

しかし一部には、前に来る文脈で示されている様態・時点などを受けて前半部で強調しつつ、後半部に新規の内容を導入して焦点を当てている場合があります。c'est ainsi que〜、c'est alors que〜、c'est pour cela que〜などの表現は、よくそのように使われます。

C'est ainsi que j'ai déjà établi un plan en plusieurs points.
(Aline Giono)
こうして（そういうわけで）私にはいくつかの項目から成る計画が、すでにできあがっている。

C'est alors que Marie vit un homme qui s'approchait d'elle.
そのとき、マリには自分のほうに1人の男が近づいてくるのが見えた。

C'est pour cela que ces études ont été abandonnées dans les années 80.
そういうわけで、これらの研究は80年代には行われなくなってしまった。

(3) 擬似分裂文

強調構文（分裂文）では、焦点を当てて強調する要素を c'est ... の形で文の前半に置きます。これに対して、c'est ... の部分を後ろに置いたものが擬似分裂文と呼ばれる構文です。次の例のような形式になります。

Celui qui a cassé le vase, **c'est** Pierre.
花瓶を割ったのはピエールだ。（花瓶を割った人物、それはピエールだ）

Ce que j'ai acheté à Milan, **c'est** cette veste.
私がミラノで買ったのはこのジャケットだ。（私がミラノで買ったもの、それはこのジャケットだ）

上の例に見るように、擬似分裂文では、強調構文（分裂文）の後半部に相当するものを文頭に遊離した形で置いて文の主題とします。その際、「人」を話題にしているなら celui、celle などに関係節を、「物事」であれば ce に関係節を付けた形にします。　p.111 2)、p.120　そして、それを受けて c'est ...「それは…だ」と続けます。

▶擬似分裂文の場合、c'est の後ろに置かれるのは、前半部の動詞に対して主語や補語となる要素（名詞句、補足節、不定詞など）です。

Ce qui m'a plu le plus dans ce film, **c'est** la rapidité des actions. （名詞句）
私がこの映画で一番気に入ったのはアクションのスピード感だ。

Ce que je voudrais, **c'est** que tu fasses la cuisine de temps en temps. （補足節）
私が望むのは、あなたが時々は料理をしてくれるってこと。

Ce dont tu as besoin, **c'est** de te reposer. （不定詞）
君に必要なのは休息を取ることだ。

> **メモ** 擬似分裂文は、主題となる名詞句 X を文頭に遊離させ〈X, c'est ...〉「X、それは…だ」とする、頻繁に用いられる形式の1つです。
>
> Fifi, **c'est** mon frère. フィフィは俺の兄弟さ。
>
> Mon auteur préféré, **c'est** Balzac. 私の一番好きな作家はバルザックだ。
>
> La ville qui attire le plus de touristes, **c'est** Paris.
> 観光客を最も多く引き寄せる町はパリだ。

2. 遊離構文

　文の中のある名詞句を文から取り出して（遊離させて）、文頭あるいは文末に置くことができます。遊離させた要素は、もう一度文の中で人称代名詞などを使って受け直します。こうしてできた文を**遊離構文**と呼びます。日常会話ではとてもよく使われます。

> **メモ** 遊離を「転位」と呼ぶこともあります。その場合、文頭への遊離を「左方転位」、文末への遊離を「右方転位」と呼びます。

（1）概要

1）文頭遊離

　名詞句の文頭への遊離は、その名詞句が表すものが文の主題であることを示します（「…について言えば」）。そして、続く文で、その主題についての叙述を行います。

　　Ce film, je l'ai vu deux fois.　その映画は、私は2回見た。

　上の例では、まず話の主題として ce film「その映画」を取り出して文頭に置いています。次に、それを直接目的語として l' で受け直した文により、主題の ce film についての叙述をしています。「その映画はと言うと、私はそれを2回見た」のような意味になります。

2）文末遊離

　名詞句の文末への遊離は、まず出来事や状態を述べ、最後に誰・何を問題にしているのかを確認する形式です。

　　Elle est rentrée, **Sarah** ?　家に帰ってきてる？ サラは。

　この例では、まず「彼女が帰って来ている」という事態を述べ、続いて話題として出た「彼女」とは誰のことを言っているのかを確認しています。

（2）もとの文における役割

　遊離された名詞句がもとの文において果たす役割（主語、直接目的語…）は、名詞句を受け直した人称代名詞などによって示されます。

1）役割が主語

Mon père, il était d'accord, mais ma mère...
父のほうは OK してくれたんだけど、母がね…

Moi, je reste ici.　私はここに残るわ。

C'était bien, **le concert** ?　よかった？ コンサートは。

2）役割が直接目的語

Je **l'**ai connue à Lyon, **cette fille**.
リヨンで知り合ったんだ、あの女の子とは。

▶遊離された名詞句が不定冠詞複数・部分冠詞、受け直しが数量の代名詞 en の組み合わせもよくあります。

Des touristes japonais, on n'**en** voit pas **beaucoup** ici.
日本人観光客は、ここではあまり見かけない。

3）役割が間接目的語・場所の必須補語

Moi, on ne **m'**a rien dit.　僕は何も聞いてないよ。

Les vacances, ils ne parlent que **de ça**.
連中はバカンスのことばかり話している。

La Grèce, j'**y** vais chaque été.　ギリシャは毎年夏に行っている。

▶文末遊離の場合には、遊離させた名詞句にも前置詞を付けます。

On ne **m'**a rien dit, **à moi**.　何も聞いてないよ、僕は。

（3）遊離構文：その他のポイント

1）ce、ça などで受け直す

総称文や être を使った同定文・種別を示す文では、人称代名詞ではなく ce、ça、cela によって遊離名詞句を受け直します。

La musique baroque, j'adore **ça**.　バロック音楽は大好きだよ。

Un chien, **ça** aboie.　犬というのは吠えるものさ。

La capitale de la Turquie, **c'**est Ankara.
トルコの首都はアンカラである。

2）複雑な構文中の名詞句の遊離

従属節の中など、より複雑な構文における名詞句も遊離させることができます。

Tu crois que c'est encore loin, le Louvre ?
まだ遠いと思う？ルーヴル美術館。

Mes parents, j'ai enfin réussi à **les** convaincre.
うちの両親、やっと説得できたわ。

3）複数の名詞句の遊離

2つ（まれにそれ以上）の名詞句が遊離されることもあります。

Moi, **le vin**, **je** n'**en** bois pas beaucoup.
僕、ワインはあまり飲まないんだ。

4）不定詞・補足節の遊離

不定詞や補足節は名詞句に準ずるものです。遊離構文に現れることがあります。

不定詞　**Travailler ici**, c'est un vrai plaisir.
　　　　ここで働くのは本当に楽しい。

補足節　**Que vous soyez sincère**, personne n'en doute.
　　　　あなたが本気で言っているというのは誰も疑ってはいない。

5）属詞形容詞の遊離

属詞形容詞が遊離されることがあります。中性代名詞 le で受け直します。とても凝った言い方です。

Sensible à l'injustice, il l'a toujours été.
不公正によく気がつく、彼は常にそうだった。

3. 倒置

フランス語の基本的な語順は〈主語―動詞―（目的補語など）〉ですが、場合により主語が動詞の後ろに置かれることがあります。これを**主語の倒置**と言います。代表的なケースは疑問文における倒置です。

ここでは、平叙文における任意の倒置について整理します。任意の倒置は、凝った書き言葉で現れます。

3. 倒置

> **メモ** 倒置には**単純倒置**と**複合倒置**があります。これについては、「疑問文」の項を参照してください ☞ p.316、317 。疑問文、感嘆文、補足節、関係節、間接疑問節、挿入節などにおける倒置については、それぞれの項目で説明をしています。

(1) 文頭が前文との接続や推測などを表す副詞

接続や推測を表す副詞のうち、次のようなものが文頭に来た場合、たいてい主語を倒置します。ふつうの名詞句なら**複合倒置**（ただし自動詞などの場合は単純倒置）、人称代名詞やce、onなら**単純倒置**です。

[文頭に来る副詞の例]

ainsi このように、こうして／aussi それゆえ／à peine ほとんど…でない／
à peine ... que ～ …するやいなや～／encore とは言え／
tout au plus とは言えせいぜい／du moins しかし少なくとも／
peut-être ひょっとして／sans doute 恐らく

Ainsi commença **la longue aventure de Jeanne**. （単純倒置）
こうしてジャンヌの長い冒険が始まった。

À peine la sorcière eut-**elle** touché le prince, **que** celui-ci fut transformé en âne. （複合倒置）
魔法使いが王子さまに触れると、たちまち王子さまはロバになってしまいました。

Sans doute a-t-**elle** deviné l'intention des Anglais.
恐らく彼女はイギリス側の意図を察知したのであろう。

(2) 文頭が時・場所を表す副詞・状況補語

時や場所を表す副詞などが文頭に来ると、よく主語を倒置して動詞の後ろに置きます。対象になるのはふつうの名詞句だけで、自動詞のように後ろに動詞の目的語がない場合に限ります。形式は**単純倒置**です。人称代名詞やce、onは倒置できません。

Bientôt réapparut **Marie**, qui portait son violon et une partition.
程なくして、バイオリンと何かの楽譜を持って、マリがまた現れた。

Autour de lui s'assemblaient **tous les oiseaux de la forêt**.
彼の周りには森の鳥たちがみんな集まっていた。

(3) 場面への出現などを表す動詞との倒置

venir「来る」、arriver「やって来る」、entrer「入る」、passer「通りかかる」のような動詞が場面への人・ものなどの出現を表す場合、動詞を文頭にして主語を後ろに置くことができます。形式は**単純倒置**ですが、対象になるのはふつうの名詞句だけで、人称代名詞やce、onは倒置できません。

Vient enfin le moment de la réconciliation.
ようやく和解の時が来た。

Entre le médecin par la grande porte à gauche (...) (Ionesco)
(ト書き) 左手の大きな扉から医者が入ってくる。

(4) 属詞との倒置

主語の属詞である形容詞を文頭に置き、主語をêtreの後ろに置くことがあります。属詞を強調する文学的な手法で、かなりまれです。ただし、nombreux「多い」、rare「めったにない」、失望・驚きなどについて言うgrand「大きい」のように、比較的現れやすいものもあります。形式は**単純倒置**ですが、対象になるのはふつうの名詞句だけで、人称代名詞やce、onは倒置できません。

Nombreuses sont les femmes qui ne trouvent qu'un travail à temps partiel.
パートの仕事しか見つからない女性は数多い。

(...) **bleue** est la nuit, **bleue** est la neige, c'est évident !
(Tournier)
(…) 夜は青色、雪も青色、こんな当たり前のことに気がつかなかったなんて！

(5) その他の倒置構文

次のような定型的な倒置構文もあります。Xが主語です。cela、làの部分には名詞句も置けます。

À cela s'ajoute X　そのことにさらに…が付け加わる
De là vient X　そこから…が生じる

4. Voilà、Il y a、C'estを使った構文

voilà、il y a、c'est（これらを**提示詞**と呼びます）を使った文は、特に日常会話でとてもよく使われます。基本は、後ろに名詞句を置く形で、人・ものを場面に提示したり、それに注意を向けさせたりします。

(1) Voilà、Voici

後ろに名詞句を置いて、「ほら…だよ」と人・ものを提示するのが基本的な使い方です。その形をもととして、出来事を提示する構文もあります。 ☞ 次ページ 3)、4)

メモ もともとは動詞 voir「見る」の命令法の古形 voi と ci（「ここ」に相当）、là（「そこ、あそこ」に相当）を組み合わせた形です。日常会話では、遠近の区別なく voilà を使い、voici はあまり使われません。以下では、両者の代表として voilà を使います。

また、ここに挙げた以外の voilà（voici）の用法については辞書で確認してください。

1）〈voilà ＋名詞句〉

Voilà mon mari André. Il travaille à l'hôpital Cochin.
（紹介）夫のアンドレよ。コシャン病院に勤めてるの。

Voilà votre clé, monsieur.　こちらがお部屋の鍵でございます。

▶人称代名詞は voilà の前に置きます。直接目的語として扱います。

Claire n'est pas là ? — **La voilà** ! Elle arrive.
クレールは来てないの？ ― ほら、あそこよ！ 来たわ。

〈人称代名詞 + voilà〉の場合、後ろに場所などの状況補語や過去分詞などを置くことができます。

Nous voilà **dans une drôle de situation**.
これは僕たち、妙な状況に陥ってしまったね。

Les voilà **partis**.　これで、彼らも行ってしまったよ。

▶数量の代名詞 en も使えます。

J'en ai assez de ces cafés à l'américaine.
— Regarde, **en voilà** un autre.
私、こういうアメリカ風のカフェはもううんざり。
―見て。また1軒あるよ。

2）〈voilà＋間接疑問節〉

commentやpourquoiなどに導かれる間接疑問節を後ろに置くことがあります。

Voilà pourquoi il n'arrive pas à se décider.
こういうわけで、彼はなかなか決心できないでいるのだ。

3）〈voilà＋補足節（que 〜）〉

新しい事態の突然の発生を表す表現です。

Nous sommes mariés depuis dix ans, et **voilà que ma femme décide de me quitter**.
私たちは10年前から結婚しているが、突然妻が別れると言い出した。

4）〈voilà＋名詞句＋qui 〜〉

voilàで導入される名詞句（人称代名詞も含む）に、述語的用法の関係節 ☞ p.433 を続けて、「ほら、…が〜している」という意味を表します。

Tiens, **voilà ton frère qui arrive** !
おや、君の兄（弟）さんがやって来るよ。

Gilles n'a pas oublié son portefeuille ?
— Justement, **le voilà qui revient** !
ジルは財布を忘れてない？
— 君の言うとおりだ、ほら、戻って来るぞ。

（2）Il y a

il y a ... は動詞avoirを使った非人称構文で、後ろに名詞句を置いて、「…がある、いる」という意味を表すのが基本です。また、その形をもとにして、出来事を提示する構文もあります。☞ 次ページ2）

1）〈il y a＋名詞句〉

名詞句の位置によく現れるのは、不定名詞句（限定詞が定冠詞・指示形容詞・所有形容詞ではない名詞句）や一部の不定代名詞（quelque chose 何か、quelqu'un 誰か、rien 何も、personne 誰も）です。否定形、時制の変化もあります。

Il y a un bon restaurant japonais à côté de chez moi.
うちの近くにいい日本料理店がある。

Il n'y avait rien à manger.　食べるものは何もなかった。

▶ 数量の代名詞 en も il y a とともによく使われます。y と avoir の間に置きます。

Il y a encore du vin ? — Non, il n'y **en** a plus.
ワインはまだある？ — いや、もうないよ。

▶ 人称代名詞も il y a の後ろに置くことができます。遊離形（強勢形）を使います。

Tout le monde est parti ? — Eh bien, il y a **toi** et **moi**.
みんな帰っちゃったの？ — いやぁ、君と僕がいるじゃない。

2）〈il y a ＋名詞句＋ qui ～〉

名詞句の後ろに述語的関係節を続けて、「…が～しているぞ」や「…が～したんだ」のように、ある出来事に注意を向けるのに使います。この用法では il y a は肯定の現在形のみです。

Regarde ! **Il y a** Minou **qui** déchire le rideau !
見て、ミヌー（猫の名）がカーテンを破ってるよ！

Je dois rentrer. **Il y a** mon fils **qui** a eu un accident à l'école.
私、帰らなくちゃ。息子が学校で事故に遭ったの。

> **メモ** 似たような構文に、人を主語にして動詞 avoir を使うものがあります。

J'ai mon fils **qui** passe le bac cette année.
うちの息子、今年バカロレアを受けるのよ。

（3）C'est

指示代名詞 ce を主語とする構文で、おおよそ「それは…である」という意味を表します。c'est の後ろには形容詞または名詞句を置くのが基本の形です。☞ p.108

1）〈c'est ＋形容詞〉

状況や文脈の中のある「もの」、状況そのもの、話の内容などを漠然とした形で受けて、それを**形容・評価**する表現です。

Regarde la lune ! **C'est** beau !　ほら月を見て！ きれいだねえ！

Tu as lu ce livre ? — Oui, **c'était** très intéressant.
この本読んだ？ — うん、すごく面白かった。

Tu es heureuse ? — Je ne sais pas. **C'est** difficile à dire.
君は幸せ？ — そうねえ、簡単にこうとは言えないわねえ。

> **メモ** 〈c'est＋形容詞〉は特定の「人・動物」をはっきり指しては使えません。
> Regarde ce clown ! Il est drôle !　ほらあのピエロ見て。面白いわね！
> (× **C'est drôle !** は、ピエロそのものを指す文としては不可)
>
> 　　ただし、カテゴリー全体を問題にする総称文では「人・動物」についても使います。
> Un poussin, **c'est** mignon.　ヒヨコはかわいい。

▶ 〈c'est + 形容詞 + de不定詞 / que ～〉
「～するのは…だ」という意味の構文です。凝った言い方では、il est... を使います。☞ p.341 1) 形容詞が評価・感情などを表すものなら、補足節（que ～）の動詞は接続法になります。☞ p.229

C'est gentil **de me le dire**.　そう言ってくれてありがとう。

C'est vrai **que tu vas au Japon** ?　あなた、ほんとに日本に行くの？

2）〈c'est＋名詞句〉
「人・もの」などについて、その**種別**を述べたり、それが何ものなのか**同定**したりします。名詞句は、前者の場合は不定冠詞・部分冠詞を先立てた名詞、後者の場合は定名詞句（限定詞が定冠詞・指示形容詞・所有形容詞である名詞句、あるいは固有名詞）です。

Attention, **c'est** de la vodka.　気をつけて、それウオツカだよ。

C'est ma femme Sylvie. Elle est professeur d'anglais.
（紹介）妻のシルヴィーです。英語の教師をしています。

出来事や状況（時、場所、全体）など、何にでも使います。

Les gens se ruaient sur l'unique sortie. **C'était** la pagaille totale.
人々は唯一あった出口に殺到した。全く混乱の極みだった。

▶ 同定の意味合いがあまり感じられず、人・ものを提示するvoilàに近い場合もあります。

Tiens, **c'est** Jacques. Il vient vers nous.
おや、ジャックだ。僕たちのほうに来るよ。

▶ 名詞句が複数形のもの、または3人称複数の代名詞 eux、elles の場合、複数形 ce sont を使います。ただし日常会話では c'est がよく使われます。

Attention, **ce sont** des guêpes.　気をつけて、あれはスズメバチだから。

▶ 1)、2) どちらの場合も、ce が受けるものや状況などを、文頭または文末に遊離させる形がよく用いられます。　遊離構文 p.377

C'est importatnt, **ce qu'il dit**.
大事なことだよ、彼が言っていることは。

Demain, **c'est** mon anniversaire.　明日は私の誕生日よ。

3) 〈c'est ＋補足節（que ～）〉
① 文頭に遊離した主語を c'est ... と受ける形
「それは…することである」という意味です。

Notre problème, **c'est qu'**on n'a plus d'essence.
我々の問題は、もうガソリンがないということだ。

メモ この用法では〈c'est＋de不定詞〉の形もあります。

L'essentiel, **c'est de** se sentir bien.
大事なのは、気持ちがいいと感じることだ。

② 前文脈を受けての説明
文脈の中で直前の内容を受けて「それは…ということなのだ」と説明を加える場合です。〈si＋従属節〉「…であるというのは」とセットで使われることもあります。

Éric n'est pas venu. ― **C'est qu'**il ne veut pas nous voir.
エリックは来なかったね。― 僕たちに会いたくないってことさ。

Si la lumière n'est pas allumée, **c'est qu'**elle n'est pas encore rentrée.
明かりがついていないということは、彼女はまだ帰ってきていないのだ。

4) 強調構文　p.368

C'est ici **que** j'ai trouvé ce sac.
私がこのバッグを見つけたのはここです。

5）〈c'est ＋名詞句＋ qui 〜〉

　名詞句の後ろに述語的関係節を続けて、「…が〜している（した）のだ」という意味を表します。「何が起こったのか？」「どういうことなのか？」という疑問に説明を与える文です。この用法では、c'est は肯定形の現在形のみです。

　Tu n'as pas entendu un bruit bizarre ?

　— Ne t'inquiète pas. **C'est** le couvreur **qui** répare le toit.
　妙な物音がしなかった？
　— 大丈夫だよ。職人さんが屋根を直してるんだよ。

第21章 比較級・最上級

比較級は、人やものの性質や分量、あるいは動作の行われ方の程度の大小を比較するものです。程度が「最も多く」「最も少なく」という形で表されたものが最上級です。

1. 比較級

（1）比較級の形

形容詞と副詞については **plus**「より多く…」、**aussi**「同じくらい…」、**moins**「より少なく…」の3つの副詞を用いて比較級を作ります。それぞれ、**優等比較級**、**同等比較級**、**劣等比較級**と呼ばれます。

名詞と動詞については、同等比較が aussi ではなく **autant** になります。また、比較の対象を明示する場合は、接続詞 **que** で導入します。

☞ p.395

1）形容詞

形容詞の比較級は、前に比較を表す副詞を付けて作ります。

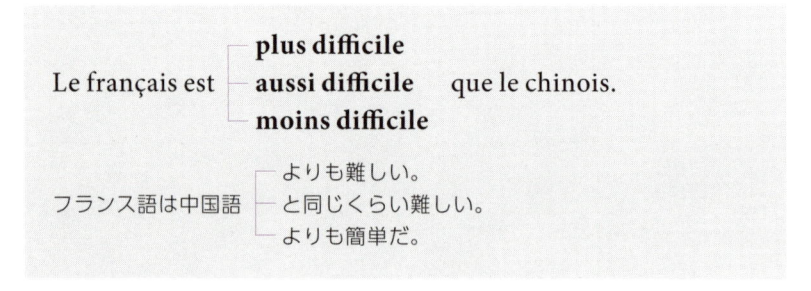

Le français est ┬ **plus difficile**
　　　　　　　　├ **aussi difficile**　 que le chinois.
　　　　　　　　└ **moins difficile**

フランス語は中国語 ┬ よりも難しい。
　　　　　　　　　├ と同じくらい難しい。
　　　　　　　　　└ よりも簡単だ。

◆注意点

① 名詞との位置関係

付加詞として用いる場合、ふつうは名詞の前に置く形容詞であっても、比較級になっていると後に置くことが可能です。

Je voudrais acheter une voiture plus grande.
私はもっと大きい車が買いたい。(= une plus grande voiture)

Vous devriez essayer une version plus vieille que celle-ci.
これよりも古いバージョンのものを試してみたほうがいいですよ。
(= une plus vieille version que celle-ci)

② **特殊な比較級 meilleur など**

　bon「よい、おいしい」、mauvais「悪い、まずい」、petit「小さい」の3つの形容詞には優等比較級として、それぞれmeilleur、pire、moindreという形もあります。これらの形の使用頻度は、ものにより異なります。

bon：bonの優等比較級は、ほとんどの場合meilleurを使います。

　Ce vin est bien **meilleur** que le vin d'hier.
　このワインは昨日のワインよりずっとおいしい。

　Il faut trouver une **meilleure** solution.
　もっといい解決策を見つけないといけない。

> **中上級!** **plus bon となる場合**
>
> 　bonが他の形容詞と比較されている場合はplus bonを使います。
> 　Il est **plus bon** que juste.　彼は公正というよりは善良だ。
> 　ただ、この例のように2つの形容詞の適切性を比べる場合、日常的にはplusよりもplutôt「むしろ」を使います。
> 　Moi, je dirais qu'il est **plutôt** bon que juste.
> 　あの人は公正な人というよりは善人と言うべきかな。

mauvais：一般的には、人やものそのものの具体的な欠陥について言う場合はplus mauvaisを用います。

　Ce vin est **plus mauvais** que le vin d'hier.
　このワインは昨日のワインよりまずい。

　La toiture est dans un **plus mauvais** état que les murs.
　屋根組みは壁よりも状態が悪くなっている。

　それに対して、抽象的に状況・人・ものの妥当性や影響について「より悪い」という評価を下す場合はpireを用います。

　La situation est **pire** dans certaines régions.
　一部地域では状況はさらに悪い。

　Le tabac et l'alcool ensemble, c'est encore **pire**.
　タバコと酒が合わさると、さらにまずいことになる。

petit：たいていの場合（サイズ、規模など）は plus petit を使います。

Ma voiture est **plus petite** que la vôtre.
私の車はあなたのよりも小さい。

▶ もう1つの形である moindre は抽象的な性質に用いますが、実際に使われる表現はかなり限られています。

à **moindre** coût　より小さいコストで
dans une **moindre** mesure　程度はそれより小さくなるが
des sujets de **moindre** importance　より重要性の低いテーマ

③ 形容詞的に用いた前置詞句

前置詞句が形容詞的に用いられることがあります。この場合も形容詞に準じて比較級にすることができます。

Sophie semblait **plus à l'aise** que sa mère.
ソフィは母親よりもリラックスした様子だった。

Je suis encore **plus en forme** qu'hier.　私は昨日よりさらに快調だ。

2）副詞

副詞の比較級も、形容詞と同じように、前に比較を表す副詞を付けて作ります。

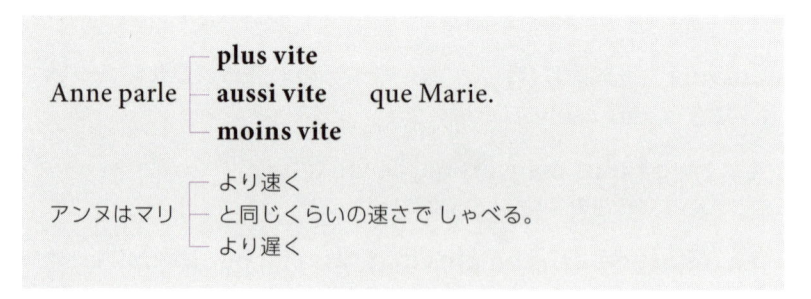

Anne parle ┌ **plus vite**　　　　 ┐
　　　　　 ├ **aussi vite**　 que Marie.
　　　　　 └ **moins vite**　　　　┘

アンヌはマリ ┌ より速く　　　　　 ┐
　　　　　　├ と同じくらいの速さで しゃべる。
　　　　　　└ より遅く　　　　　　┘

◆ 注意点

① 特殊な比較級 mieux

bien：bien「よく、上手に」の優等比較級としては mieux を使います。

Nicole parle **mieux** allemand qu'anglais.
ニコルは英語よりドイツ語のほうが上手に話せる。

C'est **mieux** comme ça.　(形容詞的用法)
こうしたほうがもっといい。

> **中上級！** その他の特殊な比較級
>
> 　　mal「悪く、下手に」の優等比較級は plus mal を使います。pis という優等比較級の形もありますが、Tant pis !「しかたがない」、あるいは最上級で au pis aller「最悪の場合には」のような決まりきった表現でのみ使います。
>
> 　　「beaucoup の優等比較級は plus、peu の優等比較級は moins である」と言われることがありますが、対応する同等・劣等比較級が存在しないこと（× aussi beaucoup、× moins beaucoup などは不可）、あるいはそれらにも別形を充てる（aussi beaucoup ⇒ autant、moins beaucoup ⇒ moins など）と beaucoup と peu の比較級がすべて同じになること（plus – autant – moins）などから、あまり妥当性のない考え方だと思われます。

② 副詞的に用いた前置詞句

副詞的に用いた前置詞句も比較級になることがあります。

　　Mets-toi **plus à gauche**.　　もっと左に寄りなさいよ。

3）名詞

　名詞が表すものの分量を比較級で表す場合は、plus de「より多くの…」、autant de「同じくらいの分量の…」、moins de「より少ない…」を名詞の前に付けます。

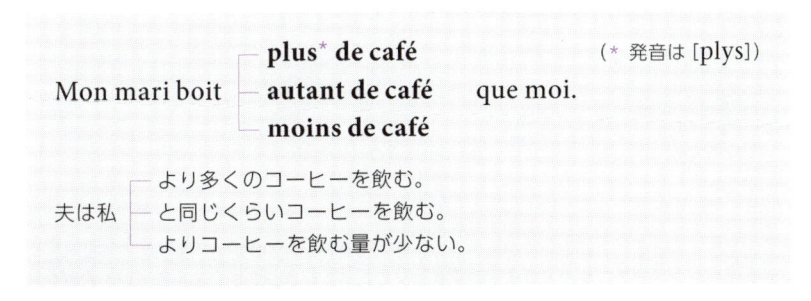

```
                ┌─ plus* de café              (* 発音は [plys])
Mon mari boit ──┼─ autant de café       que moi.
                └─ moins de café

       ┌─ より多くのコーヒーを飲む。
夫は私 ─┼─ と同じくらいコーヒーを飲む。
       └─ よりコーヒーを飲む量が少ない。
```

◆注意点

① 同等比較級

　形容詞・副詞の場合とは違って名詞の同等比較級には **autant de ...** を使うことに注意しましょう。

② plus の発音

　形容詞・副詞に付く場合はリエゾンするとき以外は [ply] ですが、

plus de で名詞に付く場合は、最後の s を読んで［plys］とするのが一般的です。こうすれば、最後の s を読まない「否定の plus：もはや…ない」との混同も避けられます。

③ 他のものの分量との比較

比較の対象が他のものの分量である場合は、その対象にも de を付けます。結果として que de ... という形になります。

Dans cette école, il y a plus de filles **que de garçons**.
この学校は男子よりも女子のほうが多い。

4）動詞

動詞の表す動作を量的に比較級で表す場合は、plus「より多く」、autant「同じくらい」、moins「より少なく」を動詞の後に置きます。

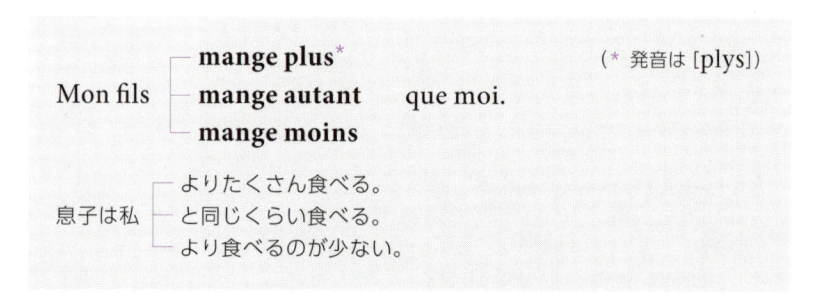

Mon fils ─ **mange plus**[*]　　　　　（＊ 発音は［plys］）
　　　　 ├ **mange autant**　que moi.
　　　　 └ **mange moins**

息子は私 ─ よりたくさん食べる。
　　　　 ├ と同じくらい食べる。
　　　　 └ より食べるのが少ない。

◆注意点

① 同等比較級

名詞の分量の場合と同じように、同等比較級では **autant** を使うので注意しましょう。

② plus の発音

比較級として動詞に付く場合は語末の s を発音して［plys］となります。

③ 比較の対象の曖昧性

次のような文では、que に導かれる比較の対象は主語と直接目的語のどちらにも解釈できます。　p.395

Elle aime son fils plus que son mari.
彼女は夫よりも息子を愛している。

解釈1　Elle aime son fils plus que son mari l'aime.
　　　（「彼女の息子への愛」は「夫の息子への愛」よりも大きい）

解釈 2　Elle aime son fils plus qu'elle aime son mari.
（「彼女の息子への愛」は「彼女の夫への愛」よりも大きい）

④ plus などの位置

plus などの位置は動詞の直後が基本です。ただし、構文によってはその他の位置（目的語の後、複合形で過去分詞の前など）も可能です。

☞ 中上級

Michel mange **plus** que moi.
ミシェルは私よりもたくさん食べる。

J'aime **autant** sa personnalité que ses livres.
私は彼の本と同じくらい彼の人となりも好きだ。

Aujourd'hui, nous avons travaillé **plus** qu'hier.
今日私たちは昨日よりたくさん仕事をした。

中上級！　plus などの位置と構文の関係

　文の中での plus などの位置については、動詞が単純形か複合形か、動詞の後に目的語が付いているか否かにより、いろいろな可能性があります。

（1）動詞が単純形、後に目的語無し
［動詞の直後］

Giselle gagne **plus** que son mari.　ジゼルは夫よりも稼ぎがいい。

（2）動詞が単純形、後に目的語あり

次のどれも可能です。

［動詞の直後］

Léa aimait **plus** les animaux que les humains.
レアは人間より動物のほうが好きだった。

Cet homme tient **plus** à l'argent qu'à sa famille.
あの男は家族よりも金が大事なのだ。

［目的語の後］

Marie aime sa voiture **plus** que son bébé.
マリは車を自分の赤ちゃん以上に愛している。

Je tiens à l'amour **plus** qu'à toute autre chose.
私にとってはほかの何よりも愛が大切だ。

メモ　比較の対象を示さないときは、plus は動詞の直後、目的語の前に置きます。

Marie aime **plus** sa voiture.　マリは自分の車をそれ以上に愛している。

（3）動詞が複合形、後に目的語無し

次のどれも可能です。

［助動詞の後、過去分詞の前］

Pour maigrir, j'ai **plus** mangé le matin et moins le soir.
痩せるために、私は朝もっと食べるようにして夜を減らした。

Aujourd'hui, Henri a **plus** travaillé que d'habitude.
今日アンリはふだんよりもたくさん仕事をした。

Cette jeune actrice m'a **plus** impressionné que les grandes vedettes.
この若い女優は大スターたちよりも私に強い印象を残した。

［過去分詞の後］

Pour grossir, j'ai mangé **plus** à chaque repas.
太るために、毎食私はより多めに食べた。

Sophie a travaillé **plus** que ses camarades.
ソフィは友だちよりもたくさん勉強した。

Cette école nous a intéressés **plus** que les autres.
この学校はほかの学校よりも私たちの興味を引いた。

（4）動詞が複合形、後に目的語あり

次のどれも可能です。

［助動詞の後、過去分詞の前］

J'ai **plus** aimé le livre que le film.
（ある作品について））私は映画版よりも本のほうがいいと思った。

Jacques a **plus** parlé de sa nouvelle voiture que de son travail.
ジャックは自分の新しい車のことを仕事のことよりも話した。

［過去分詞の直後、目的語の前］

J'ai aimé **plus** le deuxième tome que le premier.
私には第1巻よりも第2巻のほうが面白かった。

Dans son interview, le président a parlé **plus** de lui que de la France.
インタビューで、大統領はフランスのこと以上に自分のことについて語った。

［目的語の後］

J'ai aimé les acteurs **plus** que le film.
映画そのものはともかく、役者はよかった。

Jacques a parlé de sa voiture **plus** que de sa famille.
ジャックは家族のことよりも自分の車のことばかり話した。

(2) 比較の対象

比較級の構文では、比較の対象としてさまざまなものが **que** により導入されます。

1) 主語、直接目的語、間接目的語、状況補語・状況補語節の場合

メモ 以下の例において que で導かれた比較の対象は、それぞれ（　）内の文のように que 以下をすべて表したものから主節との重複部分を省略して残った要素です。（　）内の文に出てくる否定の副詞 ne は虚辞の ne ☞ p.314 で、省略することもできます。

一般的には、que 以下が展開されている（　）内の文ではなく、重複部分を省略した文のほうを用います。

［主語の比較］

Nathalie travaille plus **que Jean**.
ナタリーはジャンよりも勉強する。
(= Nathalie travaille plus que Jean ne travaille.)

［直接目的語の比較］

Je parle mieux chinois **qu'anglais**.
私は英語より中国語のほうがうまく話せる。
(= Je parle mieux chinois que je ne parle anglais.)

［間接目的語の比較］

Ce film plaît plus aux adultes **qu'aux enfants**.
この映画は子どもより大人に受けがよい。
(= Ce film plaît plus aux adultes qu'il ne plaît aux enfants.)

［状況補語（場所）の比較］

Je travaille plus à la maison **qu'au bureau**.
私は会社よりも家で多く仕事をする。
(= Je travaille plus à la maison que je ne travaille au bureau.)

［状況補語（時）の比較］

Il y a plus de neige **qu'hier**.　昨日よりも雪が多い。
(= Il y a plus de neige qu'il n'y en avait hier.)

［状況補語節（時）の比較］

Je suis en meilleure forme **que quand j'avais vingt ans**.
私は二十歳のころよりも調子がよい。
(= Je suis en meilleure forme que je ne l'étais quand j'avais vingt ans.)

［状況補語節（条件）の比較］

L'achat de produits français est maintenant aussi facile **que si on habitait en France**.
今やフランス製品の購入はフランスに住んでいるかのように簡単だ。
(= …qu'il ne serait facile si on habitait en France.)

2）〈que＋文〉の場合

①「思っていたより…だ」など

比較の対象が、「思っていたよりも」「聞いていたよりも」などの形で現れることもよくあります。その場合、queの後は文の形式を取ります。

> **メモ** より大きい文の中の一要素として組み込まれた文を「節」と呼びます。したがって、より正確には〈que＋節〉です。

Je ne suis pas aussi bête **que tu penses**.
僕は君が思うほどバカじゃないよ。

L'état du malade était beaucoup plus grave **qu'on me l'avait dit**.
病人の容態は私が聞いていたよりもはるかに深刻だった。

このほか、(plus、moins、aussi、autant) que je ne l'imaginais「想像していたよりも」、(plus、moins) que je n'aurais cru「思いもせぬほどに」のような形もよく使われます。

②〈主語＋動詞〉などのセットを比較

〈主語と動詞〉や〈主語と目的語〉などが、それぞれ1つのセットとして比較される場合も、queの後は文の形式を取ります。

〈主語と動詞〉

J'ai mal aux chevilles. Pour l'instant, je marche plus vite **que je ne cours**. (＊ ne は虚辞の ne ☞ p.314)
私はくるぶしが痛くて、今のところ走るよりも歩くほうが速い。

Mon mari marche plus vite **que je cours**.
夫が歩くのは私が走るよりも速い。

〈主語と目的語〉

Lise a autant de CD **que j'ai de livres**.
リーズは私が本を持っているのと同じくらいCDを持っている。

> Charles joue mieux du violon **que je joue du violoncelle**.
> シャルルは私がチェロを弾くのよりも上手にバイオリンを弾く。

> On parle toujours en japonais, parce qu'il parle mieux japonais **que je parle français**.
> 私たちはいつも日本語で話す。彼の日本語が私のフランス語よりも上手だから。

3）比較級になっているものと同種の場合

比較の対象が、比較級になっているものと同種の場合もあります。例えば、形容詞に対して形容詞、名詞に対して名詞などです。

> Ce type est plus **rusé** qu'**intelligent**.
> あの男は頭がいいというよりはずる賢いのだ。

> J'essaie de manger plus de **légumes** que de **viande**.
> 私は肉よりも野菜を多く食べるようにしている。

> Il **s'amuse** plus qu'il ne **travaille**. （＊ne は虚辞の ne）
> 彼は仕事をしているというよりも楽しんでいるのだ。

（3）比較級の程度の表し方

比較の程度を強めるには、beaucoup、bien「ずっと、はるかに」、encore「さらに」、infiniment「段違いに」、nettement「歴然と」などを plus あるいは moins の前に付けます。mieux についても同様です。

程度を弱める場合は un peu「少し」を用います。

> Cécile chante **beaucoup mieux** que moi.
> セシルは私よりずっと歌が上手だ。

> Mon frère est **encore plus grand** que moi.
> 兄（弟）は私よりもさらに背が高い。

> Il faut **un peu plus d'argent**. もうちょっとお金が必要だ。

◆程度の表し方：その他のポイント

① **meilleur の強調**

比較級 meilleur「よりよい」、pire「より悪い」、moindre「より小さい」を強める場合、bien を使って、bien meilleur、bien pire などとします。beaucoup も可能ですが、日常語ではあまり使いません。

Je trouve ce vin **bien meilleur** que l'autre.
このワインのほうがもう一方のよりずっとおいしい。

② 「…倍」という表現を使った強調

deux fois「2倍」、trois fois「3倍」なども比較級とともによく用いられます。plusあるいはmoinsの前に付けます。

Leur appartement est **deux fois plus grand** que le nôtre.
彼らのアパルトマンはうちの2倍ある。
(「2倍分大きい(つまり3倍)」という意味ではなく「2倍の大きさ」という意味)

③ 数値による差分の表し方
（ⅰ）形容詞・副詞による比較

比較する対象との差分を数値で表すには2つの方法があります。
［〈de＋数値〉をplus …の後に付ける］

Didier est plus grand **de vingt centimètres** que son père.
ディディエは父親よりも20センチ背が高い。

Les personnes atteintes de cette maladie vieillissent plus vite **de dix ans** en moyenne.
この病気に罹患している人は平均で10年も早く老化する。

［数値をplusなどの前に付ける］

La tour de Tokyo est environ **dix mètres** plus haute que la tour Eiffel.
東京タワーはエッフェル塔よりも10メートルほど高い。

Ce médicament permet de guérir **un mois** plus vite que si on ne fait rien.
この薬を使うと、何もしない場合に比べて1か月早く治る。

（ⅱ）名詞の分量

名詞の分量の差分は〈数値 + de plus [plys]／de moins〉で表します。

Ma femme a **cinq ans de plus** que moi.
妻は私より5歳年上だ。
(= Ma femme est cinq ans plus âgée que moi.)

La chambre coûte **cent euros de moins** qu'en août.
部屋は8月よりも100ユーロ安くなっている。

(4) 比較級を否定形にした場合

比較級を否定形で使った場合、単なる度合いの比較だけでなく、ある種の意味的な含みが加わります。

優等比較級　Il n'est pas plus grand que moi.
　　　　　　　彼は私より背が高いわけではない。
　　　　　　　（含み：私も彼も背は高くない）

同等比較級　Il n'est pas aussi grand que moi.
　　　　　　　彼は私ほど背が高くはない。
　　　　　　　（含み：私は背が高い）

劣等比較級　Il n'est pas moins grand que moi.
　　　　　　　彼は私に劣らず背が高い。
　　　　　　　（含み：私も彼も背が高い）

> **メモ** 肯定形では、同等比較級と劣等比較級において意味的な含みが加わります。

Il est aussi grand que moi.　彼は私と同じくらい背が高い。（私も彼も背が高い）
Il est moins grand que moi.　彼は私より背が低い。（私は背が高い）

また、優等比較級でも encore が付くと単なる度合いの比較だけではなくなります。

Il est encore plus grand que moi.
彼は私よりもさらに背が高い。（私も彼も背が高い）

(5) 比較級：その他の表現

比較級を含む表現でよく使うものを見ておきましょう。

1) plus que「…以上」（発音は [plys] で s を読む）、**moins que「…以下」**

plus que、moins que に名詞、形容詞、副詞を続けて「それ以上（以下）である」ことを示します。

Son raisonnement est **plus qu'**approximatif.
彼の理屈はアバウトもいいところだ。

Le logement est **plus qu'**un simple abri.
住居というのは夜露さえしのげればいいというものではない。

2) plus de ＋数値（発音は [ply] で s は読まない）、**moins de ＋数値**

「ある数以上、以下」と言う場合、plus、moins の後には de を置きます。

Il y avait **plus de** cent étudiants dans la salle.
教室には100人以上の学生がいた。

Ce film est interdit aux **moins de** 18 ans.
この映画は18歳未満禁止である。

> **メモ** 2つ目の例のように、統計や法律など厳密な使い方ではその数値は含まず、それより上（下）を表します。

3）plus に代わる davantage

動詞あるいは名詞に付ける場合、優等比較級のplusに代えてdavantageを使うことができます。やや凝った言い方です。

Je ne peux pas rester ici **davantage**.
私はここにはこれ以上いられない。

L'argent les intéresse bien **davantage** que l'amour.
彼（彼女）らは恋よりもお金のほうにはるかに興味がある。

Le gouvernement devrait fournir **davantage d'**efforts pour réaliser la décentralisation.
政府は地方分権化を実現するために更なる努力をする必要があろう。

4）aussi、autant に代わる si、tant

否定文・疑問文で、同等比較のaussi、autantに代わってsi、tantという副詞が使われることがあります。

La situation n'est pas **si** grave qu'on le croit.
状況は一般に思われているほど深刻ではない。（= **aussi grave**）

Cette réforme n'entraînera pas **tant de** problèmes que le disent les opposants. （= **autant de problèmes**）
この改革は反対派が言うほど多くの問題は引き起こさないだろう。

▶ 否定文・疑問文において、si ... que ça, tant que ça「それほどは」という形は日常会話でよく使われます。

Olivier n'est pas **si** sympa **que ça**.
オリヴィエはそんなにいい奴じゃない。

Elle gagne bien dix mille euros par mois. — **Tant que ça ?**
彼女は月1万ユーロは稼いでいるよ。—そんなに？

5）補足的な比較

文に付け加えるような形で、2つの同種の状況補語を比較することがあります。一方が文の内容により合致する（あるいは、より合致しない）ことを言います。同等比較はautantを使います。

C'est une perte de temps, **plus** pour toi **que** pour moi.
時間の無駄だよ。僕にとってよりも君にとってね。

Il m'arrive de boire énormément de café (**plus** au travail **qu**'à la maison).
私はものすごい量のコーヒーを飲んでしまうことがある（家よりも仕事場で）。

Raymond a décidé de rester **autant** pour toi **que** pour moi.
レモンは私のためだけではなく君のためにも残ることに決めたのだ。

6）動詞相当句の比較級

avoir faim「空腹である」、**faire chaud**「暑い」のような動詞相当句も、ものによっては比較級にすることができます。その場合、動詞相当句の中の形容詞・名詞にplusなどを付けます（名詞であってもplus de …のようにdeは付けません）。

Il fait **plus chaud** qu'hier.　昨日よりも暑い。

Ça fait **moins mal** qu'hier.　昨日より痛くなくなっている。

J'ai **aussi sommeil** que s'il était deux heures du matin.
まるで夜中の2時みたいな眠たさだ。

メモ 動詞相当句を最上級にすることも可能です。

Quel est le pays où il fait **le plus froid** en Afrique ?
アフリカで一番寒い国はどこですか？

中上級! aussi か autant か？

動詞相当句を同等比較級にする場合、aussiを使うかautantを使うかで揺れが見られます。形容詞に付いたり形容詞的なイメージが強い場合はaussi、名詞的なイメージが強い場合はautantになりやすいと言えるかもしれません。

Il fait **aussi froid** qu'à Moscou.　モスクワと同じくらい寒い。

Aucun film ne fera jamais **aussi peur** (**autant peur**) que celui-ci.
この映画ほど怖いのはこの先出てこないだろう。

Ton adversaire a **autant envie** de gagner que toi.
お前の対戦相手だってお前と同じくらい勝ちたいと思っているぞ。

Les consommateurs font **autant confiance** qu'avant aux avis des spécialistes.　消費者は以前と変わらず専門家の言うことを信頼している。

2. 最上級

（1）最上級の形

　最上級は、**le plus**「最も多く」、**le moins**「最も少なく」のように、比較級の前に定冠詞を付けて作ります。

　また「どの範囲の中で」一番なのかを示す場合、範囲を示す形としてよく現れるのは **de ...**「…の中で」です。

1）形容詞

　形容詞は、関係する名詞との性・数一致があるので、最上級にする場合は定冠詞も**性・数を一致**させます。

［属詞の例］

C'est Anne qui est **la plus travailleuse** de la classe.
クラスで一番の勉強家はアンヌだ。

［付加詞の例］

C'est **le traitement le plus efficace** contre le cancer du poumon.
これは肺がんの最も有効な治療法である。

Quels sont **les pays les plus riches** du monde ?
世界で最も裕福な国にはどういう国がありますか？

　付加詞として名詞を修飾する場合、その名詞は最上級によって唯一のものとして特定されることになるので定冠詞が付くことにも注意しましょう（**les pays les plus riches**）。

> **中上級！ 最上級：定冠詞の性・数一致がない例外**
>
> 　形容詞の最上級でも、定冠詞の性・数の一致がなく **le plus (le moins)...** とする場合があります。同一のものの何らかの性質を、異なった状況の間で比べる場合です。改まった文体で現れることがあります。
>
> C'est sous la pluie que ces fleurs sont **le plus belles**.
> 雨の中でこそ、この花は最も美しい。
>
> 　ただし日常語ではこういう場合も、定冠詞の性・数を一致させます（**les plus belles**）。

▶ 名詞との位置関係

beau「美しい」、grand「大きい」などのように、名詞の前に置く形容詞は、最上級にして使う場合も前に置くのが基本です。このとき定冠詞は重複せず、1つだけ現れます。

La plus grande place de Paris, c'est la place de la Concorde.
パリで一番大きい広場はコンコルド広場だ。

Conques figure parmi **les plus beaux villages** de France.
コンクはフランスで最も美しい村の1つである。

ただし、名詞の後に置くことも可能で、その場合はもちろん定冠詞は2つ（名詞に付くものと形容詞の最上級に付くもの）現れます。

La place la plus grande de Paris, c'est la place de la Concorde.

◆形容詞の最上級：その他のポイント

① 定冠詞以外が現れる場合

上に見たように、最上級の形容詞で修飾された名詞には、多くの場合は定冠詞が付きますが、意味によっては所有形容詞が付くこともあります。

Daniel, c'est **mon meilleur ami**.　ダニエルは私の一番の親友だ。

形容詞が名詞の後に来る場合は son film le plus intéressant「彼の一番興味深い映画」のようになります。

メモ 最上級とともに指示形容詞が現れることもあります。

Pour rénover **ce plus beau château** du Japon, il a fallu trois milliards de yens.
この日本一美しい城の改修工事には30億円を要した。

② 定冠詞が現れない de plus intéressant のような形

次の例のような ce que と連動した最上級では定冠詞が現れません。

Ce qu'il y a de plus intéressant dans ce film, c'est la richesse des couleurs.
この映画で一番興味深いのは色彩の豊かさである。

C'est **ce que j'ai trouvé de moins cher** comme batterie.
これが私が見つけた一番安いバッテリーだ。

この形における de は、指示代名詞や不定代名詞などを形容詞で修飾するときに必要な要素として現れる de です。　☞ p.112 ▶ce que ～と形容詞

③ **数詞との組み合わせ**

最上級の形容詞で修飾された名詞に数詞を付けることができます。基数詞は次のようになります。

les **huit** meilleurs joueurs de l'année　年間の最優秀選手8名

les **cent** personnes les plus influentes du monde
世界で最も影響力のある100人

一方、次の例のように序数詞を付けるのはやや粗雑とされます。

le **troisième** meilleur joueur de France　フランスで第3位の選手

④ **「最も…なものの1つ」**

複数形になった最上級と un (une) de ... 「…のうちの1つ」を組み合わせた形もよく用いられます。「最も…なものの1つ」という意味です。

Le Louvre est **un des plus grands musées** du monde.
ルーブルは世界で最も大きい美術館の1つである。

⑤ **形容詞的に用いられた前置詞句**

形容詞的に用いられた前置詞句が最上級になることもあります。

On trouve dans cette boutique les chaussures **les plus à la mode**.
このブティックには最新流行の靴が置いてある。

Il faut prendre la voie **la plus à droite**.
一番右の車線を走らねばならない。

2）副詞

副詞には性・数の変化がないので、最上級には定冠詞単数の男性形を使って、常に le plus ...、le moins ... のような形になります。

Les oiseaux qui volent **le plus vite** de la planète, c'est l'aigle doré et le faucon pèlerin.
地球上で最も速く飛ぶ鳥はイヌワシとハヤブサである。

Le Danemark est le pays où on parle **le mieux** anglais.
デンマークは英語が一番上手な国だ。

Le plus tôt sera le mieux.　できるだけ早いほうがいいだろう。

▶副詞的に用いられた前置詞句
　副詞的に用いられた前置詞句が最上級になることもあります。

Mettez-vous **le plus à gauche** possible.
できるだけ左寄りに位置取りしてください。

3）名詞

　名詞が表すものの分量を言う場合も、最上級には定冠詞単数の男性形を使って、常に le plus de …（plus の発音は [plys]）、le moins de … のような形になります。

Qui a **le plus d'argent** au monde ?　世界で一番の金持ちは誰か？

Cette solution nous posera **le moins de problèmes**.
この解決策なら一番問題が生じないだろう。

4）動詞

　動詞の表す動作を量的な面から最上級で表す場合も、定冠詞単数の男性形を使った le plus（plus の発音は [plys]）、le moins を動詞の後に置きます。

Dans ma famille, c'est ma sœur qui mange **le plus**.
家では妹（姉）が一番よく食べる。

La langue que j'aime **le plus**, c'est le français.
私が一番好きな言葉はフランス語だ。

J'ai mal à la gorge. J'essaie de parler **le moins** possible.
私は喉が痛い。できるだけしゃべらないようにしている。

◆動詞と le plus、le moins の位置

　le plus、le moins の位置は、動詞が目的語を取る場合も取らない場合も、**動詞の直後が基本**となります。ただし動詞が複合形の場合は、助動詞の直後、過去分詞の直後の 2 つが可能です。

① 動詞が単純形、後に目的語無し

C'est Jean-Jacques qui mange **le plus**.
一番たくさん食べるのはジャン・ジャックだ。

Le plat que j'aime **le plus**, c'est la ratatouille.
私が一番好きな料理はラタトゥイユだ。

② **動詞が単純形、後に目的語あり**

C'est ce problème qui intéresse **le plus** les parents.
親たちが一番関心を持つのはこの問題だ。

Quelle voiture plaît **le plus** aux jeunes femmes ?
若い女性に一番人気があるのはどの車だろうか？

③ **動詞が複合形、後に目的語無し**
次のどちらの位置も可能です。
［助動詞の直後、過去分詞の直前］

Qui a **le plus** mangé ce soir ?
今夜一番たくさん食べたのは誰ですか？

［過去分詞の直後］

Qui a mangé **le plus** ce soir ?
今夜一番たくさん食べたのは誰ですか？

Ce sont les deux thèmes sur lesquels on a travaillé **le plus**.
私たちが最も頭を絞ったのはこの２つのテーマについてです。

④ **動詞が複合形、後に目的語あり**
次のどちらの位置も可能です。
［助動詞の直後、過去分詞の直前］

C'est la chaleur qui a **le plus** gêné les joueurs.
選手たちが最も苦しんだのは暑さである。

Ce qui a **le plus** nui aux relations des deux pays, c'est ce traité inégal.
両国の関係を最も損ねたのはこの不平等条約である。

［過去分詞の直後］

C'est cette question qui a intéressé **le plus** les experts.
専門家たちはこの問題に最も興味を持った。

Ce qui a plu **le plus** aux enfants, c'est le toboggan aquatique.
子どもたちが一番喜んだのはウォータースライダーだ。

（2）最上級の強調

最上級を強調するには de loin、de beaucoup「はるかに」を最上級の前に置きます。俗に言う「ダントツの一番」という意味になります。

Jupiter est **de loin** la plus grosse planète du système solaire.
木星は太陽系では群を抜いて大きな惑星である。

Ce secteur est celui qui décline **de loin** le plus vite en France.
この分野は、フランスでは衰退の進行がほかよりもはるかに速い分野である。

Rabelais est l'auteur qui m'a pris **de beaucoup** le plus de temps.
ラブレーは私がほかよりもはるかに時間を費やした作家である。

◆ 最上級の強調：その他のポイント

① possible をつけて強調する

形容詞 possible「可能な」を使って「可能なかぎり一番」という意味を表すこともできます。この場合 possible はふつう性・数の変化をしません。

Il faut rassembler le plus grand nombre **possible** de pays.
できるだけ多くの国を結集しなければならない。

Viens le plus tôt **possible**.　できるだけ早く来てよ。

Essayez de faire le moins de fautes **possible**.
できるだけ間違いが少なくなるようにしなさい。

② 関係節を付けて強調する

「一番」であることを強調するために、最上級の形容詞に修飾された名詞に関係節を付けて「これ以上のものはありえない」のようなニュアンスを加えることもあります。この場合、関係節の動詞は接続法になります。

C'est probablement le guide le plus pratique **qu'on puisse imaginer**.　（puisse：pouvoir「…できる」の接続法）
これは恐らく考えうるかぎり最も実用的なガイドブックだ。

C'est la meilleure solution **qui soit**.　これは最高の解決策だ。
（soit：être「存在する」の接続法）

(3) 2つのものの比較で最上級を使う場合

2つのものを比較するのに、比較級を使う場合と最上級を使う場合があります。

比較級　Benoît est **plus grand** que toi.
　　　　ブノワは君より背が高い。

最上級　Qui est **le plus grand**, toi ou Benoît ?
　　　　君とブノワではどちらが背が高いの？

　　　　Des deux sœurs, c'est l'aînée qui était **la plus paresseuse**.
　　　　2人の姉妹では、姉のほうが怠け者だった。

［最上級］の例で分かるように、2つのものを1つのまとまりとして捉える場合には、その範囲内で一番という意味で最上級が用いられます。

第22章 複文

複文とは、2つの文がなんらかの形でまとまって、1つのより大きなかたまりになったものを言います。

　文は〈主語＋動詞句（＋状況補語など）〉という構造をしていますが、そういった文が2つ（まれにそれ以上）まとまって、1つの文を形づくることがあります。これを複文と呼びます。

複文を構成する4つのパターン

　複文を構成する2つの文の間の関係には、次の4つのパターンがあります。

　（1）従属　　（2）等位　　（3）並置　　（4）挿入

> **メモ** 英文法あるいは日本語文法などでは（1）だけを「複文」と呼び、（2）は「重文」と呼ぶのに対して、フランス語文法では、これらすべてを一括して「複文」と呼びます。

（1）従属

次の例を見てください。

Tu sais que Manon vient ? 　マノンが来るって知ってる？

　この文では、**Manon vient**「マノンが来る」という文が、枠組みとなる **Tu sais ...**「君は…を知っている」という文の直接目的語となっています。

　このように、ある文1（**Manon vient**）が、別の文2（**Tu sais...**）に、その構成要素（例えば直接目的語）として組み込まれている場合、「文1は文2に従属している」と言います。そして、文1を**従属節**、組み込む枠のほうの文2を**主節**と呼びます。

> **メモ** 一般に、複文を構成しているそれぞれの文のことを「節」と呼び、独立している通常の文とは区別します。（2）の等位関係にある文はそれぞれ等位節、（3）の並置関係にある文はそれぞれ並置節と呼ばれることがあります。

　従属節は、組み込まれた主節の中で、上の例で見た直接目的語の他にも、主語・属詞・間接目的語・状況補語・名詞修飾要素などとして働きます。☞ 補足節 p.413、間接疑問節 p.418、関係節 p.424、状況補語節 p.436

Quand je suis arrivé, il n'y avait personne.
私が着いたときは誰もいなかった。(「時」を表す状況補語節)

Tu connais le garçon **qui danse avec Sarah** ?
あなた、サラと踊ってる男の子知ってる？(名詞を修飾する関係節)

また従属節は、主節への組み込みを明示する要素(上の3つの例では、接続詞que、quand、関係代名詞qui)によって導かれます。

(2) 等位

2つの文が等位接続詞(et そして、mais しかし、ou あるいは、など)によって結び付けられているとき、これらは「等位にある」と言います。一方が他方に従属するという関係にはなく、それぞれは独立しているからです。

Il pleut **et** tu n'es pas là.　雨が降り、君はいない。

Anne est bien venue, **mais** elle est repartie tout de suite.
アンヌはたしかに来たけれど、すぐに帰ってしまった。

一般的に、等位接続詞で結ばれるのは文法的に同じ種類、あるいは同じ機能を持つ要素です。

mon fils et **sa voiture**　私の息子と彼の車

un monde **très violent** et **sans morale**
とても暴力的でモラルの欠けた世界

最初の例では2つの名詞句が、次の例では付加詞として使われている形容詞句と前置詞句が等位接続詞によって結び付けられています。この場合、2つが結び付けられた結果として得られるもの(下線部)も、構成要素のそれぞれと同じ種類のものです。最初の例では下線部全体も名詞句、次の例では名詞を修飾する付加詞です。

これと同じように考えれば、文を等位接続詞で結んだものもまた1つの文(複文)であるということになります。

> **メモ**　「等位接続詞で結び付けられた独立した文が2つで1つの大きな文(複文)を構成する」というのはやや分かりにくいところがあります。通常は、2つの文がピリオドで区切られていない、抑揚も1つ目の文の最後で下降しない、また、意味的にも2つが密接に結び付く、などの特徴が見られるときにのみ複文と認めます。
> 　しかし、コンマで区切られているにせよ、ピリオドで区切られているにせよ、範囲がより広くなるものとの線引きは容易ではありません。

（3）並置

　2つの文が、接続詞などによって結び付けられるのではなく、ただコンマ（, virgule）で区切られて並べられているだけの場合です。

C'est curieux, je n'ai pas peur du tout.　　（Houellebecq）
不思議だけど、私、全然怖くないの。

Je monte, je valide.　（Dhorneによる）
バスに乗ったら忘れず刻印。（パリのバスで、切符を刻印機に通させるための注意書き）

Nicole ne viendra pas, sa fille est malade.
ニコルは来ないよ、娘さんが病気なんだ。

　並置の場合は、意味的に2つが密接に結び付いて、上の例のように対立、条件、理由などの関係を表していることもよくあります。

> **メモ**　並置の場合も、2つの文が1つの大きな文（複文）を構成するというのは、文法的な観点からはかなり分かりにくいものです。意味的にはともかく、形として2つを結び付ける印は何もありません。抑揚もものによりけりです。
> 　ただ、並置が何らかの別の手がかりを伴っていることもあります。例えば次のような文です。
>
> ### J'aurais un peu plus de temps, j'apprendrais le russe.
> もう少し時間があれば、ロシア語をやるんだけどなあ。
>
> これは〈条件法、条件法〉という形式で、「現実に反する」ことを表す仮定文になります。2つ並んで初めて最初の文が条件節となります。この形式を構成する2つの条件法の文は独立していないので、並置は従属関係を含んでいます。このようなものは「複文」と呼ぶのがふさわしいケースです。

（4）挿入

　ある文の途中に挿入された文を挿入節と言います。文の末尾に付け加わる場合もあります。挿入節は、ふつうコンマなどで区切られ、音調の面でも外枠の文の流れから外れます。また、外枠の文と挿入節は独立していて、文法的な従属関係にはありません。

　2つのタイプの挿入節があります。

1）直接話法で用いる挿入節

　直接話法と自由間接話法で用いられて、引用されている発話の話し手を示します。

« Non, **dit-il**, oh ! non. J'ai pensé que le plus pressé...
— Bien sûr, **coupa Rieux**, je le ferai donc. »　(Camus)
「いや」と彼は言った。「いやまだですよ。だって一番緊急なのは…」
「そうですよね」とリューは遮った。「じゃ、僕がやっときますよ」

« Tu n'a rien à manger ? » **lui demanda la sorcière**.
「何も食べるものがないのかい？」と魔法使いは彼（彼女）に尋ねました。

上の例のように、主語が人称代名詞であっても固有名詞やふつうの名詞句であっても、挿入節では主語を倒置して動詞の後ろに置きます。

> **メモ** 日常会話でも直接話法で挿入節を使うことがあります。この場合、ふつう主語の倒置はしません。また、俗語的な言い方ではqueを先立てることもあります。

Comment ! **elle me dit**, tu peux pas m'attendre ?
彼女は僕に言ったんだ。「え？ 私を待てないの？」

2）外枠の文に対する評価や補足

ある文の全体や一部分についての、自分の見方、評価、補足などを表します。よくあるケースは、外枠の文を従属節（補足節）にする代わりに、主節にあたるものを挿入節としたものです。

Ça commence à huit heures, **je crois**.　8時開始だったと思う。
（＝ Je crois que ça commence à huit heures.）

Tu n'as pas oublié le pain, **j'espère**.　パン、忘れなかったわよね。
（＝ J'espère que tu n'as pas oublié le pain.）

Luc — **c'est le seul Français de la classe** — est toujours entouré de filles.
リュック（彼はクラスで唯一のフランス人なんだ）はいつも女の子に囲まれている。

この場合の挿入節は〈主語―動詞〉の語順になることが多いですが、**paraît-il**「…だそうだ」、**me semble-t-il**「…のように見える」など、倒置が可能なものもあります。

また、補足的な情報やコメントの場合、挿入節をカッコに入れたり、上の3例目のようにダッシュ（— tiret）で区切ることもあります。

第23章 従属節

従属節とは、枠組みとなる文（主節）の中に、その構成要素（直接目的語、状況補語など）として組み込まれた別の文のことを言います。
☞ p.409 (1)

　従属節は、主節の中の1要素として組み込まれて、さまざまな機能を果たします。
　名詞句と同じように働く**補足節**および**間接疑問節**、名詞を修飾する形容詞句と同じように働く**関係節**、状況補語として働く**状況補語節**の4つがあります。

1. 補足節

　補足節とは、**接続詞que**に導かれ、動詞の直接目的語などとして働く従属節のことです。

　　　主語　　　動詞　　　　　直接目的語
　　Ma mère espère │**que** vous viendrez│.
　　私の母　　　願う　　　[補足節] あなたが来ること

　母はあなたがおいでになることを願っています。

> **メモ** 補足節は、文中で主語・直接目的語・間接目的語・形容詞の補語などといった名詞句と同等の役割を果たすので、「名詞節」と呼ばれることがあります。ただし、こういった役割は不定詞や間接疑問節も果たします。☞ 不定詞 p.253 (1)、間接疑問節 p.418

　以下では、枠組みとなる文（主節）の中で補足節が果たす役割に応じて例を見ていきましょう。

主節の中での補足節の役割

1）直接目的語

　「（…であると）言う」「（…であると）知っている」の（　）部分のように、補足節が動詞の直接目的語として使われている場合で、補足節の最も一般的なケースです。（＊下線部が補足節です。）

　　Léa m'a dit **que** sa mère est italienne.
　　レアは私に、自分の母親はイタリア人だと言った。 ☞ p.446

1. 補足節

Tu sais **que** Jacques travaille au Japon ?
ジャックが日本で働いてるって知ってる？

On va attendre **qu'**il fasse beau.　天気がよくなるのを待とう。

[直接目的語として補足節を取ることができる動詞の例]

補足節は直説法：dire 言う／savoir 知っている／annoncer 告げる／raconter 語る／écrire 書く／déclarer 言明する／admettre 認める／avouer 白状する／répéter 繰り返す／répondre 答える／penser 考える／croire 思う／promettre 約束する／supposer 推測する／remarquer 気づく／oublier 忘れる／vérifier 確かめる／apprendre （情報を）知る／prétendre 言い張る　など

補足節は接続法：aimer 好きだ／souhaiter 願う／craindre 危惧する／vouloir 求める／attendre 待つ／regretter 残念に思う／interdire 禁じる　など

▶ **que は省略不可**

英語の that とは違って、フランス語の que は省略できません。直接目的語の場合だけでなく、下に見るどの役割でも同じです。

▶ **補足節の代名詞化**

直接目的語として働いている補足節を代名詞で置き換える場合、中性代名詞の le「そのこと」を使います。

Tu sais que Marie va au Canada ? — Oui, elle me l'a dit.
マリがカナダに行くって知ってる？― うん、そのこと彼女から聞いた。

▶ **quand 補足節**

主に aimer「好きだ」、détester「大嫌いだ」などの動詞の直接目的語として、接続詞 quand「…であるとき」に導かれる補足節を使うことがあります。話し言葉です。

J'aimais **quand** mon père jouait du violoncelle.
私は父がチェロを弾いているときが好きだった。

2）間接目的語

補足節が動詞の間接目的語として使われる場合です。目的語を導く前置詞が落ちて que 〜 という形になるもののほかに、動詞によっては、前置詞に導かれた à ce que 〜、de ce que 〜 のような形を取ることもあります。

Je me souviens **qu'**il pleuvait ce jour-là.
その日は雨が降っていたのを思い出す。

Philippe s'est aperçu **que** la fenêtre était ouverte.
フィリップは窓が開いていることに気がついた。

Je tiens **à ce que** tout soit remis en ordre pour lundi.
私は、月曜日には必ずすべてが元の状態になっていることを要望する。

[間接目的語として補足節を取ることができる動詞の例]

補足節は直説法：(もとの前置詞は de) se souvenir que 思い出す／s'apercevoir que 気がつく／se rendre compte que 思い至る／informer (de ce) que 知らせる／se douter que 気づいている (もとの前置詞は sur) compter (sur ce) que 当てにする
補足節は接続法：(もとの前置詞は à) tenir à ce que 強く望む／veiller à ce que 配慮を怠らない／s'attendre (à ce) que 予期する／(もとの前置詞は de) avoir peur que 恐れる／douter que 疑わしく思う／s'étonner (de ce) que 驚く

▶ 補足節の代名詞化

間接目的語として働いている補足節を代名詞で置き換える場合、もとの前置詞が de であれば代名詞 en「そのことについて」、前置詞が à であれば代名詞 y「そのことを」を使います。

Tu te souviens ? Il neigeait ce jour-là.
— Oui, je m'**en** souviens très bien.
覚えてる？あの日は雪だったね。
— うん、よく覚えてる。

Il n'y avait plus de place. — Oui, je m'**y** attendais.
チケットは売り切れだったよ。— ああ、やっぱりね。

3）属詞

補足節が動詞 être などを介して主語の属詞となる場合です。主語を文頭に遊離させて、**c'est que ～** と受け直す形もよくあります。

Le problème, c'est **que** j'ai trop de choses à faire.
問題は、私にはやることが多すぎるということだ。

L'essentiel, c'est **que** tu sois heureuse.
大事なのは、君が幸せになることだよ。

> Son hypothèse était **que** chaque planète tourne sur un épicycle.
>
> 彼の仮説は、惑星がそれぞれ周転円上を回っているというものであった。

［その他の例］

補足節は直説法：le fait est que 事実は…ということなのだ／le malheur est que 不幸なことに…である／la preuve en est que その証拠が…である／la conséquence en est que その結果が…である

補足節は接続法：ma volonté est que 私の意思は…である／mon seul regret est que 私が唯一残念に思うことは…である

4）形容詞の補語

補足節が形容詞の補語となる場合です。多くの場合、前置詞 de が補語の名詞句を導く形容詞ですが、補足節では de が落ちて、que ～ となります。

> Je suis sûre **que** c'est par là, la sortie.
>
> 出口はきっとこっちのほうよ。

> Je suis content **que** vous soyez venu.
>
> あなたが来てくださってうれしく思います。

［補語として補足節を取ることのできる形容詞の例］

補足節は直説法：(もとの前置詞は de) sûr、certain、persuadé、convaincu 確信している

（＊これらの形容詞が否定形になれば補足節は接続法になります。）

補足節は接続法：(もとの前置詞は de) content 満足している／heureux うれしく思っている／fier 自慢に思っている／gêné 困惑している／désolé 申し訳なく思っている／navré 遺憾に思っている／étonné 驚いている／
(もとの前置詞は à) disposé à ce que 心構えができている／habitué à ce que 慣れている

▶補足節の代名詞化

形容詞の補語である補足節を代名詞で置き換える場合、もとの前置詞が de なら代名詞 en、前置詞が à なら代名詞 y を使います。

> Tu crois que François vient ? — J'**en** suis sûr.
>
> フランソワは来るかしら？ ― 絶対来るよ。

5）名詞の補語

補足節 que～は補語としてある種の名詞に直接付いて、その内容を示します。

J'ai le sentiment **que** notre modèle économique a atteint ses limites.
私には、現行の経済システムはその限界に達したと感じられる。

La probabilité **que** cela se reproduise est pratiquement nulle.
そのようなことが再び起こる確率は事実上ゼロに等しい。

名詞と補足節が離れていることがあります。

Le moment est venu **qu'**on choisisse un autre mode de vie.
我々が別のライフスタイルを選ぶべき時が来た。

［補語として補足節をとる名詞の例］

補足節は直説法：la certitude 確信／l'idée 考え／l'impression 印象／le sentiment 気持ち／l'espoir 希望／la preuve 証拠／la nouvelle ニュース／l'hypothèse 仮説／le bruit court que …という噂が流れている
補足節は接続法：la crainte 恐れ／le désir 望み／la probabilité 確率
どちらもあり：le fait 事実／le moment est venu que …すべき時が来た

中上級！ 主語として働く補足節

補足節が主語として働くこともあります。補足節内の動詞は接続法です。主語が長大になってしまって座りの悪い文になるので、かなり例外的な使用になります。

Que cette affaire réussisse ne dépend que de toi.
この件がうまくいくかどうかは完全に君しだいだ。　　（Delaveau et Kerleroux）

ふつうは補足節を文頭に遊離して、cela などで受け直すか、非人称構文の実主語として補足節を後ろに持ってくる、という手法を取ります。

Il ne dépend que de toi **que** cette affaire réussisse.
（Delaveau et Kerleroux）

2. 間接疑問節

　間接疑問節とは、疑問文を主節の動詞の目的語として組み込むときに現れる従属節です。

直接疑問文
Il habite où ?
Où est-ce qu'il habite ?　　　彼はどこに住んでいるの？
Où habite-t-il ?

　　　　形のアレンジ

Je ne sais pas **où il habite.**　私は彼がどこに住んでいるのか知らない。
主語　　動詞　　　直接目的語（間接疑問節）

　上の3つの文は、それぞれ形式は違いますが、同じ内容を持つふつうの疑問文です。
　一方、下の文はこれらの疑問文を、動詞 savoir「知っている」の直接目的語として組み込んだものです。ここで現れる où il habite「彼がどこに住んでいるのか」のような従属節のことを**間接疑問節**と呼びます（対比的にふつうの疑問文を**直接疑問文**と呼ぶことがあります）。上の例に見るように、間接疑問節と直接疑問文は少し形が異なります。

(1) 間接疑問節の形

　疑問文の種類に分けて見ておきましょう。

1) 全体疑問文（oui / non で答える疑問文）

- 全体疑問の間接疑問節は接続詞 si「…かどうか」で導入する。
- 間接疑問節の中の語順は平叙文と同じ（主語―動詞―目的語、など）。
- 間接疑問節では est-ce que を使わない。

Je ne sais pas **si** Nicole a déjà lu ce livre.
私はニコルがもうこの本を読んだかどうか知らない。

Il faudra vérifier **si** c'est vrai.
それが本当か確かめないといけない。

　例のように、全体疑問の間接疑問節の場合には si を用います。また、直接疑問文の場合のように〈動詞―主語〉という倒置を行ったり、est-ce que を使うことはありません。

▶「…かどうか」を強調して **ou non**（くだけて **ou pas**）を付け加えることがあります。

Je ne sais pas si Jacques vient **ou non**.
私はジャックが来るかどうか知らない。

2）部分疑問文（疑問詞を使う疑問文）

① 一般的な場合
- 疑問詞は必ず間接疑問節の先頭に置く。（＊名詞句、前置詞句はひとまとまりで。例：combien de temps、de qui）
- 間接疑問節の中の語順は平叙文と同じ。（＊ただし倒置が必須あるいは任意の場合あり）
- est-ce que や est-ce qui は使わない。

Je ne sais pas **qui** va me remplacer.（qui は主語）
誰が私の代わりをするのか、私は知らない。

Je ne sais pas **qui** elle va choisir.（qui は直接目的語）
彼女が誰を選ぶのか、私は知らない。

Je ne comprends pas **de qui** tu parles.
君が誰のことを話しているのか、私には分からない。

Je ne comprends pas **de quoi** tu parles.
君が何のことを話しているのか、私には分からない。

Tu sais **par quelle porte** elle est entrée ?
どのドアから彼女が中に入ったのか、君分かる？

Je vais te montrer **comment** il faut faire.
どうやればいいのか、見せてあげるよ。

Je me demande **pourquoi** Céline n'est pas venue.
どうしてセリーヌは来なかったのかしら。

On va lui demander **combien de temps** il faut attendre.
どれくらいの時間待たないといけないのか、あの人に尋ねてみよう。

② 「何」が主語、直接目的語、属詞の場合（ce qui、ce que）
直接疑問文で qu'est-ce qui「何が」や qu'est-ce que、que「何を、何」という形が使われる場合、対応する間接疑問節は次のようになります。
- 主語であれば ce qui という形を使う。
- 直接目的語または主語の属詞であれば ce que という形を使う。

2. 間接疑問節

- 間接疑問節は **ce qui**、**ce que** を先頭に置く。
- 間接疑問節の中の語順は平叙文と同じ。（＊ただし倒置が必須あるいは任意の場合あり）

Je n'ai pas compris **ce qui** se passait. （主語）
私には何が起こっているのか理解できなかった。

Tu sais **ce qu**'il y a dedans ? （直接目的語）
この中に何が入っているか分かる？

Devine **ce que** j'ai mangé hier. （直接目的語）
昨日私が何を食べたか当ててごらん。

Tu sais **ce que** c'est ? （主語c'の属詞）
これ何だか分かる？

◆ 主語の倒置

部分疑問の間接疑問節の中も、ふつうは平叙文と同じ〈主語─動詞〉という語順になります。しかし、次の場合には主語が倒置されて動詞の後ろに来ます。

① qui と quel が属詞の場合には、必ず主語を倒置します。

Tu sais qui est **ce monsieur** ?　君、あの男の人が誰だか知ってる？

Je sais quel est **son niveau**.
彼（彼女）のレベルがどんなものか私には分かっている。

② 存在場所 où と属詞 ce que も、ふつう主語と動詞 être などを倒置します。

Tu vois où est **la bibliothèque** ?　君、図書館はどこだか分かるだろ？

Les gens ignorent totalement ce qu'est **une guerre**.
人々は戦争というのがどんなものなのかを全く知らない。

③ ce que のように、疑問節の先頭の名詞句が意味から見て直接目的語であることが明らかな場合は、主語を倒置することが可能です。

Je ne sais pas ce que fabrique **cette usine**.
（= cette usine fabrique）
あの工場が何を作っているのか、私は知らない。

Il faut toujours noter quelle couleur a choisie **chaque client**.　（= chaque client a choisie）
それぞれの客がどの色を選んだか、いつも書き留めておかないといけない。

④ 部分疑問で動詞が自動詞などの場合、主語を倒置することが可能です。

On commence à comprendre comment vivaient **ces dinosaures**. (= ces dinosaures vivaient)
これらの恐竜がどのように生きていたか分かるようになってきた。

Je ne sais pas à quelle heure se couche **mon fils**.
(=mon fils se couche)
息子が何時に寝ているか、私は知らない。

▶ **人称代名詞などは倒置不可**
上の①〜④すべての場合において、**人称代名詞**（je、tu、il... など）と ce、on は倒置できません。

Tu sais qui **c'**est ?   あれは誰だか知ってる？
（× **Tu sais qui est-ce ?** は不可）

Tu sais où **elle** est ?   彼女（それ）がどこだか知ってる？
（× **Tu sais où est-elle ?** は不可）

Je ne sais pas à quelle heure **on** arrive.
何時に我々が到着できるか分からない。
（× **Je ne sais pas à quelle heure arrive-t-on.** は不可）

（2）間接疑問節：その他のポイント

1）間接疑問節を目的語として取る動詞

次のような動詞が、目的語（たいてい直接目的語）として間接疑問節を取ることができます。

発言タイプ：dire 言う／demander 尋ねる／expliquer 説明する／révéler 明かす、明らかにする／avouer 告白する／préciser 明確にする／répondre 答える　　など

Le maire n'**a** pas **dit** pourquoi il prenait cette mesure.
市長はなぜこの措置を取るのか言わなかった。

知識タイプ：savoir 知っている／ignorer 知らない／comprendre 理解する／apprendre 知る／découvrir 発見する／chercher 一生懸命考える／constater 確認する／vérifier 確かめる　　など

Les chercheurs **ont découvert** quel est le rôle de cet enzyme.
研究者たちはこの酵素の役割が何かを突き止めた。

その他：se demander …かしらといぶかる／voir（見て、確認して）分かる／montrer 見せる／oublier 忘れる //（間接疑問節は間接目的語、もとの前置詞は de）se souvenir 思い出す／ça dépend …によりけりだ

Je **me demande** si on ne peut pas faire autrement.
ほかのやり方はないものなのかしら。

Ça dépend combien tu payes.
それは君がどれくらいお金を出すかによるよ。

2）疑問文の間接話法 p.447 2)

疑問文を間接話法で伝えるときは、動詞 demander「尋ねる」の後ろに直接目的語として間接疑問節を置きます。

Claude **a demandé** à sa femme **si elle n'était pas fatiguée**.
クロードは妻に、疲れていないかと尋ねた。

Mon fils m'**a demandé comment on sait que la Terre tourne autour du Soleil**.
息子に、地球が太陽の周りを回っているのがどうやって分かるのかと聞かれた。

3）不定詞を用いた間接疑問節

間接疑問節として〈疑問詞・疑問詞を含む前置詞句など＋不定詞〉という形を使うことができます。「…すべき、…できる」のようなニュアンスになります。

Il faut savoir **comment parler aux clients**.
お客に対してどのように話せばいいのかを知る必要がある。

この形では、「何」の直接目的語には ce que ではなく quoi または que を使います。

Je ne sais pas **quoi faire**. （凝った言い方では que faire）
私は何をすればいいのか分からない。

メモ 疑問詞が主語の場合は、動詞を活用させなければいけないので、不定詞にはなりません。

Tu sais ce qui ne **marche** pas ? 何がうまくいかないのか分かる？

4）疑問詞部分以外の省略

疑問詞・疑問詞を含む前置詞句などだけを残した形もよく使います。文脈から省略されている内容が分かる場合です。

Je ne sais pas pourquoi, mais j'ai très sommeil.
なぜだか分からないけど、とても眠い。

René m'a promis de venir me voir, mais il n'a pas dit quand.
ルネは私に会いに来ると約束したが、いつになるかは言わなかった。

5）間接疑問節の単独使用

間接疑問節が単独または遊離した形で用いられることがあります。

Comment ils ont réussi Sciences po : les secrets de 10 admis (l'Étudiant)
（記事の見出し）どうやって彼らは政治学研究院に合格できたのか。合格者10人が語る秘訣

6）ce qui、ce que の曖昧さ

ce qui～、ce que～ という形は、間接疑問節「何が（を）…するのか」と〈ce＋関係節〉「…するもの・こと」の両方に対応します。どちらなのか、紛らわしい場合もあります。

Je me demande ce qu'il a acheté.
彼は何を買ったのだろう。（間接疑問節。se demanderは「彼が買ったもの」を目的語として取れません）

J'ai jeté ce qu'il a acheté. 私は彼が買ったものを捨てた。
（〈ce＋関係節〉。jeterは目的語として間接疑問節を取れません）

J'ai vérifié ce qu'il a acheté.
私は（彼が何を買ったか／彼が買ったもの）を確認した。（どちらも可能）

7）est-ce que などの使用

くだけた日常会話で、間接疑問節に、本来は直接疑問文専用である est-ce que、est-ce qui が使われることがあります。あまりきちんとした言い方ではありません。

Je me demande qu'est-ce qui ne va pas.
一体何がうまくいかないのかなあ。

(3) 間接感嘆節

感嘆詞を用いた感嘆文も、動詞の目的語（多く直接目的語）にすることができます。これが間接感嘆節です。間接感嘆節は、感嘆詞 comme、combien、ce que「どれほど」、quel + 名詞「どれほどの…」により導かれます。（＊下線部が間接感嘆節です。）

Regarde **comme** c'est joli !　見てよ、きれいねえ！

Je me suis rendu compte **combien** j'avais besoin de toi.
私がどんなにあなたを必要としてるか分かったの。

Tu ne peux pas imaginer **à quel point** c'est important pour moi.
それがどれほど僕には大事なのか、君には想像できないだろうね。

> **メモ** 直接感嘆文で用いる感嘆詞 que、qu'est-ce que「どれほど」は、間接感嘆節では用いません。
> また、間接感嘆節でのみ、感嘆詞として si を用いることがあります。

Regarde-moi **si** c'est pas joli !　見てくれよ、きれいだろ！

3. 関係節・関係代名詞

名詞（先行詞）を修飾している従属節を関係節と言います。関係節は関係代名詞に導かれて先行詞と結び付きます。

(1) 先行詞、関係代名詞、関係節

文は〈主語＋動詞句…〉という形をしていますが、その形を保ったまま形容詞のように名詞を修飾することができます。

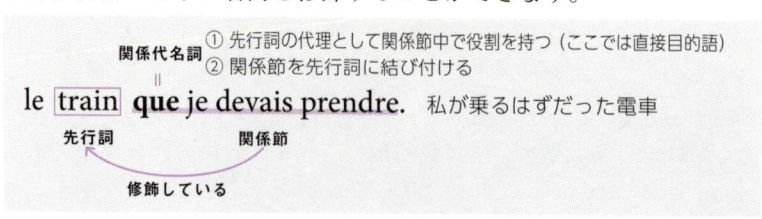

関係代名詞　① 先行詞の代理として関係節中で役割を持つ（ここでは直接目的語）
　　　　　　② 関係節を先行詞に結び付ける

le [train] **que** je devais prendre.　私が乗るはずだった電車
先行詞　　　関係節
　　修飾している

この例では、train「電車」という名詞を、(que) je devais prendre「私は（…）に乗るはずだった」という文が修飾して、「私が乗るはずだった電車」という大きなかたまりを作っています。そして、これに冠詞 le が付いて le train que je devais prendre という名詞句になります。

この例の que je devais prendre のような文を**関係節**と呼びます。関係節の先頭には必ず que のような**関係代名詞**が来て、先立つ名詞 (train) と関係節を結び付けます。関係代名詞に先立つ名詞を**先行詞**と呼びます。

関係代名詞は、先行詞の名詞を代理する代名詞として、関係節の中で主語、直接目的語などの役割を持ちます。また、関係代名詞は、後ろに来る文（関係節）と名詞（先行詞）を結び付けて、後ろに来る文が前の名詞を修飾していることをも示します。

> **メモ** 上の例では、関係節は先行詞の表す概念に限定を加えて適用範囲を狭めています（「電車一般」に対して「私が乗るはずだった電車」）。しかし、関係節はいつもこのように機能するわけではありません。すでに限定されている先行詞に対して、説明的な補足を加える場合もあります。☞ 説明的関係節 p.431

▶ 上の例の le train que je devais prendre「私が乗るはずだった電車」のような先行詞と関係節から成り立っているかたまり自体は**名詞句**ですから、別の文（主節）の中に組み込まれ、さまざまな役割を果たします。次の例では、主節の直接目的語となっています。（＊例文のアミ部分が名詞句です。）

J'ai raté le train **que** je devais prendre.
私は乗るはずだった電車に乗り遅れてしまった。

（2）関係代名詞の選択

関係代名詞は次の6つです。

qui　que　dont　où　lequel　quoi（特殊な場合）

どの関係代名詞を用いるかは主に、(1) 関係節の中での関係代名詞の文法的な役割、(2) 先行詞が「人」か「もの」か、によります。

1）役割が主語・直接目的語

関係節の中で関係代名詞が主語・直接目的語の役割を果たす場合は、次の形を使います。

主語 ➡	qui
直接目的語 ➡	que

qui、que に導かれる関係節は話し言葉でもよく用いられます。

J'ai un ami **qui** habite à Lyon.（**qui**は habite à Lyon の主語）
私にはリヨンに住んでいる友だちがいる。

Je vais te montrer le pull **que** j'ai acheté hier.
（**que**は j'ai acheté hier の直接目的語）
昨日買ったセーターを見せてあげるわ。

▶関係代名詞 **qui**、**que** は、関係節の中での文法的な役割を示すだけです。先行詞が「人」か「もの」かにはまったく関わりません。

主語　　　l'étudiant **qui** a eu le premier prix　　l'avion **qui** va à Londres
　　　　　１等賞を取った学生　　　　　　　　　　　　ロンドン行きの飛行機
直接目的語　l'étudiant **que** j'ai rencontré　　　　l'avion **que** j'ai pris
　　　　　私が出会った学生　　　　　　　　　　　　私が乗った飛行機

▶関係代名詞が主語（**qui**）の場合、関係節の動詞の活用などは先行詞の人称、性・数と一致します。

les **étudiantes** qui **sont** admises à l'examen
試験に合格した女子学生たち

▶関係代名詞が直接目的語（**que**）で関係節の動詞の活用が複合形の場合、複合形の過去分詞は先行詞の性・数と一致します。　☞ p.269 ③

les **étudiantes** que j'ai rencontrées　私が出会った女子学生たち

2）前置詞句として

関係代名詞が関係節の中で前置詞句として何らかの役割を持つ場合は、次のような形になります。

前置詞が de ➡ **dont**
他の前置詞：[先行詞が人]　➡ 前置詞＋**qui**（à qui、pour qui など）
[先行詞がもの]　➡ 前置詞＋**lequel**（auquel、pour lequel など）

関係代名詞が前置詞句である関係節は、構文がやや複雑なこともあり、どちらかと言うと書き言葉です。

メモ dont について
* dont は前置詞 de を含んだ関係代名詞で、先行詞が「人」でも「もの」でも使えます。
* p.429 の4）の場合も含めて、dont の代わりに de qui や duquel（de + lequel）を使うのは文学的で特殊とされます。ただし、de が「出どころ」を示す場合は de qui になります。

la personne **de qui** je tiens cette information　私がこの情報を得た人物

メモ lequelについて

* もともと定冠詞とquelの組み合わせであるlequelは、疑問代名詞のlequelと同じように、性・数の変化があります。

	単数	複数
男性	lequel	lesquels
女性	laquelle	lesquelles

* lequelの系統は前置詞àと組み合わさるとauquel、auxquels、à laquelle、auxquellesとなります。前置詞deならduquel、desquels、de laquelle、desquellesとなります。☞ 中上級 p.435

* 〈前置詞＋lequel〉は、先行詞が「人」の場合にも使われることがあります。また、前置詞がparmi「(3つ以上の集まり)の中で」の場合、先行詞が人でもquiは使わず、lesquel(le)sを使います。

以下、前置詞句としての役割別に見ていきます。

① 動詞の間接目的語

C'est une affaire **dont** on a beaucoup parlé à l'époque.
これは当時とても話題になった事件だ。(**parler de** …について話す)

Il ne se souvenait plus du visage de l'homme **à qui** il avait donné la cigarette.
彼は、タバコをあげた男の顔を思い出せなかった。(**donner à** …に与える)

Les missions **auxquelles** ils participent sont très dangereuses.
彼らが参加する任務はとても危険なものである。(**participer à** …に参加する)

② 形容詞の補語

Sa femme n'appréciait pas les amis **dont** il était entouré.
彼の妻は、彼を取り巻いている友人たちを快く思っていなかった。
(**entouré de** …に取り巻かれた)

③ 状況補語

Tous les journaux ont critiqué la façon **dont** l'enquête a été menée.
すべての新聞が捜査のやり方を批判した。
(比較：**L'enquête a été menée de cette façon.** 捜査はそういうやり方で行われた。)

Le garçon **avec qui** elle danse, c'est son petit ami.
彼女が一緒に踊っている青年は彼女の恋人だ。
(比較：**Elle danse avec ce garçon.** 彼女はその青年と踊っている。)

Voilà la raison **pour laquelle** la négociation a échoué.
これが交渉失敗の理由である。
(比較: La négociation a échoué pour cette raison. 交渉はこの理由で失敗した。)

3) 役割が「場所・時点」を表す状況補語

関係代名詞が関係節の中で、動作・行為が行われる「場所」や「時点」を表す状況補語として働く場合、oùを用いることができます。

場所・時点 ➡ **où**

これは、場所や時点を表す場合の〈前置詞 (à, dans...) + lequel〉に相当します。oùは話し言葉でも用いられます。

> **メモ** devant「…の前に」、derrière「…の後ろに」などのような位置関係や、avant「…の前に」、après「…の後に」などのような時間関係を表す前置詞の場合はoùにはできません。

[場所]

L'usine **où elle travaille** va bientôt être fermée. (= dans laquelle)
彼女が働いている工場は近々閉鎖される。

J'ai bien aimé la scène **où l'héroïne fait un tour de cartes**.
(= dans laquelle)
主人公の女性がトランプの手品をする場面がとてもよかった。

Dans l'état **où elle se trouve**, elle ne pourra recevoir personne.
あの状態では、彼女は誰の相手もできないだろう。(彼女の今ある状態では)

[時点]

Il vaut mieux choisir un jour **où il n'y aura pas trop de monde**.
いつかあまり人のいない日を選んだほうがいい。

On a déménagé en banlieue l'année **où mon mari a changé de travail**.
夫が仕事を変わった年に私たちは郊外に引っ越した。

> **メモ** 時点を表すoùの代わりにqueが使われることがあります。文学的あるいはかなり俗語的です。
>
> les jours **que** je la rencontrais 彼女に会っていた日々

▶ **d'où、par où、jusqu'où**

関係代名詞où（場所）は、前置詞de「…から」、par「…を通って」、

jusque「…まで」と結び付くことができます。

>   Hervé a bouché le trou **par où** passaient les rats.
>   エルヴェはネズミの通り道になっていた穴を塞いだ。

4）役割が名詞の所有者を表す補語

例えばle salaire de ces personnes「これらの人たちの給与」のような所有関係がある場合、「所有者」（personnes 人たち）を先行詞とし、それを「被所有者」（salaire 給与）を要素として含む関係節で修飾することができます。

>   les personnes **dont** le salaire dépasse vingt mille euros
>   給与が2万ユーロを超える人たち

所有関係を表す場合、**関係代名詞は**dont**を使い**ます。ここではdontは、所有の前置詞deを含んでいると考えられます。また上の例では、関係節（下線部）の中で「被所有者」のle salaireは主語として働いています。

このタイプの形式では、「被所有者」は関係節の中で主語のほかに、直接目的語と属詞の役割でも使えます。

主語　　la maison dont **le toit** a été détruit par la tempête
　　　　嵐で屋根が壊された家
（比較：**Le toit de cette maison a été détruit par la tempête.**
　　　　その家の屋根は嵐で壊された。）

直接目的語　la maison dont ils ont réparé **le toit**
　　　　彼らが屋根を直した家
（比較：**Ils ont réparé le toit de cette maison.**　彼らはその家の屋根を直した。）

属詞　　le groupe dont je suis **le responsable**
　　　　私が責任者をしているグループ
（比較：**Je suis le responsable de ce groupe.**　私はそのグループの責任者だ。）

この形式が枠となる文（主節）に組み込まれた例も見ておきましょう。

>   Les personnes **dont** le salaire dépasse vingt mille euros ne peuvent pas bénéficier de ce système.
>   給与が2万ユーロを超える人はこの制度を利用できない。

>   On voit d'ici la maison **dont** ils ont réparé le toit.
>   ここから彼らが屋根を直した家が見える。

3. 関係節・関係代名詞

◆関係代名詞の用法

これまで見た関係代名詞それぞれの用法を整理しておきます。

	先行詞	関係節中での役割	
qui	人・もの	主語	le car **qui** va à Athènes アテネに行くバス
	人	前置詞とともに	l'homme **avec qui** elle s'est mariée 彼女が結婚した男
que	人・もの	直接目的語	la femme **que** j'ai rencontrée 私が出会った女
		状況補語(時点)、属詞	☞ メモ p.428、中上級 p.434
dont	人・もの	間接目的語	le livre **dont** il m'a parlé 彼が私に話していた本
		形容詞の補語	le fils **dont** elle est fière 彼女が自慢に思っている息子
		状況補語	la façon **dont** il a fait ce travail 彼がこの仕事をしたやり方
		名詞の補語(所有)	les enfants **dont** les deux parents travaillent 両親が共働きの子どもたち
où	もの	状況補語(場所)	la ville **où** ils habitent 彼らが住んでいる町
		状況補語(時点)	le jour **où** elle est née 彼女が生まれた日
lequel 性・数変化	(人)・もの	前置詞とともに	la boîte **dans laquelle** elle a mis ses bijoux 彼女が宝石類を入れた箱
	人・もの	主語ほか	☞ 中上級 p.435
quoi	もの・こと	前置詞とともに	☞ 中上級 p.434

(3) 関係節の2つの用法

関係節は、先行詞との意味的な関係のあり方から、**限定的関係節**と**説明的関係節**とに分けられます。

1) 限定的関係節

「電車」に対して「私の乗る電車」のように、関係節が先行詞の表す概念に意味的な限定を加えてその適用範囲を狭めている場合、これを限定的関係節と呼びます。実は、これまで見てきた例は、すべて限定的関係節です。

Je vais te montrer le pull **que** j'ai acheté hier.
昨日買ったセーターを見せてあげるよ。

　この例では、単なる「セーター」のことを言っているのではなく、「私が昨日買った」という修飾句によって意味的な限定を受け、1つのものに特定された「セーター」を指しています。定冠詞 le も、そのように1つの特定のセーターにまで限定されたことにより現れたものです。
　特定の1つに限定されてはいないけれども、意味的に範囲が狭められていることには違いないケースもあります。先行詞に不定冠詞 un などが付いている場合です。

J'ai un ami **qui** habite à Lyon.
私にはリヨンに住んでいる友だちがいる。

Je cherche un studio **où** je puisse faire de la musique.
私は、音楽のできるワンルームマンションを探している。

> **メモ** 2つ目の例のように、希望するものの存在が不確実な場合、関係節の動詞は接続法になります。☞ p.229 (2)

2）説明的関係節

　関係節が先行詞を特定するのに寄与せず、補足の説明を加えているだけの場合、これを説明的関係節（あるいは同格的関係節）と呼びます。書き言葉で用います。
　説明的関係節は、ふつうコンマで区切られ、音調の上でも前後と間が置かれます。

Le roi, **qui** allait bientôt partir en guerre, organisa une grande fête.
まもなく戦に出ることになっていた王は盛大な祝祭を催した。

　上の例では、le roi「王」はそれ自体で特定されており、関係節（下線部）はどの王を特定するのには役立っていません。
　説明的関係節には、主節との意味関係が明示されていませんが、**理由や対立**のニュアンスを持つことがよくあります。

La Provence, **où** il fait doux même en hiver, attire beaucoup de retraités.
プロヴァンス地方は、冬でも温暖で、多くの定年退職者に人気がある。

　先行詞はたいてい**定名詞句**（固有名詞、定冠詞・指示代名詞・所有形

容詞に先立たれた名詞句）ですが、不定名詞句の場合もあります。この場合も、説明的関係節は適用範囲を狭める働きはしません。

> Dans la salle, il y avait une vingtaine de personnes, **parmi lesquelles** j'ai trouvé un de mes collègues.
> 部屋には 20 人ばかりの人がおり、その中に私は同僚の１人を見つけた。

▶ 説明的関係節が、主節の出来事に続いて起こる出来事を表す場合があります。

> Le berger siffla son chien, **qui** revint aussitôt vers son maître.
> 羊飼いが口笛で呼ぶと、犬はすぐに羊飼いのもとに戻ってきた。

▶ toi や moi などを先行詞として、話し言葉でも使うことがあります。

> **Toi** qui connais bien Paris, tu peux nous conseiller un bon hôtel pas cher ?
> パリをよく知ってる君だから、僕たちに安くていいホテル教えてくれない？

（4）関係節についての補足

1）celui qui、ce qui、là où など

先行詞に「人」「もの・こと」の区分だけ示す無内容な代名詞を置いて、「…である人」「…であるもの・こと」という意味を表す形があります。

☞ p.111 2)、p.120

> Comment s'appelle **celui qui** a inventé ce vaccin ?
> このワクチンを発明した人物は何という名前ですか？

> **Ce que** j'apprécie en lui, c'est son honnêteté.
> 私が彼を評価するところは、誠実さだ。

また、副詞 là と関係代名詞 où の結び付きで「…である場所で、に」という意味になります。

> **Là où** j'habite, il y a toujours beaucoup de bruit.
> 私の住んでいるところは、いつも騒音がひどい。

2）関係節の中での主語の倒置（任意）

関係代名詞が主語とはなっていない関係節の中で、主語が動詞の後ろに来ることがあります。動詞の後ろに直接目的語がない場合です。

La croissance **que** nous promet **le gouvernement** n'est qu'une chimère.　(= que le gouvernement nous promet)
政府が我々に約束する経済成長なるものは幻想にすぎない。

Les forêts **où** vivent **les gibbons** se trouvent dans un parc national.　(= où les gibbons vivent)
テナガザルが生息している森は国立公園の中にある。

▶ただし、主語がon、ceおよび人称代名詞の場合は倒置できません。

la croissance qu'**il** nous promet　彼(それ)が我々に約束する経済成長

les forêts où **ils** vivent　彼ら(それら)が生息している森

3）先行詞から離れた関係節
次の場合、関係節が先行詞から離れます。

① 先行詞が数量の代名詞en

Les vins japonais ? Oui, il y **en** a **qui** sont très bons.
日本のワイン？　ええ、とてもおいしいのもありますよ。

② 先行詞がrienで、複合形の直接目的語

Je n'ai **rien** trouvé **qui** confirme votre hypothèse.
私はあなたの仮説を裏付けるようなものは何も見つけられなかった。

③ 先行詞が疑問代名詞

Qu'est-ce qu'il y a **qui** cloche ?　何かひっかかることでもあるの？

④ 主節の述語が短く、主語を修飾する関係節が長い場合（*凝った書き言葉です。）

Le temps n'est plus **où** l'on pouvait gaspiller l'énergie.
エネルギーを浪費できた時代はもう過ぎ去った。　　　　（Riegelほか）

4）関係節の述語的用法
関係節が、先行詞を限定したり（限定的用法）、先行詞の性格づけをしたり（説明的用法）するのではなく、先行詞を主語とした「出来事」を描く場合があります。主語のquiに導かれる関係節に限られるこの用法を、**述語的関係節**と呼びます。提示文の場合か、主節の動詞が知覚動詞の場合です。　☞ p.383 4)、p.384 2)、p.387 5)

Il y a le bébé **qui** pleure !　赤ちゃんが泣いてるよ！

J'ai vu Marie **qui** sortait du magasin.
私はマリが店から出てくるところを見た。　メモ p.365

メモ 知覚動詞構文では、直接目的語を代名詞にすると、先行詞と関係節が離れます。
Je l'ai vue **qui** sortait du magasin.　私は彼女が店から出てくるところを見た。

5）関係節が不定詞

関係代名詞が où あるいは〈前置詞＋関係代名詞〉の場合、後ろに不定詞だけが付くことがあります。「…できる」という意味が含まれます。

Ce n'est pas un endroit **où** passer la nuit.
それは夜泊まれるような場所ではない。

Vous avez quelqu'un **à qui** demander de l'argent ?
誰かお金を借りられる人の心当たりはありますか？

中上級！ 関係代名詞：その他の用法

それぞれの関係代名詞の基本的な用法は、p.430 の表で整理しました。ここでは、より特殊な使い方を見ます。

qui：先行詞無しで「…する人」の意味で使われることがあります。諺にはよく出てきます。

Qui dort dîne.　(諺) 寝れば腹はすかない。(←寝る者は食事もする。)

先行詞無しの qui と同様の働きをする quiconque という関係代名詞もあります。「…する者は誰であれ」という意味で、凝った書き言葉です。

Quiconque contrevient à cet arrêté est passible d'une amende.
この条例に違反する者はいかなる者であれ罰金を科せられる。

que：凝った表現では、関係節の中で動詞 être などの属詞として機能する場合があります。先行詞は名詞または形容詞です。

Ô pauvre homme **que** je suis ! (Jarry)　ああ、私はあわれな男だ。

quoi：前置詞とともに用います。先行詞は ce「もの、こと」、rien「何も」、quelque chose「何か」などです。

Gaston craint de ne pas pouvoir réaliser ce **à quoi** il s'est engagé.
ガストンは約束したことが実現できないのではないかと恐れている。

前の文全体が先行詞に相当するような使い方もあります。この場合、〈前置詞＋ quoi〉は等位接続詞に近くなります。

Indiquez correctement votre numéro, **sans quoi** nous ne pourrons pas vous répondre.
<small>あなたの番号を正しく書いてください。さもないと、お返事することができません。</small>

où：先行詞無しで「…である場所に」の意味で使われることがあります。

J'irai **où** elle ira. <small>私はどこでも彼女の行くところに行く。</small>

dont：関係節の動詞を省略して、「（先行詞のうちには）…が含まれる」という意味を表します。凝った言い方です。

Le nouveau cabinet comporte quinze ministres, **dont** cinq femmes.
<small>新内閣は15人の大臣から成り、うち5人が女性である。</small>

duquel：所有を表すdontが使われるべきケースであっても、「被所有者」が前置詞に導かれている場合は、dontではなくduquelを使います。

un bâtiment **sur le toit duquel** sont installées plus de deux antennes
<small>屋上に2本以上のアンテナが設置されている建物（←**sur le toit de ce bâtiment** この建物の屋上に）</small>

la cause **au nom de laquelle** ces barbaries ont été commises
<small>その名においてこれらの残虐行為が行われた大義（←**au nom de cette cause** この大義の名において）</small>

〈前置詞＋関係代名詞〉の前置詞の部分が、**au cours de**「…の最中に」、**aux dépens de**「…を犠牲にして」のような前置詞相当句である場合も、関係代名詞はduquelになります。

un débat **au cours duquel** de nombreux étudiants sont intervenus
<small>多くの学生が発言をした討論会（←**au cours de ce débat** この討論会の最中に）</small>

lequel：説明的関係節 ☞ p.431 において、主語として用いられることがあります。凝った書き言葉で、公的文書などでよく使われます。

La reine fit venir Mazarin, **lequel** semblait fort préoccupé.
<small>女王はマザランを呼び寄せたが、彼はたいへん気がかりな様子だった。</small>

また、lequelには、〈lequel＋名詞〉の形で前出の名詞句を指し、「その…は」とする限定詞的な用法（関係形容詞）もあります。

Un délai a été fixé pour..., **lequel délai** ne peut pas dépasser 60 jours.
<small>…のために猶予期間が設定されたが、この猶予期間は60日を超えることはできない。</small>

4. 状況補語節

状況補語節とは、主節の動作・出来事について、それが生じた状況（時、原因、目的…）を表す従属節です。従位接続詞 ☞ p.302 に導かれて主節と結合します。

（1）意味による分類

状況補語節を意味により分類すると、代表的なものとして、**時、原因、条件、目的、譲歩、結果、比較**の7つが挙げられます。これらの意味は、状況補語節を導く接続詞が担っています。（＊以下の例文では、状況補語節を下線で、接続詞を太字で示します。）

> **メモ** これらの分類は目安にすぎず、同じ接続詞でもcommeのようにいくつもの意味を持つものもあります。また、1つの状況補語節でも複数のニュアンスを持つことがありえます。

1）時を表す状況補語節

主節の出来事が起こる時点などを表す従属節です。
- 主節に対して前でも後ろでも可能。
- 動詞は直説法。ただし一部のものは接続法。

Quand je me suis levée, il faisait encore noir dehors.
私が起きたとき、まだ外は暗かった。

Je me sens mal à l'aise **chaque fois que** je viens ici.
私は、ここに来るといつも落ち着かない気分になる。

Tant que tu vis chez tes parents, tu ne pourras pas avoir la vraie liberté.
両親の家で暮らしている限り、君は本当に自由にはなれないよ。

［その他の接続詞の例］

動詞は直説法：lorsque …する（した）とき／pendant que …している間／comme …しているとき／après que …した後で／depuis que …して以来／dès que …するとすぐに／aussitôt que …するとすぐに／aussi longtemps que …している限り／maintenant que 今や…なので
動詞は接続法：avant que …する前に／jusqu'à ce que …するまで／en attendant que …するまで

2）原因を表す状況補語節

「…だから」「…なので」のように、主節の出来事の理由や原因を表す従属節です。
- 主節に対して前でも後ろでも可能。ただし一部のものは一方のみ。
- 動詞は直説法。

Médor n'est pas content **parce qu**'on lui a caché son os.
骨を隠されたのでメドール（犬の名）は怒ってるんだ。

Le match sera reporté, **puisqu**'il pleut.
試合は延期になるよ、雨が降ってるんだもの。

Étant donné que le virus de la dengue se transmet par les moustiques, il est conseillé de se couvrir les bras et les jambes pour aller dans ces parcs. （※ 凝った言い方）
デング熱のウイルスは蚊が媒介するので、これらの公園に行く場合は腕や脚を覆うほうがよい。

［その他の接続詞の例］

vu que …なのだから／du moment que …であるからには／
dans la mesure où …であるので／sous prétexte que …という口実で／
à l'idée que …であると思うと
［凝った表現］dès lors que …であるからには／
du fait que …であるということから／attendu que …であることに鑑み／
étant entendu que …であるので
主節の後ろのみ：［凝った表現］d'autant plus que …であるだけに余計
主節の前（この意味の場合に限り）：comme …なので

3）条件を表す状況補語節

「もし…なら」のように、主節の出来事の前提となる仮定や条件を表す従属節です。
- 主節に対して前でも後ろでも可能。
- si の場合は動詞は直説法。 p.202、p.208
- au cas où は条件法。他の接続詞は接続法。

Si tu viens, je te présenterai Françoise.
君が来たらフランソワーズを紹介するよ。

Je te conseille d'attendre, **à moins que** tu (ne) sois très très pressé. （＊ne は虚辞の ne ☞ p.314）
待つことをお勧めするよ、ものすごく急いでいるのでなければ。

[その他の接続詞の例]

動詞は接続法：à condition que …という条件で／pourvu que …でさえあれば／pour peu que ほんの少しでも…であれば／en admettant que 仮に…であると認めたとして／en supposant que …であると仮定して／à supposer que …であると仮定して

動詞は条件法：au cas où 万一…する場合には、万一…する場合のために

4) 目的を表す状況補語節

主節の出来事が何のためなのか、その目的を表す従属節です。
- 主節に対して前でも後ろでも可能。ただし後ろに限るものあり。
- 動詞は接続法。

Parlez plus fort **pour que** tout le monde puisse vous entendre.
みんなに聞こえるように、もっと大きな声で話してください。

Jean a mis toutes ces lettres dans un coffre-fort **de peur que** sa femme (ne) les lise. （＊ne は虚辞の ne）
ジャンは、妻に読まれるのを恐れて、それらの手紙を全部金庫にしまった。

[その他の接続詞の例]

afin que …するために／de crainte que …を恐れて、…しないように
主節の後ろのみ：de façon (à ce) que、de manière (à ce) que、de telle façon que、de telle manière que、de sorte que、en sorte que …するように

メモ 上の例文の pour que と de peur que 以外は凝った言い方です。

▶呼応表現

離れた要素が呼応してひとまとまりの表現となるものを呼応表現と呼びます。assez … pour que 〜「〜するには十分…である」、trop … pour que 〜「〜するには…すぎる」は、assez、trop が主節の中に組み込まれている呼応表現で、pour que 〜は「目的」を表します。

Le problème est **trop** compliqué **pour que** vous puissiez le résoudre seuls.
あなた方だけで解決するにはこの問題は複雑すぎますよ。

5）譲歩を表す状況補語節

「…にもかかわらず」のように、主節の出来事が成立するのに障害となってもおかしくなかった状況を表す従属節です。quoiqueやencore queを後ろに付け加える場合を除いて、凝った言い方です。☞ 中上級 p.443

- 主節に対して前でも後ろでも可能。
- 動詞は接続法。

Bien que cette pratique ne soit pas conforme à la loi, aucun parti ne la met en cause.
この慣行は法令違反であるにもかかわらず、どの政党も問題視しない。

Nous avons décidé d'acheter un appartement, **quoique** ce ne soit pas le moment idéal.
私たちはマンションを買うことにした、今は理想的な時期ではないんだが。

［その他の接続詞の例］

encore que、malgré (le fait) que　…であるにもかかわらず

6）結果を表す状況補語節

主節の出来事により引き起こされる結果を表す従属節です。日常語でよく使われるce qui fait que以外は凝った言い方です。

- 常に主節の後ろ。
- 動詞は直説法。

Tout le monde criait à tue-tête, **si bien que** personne n'a entendu la détonation.
みんな大声でわめいていたので、誰も銃声には気づかなかった。

Le vol a été annulé, **ce qui fait que** j'ai dû rester un jour de plus à Moscou.
フライトがキャンセルされて、モスクワに1日余分に滞在するはめになった。

［その他の接続詞の例］

de (telle) sorte que、de (telle) manière que、de (telle) façon que
その結果…である

au point que、à tel point que、tant et si bien que
…するほどの結果となってしまう

▶呼応表現

「あまりに…なので〜である」という意味を表す一連の呼応表現があります。si (tellement) … que〜のような形を取り、si などは主節の中に組み込まれています。

tellement を使った表現のみ日常会話的です。

Je suis **tellement** fatiguée **que** je n'ai envie de rien manger.
私、疲れすぎていて何も食べたくないわ。

Ce chanteur connaît **un tel** succès **que** son agenda est rempli jusqu'à l'été prochain.
この歌手の人気は大変なもので、来年の夏まで予定が詰まっている。

形容詞・副詞が対象：si＋形容詞・副詞 que〜
　　　　　　　　　 tellement＋形容詞・副詞 que〜
名詞の量が対象：tellement de＋名詞 que〜／tant de＋名詞 que〜
動詞が対象　　：動詞＋tellement que〜／動詞＋tant que〜
名詞が対象　　：un(e) tel(le)＋名詞 que〜

7）比較を表す状況補語節

「…のように、同様に」という意味を表す従属節です。
- ふつう主節の後ろに置く。
- 動詞は直説法。

Il ment **comme** il respire.　あの男は息をするように嘘をつく。

Il faut régler le bouton **comme** c'est indiqué dans le mode d'emploi.
使用説明書に書いてあるようにツマミを調節しないといけない。

[その他の接続詞]

ainsi que …のように／（書き言葉） de même que …であるのと同様に（de même que ..., de même〜「…であるのと同様に、また〜でもある」という呼応表現もあります）

> **メモ** 比較の接続詞 comme、ainsi que、de même que は、名詞句を導入することもあります。主節と共通する動詞などの省略により、前置詞のようになったものです。
> Il a crié **comme** un bébé.　彼は赤ん坊のように泣きわめいた。

▶呼応表現

比較級を用いた文は、「比較」を表す呼応表現です。　☞ 比較級 p.388

C'était **plus** facile **que** je pensais.　思っていたより簡単だった。

8）その他の状況補語節
上記のほかにも、次のような状況補語節があります。

① 対立、対比

Le budget de l'État ne cesse d'augmenter **alors qu'**il est en déficit.
赤字であるのに、国の予算は増大する一方だ。

S'il sait bien écrire, en revanche, il est nul quand il parle.
（＊主節の前に置きます。）
彼は、文章はうまいのだが、話すのはまるでだめだ。

[対立、対比：その他の例]

主節の後ろ：tandis que …であるのに対し／pendant que …している一方で

② 否定状況

Chantal est partie **sans que** son mari s'en aperçoive.
（＊動詞は接続法）
夫に気づかれることなくシャンタルは出て行った。

③ その他の表現

(au fur et) à mesure que …するにつれて／suivant que ... ou〜 …であるか〜であるかに応じて／sauf que …であることを除いて／outre que …であることに加えて

④ si を用いた表現

comme si　まるで…であるように／même si　たとえ…であっても／
sauf si　…である場合を除いて／seulement si　…である場合に限り

▶呼応表現

　両方の節の頭に plus（moins）など、あるいは autant を付けて程度が比例することを表します。

Plus il fait chaud, **plus** ce moustique devient actif.
暑くなればなるほど、この蚊は活発になる。

Moins tu mets de temps, **mieux** ça vaut.
かける時間が少なければ少ないほどいいんだ。

Autant je l'aimais, **autant** mon désespoir est grand.
あの人を愛していた分、絶望も深い。

（2）状況補語節についての注意点

1）節ではなく不定詞を使う場合

　主語が主節の主語と同じ場合、接続詞によっては、節（文）ではなく不定詞を使うものがあります。

Chloé boit de la tisane **avant de** se coucher.
クロエは寝る前にハーブティーを飲む。
（ここでは従属節 avant qu'elle (ne) se couche は不可）

［その他の接続詞の例］

時	en attendant de
原因	sous prétexte de／à l'idée de／du fait de
条件	à moins de／à condition de
目的	pour／afin de／de peur de／de crainte de／de manière à／de façon à／assez … pour／trop … pour
結果	au point de
否定状況	sans

2）状況補語節の主語と動詞が省略できる場合

　主語が主節の主語と同じで、動詞が être の場合、属詞だけを残して主語と動詞を省略できる接続詞があります。凝った書き言葉です。

Le héros, **quoique** follement amoureux de sa cousine, ne révèle pas son sentiment à celle-ci.
主人公は、いとこに激しい恋心を抱いているが、彼女に自分の気持ちを打ち明けずにいる。

[その他の接続詞の例]

parce que …だから／bien que …にもかかわらず／
encore que …にもかかわらず

3) quand / comme / si などの繰り返しに代わる que

凝った表現では、**quand**、**comme**（時・原因）、**si** を繰り返す代わりに **que** を使います。これは **puisque**、**après que**、**pour que** など que を含む接続詞でも同様です。si の場合、que の後ろが接続法になることもあります。

Comme il faisait chaud **et que** le soleil tapait, on ne voyait personne dans les champs.
暑い上に太陽も照りつけていたので、畑には誰も見当たらなかった。

Si la piqûre démange **et qu'**elle soit rouge, il vaut mieux consulter un médecin.
刺されたところにかゆみがあり、また赤くなっている場合は、医師に相談したほうがよい。

中上級! 譲歩を表す特殊な構文

次のような特殊な譲歩構文があります。

〈que ＋接続法＋ A ou B〉

「A であろうが B であろうが」という意味の構文です。多くは主節の前に置きます。

Que ça soit toi **ou** moi qui viens, personne ne fera attention.
行くのが君であろうが僕であろうが、誰も気にしないよ。

Qu'on le veuille **ou** non, la modification du plan est inévitable.
好むと好まざるとにかかわらず、計画の変更は避けられない。

〈quoi que ＋接続法〉など

「いかなる…であろうとも」「どれほど…であろうとも」のような意味を表す構文で、凝った言い方です。

いずれの場合も〈X que + 接続法〉という形を取ります。よく使うのは que 以下の文の動詞が être か直接他動詞のもので、その場合 X はその動詞の属詞か直接目的語です。

(1) X = qui（人）、quoi（もの）（qui、quoi は不定代名詞）

Qui que vous soyez, nous sommes obligés de vous arrêter.
あなたが何者であろうと、我々はあなたを逮捕せざるをえません。

Tu ne pourras pas l'empêcher de partir **quoi** que tu fasses.
君がどうしようとも、彼（彼女）が行ってしまうのは止められない。

qui que ce soit「それが誰であろうと」と quoi que ce soit「それが何であろうと」は、ひとまとまりで名詞句のように機能し、動詞の補語などとしても使うことができます。

Il ne faut pas en parler à **qui que ce soit**.
相手が誰であろうが、それを話してはいけない。

Si tu as besoin de **quoi que ce soit**, n'hésite pas à me le dire.
何であれ必要なものがあれば、遠慮なく言ってよ。

(2) X =〈quelque(s) + 名詞〉（quelque(s) は不定形容詞の付加詞用法）

Quelque raison qu'il invoque, il a toujours tort.　　(Muller)
どんな理由を持ち出そうと、彼はいつも間違っている。

次のように譲歩表現の部分（特に後半部が que ce soit のもの）がひとまとまりで名詞句のように機能して、動詞の補語となったり、前置詞に導かれて状況補語になることもあります。

Ces personnes ne peuvent pas conduire **quelque véhicule** que ce soit.
これらの人はいかなる乗り物であれ運転することはできない。（直接目的語）

On ne peut pas modifier le plan pour **quelque raison** que ce soit.
いかなる理由によるものであれ、計画を変更することはできない。（状況補語）

(3) X = quel(le)(s)（不定形容詞の属詞用法）

Quel que soit le mode de paiement, le délai doit être respecté.
支払い方法がどうであれ、期限は守られなければならない。

Quelles que soient les questions qu'on lui pose, il ne répond que par des railleries.
どのような質問をしようとも、彼はあざけりの言葉でしか答えない。

(4) X = où（場所の副詞）

Où que tu ailles, je te suivrai.
あなたがどこへ行こうとも、私はついて行く。

(5) X =〈quelque（si、aussi）＋形容詞・副詞〉（quelque などは程度の副詞）

Quelque étrange que cela puisse paraître, ce comportement ne s'observe que chez les gorilles.
とても奇妙に思えるかもしれないが、この行動はゴリラにしか観察されない。

Si tard qu'il vienne, il faudra qu'il nous trouve à l'attendre.
(Laburthe-Tolra)
彼の到着がいかに遅くなろうと、我々が待っているところを見てもらわねばならぬ。

第24章 話法

話法とは、ある人の言葉や考えを、話し手が仲介して聞き手に伝達するときに使われる形式のことです。

　ある人が行った発話や考えていることを、「Xさんは…と言っていたよ」とか「Xさんは…と考えているみたいだよ」のように聞き手に伝達する場合、特別の形式を用います。この形式のことを「話法」と言います。話法には**直接話法**、**間接話法**、および文学的手法である**自由間接話法**の3つがあります。

1. 直接話法・間接話法

(1) 概要

図1

Alain 「Je suis en forme.」

時間軸 → 現在

「私」（話し手＝伝達者）

　図1のAlainの発話を伝達する場合、次の2つの形式が可能です。
直接話法：発話の言葉をそのまま引用します。

　Alain dit : « Je suis en forme. » 　アランは「僕は快調だ」と言う。

　動詞dire「言う」などを使って、それが誰の発話であるのかを示し（Alain dit）、その人の言った言葉は引用符（ « 　 » guillemets）でくくります（« Je suis en forme. »）。2つの間はコロン（: deux-points）で区切ります。 ☞ 付録 p.466

間接話法：発話された言葉をそのまま引用するのではなく、伝達者（私）の観点から、発話行為を描く形式です。

　Alain dit qu'il est en forme.　　(il = Alain)
　アランは、自分は快調だと言っている。

発話された言葉を引用という形で独立させるのではなく、発話内容を伝達者（私）の観点からまとめ直して従属節にします。

例のように、元の発話が平叙文であれば、dire「言う」の直接目的語として補足節を置きます(qu'il est en forme)。

> **メモ** 直接話法でも、必ずしも発話された言葉を忠実に引用して伝えてはいないことがありますが、「そのまま引用した」という体裁を取っているわけです。
> また、間接話法が、伝達者の観点からの発言内容の描写であることは、例で、直接話法のje「私」に対して間接話法ではil「彼」を使っていることにも表れています。

(2) 直接話法と間接話法の対応関係

ある人の発話（場合によっては頭の中で考えたこと）を聞き手に伝達するのに、直接話法を採用した場合と間接話法を採用した場合を比べてみましょう。

1) 平叙文

もとの発話が平叙文の場合です。

直接話法　Alain dit : « Je vais téléphoner à mes parents demain. »
　　　　　アランは「僕は明日両親に電話するよ」と言う。

間接話法　Alain dit **qu'il va téléphoner à ses parents demain**.
　　　　　アランは明日自分の両親に電話すると言っている。

このように間接話法では、もとの発話が平叙文の場合、direの後ろが補足節 (que～) になります。　☞ 補足節 p.413

2) 疑問文

もとの発話が疑問文の場合です。間接話法では、動詞をdemander「尋ねる」などにし、後ろは間接疑問節になります。　☞ 間接疑問節 p.418

① 全体疑問の場合

直接話法　Alain dit : « Est-ce que je peux fumer ? »
　　　　　アランは「タバコを吸ってもいいですか？」と言う。

間接話法　Alain demande **s'il peut fumer**.
　　　　　アランは、タバコを吸ってもいいかと尋ねている。

例のように、発話が全体疑問（ouiかnonかの答えを求める疑問文）であれば、間接話法では発話の内容をsi「…かどうか」で導入します。

② 部分疑問の場合（一般）

直接話法　Alain dit : « Ça commence à quelle heure ? »
アランは「何時に始まるの？」と言う。

間接話法　Alain demande **à quelle heure** ça commence.
アランは、何時に始まるのか尋ねている。

　例のように発話が部分疑問（疑問詞を使う疑問文）であれば、間接話法では疑問部分を先頭にして発話の内容を導入します。

③ 部分疑問「何」の場合

直接話法　Alain dit : « Qu'est-ce qu'il y a dans la boîte ? »
アランは「箱の中には何があるんだい？」と言う。

間接話法　Alain demande **ce qu'**il y a dans la boîte.
アランは、箱の中には何があるのか尋ねている。

　例のように発話が「何」という疑問詞を含む場合、間接話法では、それが主語なら ce qui、直接目的語か属詞なら ce que を先頭にして発話の内容を導入します。

3） 命令・依頼・助言

　伝達の対象である発話が命令・依頼・助言を表すものの場合です。間接話法では、状況に応じて動詞 dire「言う」、ordonner「命ずる」、interdire「禁ずる」、demander「頼む」、conseiller「アドバイスする」などを使い、目的語としては、従属節ではなく〈de + 不定詞〉を使います。

① 命令・禁止

直接話法　Alain dit à Léa : « Attends un peu. »
アランはレアに「ちょっと待ってよ」と言う。

間接話法　Alain **dit** à Léa **d'attendre un peu**.
アランはレアに少し待つように言う。

直接話法　Alain dit : « Les enfants, vous ne devez pas jouer sur vos lits. »
アランは「お前たち、ベッドの上で遊んじゃだめだよ」と言う。

間接話法　Alain **dit** aux enfants **de ne pas jouer sur leurs lits**.
アランは子どもたちに、ベッドの上で遊ばないようにと言う。

あるいは、

> Alain **interdit** aux enfants **de jouer sur leurs lits**.
> アランは子どもたちがベッドの上で遊ぶことを禁じる。

メモ 伝達者（私）がアランの発話を「禁止」と解釈してinterdireという動詞を使ったものです。もとの発話の形式である平叙文を採用して、次のように補足節（que～）にすることもできます。

Alain dit aux enfants **qu'ils ne doivent pas jouer sur leurs lits**.
アランは子どもたちに、ベッドの上で遊んではいけないと言う。

2) 依頼

直接話法 Alain dit à Léa : « Tu peux m'aider ? »
アランはレアに「手伝ってくれる？」と言う。

間接話法 Alain **demande** à Léa **de l'aider**.
アランはレアに手伝ってほしいと頼む。

もとの発話の tu peux ... という表現は、この状況ではふつう「依頼」を表すので、間接話法ではdemander「頼む」を使っています。

3) 助言

直接話法 Alain me dit : « Tu devrais te reposer. »
アランは私に「君は休息を取ったほうがいいよ」と言う。

間接話法 Alain me **conseille de me reposer**.
アランは私に、休息を取ることを勧めている。

メモ「助言」なのでconseillerという動詞を使っています。もとの発話の形式に近い、次のような言い方もできます。

Alain me dit que je devrais me reposer.
アランは私に、休息を取ったほうがいいと言う。

◆ 補足

上記のもののほかは、あまり定型的なものはありません。直接話法ならどのような発話や考えも引用できますが、間接話法は、ほぼ上記1)～3)の形式に限られます。

次の感嘆文の例を見てください。

直接話法 Alain dit : « Oh ! Qu'est-ce que c'est beau ! »
アランは「ああ、なんてきれいなんだ！」と言う。

直接話法を使わず、伝達者（私）の観点からこの発話を描くには、例えば次のようないくつかの可能性があります。その中で間接話法は必

Alain s'exclame combien c'est beau. (間接話法)(書き言葉)
アランはなんてきれいなのかと感嘆の声を上げる。

Alain admire sa beauté. (書き言葉)
アランはその美しさに感嘆する。

Alain trouve ça très beau.
アランはそれをとてもきれいだと思う。

(3) 時制の照応

「時制の照応」(「時制の一致」と呼ぶこともあります)とは、主節の動詞が過去形であるとき、従属節の動詞の時制がそれに応じて過去にずれることを言います。間接話法の場合だけでなく、一般的に補足節、間接疑問節、関係節などにも適用されます。

> **メモ** 「時制の照応」は、主節の動詞時制と従属節の動詞時制との相関関係一般のことを指しますが、主節が現在形・未来形の場合には、従属節の動詞時制が主節の影響を受けることはありません。

1) 原則

図2

Alain: Je suis en forme.

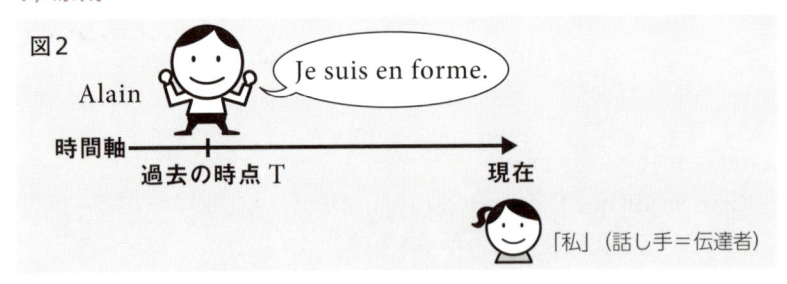

時間軸 — 過去の時点 T — 現在

「私」(話し手=伝達者)

図2のAlainの発話を伝達する場合、発話があったのは現在にいる伝達者から見て過去(T)のことですから、直接話法にせよ間接話法にせよ、dire「言う」は過去形になります。

直接話法 Alain **a dit** : « Je suis en forme. »
アランは「僕は快調だ」と言った。

間接話法 Alain **a dit** qu'il **était** en forme.
アランは、自分は快調であると言った。

上の例で、直接話法は、発話された言葉をそのまま引用しているので現在形になっています(Je suis)。それに対して間接話法では、être

の時制がもとの発話の現在形ではなく、半過去形になっています（il était）。

　間接話法は、伝達者（私）の観点から発話内容をまとめ直して描く形式です。図2では、アランの発話は現在にいる伝達者（私）から見て過去（T）の出来事ですから、まずそれを示すために複合過去形を使っています（Alain a dit）。

　そして、発話内容のほうは、伝達者（私）の観点から言えば「Tの時点においてアランの状態は快調であった」ということですから、半過去形（過去のある時点における状態を表す形）を用います（qu'il était en forme）。これが時制の照応です。

　例と同じような筋道で、もとの発話と比較して、間接話法での「時制の照応」について、次の規則が成立します。

[もとの発話]　　　　　　　　　　　[主節が過去時制の場合の「時制の照応」]

- 現在形（現在における「現在」） ⇒ 半過去形（過去における「現在」）

Je suis en forme.　　　　　　　Alain a dit qu'il **était** en forme.
僕は快調だ。　　　　　　　　　　アランは、自分は快調であると言った。

- 複合過去形　　　　　　　　　　⇒ 大過去形
（現在における「現在完了」）　　　　（過去における「現在完了」）

J'ai vu ce film.　　　　　　　　Alain a dit qu'il **avait vu** ce film.
僕はその映画を見た。　　　　　　アランは、その映画を見たと言った。

- 単純未来形　　　　　　　　　　⇒ 条件法現在形
（現在における「未来」）　　　　　　（過去における「未来」）

Je reviendrai.　　　　　　　　　Alain a dit qu'il **reviendrait**.
また戻ってくるよ。　　　　　　　アランは、また戻ってくると言った。

- 前未来形　　　　　　　　　　　⇒ 条件法過去形
（現在における「未来完了」）　　　　（過去における「未来完了」）

J'aurai terminé avant.　　　　　Alain a dit qu'il **aurait terminé** avant.
その前には終わらせとくよ。　　　　アランは、その前には終わらせておくと言った。

　図式化して言えば、次ページの図3の左の現在形を中心としたシステムから、右の半過去形を中心としたシステムに移行させるのが「時制の照応」ということになります。

```
図3
複合過去―現在形―単純未来        大過去―半過去―条件法現在
              ↘前未来                    ↘条件法過去
```

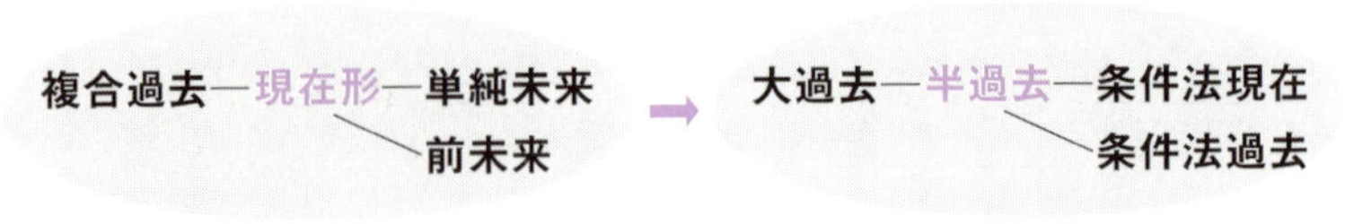

2) 時制の照応をしない場合

上に見たように、「時制の照応」は機械的な規則ではなく1つの論理に基づいています。ですから、その論理とは別の論理が優先されることもあります。その場合は「時制の照応」が適用されません。

① もとの発話が普遍的真理や定義など

普遍的真理、定義、格言などにはふつう現在形が使われますが、その内容は常に有効であるとされるものなので、間接話法になっても時制を変える必要はありません。

L'eau bout à 100 degrés. ⇒ Alain a dit que l'eau **bout** à 100 degrés.
水は100度で沸騰する。　　　アランは、水は100度で沸騰すると言った。

② もとの発話の内容が現在でも有効な場合

もとの発話行為が過去のことであっても、その内容がそのまま現在から見ても有効であると伝達者（私）が判断した場合、もとのままの時制を間接話法においても使うことがあります。日常会話では、そういった状況がよく現れます。例えば、もとの発話行為がごく近い過去の場合などです。

Ma fille est malade depuis trois jours.　娘が3日前から病気なんだ。

⇒ Alain m'a dit tout à l'heure que sa fille **est** malade depuis trois jours.
アランはさっき、娘さんが3日前から病気だと言っていた。

Je viendrai demain. ⇒ Alain m'a dit qu'il **viendra** demain.
明日は来るよ。　　　　アランは明日来ると言ってたよ。

J'ai déjà vu ce film. ⇒ Alain m'a dit qu'il **a** déjà **vu** ce film.
その映画もう見たよ。　　アランはあの映画はもう見たと言っていた。

③ 半過去、大過去、条件法

図3の左のシステムに含まれていない時制（つまり右のシステムに含まれる半過去、大過去、条件法現在、条件法過去）がもとの発話で使

われた場合、時制の照応は起こらず、間接話法でもそのままの形を使います。

Je dormais.（半過去形） ⇒ Alain a dit qu'il **dormait**.
僕は寝ていたんだ。　　　　アランは、自分は寝ていたと言った。

反現実仮定文 ☞ p.219, p.223 は、図3の右のシステムに含まれる時制を使って作られるので、間接話法でも同じ時制がそのまま残ります。

Si j'étais Léa, je refuserais.　僕がレアだったら断るな。

⇒ Alain a dit que s'il **était** Léa, il **refuserait**.
アランは、自分がレアだったら断るだろうと言った。

メモ 仮定文であっても、反現実仮定ではないふつうの仮定文の場合は、時制の照応が可能です。ただし、その場合は反現実仮定文と見分けがつかなくなるので、可能な場合は上記②に従って、もとの時制のままであることも多くあります。

S'il **pleut**, je ne **viendrai** pas.
もし雨が降ったら、僕は来ないよ。

⇒ Alain a dit que s'il **pleuvait**, il ne **viendrait** pas.
アランは、雨が降ったら来ないと言った。

⇒ Alain a dit que s'il **pleut**, il ne **viendra** pas.　も可。

（4）人称・時・場所の対応関係

　間接話法は、伝達者（私）の観点から発話内容をまとめ直して描く形式です。時制の照応の場合と同じように、もとの発話に登場した人物の人称、出来事に関わる時・場所の状況補語なども、伝達者（私）の観点に基づいて言い換えられることになります。

J'en ai parlé à ta mère hier.　そのことを君のお母さんに昨日話したよ。

⇒ Alain a dit qu'**il** en avait parlé à **ma** mère **la veille**.
アランは、そのことをその前日に私の母に話したと言った。

　例の間接話法では、もとの発話のje「私」は il「彼」に、ta mère「君のお母さん」は ma mère「私の母」に、hier「昨日」は la veille「その前日」に変わっています。

　もちろんこれは機械的な変換ではなく、どのような語や表現に変えるのか、あるいは変えないのかは状況によります。例えば、アランの言う「昨日」が伝達者の現在から見ても「昨日」であれば、間接話法であっても la veille ではなく hier を使います。

(5) 伝達動詞

　直接話法や間接話法で、「…と言っている」などのような発話を導入する動詞のことを、**伝達動詞**（あるいは導入動詞）と呼びます。伝達動詞の代表的なものは次のとおりです。

① 直接話法（平叙文、疑問文など）・間接話法（平叙文）を導く動詞

dire 言う／écrire 書く／ajouter 付け加える／hurler 大声でわめく／murmurer つぶやく／répéter 繰り返す／répondre 答える／se dire 思う／penser 考える／s'écrier 叫ぶ　　など

Il **répondit** : « Je ferai de mon mieux. »
彼は「最善を尽くします」と答えた。

Anne m'**a répondu** que l'exposition ne lui avait pas plu.
アンヌは私に、展覧会は面白くなかったと答えた。

② 直接話法だけを導く動詞

faire 言う／continuer 続ける／poursuivre 続ける／insister 強調する

« N'aie pas peur », **fit** le loup.
「怖がらなくてもいいよ」とオオカミは言いました。

③ 直接話法・間接話法の平叙文のみを導く動詞

affirmer 断言する／assurer 保証する／conclure 締めくくる／confier 打ち明ける／constater 確認する／préciser （明確を期して）言い添える／prétendre 言い張る／promettre 約束する

Marie **a confié** à sa mère : « Je veux arrêter mes études. »
マリは母親に「私、大学をやめたいの」と打ち明けた。

Il m'**a confié** qu'il était amoureux de ma sœur.
彼は私に、私の妹（姉）のことが好きだと打ち明けた。

④ 直接話法・間接話法の疑問文のみを導く動詞

demander 尋ねる／se demander …かしらと思う／s'interroger 自問する

Elle **se demande** : « Est-ce qu'il vient vraiment ? »
彼女は「彼は本当に来るのかしら」と疑問に思う。

Je me demande jusqu'à quand ça va durer.
私は、いつまでこれが続くのだろうと思う。

(6) 直接話法における引用の示し方

ある発話を直接話法で伝達する場合、引用を示すのにいくつかのパターンがあります。

1) 伝達動詞を前に置く

伝達動詞を含む導入部を前に置き、その後ろに発話された言葉を続けます。文字で書く場合は、導入部と引用部分をコロン（:）で区切り、引用部分は引用符（« »）で挟むのが基本的な形です。

Il me dit en riant : « Tu sais, maman, j'ai déjà vingt ans. »
彼は笑いながら私に言ったのよ。「ねえママ、僕もう20歳だよ。」

2) 挿入節を使う ☞ p.411 (4)

伝達動詞とその主語（発話者）を引用部分の途中や最後に挿入します。この場合、主語はふつうの名詞句、固有名詞、代名詞のいずれであれ、倒置して動詞の後ろに置きます。

« Je ne sais pas », **murmure la princesse**.
「分からないわ」と王女さまはつぶやきました。

« Je ne sais pas, **dit-elle** d'un air embarrassé, mais je vais demander à mon père. »
「分からないわ。でも父に聞いてみる」と彼女は困ったように言った。

3) 引用部分の前にダッシュを置く

小説などの対話場面でセリフの交替を示すのに、ダッシュ（— tiret）がよく用いられます。挿入節とも組み合わせることができます。また、対話部分の全体は引用符（« »）でくくります。

« Vous avez des parents ?
— Je ne les vois plus, **lui ai-je dit**.
— Pourquoi ? » (Modiano)

「ご両親はいらっしゃるの？」
「今はもう顔を合わせることはないですね」と私は彼女に言った。
「どうしてなの？」

2. 自由間接話法

　自由間接話法は、主に文学作品で用いられる手法です。ふつうの間接話法では、もとの発話の内容は文法的に伝達動詞に従属していて、平叙文であれば必ず que ～（補足節）という形で現れます。

もとの発話・考え　Je peux demander de l'argent à mon père.
　　　　　　　　僕は父にお金を融通してもらえるじゃないか。

間接話法　Jean pensa qu'il pouvait demander de l'argent à son père.
　　　　　ジャンは、父親にお金を融通してもらえると考えた。

　上の間接話法の文から接続詞 que を外し、そのままの形で発話内容の部分を独立させたものが自由間接話法です。

自由間接話法　Jean pensa : il pouvait demander de l'argent à son père.
　　　　　　　ジャンは思った。自分の父親にお金を融通してもらえるじゃないか。

　自由間接話法は、「伝達動詞の支配から自由になった間接話法」であると言えます。

　上の例に見るように、自由間接話法においても、ふつうの間接話法と同様、動詞には「時制の照応」が適用され（je peux → il pouvait）、人称も伝達者（物語の語り手）から見たものに変換されます（je → il、mon père → son père）。

　その一方で自由間接話法は、主節から独立したことによって直接話法のような表現力を持ち、そのため疑問文や感嘆文では、間接疑問節・感嘆節の形式ではなく、直接疑問文・感嘆文の形式を使います。イントネーションもそれに応じたものになり、間投詞などが入ることもあります。

Robinson tendit l'oreille. **N'avait-il pas entendu une voix humaine** (...) ?　　　　　　　　　　　　　　　　(Tournier)
ロビンソンは耳を澄ませた。何か人の声が聞こえはしなかったか？

> Alors, une idée l'exaspéra. **C'était une saleté que ces dames voulaient lui faire en se conduisant mal chez elle. Oh ! Elle voyait clair !** (...) 　　　　（Zola、Vuillaumeによる）
> その時、1つの考えが頭をよぎって彼女は激しくいらだった。このご婦人たちは、彼女の家で無作法に振る舞って、いやがらせをしたいんだ。ああ、はっきり分かるわ。(…)

　これらの例は、伝達動詞も省かれています。その結果、引用部分は地の文の中に滑らかに納まり、地の文との区別がつきにくくなっています。しかし、1つ目の例では、太字の部分が直接疑問文の形式になっていること、2つ目の例では、**Oh**という間投詞 付録 p.458 や感嘆符（！）が現れていることにより、自由間接話法であると判断できます。

　以上見たように、自由間接話法は直接話法の性質と間接話法の性質の両方を併せ持った形式で、**もとの発話者の視点と伝達者（語り手）の視点が共存している**ものだと言えます。作家たちは自由間接話法も含めた「話法」という形式を利用して、物語の中でどのように登場人物の発話や考えを伝達するのか、その可能性を探ることになります。

付録

間投詞

　間投詞は、さまざまな感情・感覚を、事態の描写という形式を取らずに、直接的に表出するごく短い表現（単語や語群）です。それぞれの表現が使われる場面、意味合いは、たいていの場合はっきり決まっています。

　ただし、間投詞というものの範囲はきちんと線が引けるわけではありません。他の品詞（名詞、形容詞、動詞の命令法など）が間投詞として使われていることも多くあります。また、間投詞的な表現として他者への呼びかけ、擬音・擬態語（オノマトペと呼びます）などを含めることもあります。

　ここでは、話し手の感情・感覚・反応の表現、聞き手への働きかけの表現（あいさつ、感謝、謝罪などは省略）、オノマトペの3つに分けて、その中から主なものを挙げます。

[話し手の感情・感覚・反応の表現]

Ah ! (喜び、驚き、憤慨 など)

Ah bon ! あっそうなの (軽い意外感)

Aïe ! 痛い

Allons bon ! やれやれ、何だよそれ (落胆)

Bah ! ふんっ、なあに (無関心、無感動)

Berk ! おえー (嫌悪)

Bien. 分かった、了解、さて

Bien sûr ! もちろんだ

Bof... 別に、いまいち (無関心、感激なし)

Bon. さて、では (話の切り上げ)

Ça alors ! なんともはや (驚き、あきれ)

Ciel ! なんてこと (驚愕、恐れ、喜び など)

Chic ! やった、いいぞ！ (喜び)

Comment ! なんだって (憤慨)

D'accord. OK、了解

Dis donc ! なんとまあ (驚き、あきれ)

Eh bien おやまあ、それでどうなの?、それがですね実は

Et comment ! 当然だよ

Hop là ! あらよっと (跳躍、キャッチ、急な動作)

Merde ! [卑] くそっ、まずい (失敗、不都合)

Mince ! あらやだ (失敗、不都合)

Mon dieu ! なんてこと (驚き)

Nom de Dieu ! ちくしょう

Oh ! (感嘆、憤慨、あきれ など)

Oh là là ! おやまあ、いやはや (よくない事態、驚き)

Ouf ! ふーっ (一息つく、安堵)

Par exemple ! なんとまあ (驚き、あきれ)

Présent(e) ! (点呼に対して) はい

Quoi ! 何だって

Super ! すごい、すばらしい

Tant mieux ! それはよかった、好都合だ

Tant pis ! 仕方がない、あいにくなことだ

Tiens ! おや (気づき)

Tiens ! tiens ! おやおやそういうことなの (驚き)

Youpi ! (子どもが) わーい (大喜び)

Zut ! まずい (失敗、不都合)

[聞き手への働きかけの表現]

Allez ! さあ (元気よい励まし、促し)

Allez hop ! そらよっ (決断、迅速な行動)

Allô ! もしもし (電話、通信)

Allons ! さあさあ (優しい励まし、たしなめ)

Allons donc ! だまされないよ

Attention ! 気をつけて

Au feu ! 火事だ

Au secours ! 助けて (救助)

Bis ! アンコール (音楽会などで)

Bravo ! よくやった

Chut ! しーっ (静粛)

Coucou ! ばあーっ、(うわの空の人、少し離れたところにいる人に) ねえちょっと

Dis ! / Dites ! ねえ、もしもし (呼びかけ)

Doucement ! 抑えて抑えて (抑制)

Du calme ! 落ち着いて (冷静)

Eh ! ねえ (呼びかけ)

Eh ! oh ! おいおいちょっと (聞いているかい、まずいだろ)

En avant ! 前進

En route ! 出発

Halte ! 止まれ

Hé ! おい、ねえ (呼びかけ)

Hein ? ね、そうでしょ (同意の求め)、何だい? (聞き返し)

Monsieur, Madame など (呼びかけ)

Motus ! 他言無用

Pardon ! すみませんが (呼び止め)

Psst ! (卑: 離れたところにいる人の呼び止め、注意を引く音)

Silence ! 静粛に

Stop ! ストップ

Tiens ! (tuに対して), **Tenez !** (vousに対して) ほら、はい (物の手渡し)

Voyons ! (優しい力づけ) そんなことないってば、(たしなめ) 何なんです、しっかりしろよ

[オノマトペ]

人・動物

Atchoum ! ハクション (くしゃみ)

Bê メェー (ヤギ、羊)

Coa coa クワックワッ (蛙)

Cocorico コケコッコー (オンドリ)

Coin coin ガーガー (あひる など)

Cot cot コッコッ (メンドリ)

Coucou カッコー (カッコウ、鳩時計)

Cui cui チッチッ (小鳥)

Ha ha ! はっはっ (笑い)

Hi han グヒグヒ (ロバ)

Hi hi ! ひっひっ (神経質な笑い)

Meuh モー (牛)

Miaou ニャオ (猫)

Ouah ouah ワンワン (犬)

Patati patata ぺちゃくちゃ (おしゃべりの様子)

Pfff ふーう (疲れ、うんざり)

Snif くすん (悲しみ)

ZZZ... ぐうぐう (いびきの音)

付録

もの、動作

Badaboum ! どさっ (物の落ちる音)

Baff ! パチン (平手打ち)

Bang ! どかん (爆発音)

Blam ! ばたん (ドアの閉まる音)

Boum ! どかん (爆発音)

Brrr ぶるる (震える様子)

Clap clap ぱちぱち (拍手)、ぱたぱた (旗 など)

Crac ! ぽきっ、がちゃん (折れたり、割れたりする音)

Cric crac ガチャガチャ (鍵を回す音)

Ding dong カーンコーン (鐘)

Dring リーン (ベル、鈴 など)

Froufrou さらさら、かさかさ (衣擦れ、葉っぱ)

Glouglou ごくごく、ごぼごぼ (飲み、溺れ)

Paf ! パチン (平手打ち など)

Pan ! パン (拳銃 など)

Patapouf ! どしん、ずしん (物の落下)

Patatras ! どすん、ばたん (建物、家具などの倒壊)

Plouf ! ぽちゃん (水中への落下)

Pouf ! どさっ (物の落下)

Ratatata ! ダダダダッ (機関銃)

Splash ! ばしゃん (水のはねかかる音、水たまりに入る音)

Toc toc とんとん (ドアのノック)

Tut tut ! プップー (クラクション)

Vlan ! ばたん、がつん (ドアの閉まる音、殴る音)

Vroum vroum ブルンブルン (エンジン音)

時の表現

「時」を表す状況補語のうち、「発話時点」(=今、現在) との関係づけにより内容が定まる一連の表現があります (例：aujourd'hui 今日＝発話をしている日)。

一方、「発話時点」以外のある特定の時点 (過去でも未来でも可) との関係づけにより意味が示される表現があります (例：ce jour-là その日、le lendemain その翌日)。

[発話時点と関係づけられた表現]

hier 昨日	aujourd'hui 今日	demain 明日
hier matin 昨日の朝	ce matin 今朝	demain matin 明日の朝
hier après-midi 昨日の午後	cet après-midi 今日の午後	demain après-midi 明日の午後
hier soir 昨日の晩	ce soir 今晩	demain soir 明日の晩
la semaine dernière 先週	cette semaine 今週	la semaine prochaine 来週
le mois dernier 先月	ce mois-ci 今月	le mois prochain 来月
l'année dernière 去年	cette année 今年	l'année prochaine 来年
l'an dernier 去年		l'an prochain 来年
l'été dernier 去年の夏	cet été 今年の夏	l'été prochain 来年の夏
il y a trois jours 今から3日前に		dans trois jours 今から3日後に
	en ce moment 今現在	

[ある特定の時点と関係づけられた表現]

la veille その前日	ce jour-là その日	le lendemain その翌日
la veille au matin その前日の朝	ce matin-là その朝	le lendemain matin その翌朝
la veille dans l'après-midi その前日の午後	cet après-midi-là その日の午後	le lendemain après-midi その翌日の午後
la veille au soir その前日の晩	ce soir-là その晩	le lendemain soir その翌晩
le jour précédent その前の日		le jour suivant その次の日
le jour d'avant その前の日		le jour d'après その次の日
la semaine précédente その前の週	cette semaine-là その週	la semaine suivante その次の週
le mois précédent その前月	ce mois-là その月	le mois suivant その翌月
l'année précédente その前年	cette année-là その年	l'année suivante その翌年
l'été précédent その前年の夏	cet été-là その夏	l'été suivant その翌年の夏
trois jours avant その3日前に		trois jours après その3日後に
trois jours plus tôt その3日前に		trois jours plus tard その3日後に
	à ce moment-là その時	

付録

数の表し方

1. 基数詞

0 zéro	20 vingt	1 000　mille (1千)
1 un, une	21 vingt et un(e)	1 001　mille un(e)
2 deux	22 vingt-deux	2 000　deux mille
3 trois	30 trente	10 000　dix mille (1万)
4 quatre	40 quarante	100 000　cent mille (10万)
5 cinq	50 cinquante	200 000　deux cent mille
6 six	60 soixante	1 000 000 **un million** (100万)
7 sept	70 soixante-dix	
8 huit	71 soixante et onze	10 000 000 **dix millions** (1千万)
9 neuf	72 soixante-douze	
10 dix	80 quatre-vingts	100 000 000 **cent millions** (1億)
11 onze	81 quatre-vingt-un	
12 douze	90 quatre-vingt-dix	1 000 000 000 **un milliard** (10億)
13 treize	91 quatre-vingt-onze	
14 quatorze		10 000 000 000 **dix milliards** (100億)
15 quinze	100 cent	
16 seize	101 cent un(e)	100 000 000 000 **cent milliards** (1千億)
17 dix-sept	102 cent deux	
18 dix-huit	200 deux cents	1000 000 000 000 **mille milliards／un billion** (1兆)
19 dix-neuf	201 deux cent un(e)	

▶ 注意点

(1) 1990年の綴り字修正案（12月6日の官報）は、組み合わせ数字の場合、100より下だけでなく上の数もすべてハイフン（- trait d'union）でつなぐことを推奨している。
cent-un（101）、**sept-cent-mille-trois-cent-vingt-et-un**（700 321）
ただし、**million**、**milliard**、**billion** は名詞であり、ハイフンによる結合の対象とはならない。
deux-cents millions cinq-cent-soixante-dix-mille-six-cents（200 570 600）

(2) **un** で終わる数詞は、限定詞（数形容詞）として用いられた場合、後ろが女性名詞なら **une** となる。
vingt et une personnes（21人の人）

(3) **quatre-vingts** の **vingt** および **deux cents**、**trois cents**... などの **cent** には複数の **s** が付く。ただし、後ろに数が続く場合は **s** は付けない。
quatre-vingt-un（81）、**deux cent un**（201）、**quatre-vingt mille**（80 000）、
deux cent mille（200 000）

また、ページ番号のように名詞の後ろに置く場合も **s** は付けない。
page quatre-vingt（p.80）、**page deux cent**（p.200）

(4) **quatre-vingts** および **deux cents, trois cents…** などに続く数が **million**、**milliard**、**billion** の場合は **s** が残る。
quatre-vingts millions（8千万）、**deux cents milliards**（2千億）

(5) **mille** は常に単数形で用い、**s** が付くことはない。**deux cent mille**（20万）

(6) **million**、**milliard**、**billion** が複数で用いられる場合は常に **s** が付く。
deux millions（200万）、**dix milliards**（100億）
後ろに数が続く場合も同様。**deux millions cinq cent mille**（250万）

(7) **million**、**milliard**、**billion** は名詞なので、これらを限定詞として用いる場合は、**de** を介して名詞に付ける。 **trois millions de touristes** （300万人の観光客）
ただし、**million** などの後ろに数が続いているなら **de** は使わない。
trois millions deux cent vingt mille touristes （322万人の観光客）

(8) **million**、**milliard**、**billion** に小数を含む数字が先立つ形で表記したものを限定詞として用いる場合も、**de** を介して名詞に付ける。
2,4 millions de dollars（240万ドル）、**1,3 milliard d'habitants**（13億の住民）

(9) 大きな数を数字で表す場合、3桁ごとに数字1文字分スペースを空けるか、ピリオド（．point）を打つ。
1 500 000 または **1.500.000**（un million cinq cent mille）

2．序数詞

1er, 1ère premier, première	8e huitième	21e vingt et unième
2e deuxième	9e neuvième	25e vingt-cinquième
3e troisième	10e dixième	80e quatre-vingtième
4e quatrième	11e onzième	81e quatre-vingt-unième
5e cinquième		91e quatre-vingt-onzième
6e sixième	19e dix-neuvième	101e cent unième
7e septième	20e vingtième	200e deux centième

▶ **注意点**

(1) 「1番目の、最初の」は男性形 **premier**、女性形 **première**。
(2) その他の序数詞は、基数詞に **-ième** を付けて作る。**deuxième** 2番目の
(3) 基数詞が **e** で終わるものは **e** を省く。**quatre** ➡ **quatrième** 4番目の
(4) **cinq** は **u** を加えて **cinquième**「5番目の」、**neuf** は **f** を **v** に変えて **neuvième**「9番目の」とする。
(5) 複数の **s** は省く。**deux cents** ➡ **deux centième** 200番目の

付録

3. 日付

(1) 日付は〈**le**＋基数詞〉で表す。月・年は後ろに置く。
例：**le 14 juillet 1789** 1789年7月14日

(2) 1日（ついたち）は **le 1ᵉʳ**（le premier）になる。例：**le 1ᵉʳ janvier** 1月1日

(3) 曜日を加える場合は〈**le** ＋曜日＋基数詞〉となる。
例：**le mardi 14 juillet** 7月14日火曜日

(4) 定冠詞の **le** は、同格や簡略化した書き方などの場合に省略される。
例：**aujourd'hui, (mardi) 14 juillet** 7月14日（火曜日）の今日

(5) 年号はふつうの基数詞として読めばよい。ただし、1100年から1900年代、特に古い年代の場合、「14百…」「15百…」のような読み方をすることもある。
例：**en quatorze cent cinquante-trois** 1453年に

4. 時刻

(1) 日常会話では12時間制。

(2) 交通情報の伝達など、曖昧さを避ける必要があるときは24時間制を用い、分も1から59までの数値で言う。

5. 分数の読み方

(1) 分数を読む場合は、基数詞で分子を言い、続けて序数詞 **-ième(s)** で分母を言う。
例：**1/5**（un cinquième）　　**3/5**（trois cinquièmes）

(2) 分母が2、3、4の場合は **demi**、**tiers**、**quart** を使う。
例：**1/2**（un demi）　　**2/3**（deux tiers）　　**3/4**（trois quarts）

(3) 前置詞 **sur** を使った言い方もある。分母が大きい数の場合には便利である。また、数値の代わりに文字や記号が使われている場合はこの言い方になる。
例：**1/1**（un sur un）　　**5/22**（cinq sur vingt-deux）　　**a/b**（a sur b）

6. 小数を含む数の読み方

(1) 小数点はコンマ（**, virgule**）で表す。また小数点以下は、3桁までひとまとまりの数として読む。
例：**2,8**（deux virgule huit）　**2,07**（deux virgule zéro sept）
3,14（trois virgule quatorze）　**15,725**（quinze virgule sept cent vingt-cinq）

(2) 数が続く場合、数学ではひとつずつ読む。
例：**1,7320508…**（un virgule sept trois deux zéro cinq zéro huit…）

(3) 小数点以下をすべてひとまとまりの数とし、桁数にしたがって **dixième**（十分の一）、**centième**（百分の一）、**millième**（千分の一）…を付けることもある。
例：**2,07**（deux et sept centièmes）

(4) 金額などの単位が付く場合、次のように読む。

30,75 €：trente euros soixante-quinze（centimes）30ユーロ75（サンチーム）あるいは trente virgule soixante-quinze euros　30.75ユーロ

15,25 m：quinze mètres vingt-cinq（centimètres）15メートル25（センチ）あるいは quinze virgule vingt-cinq mètres　15.25メートル
（dixième「十分の一」、centième「百分の一」などを使うこともある）

9,58 s：neuf secondes et cinquante-huit centièmes　9.58秒

0,015 g：quinze millièmes de gramme　0.015グラム

0,0378 cm：trois cent soixante-dix-huit dix millièmes de centimètre　0.0378センチメートル

7. 四則計算の読み方

3 + 7 = 10：Trois plus sept égale dix. / Trois et sept font dix. / Trois plus sept est égal à dix.

10 − 3 = 7：Dix moins trois égale sept. (ほか+と同じ)

2 × 3 = 6：Deux fois trois égale six. / Deux multiplié par trois égale six. (ほか+と同じ)

6 ÷ 3 = 2：Six divisé par trois égale deux. (ほか+と同じ)

a + b = c：a plus b égale c.

a − b = c：a moins b égale c.

a × b = c：a multiplié par b égale c.

a ÷ b = c：a divisé par b égale c.

8. 累乗、根の読み方

10^2：dix au carré / dix puissance deux / dix à la puissance deux

10^3：dix au cube / dix puissance trois / dix à la puissance trois

10^{25}：dix puissance vingt-cinq / dix à la puissance vingt-cinq

a^n：a puissance n / a à la puissance n

$a^2 + b^2 = c^2$：a au carré plus b au carré égale c au carré.

$\sqrt{2}$：la racine carrée de deux

$\sqrt[3]{8}$：la racine cubique de huit

$\sqrt[n]{a}$：la racine n-ième de a

付録

句読記号の使い方

[文、文中の区切りを示す記号]

. ピリオド、終止符 （point ポワン）

▶ 平叙文の終わりを示す。
▶ 略語で後ろを省略していることを示す。

M. Huot = Monsieur Huot　ユオ氏
J.O. = jeux Olympiques　オリンピック

（ピリオドを打たないものも多い。ONU = Organisation des Nations unies　国際連合）

, コンマ （virgule ヴィルギュル）

▶ 文中の小さな区切りを示す。

; セミコロン （point-virgule ポワン・ヴィルギュル）

▶ ピリオドとコンマの中間的な強さの区切りを示すが、使用頻度はずっと低い。ふつう文の区切りに使うが、ピリオドとは違い、次の文とひとまとまりであることが示唆される。

Le vrai poète (...) : il cherche l'inspiration dans ses lectures ; il médite dans le silence ; il contrôle et corrige ce qu'il a créé ; il écoute même les conseils de ses amis.　　　　　　　　　　　　　　(Lagarde et Michard)

本物の詩人というものは [……]。読書のうちに霊感を求め、静寂の中で瞑想し、己の創造したものを十分に吟味し、友人の助言にさえ耳を貸す。

[文の種類を示す記号]

? 疑問符 （point d'interrogation ポワン・ダンテロガシオン）

▶ 直接疑問文の終わりに付ける。

! 感嘆符 （point d'exclamation ポワン・デクスクラマシオン）

▶ 直接感嘆文の終わりに付ける。
▶ 感嘆符を用いることで、ふつうの形式の平叙文に感嘆文的なニュアンスを加えることができる。
▶ 間投詞には感嘆符の付くものが多い。

[その他の記号]

: コロン （deux-points ドゥー・ポワン）

▶ 記述に対する例示、内容列挙、より具体的な言い換えなどを行う際に用いる。

En Italie, ils ont visité beaucoup de villes : Milan, Vérone, Venise, Florence...

イタリアで、彼らは多くの町を訪ねた。ミラノ、ヴェローナ、ヴェネチア、フィレンツェなどだ。

▸ 直接話法の伝達動詞の直後、引用文の直前に置く。

Alain a dit : « Je travaille demain. » アランは「明日は仕事がある」と言った。

▸ 次に来る文と密接な関係（原因、結果、対立）にあることを示すために使う場合がある。

Léa est très contente : elle a enfin trouvé du travail.
レアはとても喜んでいる。やっと仕事が見つかったのだ。

... 中断（省略）符 （points de suspension ポワン・ドゥ・シュスパンシオン）

▸ 文の中断、後ろの省略、言いよどみ、ためらい、何らかの余韻などを示す。
▸ カッコに入れた（...）あるいは [...] の形にして引用文中の省略を示す。

― ダッシュ （tiret ティレ）

▸ 直接話法における会話部分で、セリフの前に付けて話者の交替を示す。
▸ 補足情報や注釈を文中に挿入するために用いる。カッコよりも目立つ。

« » 引用符 （guillemets ギュメ）

▸ 直接話法などにおける引用を示す。長大な引用は、段落の頭ごとにも «（または »）を付けて分かりやすくする。
▸ 文中の語句に引用符を付けて、話者自身の表現ではないことや特殊な表現であることを示す。時に、その語句の内容に強い疑念を持っていることを表す（いわゆる「カッコ付き」の語句）。

Je trouve que « le rêve américain » ne fonctionne plus.
私は、「アメリカン・ドリーム」なるものはもはや機能していないと思う。

( ) 丸カッコ （parenthèses パランテーズ）

▸ 文中などで補足情報や注釈であることを示す。

[ ] カギカッコ （crochets クロシェ）

▸ 丸カッコほどは使われない。丸カッコ内のカッコなどに用いられる。

※ フランス語の教室などでは、多くの場合カタカナ語にはフランス語を使います。
　例：ピリオド→ポワン、コンマ→ヴィルギュル　　など

索引

文法事項索引

ア行

アスペクト	204, 247
一致(過去分詞)	268
一般的真理	194
移動動詞＋不定詞	259
移動や状態変化を表す動詞	245
移動を表す動詞	156
依頼	330
色の形容詞	146
受身	352, 359, 367

カ行

過去(複合過去形)	196
過去完了	207
過去形(条件法)	222
(接続法)	229
過去分詞	263
(直接目的語との一致)	83, 269
過去分詞の一致	83, 268
可算名詞	22, 42
可算名詞の不可算化	24
活用	149, 151
体の部位	53, 91, 175
(代名動詞)	181
関係形容詞	435
関係節	424
関係節(接続法)	233
関係代名詞	424
関係代名詞の用法	430
冠詞	42
冠詞の縮約	47, 294, 319
間接感嘆節	424
間接疑問節	418
(不定詞を用いた)	422
間接他動詞	162
間接補語	13, 149, 162
間接目的語	13, 162
間接目的語人称代名詞	79
(形容詞の補語)	91
(受益者・被害者)	91
間接話法	446
感嘆形容詞	68, 333
感嘆副詞	334
感嘆文	16, 333
(間接感嘆節)	424
関連形容詞	135, 138
擬似分裂文	376
疑問形容詞	68, 319
疑問代名詞	318
疑問副詞	319
疑問文	16, 315
強勢形	80
強調構文	368
虚辞の ne	314
近接過去	249
近接未来	248
(単純未来形との比較)	213
繋合動詞	153
繋辞	153
形容詞	125
(最上級)	402
(女性形)	139
(女性形の例外)	140
(男性第2形)	143
(比較級)	388
(複数形)	139
(複数形の例外)	144
形容詞句	12, 125
(副詞的用法)	128
形容詞句の構造	129
形容詞句の役割	125
形容詞の位置	134
形容詞の意味の補足	131
形容詞の修飾(程度の副詞)	129
結果状態	268, 351
現在完了(複合過去形)	197
現在形(条件法)	218
(接続法)	228
(直説法)	191
現在分詞	261
現実に反する仮定	202, 208
限定形容詞	125
限定詞	42
限定詞無しの名詞	69
限定的関係節	430
行為名詞	28
合成形容詞	147
構成要素(文の)	10
肯定文	16
呼応表現	438, 440, 442
語順(2つの補語人称代名詞)	83
語調緩和(条件法現在形)	220
(大過去形)	209
(単純未来形)	212
(半過去形)	206
コピュラ	153
固有名詞	21, 39

サ行

再帰代名詞	90, 177
最上級	402
(形容詞)	402
(動詞)	405
(副詞)	404
(名詞)	405
使役構文	353
(過去分詞の一致)	272
ジェロンディフ	273
指示形容詞	58
指示代名詞	108
時制	190
時制の一致	450
時制の照応	450
(条件法)	221, 224
(大過去形)	209
(半過去形)	203
自動詞	155
従位接続詞	302, 436
習慣	194, 201
自由間接話法	456
集合名詞	27
従属	409
従属節	409, 413

従属接続詞	302	(enとともに)	103	属詞	14, 126, 153, 254
重複合過去形	200	寸法	161	(直接目的語)	173, 176
重量	161	性(名詞)	29	属詞が任意要素の場合	127
主語	10, 13	性質名詞	28		
主語人称代名詞(位置)	81	節	409	**夕行**	
主節	409	接合形	79	第1群動詞	151
述語	10	接続詞	299	第2群動詞	151
述語的関係節	433	接続法	226	第3群動詞	152
受動態	159, 162, 165, 348	(関係節で)	233, 407	大過去形(接続法)	238
準助動詞	246	(状況補語節で)	234	(直説法)	207
照応表現	113, 116, 117	(独立した文で)	236	代名詞	78
状況補語	14, 149	(補足節で)	229	代名詞化(間接目的語)	163
状況補語節	436	接続法過去形	229	代名動詞	177
(結果を表す)	439	接続法現在形	228	(活用)	177
(原因を表す)	437	接続法大過去形	238	(再帰的用法)	182
(条件を表す)	437	接続法の時制	237	(自動詞的用法)	183
(譲歩を表す)	439	接続法半過去形	238	(受動的用法)	185
(接続法)	234	絶対分詞節	266	(相互的用法)	182
(対立、対比を表す)	441	絶対用法(他動詞の)	160	(中立的用法)	185
(時を表す)	436	説明的関係節	431	(本来的用法)	186
(比較を表す)	440	前過去形	217	(命令法)	241
(目的を表す)	438	先行詞	424	代名動詞構文	177
条件法	218	全体疑問	315	(過去分詞の一致)	273
条件法過去形	222	(間接疑問節)	418	ダッシュ	412, 455
条件法過去第2形	239	前置詞	87, 293	他動詞	157
条件法現在形	218	前置詞+combien de		単純過去形	216
譲歩(接続法)	234	+名詞	320	単純形	150, 190
(状況補語節)	439	前置詞+que	296	単純倒置	316
(特殊な構文)	443	前置詞+quel+名詞	320	(ふつうの名詞句)	325
職業・役職名	32	前置詞+疑問代名詞	320	単純未来形	210, 213
助言	331	前置詞+疑問副詞	320	単数形	34
序数詞	135	前置詞句	11, 293	(包括)	36
女性名詞	29	(形容詞の意味の補足)	131	男性名詞	29
助動詞	244	前置詞句の役割	296	単文	16
助動詞がêtreの動詞	245	前置詞相当句	294	知覚動詞	364
叙法	190	前置詞の繰り返し	298	知覚動詞構文	364
所有形容詞	55	前未来形	214	(過去分詞の一致)	273
所有代名詞	121	総称(un、une)	44	中性代名詞 le	93
数(名詞)	34	(定冠詞)	50	直示表現	113, 115, 117
数形容詞	61	総称文と冠詞	54	直接疑問文	418
数詞	60	挿入	411	直接他動詞	158
数量表現	60	挿入節	411, 455	直説法	191

469

索引

直接補語	13, 149, 158
直接目的語	13, 158
直接目的語人称代名詞	82
直接目的補語	158
直接話法	411, 446
定冠詞	47
提示詞	382
程度の副詞	129
定名詞句	21
転位	377
天候を表す動詞	339
伝達動詞	454
等位	410
等位節	409
等位接続詞	299, 410
同格	127
（過去分詞）	265
（現在分詞）	262
同格的関係節	431
動作主補語	349
動詞	149
（最上級）	405
（前置詞 à）	166
（前置詞 de）	166
（前置詞 sur）	167
（比較級）	392
動詞＋不定詞	254
動詞＋à＋不定詞	255
動詞＋de＋不定詞	254, 255
動詞句	11, 148
動詞的形容詞	267
倒置	379
（関係節）	432
（間接疑問節）	420
（全体疑問文）	316
（部分疑問文）	324, 326
同等比較級	388
導入動詞	454

ナ行

二重目的語構文	168
人称代名詞	78
人称代名詞の位置	81
人称法	149
値段	161
能動態	348

ハ行

半過去形（接続法）	238
（直説法）	200
反現実仮定文	219, 223
反復行為	201, 208
比較級	388
（形容詞）	388
（動詞）	392
（副詞）	390
（名詞）	391
比較級の程度の表し方	397
比較の対象（比較級）	258, 395
必須補語	13, 152
必須補語が2つ	168
必須補語が3つ	173
否定（neだけでの）	312
否定詞の組み合わせ	308
否定の限定詞	307
否定の接続詞	307
否定の代名詞	306
否定の副詞	305
否定文	16, 303
非人称構文	338
（自動詞）	343
（受動態）	344
（代名動詞）	344
非人称の il	93
非人称法	149
品詞	12
品質形容詞	125
不可算名詞	22, 42
不可算名詞の可算化	24
付加詞	15, 125
複合過去形	196
複合形	150, 190, 244
複合倒置	317
副詞	276

（-ment）	290
（強調構文による取り立て）	292
（形容詞・副詞の修飾）	276
（最上級）	404
（前置詞句などの修飾）	277
（動詞・述語の修飾）	279
（比較級）	390
（文全体の修飾）	284
副詞句	12, 289
副詞相当句	289
副詞の位置	276
複数形	34
（強調）	35
（名詞:合成語）	38
複数形でのみ用いる名詞	34
複数形の作り方（名詞）	36
複文	16, 409
普通名詞	21, 42
物質名詞	27
不定冠詞	42
不定形容詞	67
不定詞	252
（関係代名詞とともに）	434
（疑問詞とともに）	259
（接続詞とともに）	442
（属詞として）	254
（動詞の目的語として）	254
不定詞の否定形	253
不定代名詞	122
不定名詞句	21
部分冠詞	42
部分疑問	321
（間接疑問節）	419
（俗語的）	327
（倒置）	324
文	10
文型（基本）	152
分詞	260
分詞節	266
分類名詞	68
分裂文	376
平叙文	16

並置	411
並置節	409
放任構文	360
（過去分詞の一致）	272
補語	13
（動詞の）	148
（名詞の）	15
補語人称代名詞	357
（使役構文で）	357
（知覚動詞構文で）	366
（放任構文で）	362
補語人称代名詞の位置	82
（命令法）	241
補足節	413
（接続法）	229
（名詞の補語）	232

マ行

未完了過去	200
無冠詞の名詞	69
名詞	21
（可算／不可算）	22
（限定詞無し）	69
（最上級）	405
（比較級）	391
名詞句	11, 18
名詞句の構造	19
名詞句の役割	18
名詞の性・数	29
命令	211, 328
命令の緩和	328
命令文	16, 328
命令法	240, 328
（完了形）	243
目的語	13, 158, 254
ものの移動	168

ヤ行

役割（文中での、文法的）	13
優等比較級	388
遊離	377
遊離形	80
（人称代名詞）	79
（用法）	85
遊離構文	377
曜日	51, 74

ラ行

歴史的現在	195
劣等比較級	388

ワ行

話法	446

索引

フランス語索引

A

à（冠詞の縮約）	294
à＋人称代名詞の遊離形	295
à＋不定詞	257
à＋名詞	70
ainsi	375, 380
aller	156
aller＋不定詞	248
aller à la boulangerie	52
aller au cinéma	52
arriver	156, 157, 198
assez	438
assez de	62
attentivement	283, 292
au	47
aucun(e)（限定詞）	66, 307
auquel（関係代名詞）	427
aussi	85
aussi（比較級）	388
autant	388, 392
autant de	391
autre chose	122
aux	47
avant de	442
avec＋名詞	72
avoir（助動詞）	244

B

beau, bel, belle	143
beaucoup	284
beaucoup de	62
bien	280
bien que	439, 443
billion	61
bon	389

C

ça	95, 112
car	301
ce	108
ce（êtreの主語）	108
ce (cet)	58
ce＋関係節	111
ce que	111, 112
ce que（間接疑問節）	419
ce que（感嘆副詞）	334
ce qui	111
ce qui（間接疑問節）	419
ce qui fait que	439
ce sont	372, 386
ceci	115
cela	115
celle, celles	117
celui	116
celui-ci	117
celui-là	117
centaine	64
certain(e)s	123
ces	58, 60
c'est	87, 110, 384
c'est ... que	292, 368
c'est ... qui	368
c'est＋形容詞句	110
c'est＋補足節	386
c'est＋名詞句	110
c'est＋名詞句＋qui〜	387
cette	58
ceux	117
ceux, celles de＋名詞句	120
chacun(e)	123
chaque	66
-ci	59
combien（間接感嘆節）	424
combien（疑問副詞）	319, 322
combien de＋名詞	319, 321
comme	294, 335, 440
comme（感嘆副詞）	334
comme＋名詞	73
comme si＋大過去	208
comme si＋半過去	202
comment	319
comment（疑問副詞）	322
coûter	161

D

davantage	400
de（冠詞の縮約）	294
de (d')（否定の冠詞）	45
de (d')（不定冠詞複数）	44
de（部分を表す）	46
de＋形容詞句	104, 112, 126
de＋名詞	71
déjà	280
de l'	42
de la	23, 42
de peur que	438
des（冠詞の縮約）	47
des（不定冠詞）	22, 42
dès que	215, 218
devoir	224, 250
difficile à＋不定詞	133
dizaine	64
donc	301
dont	426, 427, 430, 435
dont（所有者）	429
du（冠詞の縮約）	47
du（部分冠詞）	23, 42
duquel（関係代名詞）	427, 435

E

elle	81
elles	81
en（形容詞の補語）	100
en（数量の代名詞）	102
en（前置詞 deを含む）	97
en（動詞の間接目的語）	98
en（場所を表す補語）	97
en（名詞の補語）	101
en＋現在分詞	273
en＋名詞	71
encore	279, 280
ensemble	281
entendre	364
-er型の動詞	151

472

est-ce que	315, 322	
et	299	
être	87, 153, 244	
être＋過去分詞(結果状態)	351	
être＋過去分詞(受動態)	348	
être＋属詞	153	
être d'un＋形容詞	336	
être d'un(e)＋名詞	335	
eux	81	

F

facile à＋不定詞	134
faire＋不定詞	353
faire du judo	53
faire la cuisine	53
fou, fol, folle	143
franchement	292

H

habiter	156

I

il	81
il(非人称)	93, 338
il est	110
il est(時刻)	339
il est＋形容詞＋de不定詞	341
il est＋形容詞＋que〜	342
il est＋形容詞句	110
il fait(天候)	339
il faut	339
il reste	339
ils	81
ils(特殊用法)	92
il y a	87, 294, 339, 383
il y a＋名詞句＋qui 〜	384
-ir型の動詞	151

J

je	80

L

l'	47
la(定冠詞)	25, 47
la(人称代名詞)	79, 84
-là	59
là où	432
la plupart de	63
laisser＋不定詞	360
le(定冠詞)	25, 47
le(中性代名詞)	93
le(中性代名詞:主語の属詞)	97
le(中性代名詞:直接目的語)	94
le(人称代名詞)	79, 84
le, la(成句中の)	93
le moins	402
le plus	402
lequel(関係形容詞)	435
lequel(関係代名詞)	426
lequel, laquelle, lesquels, lesquelles(疑問代名詞)	319
les(定冠詞)	47
les(人称代名詞)	79, 84
leur(人称代名詞)	81
leur(所有形容詞)	55
leur(所有代名詞)	121
leurs(所有形容詞)	55
leurs(所有代名詞)	121
l'on	90
lui(間接目的語)	82
lui(遊離形)	85

M

ma	55
mais	300
mauvais	389
me	80
meilleur	389
meilleurの強調	397
même(副詞)	278
même(不定形容詞)	67
-même(s)	90

-mentの副詞	290
mes	55
mesurer	161
mien, mienne	121
mieux	390
milliard	61
millier	64
million	61
moi	80
moindre	390
moins	388
moins de＋数値	399
mon	55
mou, mol, molle	143

N

ne(虚辞)	314
neだけでの否定	312
neの省略	304
ne ... pas	303
ne ... que	88, 309
ni	300, 307
nombreux	69
non	289, 318
non plus	85
nos	55
notre	55
nôtre	121
nous	80
nous(謙譲の)	93
nouveau, nouvel, nouvelle	143

O

obéir	165
on	88
on dirait	222
ou	299
où(関係代名詞)	428
où(疑問副詞)	319, 320, 322
où(先行詞無しで)	435
où est-ce que	323
oui	289, 318

473

索引

P

par＋名詞	72
parce que	437, 443
pardonner	165
parmi	427
partir	156, 157, 198
pas de＋名詞	304
pas encore	198
penser à	164
personne（否定）	306
peser	161
petit	390
peu	284
peu de	62
pire	389
pireの強調	397
plaire	165
plus（比較級）	388
plus ... plus	442
plus de＋数値	399
plusieurs	63, 122
plutôt	258, 389
pour que	438
pourquoi	319, 322
pouvoir	224, 250
prendre le bus	52
puisque	437

Q

quand（疑問副詞）	319, 320, 322
quand（接続詞）	436
quand＋半過去	201
quand est-ce que	323
que（siなどの繰り返しに代わる）	443
que（関係代名詞）	425, 434
que（感嘆副詞）	334
que（疑問代名詞）	318
que（接続詞）	413
que（比較の対象を導入）	388
que＋接続法＋A ou B	443
que de＋不定詞	258
quel(le)(s)（譲歩構文）	444
quel＋名詞	321
quel, quelle, quels, quelles（感嘆形容詞）	333
quel, quelle, quels, quelles（疑問形容詞）	319
quelque chose	122
quelques	63
quelques-un(e)s	122
quelque(s)＋名詞（譲歩構文）	444
quelqu'un	122
Qu'est-ce que	323
qu'est-ce que（感嘆副詞）	334
Qu'est-ce qui	323
qui（関係代名詞）	425, 426
qui（疑問代名詞）	318, 321
qui（先行詞無しで）	434
Qui est-ce que	323
Qui est-ce qui	323
qui que ce soit	444
quiconque	434
quoi	318, 320, 321
quoi（関係代名詞）	434
quoi que ce soit	444
quoi que＋接続法	443
quoique	439, 443

R

ressembler	164
rien	306
rienと〈動詞の複合形〉	306

S

sa	55
sans	442
sans＋名詞	72
se	90
se faire＋不定詞	358
se laisser＋不定詞	363
se voir＋不定詞	367
ses	55
seul	281, 290
si (oui, non)	289, 318
si（間接疑問節）	418
si（接続詞）	437
si bien que	439
si ... que ça	400
si＋大過去	208, 223
si＋半過去	202, 219
sien, sienne	121
soi	91
son	55
sortir	156, 157, 198
sortir（他動詞）	246

T

ta	55
tant que ça	400
tard	281
te	80
téléphoner	165
tellement	440
tes	55
tien, tienne	121
toi	80
ton	55
tôt	281
toujours	199, 280
tout	122
tout(e)(s)（限定詞）	65
tout（副詞）	290
tout (tous les ...など) と否定形	311
trop	284, 438
trop de	62
tu	80

U

un	22, 42
un(e) de ces＋名詞	335
un peu	284
un peu de	62

une	42

V

venir de＋不定詞	249
vieux, vieil, vieille	143
voici	382
voilà	382
voilà＋名詞句＋qui 〜	383
voir	364
vos	55
votre	55
vôtre	121
vous	80

Y

y（形容詞の補語）	108
y（代名詞）	105
y（動詞の間接目的語）	106
y（場所を表す補語）	105

フランス語文法用語

(*日本語は五十音順です。m＝男性名詞、f＝女性名詞)

一致(性・数)	accord (du genre, du nombre) (m)
過去分詞	participe passé (m)
可算名詞	nom comptable (m)
活用	conjugaison (f)
関係節	relative (f), proposition relative (f)
関係代名詞	relatif (m), pronom relatif (m)
冠詞	article (m)
冠詞の縮約	contraction de l'article (f)
間接疑問節	interrogative indirecte (f), subordonnée interrogative (f)
間接補語	complément indirect (m)
間接目的語	complément d'objet indirect (m)
間接話法	discours indirect (m)
感嘆文	phrase exclamative (f)
間投詞	interjection (f)
関連形容詞	adjectif relationnel (m), adjectif de relation (m)
擬似分裂文	phrase pseudo-clivée (f)
疑問(全体、部分)	interrogation (totale, partielle) (f)
疑問代名詞	pronom interrogatif (m)
疑問副詞	adverbe interrogatif (m)
疑問文	phrase interrogative (f)
強勢形	forme tonique
強調	mise en relief (f), emphase (f)
強調構文(分裂文)	phrase clivée (f)
虚辞のne	ne explétif
近接未来	futur proche (m)
句	syntagme (m), groupe (m)
繋合動詞(コピュラ)	copule (f), verbe copule (m)
形容詞	adjectif (m)
形容詞句	syntagme adjectival (m), groupe adjectival (m)
現在形	présent (m)
現在分詞	participe présent (m)
限定詞	déterminant (m)
限定的関係節	relative restricrtive (f), relative déterminative (f)
構成要素	constituant (m)
肯定文	phrase affirmative (f)
構文(語の組み合わせのルール)	syntaxe (f)
構文(特定の文型)	construction (f)
固有名詞	nom propre (m)
再帰代名詞	pronom réfléchi (m)
最上級	superlatif (m)
使役構文	construction factitive (causative) (f)
指示形容詞	adjectif démonstratif (m)
指示代名詞	pronom démonstratif (m)
時制	temps (m), forme temporelle (f)
時制の照応(一致)	concordance des temps (f)
自動詞	verbe intransitif (m)
従位接続詞	conjonction de subordination (f)
自由間接話法	discours indirect libre (m)
集合名詞	nom collectif (m)
従属節	subordonnée (f), proposition subordonnée (f)
主語	sujet (m)
主節	principale (f), proposition principale (f)
述語	prédicat (m)
述語的関係節	relative prédicative (f)
受動態(動詞の形態)	passif (m), voix passive (f)
準助動詞	verbe semi-auxiliaire (m)
照応表現	anaphorique (m)
状況補語	complément circonstanciel (m)
状況補語節	circonstancielle (f), subordonnée ciconstancielle (f)
条件法	conditionnel (m)
女性名詞	nom féminin (m)
助動詞	auxiliaire (m), verbe auxiliaire (m)
叙法	mode (m)
所有形容詞	adjectif possessif (m)
所有代名詞	pronom possessif (m)
数	nombre (m)
性	genre (m)
節	proposition (f)
接合形	forme conjointe (f)
接続詞	conjonction (f)
接続法	subjonctif (m)

説明的関係節 (同格的関係節)	relative explicative (f), (relative appositive)
前過去形	passé antérieur (m)
前置詞	préposition (f)
前置詞句	syntagme prépositionnel (m), groupe prépositionnel (m)
前未来形	futur antérieur (m)
挿入節	incise (f), proposition incise (f)
属詞	attribut (m)
大過去形	plus-que-parfait (m)
代名詞	pronom (m)
代名動詞	verbe pronominal (m)
他動詞	verbe transitif (m)
単純過去形	passé simple (m)
単純未来形	futur simple (m)
単数(形)	singulier (m)
男性名詞	nom masculin (m)
単文	phrase simple (f)
知覚動詞	verbe de perception (m)
直示表現	déictique (m)
直説法	indicatif (m)
直接補語	complément direct (m)
直接目的語	complément d'objet direct (m)
直接話法	discours direct (m)
定冠詞	article défini (m)
定名詞句	expression définie (f), syntagme nominal défini (m)
等位接続詞	conjonction de coordination (f)
同格	apposition (f)
動詞	verbe (m)
動詞句	syntagme verbal (m), groupe verbal (m)
倒置(主語の)	inversion (du sujet)
人称(1人称)	première personne (f)
人称代名詞	pronom personnel (m)
能動態(動詞の形態)	voix active (f)
発話時点	moment d'énonciation (m)
半過去形	imparfait (m)
比較級	comparatif (m)
必須補語	complément essentiel (m)
否定	négation (f)
否定文	phrase négative (f)
非人称構文	construction impersonnelle (f)
品詞	partie du discours (f)
品質形容詞	adjectif qualificatif (m)
不可算名詞	nom non-comptable (m)
付加詞	épithète (f)
複合過去形	passé composé (m)
副詞	adverbe (m)
副詞句	syntagme adverbial (m), groupe adverbial (m)
複数(形)	pluriel (m)
複文	phrase complexe (f)
普通名詞	nom commun (m)
不定冠詞	article indéfini (m)
不定詞	infinitif (m)
不定代名詞	pronom indéfini (m)
不定名詞句	expression indéfinie (f), syntagme nominal indéfini (m)
部分冠詞	article partitif (m)
文	phrase (f)
分詞	participe (m)
文法	grammaire (f)
平叙文	phrase assertive (f), phrase déclarative (f)
並置	juxtaposition (f)
放任構文	construction laisser + infinitif (f)
補語	complément (m)
補足節	complétive (f), proposition complétive (f)
名詞	nom (m)
名詞句	syntagme nominal (m), groupe nominal (m)
命令文	phrase impérative (f)
命令法	impératif (m), mode impératif (m)
役割(意味的な)	rôle sémantique (m)
役割(文法上の、文中での)	fonction (grammaticale) (f)
遊離(転位)	dislocation (f) (détachement (m))
遊離形	forme disjointe (f)
話法	discours rapporté (m)

主要参考文献

Arrivé, M., F. Gadet et M. Galmiche (1986) *La grammaire d'aujourd'hui*, Flammarion.
Culioli, A. (1990) *Pour une linguistique de l'énonciation*, tome 1, Ophrys.
Delaveau, A. et F. Kerleroux (1985) *Problèmes et exercices de syntaxe française*, Armand Colin.
Gadet, F. (1989) *Le français ordinaire*, Armand Colin.
Grevisse, M. et A. Goosse (2011) *Le bon usage : grammaire française* (15e éd.), De Boeck - Duculot.
Hanse, J. (1987) *Nouveau dictionnaire des difficultés du français moderne* (2e éd.), Duculot.
Jones, M.A. (1996) *Foundations of French Syntax*, Cambridge University Press.
Kalmbach, J.-M. (2012-2016) *La grammaire du français langue étrangère pour étudiants finnophones*（web 公開）.
Le Goffic, P. (1993) *Grammaire de la phrase française*, Hachette.
Mauger, G. (1968) *Grammaire pratique du français d'aujourd'hui*, Hachette.
Molinier, C. et F. Levrier (2000) *Grammaire des adverbes : description des formes en -ment*, Droz.
Monnerie, A. (1987) *Le français au présent*, Didier - Hatier.
Riegel, M., J.-C. Pellat et R. Rioul (2014) *Grammaire méthodique du français* (5e éd.), Presses Universitaires de France.
Wagner, R.L. et J. Pinchon (1962) *Grammaire du français classique et moderne*, Hachette.

Journal officiel de la République française, 9 février 1977, (tolérances grammaticales et orthographiques, l'arrêté du 28 décembre 1976).
Journal officiel de la République française, 6 décembre 1990, (les rectifications de l'orthographe).

朝倉季雄（1981）『フランス文法ノート』、白水社
朝倉季雄（1984）『フランス文法メモ』、白水社
朝倉季雄（2002）『新フランス文法事典』（木下光一校閲）、白水社
川口順二（編）（2015）『フランス語学の最前線3：モダリティ』、ひつじ書房
小林路易（1982）『中級仏作文』（教科書版）、白水社
佐藤房吉、大木健、佐藤正明（1991）『詳解フランス文典』、駿河台出版社
曽我祐典（2011）『中級フランス語　つたえる文法』、白水社
東郷雄二（2011）『中級フランス語　あらわす文法』、白水社
新倉俊一他（1996）『フランス語ハンドブック』（改訂版）、白水社
西村牧夫（2011）『中級フランス語　よみとく文法』、白水社
春木仁孝、東郷雄二（編）（2014）『フランス語学の最前線2：時制』、ひつじ書房
三宅徳嘉、六鹿豊（監修）（2001）『白水社ラルース仏和辞典』、白水社
目黒士門（2000）『現代フランス広文典』、白水社

著者

六鹿 豊
ろくしか・ゆたか

東京外国語大学卒業。ナンシー大学修士号取得、パリ第7大学博士号取得、東京外国語大学修士課程修了。白百合女子大学名誉教授。専門はフランス語学。NHKラジオフランス語講座の講師を多数回務める。著書に『白水社ラルース仏和辞典』（監修、白水社）、『フランス語学の諸問題』（共著、三修社）、『フランス語学研究の現在』（共著、白水社）、『CDブック これなら覚えられる！ フランス語単語帳』『CDブック ステップ30 1か月速習 フランス語』（ともにNHK出版）。

ブックデザイン
堀田 滋郎（hotz design inc.）

フランス語校閲
クリスティーヌ・ロバン＝佐藤

校正
三田村 さや香、円水社

イラスト
吉村 時子

編集協力
鈴木 暁子

NHK出版 これならわかる
フランス語文法 〜入門から上級まで

2016年11月25日　第1刷発行
2019年 1月25日　第6刷発行

著　者　六鹿　豊
　　　　©2016　Yutaka Rokushika

発行者　森永公紀

発行所　NHK出版
　　　　〒150-8081 東京都渋谷区宇田川町41-1
　　　　電話 0570-002-045（編集）
　　　　　　 0570-000-321（注文）
　　　　ホームページ　http://www.nhk-book.co.jp
　　　　振替 00110-1-49701

印　刷　三秀舎／大熊整美堂
製　本　藤田製本

落丁・乱丁本はお取り替えいたします。定価はカバーに表示してあります。
本書の無断複写（コピー）は、著作権法上の例外を除き、著作権侵害となります。
Printed in Japan
ISBN 978-4-14-035147-5　C0085